校企双元合作开发“互联网+教育”新形态一体化系列教材
高等职业教育财经类专业系列教材

业财一体实践教程

——用友 ERPU8 V15.0（微课版）

主　编　李迎春　赵　花　范享玖
副主编　于海霞　丰秀梅　吴莅芳
　　　　王学民
参　编　石　熠　吕晓燕　褚怡晨
　　　　史　丽

西安电子科技大学出版社

内 容 简 介

本书以立德树人为根本任务，将价值塑造、知识传授、能力培养三者融为一体，旨在满足企业对 ERP 应用人才的迫切需求。

全书以项目导向、任务驱动、学做合一为编写思路，以典型的企业工作任务为主线，针对企业经营的运作流程，设计循序渐进的项目任务，将企业经营中的三大主要流程(即业务流程、财务会计流程、管理流程)有机地融合，使财务数据和业务处理融为一体。本书由财务链、业务链和业财一体综合训练三大部分组成，共 12 个单项项目和 1 个综合项目。

本书可以作为应用型本科院校、高等职业院校大数据与会计专业会计信息系统应用课程的教材，也可以作为业财一体信息化应用职业技能等级考试的辅助用书。

图书在版编目(CIP)数据

业财一体实践教程：微课版：用友 ERPU8 V15.0 / 李迎春，赵花，范享玖主编 . -- 西安：西安电子科技大学出版社，2024.4

ISBN 978-7-5606-7238-0

Ⅰ. ①业… Ⅱ. ①李… ②赵… ③范… Ⅲ. ①企业管理—财务管理—计算机管理系统—教材 Ⅳ. ①F275-39

中国国家版本馆 CIP 数据核字 (2024) 第 061619 号

策　　划　明政珠　杨航斌
责任编辑　孟秋黎
出版发行　西安电子科技大学出版社(西安市太白南路 2 号)
电　　话　(029)88202421　88201467　　邮　　编　710071
网　　址　www.xduph.com　　电子邮箱　xdupfxb001@163.com
经　　销　新华书店
印刷单位　广东虎彩云印刷有限公司
版　　次　2024 年 4 月第 1 版　　2024 年 4 月第 1 次印刷
开　　本　787 毫米 × 1092 毫米　1/16　　印　张　20.5
字　　数　485 千字
定　　价　66.00 元

ISBN 978-7-5606-7238-0 / F

XDUP 7540001-1

前　言

在当今数字经济时代，企业规模已不是优势所在，人们更关注的是用数字化工具来提高企业的效率和增强企业的核心竞争力。本书以落实立德树人为根本任务，基于“项目导向、任务驱动、学做合一”的编写思路，将价值塑造、知识传授、能力培养三者融为一体，满足企业对ERP应用人才的迫切需求。全书共分为财务链、业务链和业财一体综合训练三个部分，对总账管理、薪资管理、固定资产管理、总账管理系统期末处理、UFD报表管理、供应链基础设置、采购管理、销售管理、库存管理、存货核算、供应链管理、期末处理等主要项目对应的工作任务进行了全面讲解及实训。通过训练学习，学生可对业财一体信息化系统应用有一个清晰的认识，从而具备对业财一体信息化平台的基础应用及系统维护能力、协同处理能力和职业理解判断能力。书中针对企业经营的运作流程，设计循序渐进的项目任务，将企业经营中的三大主要流程(即业务流程、财务会计流程、管理流程)有机融合，使财务数据和业务处理融为一体，有利于学生清晰地了解企业经营的运作流程，掌握业财一体化技能，有效实现教、学、做一体化。

一、本书培养目标

本书基于用友ERPU8 V15.0软件和业财一体信息化平台开展财务链、业务链、业财一体综合训练等处理，旨在培养学生实现以下目标:

1. 知识目标

通过学习本书，学生应了解业财一体信息化平台的企业应用现状、技术水平和发展趋势，熟悉业财一体信息化平台进行业务处理的逻辑关系和业财融合信息的流转过程，掌握用友U8软件和业财一体信息化平台的操作流程和典型业务处理方法，具备应用财务、业务、税务等相关知识处理企业实际经济业务的能力。

2. 能力目标

通过学习本书，学生应具备用友U8软件和业财一体信息化平台的基础应用能力、职业判断能力和融合处理能力，做到:

(1) 根据国家财税政策和企业管理目标，能正确进行用友U8软件和业财一体信息化平台的基础设置与维护。

(2) 根据企业的财务制度和实际经营，能准确地将与企业财务相关的期初数据录入用友 U8 软件和业财一体信息化平台。

(3) 根据国家现行会计制度和财税制度，能正确进行企业财务核算流程的处理。

(4) 根据国家现行的财经法规和企业内部控制制度，能准确地进行企业业务流程和管理流程的处理。

(5) 根据国家现行财务政策，正确地进行会计业务月末处理工作，并按要求编制法定财务报表。

3. 素质目标

(1) 坚持诚实守信、不做假账的职业操守;

(2) 秉承求真务实、脚踏实地的工作态度;

(3) 遵循谨慎细心、一丝不苟的工作作风;

(4) 具备团结协作、共同进步的团队意识;

(5) 弘扬精益求精、追求卓越的工匠精神;

(6) 遵守协作共进、和而不同的合作原则;

(7) 贯彻坚持准则、互相监督的岗位原则;

(8) 保持爱岗敬业、廉洁自律的思想品德。

本书依托用友 ERPU8 V15.0 软件和新道云 DBE 业财融合实践教学平台，依据“1 + X”业财一体信息化应用职业技能等级标准 (初级)，从“业财一体”和“信息化应用”两个层面，体现了 1 + X 证书制度要求的“新技术、新技能”特点，旨在培养一批能够服务行业、推动企业数字化转型发展的业财一体信息化应用型专业人才。

二、本书特色

(1) 以典型案例为驱动，以任务为导向，实现教、学、做一体化。本书将新技术、新知识、新流程、新业务以案例的形式引入教学中，实现学中做，做中学。每个项目中的工作任务由任务目的、任务准备、任务要求、任务资料、任务指导等构成，以企业案例贯穿整个职业技能训练，实现了教、学、做一体化。

(2) 以最新技术为起点，以补充拓展为手段，实现书证融通。本书的内容与企业实际衔接紧密，对照 1 + X 证书制度的要求，实现书证融通。书中采用的软件既体现了时代的先进性，同时也充分考虑了职业院校学生的素质能力特点，确保学生通过学习掌握先进的技术技能。

(3) 以岗位需求为目标，以就业需求为导向，实现职业技能提升。本书融入了目前迫切需要的岗位职业需求。在编写过程中，编者与新道科技股份有限公司的企业专家共同研究探讨，并进行了广泛的调研和意见征询，依据企业用人技能要求的紧迫程度和就业面向，确定了案例所涵盖的职业技能等级工作的范围和任务。

(4) 以纸质教材为载体，以丰富的数字化资源为辅助，实现线上线下互动教学。本书配套了相关的数字化资源，这些资源以二维码的形式嵌入书中，读者可通过移动终端随扫随学，完成线上和线下学习的自由转换。

(5) 以落实立德树人为根本任务，将价值塑造、知识传授、能力培养三者融为一体，使学生树立正确的世界观、人生观、价值观、道德观和法治观，并具备良好的职业素质和较强的职业能力。

内蒙古商贸职业学院李迎春、赵花、范享玖担任本书主编；内蒙古商贸职业学院于海霞、丰秀梅，内蒙古机电职业技术学院吴莅芳，新道科技股份有限公司王学民担任副主编；内蒙古商贸职业学院石熠、吕晓燕、褚怡晨、史丽参与了编写。具体分工为：项目一、项目二由于海霞编写，项目三、项目七由吴莅芳编写，项目四由范享玖编写，项目五由丰秀梅编写，项目六由褚怡晨编写，项目八由李迎春编写，项目九由赵花编写，项目十、项目十一由石熠编写，项目十二由史丽编写，项目十三由吕晓燕编写；所有项目的“任务训练”由王学民编写；李迎春负责全书的统稿工作。

本书在编写过程中参阅了相关的文献和资料，同时得到了新道科技股份有限公司的大力支持，在此表示衷心的感谢。由于编写水平有限，书中难免有不足之处，恳请读者不吝指正。

编　者

2023 年 12 月

目　录

第一部分　财　务　链

项目一　系统管理与企业应用平台........................2
学习目标........................2
知识链接........................2
一、系统管理........................2
二、企业应用平台........................5
项目实施........................6
任务一　系统管理........................6
任务二　基础设置........................12
项目二　总账管理........................16
学习目标........................16
知识链接........................16
一、业务流程简介........................16
二、总账管理系统的初始设置........................17
三、总账管理系统的日常业务处理........................19
项目实施........................23
任务一　总账管理系统的初始设置........................23
任务二　总账管理系统的日常业务处理........................34
项目三　薪资管理........................41
学习目标........................41
知识链接........................41
一、业务流程简介........................41
二、薪资管理系统的日常业务处理........................42
项目实施........................45
任务　薪资管理系统的日常业务处理........................45
项目四　固定资产管理........................54
学习目标........................54
知识链接........................54
一、业务流程简介........................54
二、日常业务处理........................55
三、期末处理........................58
项目实施........................59
任务　固定资产管理系统的日常业务处理........................59
项目五　总账管理系统期末处理........................67
学习目标........................67
知识链接........................67
一、业务流程简介........................67
二、银行对账日常业务处理........................68
三、总账系统期末转账........................68
项目实施........................70
任务一　出纳管理——银行对账........................70
任务二　总账系统期末转账........................72
项目六　UFO 报表管理........................77
学习目标........................77
知识链接........................77
一、UFO 报表简介........................77
二、报表管理........................80
项目实施........................83
任务一　自定义报表........................83
任务二　调用报表模板生成资产负债表、利润表........................89

第二部分 业 务 链

项目七 供应链基础设置......92
学习目标......92
知识链接......92
一、供应链管理系统的数据流程......92
二、供应链管理系统的初始化......93
项目实施......95
任务一 建立账套......95
任务二 业务基础设置......102
任务三 财务基础设置......121
项目八 采购管理......125
学习目标......125
知识链接......125
一、采购管理系统与其他系统的主要关系......125
二、采购管理系统的日常业务......126
项目实施......130
任务一 采购系统的初始化......130
任务二 普通采购业务（一）......147
任务三 普通采购业务（二）......168
任务四 采购特殊业务处理......183
项目九 销售管理......199
学习目标......199
知识链接......199
一、销售管理系统与其他系统的主要关系......199
二、销售管理系统的日常业务处理......200
项目实施......203
任务一 销售系统的初始化......203
任务二 普通销售业务（一）......210
任务三 普通销售业务（二）......235
任务四 销售退货业务......246
任务五 销售账表统计分析......251
项目十 库存管理......257
学习目标......257
知识链接......257
一、库存管理系统与其他系统的主要关系......257
二、库存管理系统的日常业务处理......258
项目实施......260
任务一 调拨业务......260
任务二 盘点业务......264
项目十一 存货核算......268
学习目标......268
知识链接......268
一、存货核算系统与其他系统的主要关系......268
二、存货核算系统的应用模式......269
三、存货核算系统的日常业务处理......269
项目实施......271
任务一 存货价格及结算成本处理......271
任务二 单据记账......273
项目十二 供应链管理期末处理......277
学习目标......277
知识链接......277
项目实施......278
任务 供应链管理期末处理业务......278

第三部分 业财一体综合训练

项目十三 综合案例......284
企业背景......284
一、企业基本情况......284
二、操作要求......284
总体要求......286
业务资料与工作任务......286
工作领域一 系统初始化......286
工作领域二 期初数据......292
工作领域三 业务处理与会计核算......296
参考文献......319

第一部分　财　务　链

项目一

系统管理与企业应用平台

学习目标

知识目标

- 掌握业财一体信息化管理的概念。
- 熟悉系统管理的主要功能。
- 熟悉各会计岗位的权限和分工。

技能目标

- 能够描述 admin 系统管理员的权限范围。
- 能够在系统管理中完成增加用户、角色的处理。
- 能够在系统管理中建立账套，设置操作员权限。
- 能够在指定账套中进行基础设置。

素质目标

- 培养学生团结协作的职业素质。
- 熟悉岗位职责，增强工作责任心。
- 增强学生的安全性、保密性意识，保障财务数据安全、完整。

知识链接

一、系统管理

系统管理是用友新道 ERPU8 V15.0 管理软件中一个非常重要的组成部分。它的主要功能是对用友新道 ERPU8 V15.0 管理软件的各个产品进行统一的操作管理和数据维护，具体包括账套管理、年度账管理、操作员及其权限的集中管理、建立统一的安全机制等方面。

（一）功能简介

1. 账套管理

账套是指一组相互关联的数据。一般来说，可以为企业中每一个独立核算的单位建立一个账套。换句话说，在软件系统中，可以为多个企业（或企业内多个独立核算的部门）

分别建账。账套管理功能一般包括账套的建立、修改、删除、引入和输出等。

2. 年度账管理

年度账与账套是两个不同的概念，一个账套中包含了企业所有的数据。把企业数据按年度划分，就形成年度账。用户可以建立多个账套，每个账套中可以存放不同年度的年度账。这样对不同核算单位、不同时期的数据，就可以很方便地进行操作。年度账管理包括年度账的建立、清空、引入、输出，以及上年数据的结转等。

3. 操作员及其权限的集中管理

为了保证软件系统及数据的安全和保密，系统管理提供了操作员及其权限的集中管理功能。通过对操作员分工及其权限的管理，一方面可以避免与业务无关的人员进入系统；另一方面可以对系统所含的各个模块的操作进行协调，以保证它们各负其责，流程顺畅。

操作员管理包括操作员的增加、修改、删除等操作，操作员权限的管理包括操作员权限的增加、修改、删除等操作。

4. 建立统一的安全机制

对企业来说，系统运行安全和数据存储安全是必需的。建立统一的安全机制包括设置系统运行过程中的监控机制，设置数据自动备份和清除系统运行过程中的异常任务等。

（二）相关概念

1. 账套与年度账

用友新道 ERPU8 V15.0 管理软件最多允许用户建立 999 个账套。不同的账套数据之间彼此独立，没有关联。账套是由年度账组成的。每个账套中一般存放着不同年度的会计数据，为了方便管理，不同年度的数据存放在不同的数据表中，即形成年度账。

2. 引入和输出

引入和输出通常是指数据的恢复和备份。

引入账套功能是指将系统外某账套数据引入本系统中。对集团公司来说，可以将子公司的账套数据定期引入母公司系统中，以便进行有关账套数据的分析和合并。

输出账套功能是指将所选的账套数据做一个备份。

提示：

- 如果需要定期将子公司的账套数据引入总公司系统中，则应预先在建立账套时就进行规划，为每一个子公司设置不同的账套号，以避免在引入子公司数据时因为账套号相同而覆盖其他账套的数据。
- 账套输出时，输出两个文件：一个是 UfErpAct.Lst，为账套信息文件；另一个是 UFDATA，为账套数据文件。
- 对于年度账数据来说，也有引入和输出操作，其含义和操作方法与账套的引入和输出是相同的，所不同的是年度账引入和输出的操作对象不是针对整个账套的，而是针对账套中某一年度的年度账的。

3. 角色和用户

角色是指在企业管理中拥有某一类职能的组织，这个组织可以是实际部门，也可以是由拥有同一类职能的人构成的虚拟组织，如实际工作中最常见的会计和出纳(他们既可以是同一个部门的人，也可以是分属不同部门的人，但工作职能是一样的)。在设置了角色后，就可以设置这一角色的权限，当用户归属某一角色后，就相应地拥有了角色的权限。设置角色的方便之处在于可以根据其职能统一进行权限的划分，方便授权。

用户是指有权限登录系统，对系统进行操作的人员(即通常意义上的“操作员”)。每次登录系统，都要对用户的身份进行合法性检查。只有设置了具体的用户身份之后，才能进行相关的操作。

用户和角色的设置可以不分先后顺序，但对于自动传递权限来说，应该首先设置角色，然后分配权限，最后进行用户的设置。这样在设置用户的时候，选择其归属哪一个角色，则用户自动具有该角色的权限，包括功能权限和数据权限。一个角色可以拥有多个用户，而一个用户也可以分属于多个不同的角色。

4. 系统管理员和账套主管

系统允许用户以两个身份注册进入系统。一个是系统管理员的身份，另一个是账套主管的身份。

系统管理员负责整个系统的总体控制和数据维护，他可以管理该系统中所有的账套。以系统管理员的身份注册进入系统，可以建立账套，引入和输出账套，设置角色和用户，指定账套主管，设置和修改用户的密码及权限等。

账套主管负责所选账套的维护工作，主要包括对所选账套参数的修改、对年度账的管理(包括年度账的建立、清空、引入、输出和上年数据的结转)，以及对该账套操作员权限的设置。

(三)建立新年度核算体系

新的年度开始，应设置新年度的核算体系，即设置新年度的账簿并将上年余额过渡到新年度，以便开始新一年的核算。年度账的管理工作由账套主管全权负责，因此需要以账套主管的身份注册进入系统进行管理。新年度建账流程如下：

1. 备份年度账

在新年度核算体系建立前，首先要将上年业务处理完毕，然后执行“年度账”|“输出”命令，做好年度账的备份工作。

2. 建立新年度账

执行“年度账”|“建立”命令，建立新年度账。系统按年度先后顺序建立年度账，且不能修改会计年度。

3. 结转上年数据

企业的会计工作具有连续性。年度末启用下一年度新账套时，需要将本年度中相关账户的余额及其他信息结转到新年度中。

年度账建立成功后，执行“系统”|“注销”命令，再以新年度重新注册，执行“年度账”|“结转上年数据”命令，进行上年数据结转。

提示：

结转上年数据时，必须遵循以下顺序：首先结转供应链管理系统各模块的上年余额，然后结转应收应付款管理系统的上年余额，最后结转总账系统的上年余额。

二、企业应用平台

（一）企业应用平台概述

为了使用友新道 ERPU8 V15.0 管理软件成为连接企业员工、用户和合作伙伴的公共平台，使系统资源得到高效、合理使用，用友新道 ERPU8 V15.0 管理平台设立了企业应用平台。通过企业应用平台，系统用户能够从单一入口访问其所需的个性化信息，定义自己的业务工作，并设置自己的工作流程。

（二）基础设置

基础设置是为系统的日常运行进行的基础工作，主要包括基本信息设置、基础档案设置、数据权限设置和单据设置。

1. 基本信息设置

在基本信息设置中，可以对建账过程确定的编码方案和数据精度进行修改，并进行系统启用设置。

用友新道 ERPU8 V15.0 管理软件分为财务链、供应链、生产制造、人力资源、集团应用、决策支持和企业应用集成等产品组。每个产品组又包含若干模块，它们中的大多数既可以独立运行，又可以集成使用，两种用法的流程是有差异的。一方面，企业可以根据本身的管理特点选购不同的子系统；另一方面，企业也可以采取循序渐进的策略有计划地先启用一些模块，一段时间之后再启用另外一些模块。系统启用为企业提供了可选择性，表明企业在何时启用了哪些子系统。用户设置了系统启用的模块才可以登录。

有两种方法可以设置系统启用：一种方法是在企业建账完成后立即进行系统启用；另一种方法是在建账结束后由账套主管在企业应用平台上进行系统启用。

2. 基础档案设置

基础档案是系统日常业务处理的基础资料。每个账套均由若干子系统构成，这些子系统共享公用的基础档案信息。在启用新账套之前，企业应根据实际情况，结合系统基础档案设置的要求，事先做好基础数据的准备工作。

3. 数据权限设置

用友新道 ERPU8 V15.0 管理软件提供了 3 种不同性质的权限管理：功能权限、数据权限和金额权限。

功能权限在系统管理中进行设置，主要限制了每个操作员对各模块及细分功能的操作权限。

数据权限是针对业务对象进行的设置，可以对特定业务对象的某些项目和某些记录进行查询和录入权限的控制。

金额权限的主要作用体现在两个方面：一是设置用户在填制凭证时对特定科目允许输入的金额范围；二是设置用户在填制采购订单时允许输入的采购金额范围。

4. 单据设置

不同企业各项业务处理中使用的单据可能存在一定的差别，用友新道 ERPU8 V15.0 管理软件中预置了常用单据模板，并且允许用户对各单据类型的多个显示模板和多个打印模板进行设置，以定义本企业需要的单据格式。

（三）业务处理

在企业应用平台的“业务”界面集成了操作员拥有操作权限的所有功能模块，因此该界面也是操作员进入用友新道 ERPU8 V15.0 管理平台的唯一入口。

项目实施

任务一 系统管理

【任务目的】

- 熟悉系统管理的基本功能。
- 熟悉会计岗位和相应权限。
- 掌握账套建立，角色增加、修改、删除，权限设置、修改等操作。
- 掌握账套输出、引入等基本操作。

【任务准备】

- 已经安装用友新道 ERPU8 V15.0 管理软件。
- 分析本企业所在的行业、经济类型和生产经营特点，了解企业管理的核算和管理要求，确定本企业个性化的应用方案。

【任务要求】

- 以系统管理员 admin 的身份，进行增加操作员、建立账套、财务分工、备份账套等操作。
- 以账套主管“斯琴”的身份，进行系统启用、账套数据修改等操作。

【任务资料】

企业背景资料：某锅炉制造厂位于市区西段，占地面积约 5 800 平方米，是一家集科研与生产为一体、节能与环保于一身的常压热水锅炉制造企业。该企业现拥有先进设备，技术力量雄厚，同时，还拥有知名品牌及新产品的研发能力和生产实力，可满足客户的全面需要和多边市场的需求，企业具有巨大的发展潜力和广阔的合作前景。该企业为增值税一般纳税企业，增值税率为13%。

产品简介：本企业生产的WSH——常压立式螺纹管常压锅炉(型号为WSH-1.10-85/60-H)设计新颖，热效率高，升温快，绿色环保，锅炉自行消烟除尘脱硫，使用寿命长，出水温度为85℃，回水温度为60℃，额定功率为1.4 kW，供热面积为12 000 m^2，用于机关单位、学校、部队等供暖供水场所。该型号锅炉的市场价为120 000元/台，使用的燃料是块煤、混煤。

1. 增加操作员

增加用户

增加操作员的信息，如表1-1所示。

表1-1　增加操作员

编　号	姓　名	口　令	所属部门
201	斯琴	1	财务部
202	夏雨	2	财务部
203	明兰	3	财务部
301	邱月	4	采购部
401	杨柳	5	销售部

2. 建立新账套

建立账套

1) 账套信息

账套号：188；账套名称：某锅炉制造厂；账套路径：采用默认账套路径；企业会计期：2022年1月；会计期间设置：默认。

2) 单位信息

单位名称：某锅炉制造厂；单位简称：某锅炉制造厂；单位地址：市区解放街66号；法人代表：王洪宇；邮政编码：010070；联系电话及传真：47694888；税号：150000402600023132。

3) 核算类型

该企业的记账本位币：人民币(RMB)；企业类型：工业；行业性质：2007年新会计制度；科目预置语言：中文(简体)；账套主管：斯琴；选中“按行业性质预置科目”复选框。

4) 基础信息

该企业有外币核算，进行经济业务处理时，需要对存货、客户、供应商进行分类。

5) 分类编码方案

分类编码方案信息如下：

- 科目编码级次：42222。
- 客户和供应商分类编码级次：22。

- 部门编码级次：122。
- 地区分类编码级次：22。
- 结算方式编码级次：12。

6) 数据精度

该企业对存货数量、单价小数位的精确位设置为 2。

7) 系统启用

系统启用包括总账、应收款、应付款、薪资、固定资产的启用。启用时间为 2022-01-01。

设置权限

3. 设置权限

设置权限信息如表 1-2 所示。

表 1-2 设 置 权 限

姓名	所属部门	角 色	设 置 权 限
斯琴	财务部	账套主管	—
夏雨	财务部	出纳员	出纳、出纳签字、查询凭证、出纳管理
明兰	财务部	财务会计	总账、应收款管理、应付款管理、固定资产管理、薪资管理
邱月	采购部		应付款管理、采购管理
杨柳	销售部		应收款管理、销售管理

【任务指导】

1. 启用系统管理

执行“开始”|“程序”|“用友新道 ERPU8 V15.0”|“系统服务”|“系统管理”命令，启动系统管理。

2. 以系统管理员身份登录系统管理

执行“系统”|“注册”命令，打开“登录”系统管理对话框。

系统中预先设定了一个系统管理员 admin，系统管理员密码为空，服务器为 127.0.0.1，单击“登录”按钮，以系统管理员身份进入系统管理，系统管理界面左下角操作员显示“admin”。

3. 增加操作员

(1) 执行“权限”|“用户”命令，进入“用户管理”窗口，其中显示系统安装完成后默认的几个用户。

(2) 单击工具栏上的“增加”按钮，打开“操作员详细情况”对话框，按表中所示的资料输入“操作员”。

(3) 单击“取消”按钮，返回“用户管理”窗口，以列表方式显示所有用户。再单击工具栏上的“退出”按钮，返回到“系统管理”窗口。

提示：

- 只有系统管理员才有权限设置角色和用户。
- 用户编号在系统中必须唯一，即使是不同的账套，用户编号也不能重复。
- 设置操作员口令时，为保密起见，输入的口令字以“*”符号在屏幕上显示。
- 设置的操作员用户一旦被引用，便不能被修改和删除。
- 如果操作员调离企业，可以通过“修改”功能“注销当前用户”。
- 在“操作员详细情况”对话框中，蓝色字标注的项目为必输项，其余项目为可选项。这一规则适用于所有界面。

4. 建立账套

1) 创建账套

执行“账套”|“建立”命令，打开“创建账套”对话框。选择“新建空白账套”选项，单击“下一步”按钮。

- 已存账套：系统中已存在的账套在下拉列表框中显示，用户只能查看，不能输入或修改。
- 账套号：必须输入。本例输入账套号“188”。
- 账套名称：必须输入。本例输入“某锅炉制造厂”。
- 账套路径：用来确定新建账套将被放置的位置，系统默认的路径为C：\U8SOFT\Admin，用户可以人工更改，也可以利用“...”按钮进行参照输入。本例采用系统的默认路径。
- 启用会计期：必须输入。系统默认为计算机的系统日期。本例更改为“2022年1月”。
- 是否集团账套：不选择。

输入完成后，单击“下一步”按钮，进行单位信息设置。

2) 输入单位信息

- 单位名称：用户单位的全称，必须输入。企业全称只在打印发票时使用，其余情况全部使用企业的简称。本例输入“某锅炉制造厂”。
- 单位简称：本例为“某锅炉制造厂”。
- 其他栏目都属于任选项，参照任务资料输入即可。

输入完成后，单击“下一步”按钮，进行核算类型设置。

3) 输入核算类型

- 本币代码：必须输入。本例采用系统默认值“RMB”。
- 本币名称：必须输入。本例采用系统默认值“人民币”。
- 企业类型：本例选择默认的“工业”。
- 行业性质：用户必须从下拉列表框中选择输入。本例选择行业性质为“2007年新会计制度科目”。

- 科目预置语言：中文(简体)。用友新道 ERPU8 V15.0 为多语言版本。
- 账套主管：从下拉列表框中选择“【201】斯琴”。
- 按行业性质预置科目：本例选择该项。

输入完成后，单击“下一步”按钮，进行基础信息设置。

4) 确定基础信息

- 如果单位的存货、客户、供应商较多，则可以对他们进行分类核算。如果此时不能确定是否进行分类核算，也可以在建账完成后，由账套主管在“修改账套”功能中设置分类核算。
- 按照本例要求，选中“存货是否分类”“客户是否分类”“供应商是否分类”“有无外币核算”4 个复选框，单击“下一步”按钮，进入“准备建账”。

5) 准备建账

单击“完成”按钮，系统提示“可以创建账套了吗？”，单击“是”按钮，系统依次进行初始化环境、创建新账套库、更新账套库、配置账套信息等工作。这需要一段时间才能完成，必须耐心等待。完成以上工作后，系统打开“编码方案”对话框，此时需确定编码方案。

为了便于对经济业务数据进行分级核算、统计和管理，系统要求预先设置某些基础档案和编码规则(规定了各种编码的级次及各级的长度)。

按任务资料所给信息修改系统参数，单击“确定”按钮，再单击“取消”按钮，打开“数据精度”对话框。

提示：

- 编码方案、数据精度、系统启用项目也可以由账套主管在“企业应用平台”|“基础设置”|“基本信息”中进行修改。

5. 设置权限

(1) 执行“权限”|“权限”命令，进入“操作员权限”窗口。

(2) 选择“188”账套，“2022”年度。

(3) 从窗口左侧操作员列表中选择“101 斯琴”，选中“账套主管”复选框，确定斯琴为账套主管。

提示：

- 由于在增加用户和建立账套时已设定“斯琴”为账套主管，因此此处无须再设置；如果在建账时未设置斯琴为账套主管，则可以在此处进行设定。
- 一个账套可以设置多个账套主管。
- 账套主管默认拥有该账套的所有权限。

(4) 选择“夏雨”，选择“188”账套。单击工具栏上的“修改”按钮，选中“总账”前的“+”图标，展开“总账”，选中“出纳”；展开“总账”“凭证”，选中“出纳签字”和“查询凭证”权限，单击“保存”按钮。

(5) 为用户“明兰”设置“总账”“应收款管理”“应付款管理”“固定资产”“人力资源”的操作权限。

(6) 邱月和杨柳的权限设置同上。

(7) 单击工具栏上的“退出”按钮，返回系统管理窗口。

6. 修改账套数据

如果需要修改建账参数，需要以账套主管的身份注册进入系统。

在系统管理窗口中，执行“系统”|“注册”命令，打开“登录”对话框。

(1) 在“操作员”文本框中输入“101”或“斯琴”，在“密码”文本框中输入“1”，选择“188 某锅炉制造厂”，会计年度为“2022”。

(2) 单击“登录”按钮，进入系统管理窗口，菜单中显示为黑色字的部分为账套主管可以操作的内容。

(3) 执行“账套”|“修改”命令，打开“修改账套”对话框，可修改的账套信息以白色显示，不可修改的账套信息以灰色显示。

(4) 修改完成后，单击“完成”按钮，系统提示“确认修改账套了吗？”信息；单击“是”按钮，确定“编码方案”和“数据精度”；单击“确认”按钮，系统提示“修改账套成功！”信息。

(5) 单击“确定”按钮，返回系统管理窗口。

提示：

● 若账套中的有些参数不能修改，则只能删除此账套，再重新建立。因此，建立账套时，参数设置必须准确。

(6) 启用系统。

7. 备份账套数据

(1) 在 D 盘中建立文件夹“项目一任务一”(文件夹名称和位置可自行选择)。

(2) 以系统管理员的身份登录系统。执行“账套”|“输出”命令，打开“账套输出”对话框，选择账套“188”及其文件的输出位置为 D 盘“项目一任务一”，单击“确认”按钮。

(3) 备份完成后，系统弹出“输出成功！”信息提示对话框，单击“确定”按钮返回。

(4) 将 U 盘连接电脑，把 D 盘中备份好的文件夹拷贝到 U 盘。

【任务训练】

根据企业机构人员的工作职责修订情况设置角色，增加“000100”内勤、“GZZG”工资主管两个角色，将“内勤”角色改为“销售内勤”，删除“销售内勤”角色。

任务二 基础设置

【任务目的】

- 熟悉基础设置等基本内容。
- 掌握基本信息的设置、修改等操作方法。
- 掌握部门档案、人员档案、客户和供应商档案等基础档案的操作方法。

【任务准备】

- 引入项目一中任务一的账套数据。

【任务要求】

- 以系统管理员 admin 的身份引入账套。
- 以账套主管“斯琴”的身份进行基础设置操作。

【任务资料】

部门档案

某锅炉制造厂的分类档案资料如下所示。

1. 部门档案

部门档案信息如表 1-3 所示。

表 1-3 部门档案

部门编码	部门名称	部门属性
1	行政部	管理部门
2	财务部	管理部门
3	采购部	采购供应
4	销售部	市场营销
5	生产部	生产部门
501	一车间	生产部门
502	二车间	生产部门

2. 人员类别

人员类别

本企业正式人员分为四类，如表 1-4 所示。

表 1-4 人员类别

分类编码	分类名称
104	管理人员
105	经营人员
106	车间管理人员
107	生产人员

人员档案

3. 人员档案

人员档案资料如表 1-5 所示。

表 1-5　人 员 档 案

人员编码	姓名	性别	部门	人员类别	业务员	操作员
101	王洪宇	男	行政部	管理人员	是	是
201	斯琴	女	财务部	管理人员	是	否
202	夏雨	男	财务部	管理人员	是	否
203	明兰	女	财务部	管理人员	是	否
301	邱月	男	采购部	经营人员	是	否
401	杨柳	女	销售部	经营人员	是	否
402	田园	男	销售部	经营人员	是	否
501	江南	男	一车间	车间管理人员	是	否
502	程果	女	一车间	生产人员	是	否
511	海涛	男	一车间	生产人员	是	否
512	高原	男	二车间	生产人员	是	否

4. 供应商分类

供应商分类资料如表 1-6 所示。

表 1-6　供 应 商 分 类

分 类 编 码	分 类 名 称
01	原料供应商
02	成品供应商

5. 客户分类

客户分类资料如表 1-7 所示。

表 1-7　客　户　分　类

分 类 编 码	分 类 名 称
01	房地产企业
02	工业
03	商业

客户档案

6. 客户档案

客户档案资料如表 1-8 所示。

表 1-8　客　户　档　案

客户编码	客户名称 / 简称	所属分类码	税　号	开户银行（默认值）	银行账号
001	甲公司	01	150000402600023111	中国工商银行	166500202071
002	乙公司	02	150000402600023112	中国建设银行	166500202072
003	丙公司	03	150000402600023113	中国工商银行	166500202073
004	丁公司	01	150000402600023114	中国工商银行	166500202074

7. 供应商档案

供应商档案资料如表 1-9 所示。

表 1-9 供应商档案

供应商编码	供应商名称	所属分类码	税 号	开户银行	银行账号
001	A 钢铁股份公司	01	150000402020004321	中国工商银行	155600202011
002	B 无缝钢管有限公司	01	150000402020004322	中国工商银行	155600202012
003	C 环保设备有限公司	02	150000402020004323	中国工商银行	155600202013

8. 企业银行档案

企业开户银行为中国工商银行海东支行，银行账号 155600202001。

供应商档案

【任务指导】

在“企业应用平台”窗口中，在“设置”选项卡的“基础档案”中进行系统基础信息的设置。

1. 建立部门档案

部门档案用于设置部门的相关信息，包括部门编码、名称、负责人、编码属性等。

执行“机构人员”|“部门档案”命令，打开“部门档案”窗口。按任务资料输入部门信息。

2. 建立人员档案

人员是指在企业的各个职能部门中参与企业的业务活动，并且需要对其核算业绩、考核业绩的人员，并非企业的全体职员。

执行“机构人员”|“人员档案”命令，打开“人员列表”窗口，按任务资料录入职员信息。

3. 客户 / 供应商分类

供应链管理不局限于企业内部的采购、生产、销售等生产经营活动，还包括对企业下游的供应商和上游的客户的管理。如果企业的供应商和客户较多，分布广泛，则不仅需要对供应商和客户进行分类，还需要对其所在的地区进行分类，以便于管理。

客户或供应商分类是指按照客户或供应商的某种属性或某种特质，将客户或供应商进行分类管理。如果建账时选择了客户 / 供应商分类，则必须先进行分类，才能增加客户 / 供应商档案。如果建账时没有选择客户 / 供应商分类，则可以直接建立客户 / 供应商档案。

(1) 执行“客商信息”|“客户分类”命令，打开“客户分类”窗口，按任务资料输入客户分类信息。

(2) 执行“客商信息”|“供应商分类”命令，打开“供应商分类”窗口，按任务资料输入供应商分类信息。

4. 客户档案

客户档案主要用于设置往来客户的基本信息，便于对客户及其业务数据进行统计和分析。

(1) 执行“客商信息”|“客户档案”命令，打开“客户档案”窗口。该窗口分为左右两个部分，左窗口显示已经设置的客户分类，右窗口显示该分类下所有的客户列表。

(2) 单击“增加”按钮，打开“增加客户档案”对话框。该对话框中共包括 4 个选项卡：“基本”“联系”“信用”“其他”。对客户不同的属性分别归类记录。

(3) 按实验资料输入客户信息。

(4) 选中窗口右侧的第一条记录，即甲公司的某一天记录，使其底色变蓝，然后单击工具栏中的“修改”按钮，系统弹出“修改客户档案”对话框。

(5) 单击“银行”按钮，系统弹出“客户银行档案”窗口。将实验资料中的“所属银行”“开户银行”“银行账号”输入“客户银行档案”窗口中，其中“所属银行”和“默认值”是参照录入的。

5. 供应商档案

供应商档案主要用于设置往来供应商的档案信息，以便对供应商及其业务数据进行统计和分析。供应商档案设置的各栏目内容与客户档案基本相同，具体操作方法如下：

(1) 执行“客商信息”|“供应商档案”命令，打开“供应商档案”窗口。该窗口分为左右两个部分，左窗口显示已经设置的供应商分类，选择某一供应商分类，则在右窗口中显示该分类下所有的供应商列表。

(2) 单击“增加”按钮，打开“增加供应商档案”窗口。

(3) 按任务资料输入供应商信息。

6. 备份账套数据

在 D 盘建立文件夹，将项目一任务二账套输出，并保存到 U 盘。

【任务训练】

在业财一体信息化平台中增加“22210103 进项税额转出”和“22210104 转出未交增值税”会计科目。

项目二

总 账 管 理

学习目标

知识目标

- 掌握总账管理的基本功能。
- 熟悉总账日常业务的主要内容。
- 熟悉填制凭证、审核凭证、出纳签字、记账的权限分工。

技能目标

- 能够完成总账系统的初始设置、录入期初余额的处理。
- 能够完成填制凭证、审核凭证、记账等日常业务处理。
- 能够完成修改凭证、作废凭证和删除凭证的业务处理。

素质目标

- 培养学生克服困难、积极主动的学习精神。
- 培养学生谨慎细心、一丝不苟的工作作风。
- 培养学生爱岗敬业、廉洁自律的思想品德。

知识链接

一、业务流程简介

总账管理系统是财务业务一体化管理软件的核心系统，适用于各行业的账务核算及管理工作。总账管理系统既可独立运行，也可同其他系统协同运转。总账管理系统的主要功能包括初始设置、凭证管理、出纳管理、账簿管理、辅助核算管理和期末处理等。

（一）初始设置

初始设置是指用户根据本企业的需要建立账务应用环境，将用友通用账务处理系统变成适合本单位实际需要的专用系统，主要工作包括选项设置和期初余额录入等。

（二）凭证管理

通过制单控制可以保证填制凭证的正确性。总账管理系统提供了资金赤字控制、支票控制、预算控制、外币折算误差控制以及查看最新余额等功能，加强了对发生业务的及时管理和控制，可完成凭证的录入、审核、记账、查询、打印，以及出纳签字、常用凭证定义等。

（三）出纳管理

总账管理系统为出纳人员提供了一个集成办公环境，加强了对现金及银行存款的管理，可完成银行日记账、现金日记账，随时出最新资金日报表、余额调节表，并可进行银行对账。

（四）账簿管理

总账管理系统强大的查询功能使整个系统实现了总账、明细账、凭证联查，并可查询包含未记账凭证的最新数据，可随时提供总账、余额表、明细账、日记账等标准账表的查询。

（五）辅助核算管理

(1) 个人往来核算：主要进行个人借款、还款管理工作，及时地控制个人借款，完成清欠工作，提供个人借款明细账、催款单、余额表、账龄分析报告，自动清理核销已清账。

(2) 部门核算：主要考核部门费用收支的发生情况，及时地反映控制部门费用的支出，对各部门的收支情况加以比较，便于进行部门考核。

(3) 项目管理：用于产品成本、在建工程等业务的核算，以项目为中心为使用者提供各项目的成本、费用、收入、往来等汇总与明细情况，以及项目计划执行报告等；也可用于核算科研课题、专项工程、产成品成本、旅游团队、合同、订单等。

(4) 往来管理：主要进行客户和供应商往来款项的发生、清欠管理工作，及时地掌握往来款项的最新情况，提供往来款的总账、明细账、催款单、往来账清理、账龄分析报告等。

（六）期末处理

总账管理系统提供灵活的自定义转账功能，利用各种取数公式以满足各类业务的转账工作，可自动完成月末分摊、计提、对应转账、销售成本、汇兑损益、期间损益结转等业务，进行试算平衡、对账、结账，生成月末工作报告。

二、总账管理系统的初始设置

（一）设置控制参数

设置控制参数就是对总账管理系统的一些系统选项进行设置，以便为总账管理系统配置相应的功能。

（二）设置基础数据

1. 定义外币及汇率

汇率管理是专为外币核算服务的。企业有外币业务的，则要进行外币及汇率的设置。

2. 建立会计科目

建立会计科目是会计核算方法之一。用友新道 ERPU8 V15.0 提供了符合国家会计制度规定的一级会计科目，明细科目的确定要根据各企业的情况自行确定。

启用总账管理系统的辅助核算功能进行核算时，可将科目设置成如表 2-1 所示。

表 2-1 使用辅助核算的科目设置

科目编码	科目名称	辅助核算
1122	应收账款	客户往来
1221	其他应收款	个人往来
2202	应付账款	供应商往来
5001	生产成本	
500101	直接材料	项目核算
500102	直接人工	项目核算
6602	管理费用	
660201	行政部	部门核算
660202	差旅费	部门核算

3. 设置辅助核算项目目录

设置了科目的辅助核算后，还应将明细科目设置为辅助核算目录。项目核算的意义及设置方法如下：

一个单位项目核算的种类有多种多样，如在建工程、对外投资、技术改造、融资成本、在产品成本、课题、合同订单等，为此应允许企业定义多个种类的项目核算。可以将具有相同特性的一类项目定义成一个项目大类，一个项目大类可以核算多个项目。为了便于管理，还可以对这些项目进行分类管理。项目可以按以下步骤定义：

(1) 设置科目辅助核算：在会计科目设置功能中先设置相关的项目核算科目，如对生产成本及其下级科目设置项目核算的辅助账类。

(2) 定义项目大类：即定义项目核算的分类类别，如增加生产成本项目大类。

(3) 指定核算科目：即具体指定需按此类项目核算的科目。一个项目大类可以指定多个科目，但一个科目只能指定一个项目大类。例如，将直接材料、直接工资和制造费用指定为按生产成本项目大类核算的科目。

(4) 定义项目分类：为了便于统计，可将同一项目大类下的项目进一步划分。例如，将生产成本项目大类进一步划分为自行开发项目和委托开发项目。

(5) 定义项目目录：将各个项目大类中的具体项目输入系统。

4. 设置凭证类别

软件系统提供了 5 种常用的分类方式供企业选择。选择相应分类后，根据需要设置科目的限制条件。

设置凭证类别，如表 2-2 所示。

表 2-2 凭 证 类 别

类别字	类别名称	限制类型	限制科目
收	收款凭证	借方必有	1001,1002
付	付款凭证	贷方必有	1001,1002
转	转账凭证	凭证必无	1001,1002

5. 设置结算方式

该功能用于建立和管理企业在经营活动中所涉及的结算方式。它与财务结算方式一致，如现金结算、支票结算等。

6. 定义常用凭证及常用摘要

1) 常用凭证定义

企业发生的会计业务都有其规范性，因而在日常填制凭证的过程中，许多凭证完全相同或部分相同，如果将这些凭证存储起来，则在填制会计凭证时就可以随时调用。

2) 常用摘要定义

在日常填制凭证的过程中，许多摘要完全相同或大部分相同，如果将这些摘要存储起来，则在填制会计凭证时就可以随时调用，这样将大大提高业务处理的效率。

3) 设置明细权限

若需要对操作员的操作权限作进一步细化，如希望制单权限控制到科目、凭证审核权控制到操作员、明细账查询控制到科目等，则应在设置系统参数时，将上述选项做选中标志，再到“明细权限”功能中进行设置。

（三）录入期初余额

在开始使用总账管理系统时，应将经过整理的手工账目的期初余额录入系统中。如国企在年初建账，则期初余额就是年初数；如果年度中启用总账管理系统，则应先将各账户此时的余额和年初到此时的借贷方累计发生额计算清楚。例如，某企业 2021 年 4 月启用总账管理系统，那么应将该企业 2021 年 3 月末各科目的期末余额及 1—3 月的累计发生额计算出来，作为启用系统的期初数据录入总账管理系统中，系统将自动计算年初余额。若科目有辅助核算，则还应整理各辅助项目的期初余额，以便在期初余额中录入。

期初余额的录入分为两个部分：一部分是总账期初余额录入；另一个部分是辅助账期初余额录入。

三、总账管理系统的日常业务处理

总账管理系统的日常业务包括凭证管理、出纳管理、账簿管理等。

（一）凭证管理

记账凭证是登记账簿的依据，是总账管理系统唯一的数据源。凭证管理的内容包括填制凭证、审核凭证、凭证汇总、凭证记账等功能。

1. 填制凭证

在实际工作中，可直接在计算机上根据审核无误准予报销的原始凭证填制记账凭证（即前台处理），也可以先由人工制单，而后集中输入系统（即后台处理）。企业采用哪种方式应根据本单位实际情况来定。一般来说，业务量不多的、基础较好的或使用本系统网络版的企业可采用前台处理方式；而在第一年使用，或在人机并行阶段，则比较适合采用后台处理方式。

1) 增加凭证

记账凭证的内容一般包括两部分：一部分是凭证表首；另一部分是凭证表体。如果会计科目有辅助核算要求，则应输入辅助核算内容；如果会计科目同时兼有多种辅助核算要求，则应同时输入各种辅助核算的相关内容。

凭证类别：可以输入凭证类别字，也可以参照输入。

凭证编号：一般情况下，由系统分类按月自动编制(即每类凭证每月都从 0001 号开始)。系统同时也自动管理凭证页号。系统规定每页凭证有 5 条记录，当某号凭证不止一页时，系统自动在凭证号后标上分单号。例如，“收 -0001 号 0002/0003”表示收款凭证第 0001 号凭证，共有 3 张分单，当前光标所在分录在第 2 张分单上。如果在启用账套时设置凭证标号方式为手工标号，则用户可在此处手工录入凭证编号。

制单日期：填制凭证的日期。系统自动选取进入账务系统前输入的业务日期为记账凭证填制的日期。如果日期不对，可进行修改或参照输入。

附单据数：输入原始单据的张数。

凭证自定义项：由用户自定义的凭证补充信息。用户根据需要自行定义和输入，系统对这些信息不进行校验，只进行保存。

摘要：输入本笔业务说明，要求简洁明了，不能为空。

科目：必须输入末级科目。

辅助信息：对于要进行辅助核算的科目，系统提示输入相应的辅助核算信息。辅助核算信息包括客户往来、供应商往来、个人往来、部门核算、项目核算。

金额：该笔分录的借方或贷方本币发生额。金额不能为零，但可以是红字。红字金额以负数形式输入。

2) 生成和调用常用凭证

可以将凭证作为常用凭证存入常用凭证库中，以后可按所存代号调用这张常用凭证。

在填制与常用凭证相类似或完全相同的凭证时，可调用此常用凭证，这样会加快凭证的录入速度。

3) 修改凭证

在填制凭证时，通过翻页查找或输入查询条件找到要修改的凭证，将光标移到需修改的地方进行修改即可。可修改的内容包括摘要、科目、辅助项、金额、增删分录等。

4) 作废 / 恢复凭证

当凭证出现不能修改的错误时，可将其作废。

作废凭证的操作方法是：打开填制凭证后，找到要作废的凭证，执行“制单”|“作废”|“恢复”命令。凭证上显示“作废”字样，表示已将该凭证作废。作废凭证仍保留凭证内容及凭证编号。

若当前凭证已作废，还可执行“制单”|“作废”|“恢复”命令，取消作废标志，并将当前凭证恢复为有效凭证。

5) 整理凭证(删除凭证)

凭证整理就是删除所有作废凭证，并对未记账凭证重新编号。若本月已有凭证记账，那么本月最后一张已记账凭证之前的凭证将不能作凭证整理，只能对其后面的未记账凭证作凭证整理。若想做凭证整理，应先利用“恢复记账前状态”功能恢复本月月初的记账前状态，再做凭证整理。

6) 红字冲销凭证

对于已记账的凭证，如果发现错误，可以执行“制单”|“冲销凭证”命令，制作红字冲销凭证，通过红字冲销法增加的凭证视同正常凭证进行保存管理。

7) 查询凭证

总账管理系统的填制凭证功能不仅可以实现各账簿数据的输入，同时也可实现信息查询。通过“填制凭证”|“查询”命令，可以查询符合条件的凭证信息；通过“查看”菜单可以查看到当前科目最新余额、外部系统制单信息、联查明细账等。

2. 审核凭证

审核凭证是审核员按照财务制度对制单人填制的记账凭证进行检查核对，主要审核记账凭证与原始凭证是否相符、会计分录是否正确等。审查认为错误或有异议的凭证，应交给填制人员修改后再审核，只有具有审核权限的人才能进行审核操作。根据会计制度规定，审核与制单不能为同一人。

3. 出纳签字

由于出纳凭证涉及企业现金、银行存款的收入与支出，因此应加强对出纳凭证的管理。出纳人员可通过“出纳签字”功能对制单人填制的带有现金、银行科目的凭证进行检查核对，主要核对出纳凭证的出纳科目的金额是否正确。认为错误或有异议的凭证应由填制人修改后再复核。

出纳签字前应更换操作员，应由具有签字权限的出纳人员来进行签字。对于出纳凭证，可单个签字，也可以成批签字。

4. 凭证记账

记账凭证经审核签字后，即可用来登记总账、明细账、日记账、部门账、往来账、项目账以及备查账等。记账工作由计算机自动进行，无须人工干预。

（二）出纳管理

出纳管理是总账管理系统为出纳人员提供的一套管理工具，包括出纳签字、现金和银行存款日记账的输出、支票登记簿的管理以及银行对账，并可对银行长期未达账提供审计报告。

1. 现金日记账

查询现金日记账，必须执行“设置”|“会计科目”|“指定科目”命令，预先指定现金科目。

2. 银行存款日记账

要查询银行存款日记账，银行存款科目必须执行“设置”|“会计科目”|“指定科目”命令，预先指定银行存款科目。银行日记账的查询与现金日记的查询基本相同，所不同的只是银行日记账设置有“结算号”栏，它主要用于对账。

3. 资金日报表

资金日报表是反映现金、银行存款日发生额及余额情况的报表。在手工方式下，资金日报表由出纳员逐日填写，反映当天营业终止时现金、银行存款的收支情况及余额；在电算化方式下，资金日报表主要用于查询、输出或打印资金日表报，提供当日借、贷金额合计和余额，以及发生的业务量等信息。

4. 支票登记簿

在手工记账时，出纳员通常利用支票领用登记簿，用来登记支票的领用情况，为此总账管理系统特为出纳员提供了“支票登记簿”功能，以供其详细登记支票领用人、支票领用日期、支票用途、支票是否报销等情况。

提示：

使用支票登记簿要注意以下几点：

- 只有在会计科目中设置了银行辅助核算的科目才能使用支票登记簿。
- 只有在结算方式设置中选择了票据控制，才能选择登记银行科目。
- 领用支票时，银行出纳员必须使用“支票登记”功能据实登记支票的领用日期、领用部门、领用人、支票号、备注等。
- 支票出票后，经办人持原始单据(发票)报销，会计人员据此填制记账凭证，在录入该凭证时，系统要求录入该支票的结算方式和支票号。填制完成该凭证后，系统自动在支票登记中将支票写上报销日期，则该号支票即为已报销。对报销的支票，系统用不同的颜色区分。
- 支票登记簿中的“报销日期”栏，一般是由系统自动填写的，但对于有些已报销而由于人为原因造成系统未能自动填写报销日期的支票，可进行手工填写。
- 已报销的支票不能进行修改，但可以取消报销标志，再行修改。
- 在实际应用中，如果要求领用人亲笔签字，则最好不使用支票登记簿，否则会增加输入的工作量。

5. 银行对账

银行对账是出纳管理的一项很重要的工作。此项工作通常是在期末进行的。

(三)账簿管理

企业发生的经济业务，经过制单、审核、记账等程序后，就形成了正式的会计账簿。除了前面介绍的现金和银行存款的查询和输出，账簿管理还包括基本会计核算账簿的查询和输出，以及各种辅助账的查询和输出。

1. 基本会计核算账簿管理

1) 基本会计核算账簿管理

基本会计核算账簿管理包括总账、余额表、明细账、序时账、多栏账的查询及打印。

2) 总账的查询及打印

总账查询不但可以查询各总账科目的年初余额、各月发生额合计和月末余额，还可以查询所有2～6级明细科目的年初余额、各月发生额合计和月末余额。

3) 余额表的查询及打印

发生额及余额表用于查询统计各级科目的本月发生额、累计发生额和余额等，可输出某月或某几个月的所有总账科目或明细科目的期初余额、本期发生额、累计发生额、期末余额。因此建议利用发生额及余额代替总账。

4) 明细账的查询及打印

明细账查询用于平时查询各账户的明细发生情况，以及按任意条件组合查询明细账。在查询过程中可以包含未记账凭证。

5) 序时账的查询及打印

序时账实际就是以流水账的形式反映单位的经济业务，其查询、打印比较简单，此处不作详述。

6) 多栏账的查询及打印

本功能用于查询多栏明细账。在查询多栏账之前，必须先定义查询格式。多栏账栏目有两种定义方式：一种是自动编制栏目；另一种是手动编制栏目。一般先进行自动编制，再进行手动调整，这样可提高工作效率。

2. 各种辅助核算账簿管理

辅助核算账簿管理包括个人往来、部门核算、项目核算账簿的总账和明细账查询与输出，以及部门收支分析和项目统计表的查询、输出。当供应商往来和客户往来采用总账管理系统核算时，其核算账簿的管理在总账管理系统中进行；否则，应在应收款、应付款管理系统中进行。

3. 现金流量表的查询

现金流量表查询包括现金流量明细表的查询和现金流量统计表的查询。现金流量明细表可以按月份查询，也可以按日期查询，还可以按现金流量项目查询；现金流量统计表针对现金流量项目分类进行查询，可以按月份查询，也可以按日期查询。

项目实施

任务一 总账管理系统的初始设置

【任务目的】

- 理解总账管理系统初始设置的意义。
- 掌握总账管理系统初始设置的相关内容。
- 掌握总账管理系统初始设置的具体内容和操作方法。

【任务准备】

- 引入项目一中任务二的账套数据。

【任务要求】

- 进行总账管理系统的参数设置。
- 进行基础档案的设置，包括会计科目、凭证类别、外币及汇率、结算方式、辅助核算档案等。
- 录入期初余额。
- 以账套主管的身份进行总账初始设置。

【任务资料】

1. 总账控制参数

总账控制参数如表 2-3 所示。

表 2-3　总账控制参数

选 项 卡	参 数 设 置
凭证	制单序时控制 支票控制 赤字控制：资金及往来科目 赤字控制方式：使用应收、应付、存货受控科目 取消“现金流量科目必录现金流量项目”选项。 凭证编号方式采用系统编号
账簿	账簿打印位数按软件的标准设定
凭证打印	打印凭证的制单、出纳、审核、记账等人员的姓名
预算控制	超出预算允许保存
权限	出纳凭证必须经由出纳签字。 允许修改、作废他人填制的凭证。 可查询他人凭证
会计日历	会计日历为 1 月 1 日—12 月 31 日。 数量小数位和单价小数位设置为 2 位
其他	外币核算采用固定汇率。 部门、个人、项目按编码方式排序

2. 基础数据

增加科目

(1) 设置 2022 年 1 月份会计科目，如表 2-4 所示。

表 2-4　会 计 科 目

科目编码	会 计 科 目	辅助核算	方向	币别 / 计量
1001	库存现金	日记账	借	
1002	银行存款	银行日记	借	
100201	工行存款	银行日记	借	
1122	应收账款	客户往来	借	
1123	预付账款		借	

续表一

科目编码	会 计 科 目	辅助核算	方向	币别 / 计量
112301	预付单位款	供应商往来	借	
112302	报刊费		借	
1221	其他应收款		借	
122101	应收单位款	客户往来	借	
122102	应收个人款	个人往来	借	
1231	坏账准备		贷	
1401	材料采购		借	
1403	原材料			
140301	螺纹钢管	数量核算	借	吨
140302	省煤器管	数量核算	借	吨
140303	燃烧设备		借	
1405	库存商品			
140501	WHS-1.10-85/60-H 型锅炉	数量核算	借	台
1601	固定资产		借	
1602	累计折旧		贷	
1604	在建工程	项目核算	借	
1901	待处理财产损溢			
190101	待处理流动资产损溢			
190102	待处理固定资产损溢			
1701	无形资产		借	
2001	短期借款		贷	
2202	应付账款	供应商往来	贷	
2203	预收账款	客户往来	贷	
2211	应付职工薪酬		贷	
221101	应付工资		贷	
221102	保险费		贷	
221103	工会经费		贷	
221104	职工教育经费		贷	
2221	应交税费		贷	
222101	应交增值税		贷	
22210101	进项税额		贷	
22210102	销项税额		贷	
222102	未交增值税		贷	
222103	应交城建税		贷	
222104	应交教育费附加		贷	

续表二

科目编码	会 计 科 目	辅助核算	方向	币别 / 计量
222105	应交所得税		贷	
2241	其他应付款		贷	
4001	实收资本		贷	
4103	本年利润		贷	
4104	利润分配		贷	
410415	未分配利润		贷	
5001	生产成本	项目核算	借	
500101	直接材料	项目核算	借	
500102	直接人工	项目核算	借	
500103	制造费用	项目核算	借	
5101	制造费用		借	
6001	主营业务收入		贷	
600101	WHS-1.10-85/60-H 型锅炉	数量核算	贷	台
6051	其他业务收入		贷	
6401	主营业务成本		借	
640101	WHS-1.10-85/60-H 型锅炉	数量核算	贷	台
6403	税金及附加		借	
6402	其他业务成本		借	
6601	销售费用		借	
6602	管理费用		借	
660201	薪资	部门核算	借	
660202	办公费	部门核算	借	
660203	差旅费	部门核算	借	
660204	招待费	部门核算	借	
660205	折旧费	部门核算	借	
660206	其他	部门核算	借	
6603	财务费用		借	

(2) 指定科目：将“库存现金 (1001)”科目指定为现金总账科目，将“银行存款 (1002)”科目指定为银行总账科目。

指定科目

(3) 凭证类别如表 2-5 所示。

表 2-5 凭 证 类 别

凭证类别	限制类型	限制科目
收款凭证	借方必有	1001,1002
付款凭证	贷方必有	1001,1002
转账凭证	凭证必无	1001,1002

(4) 结算方式如表 2-6 所示。

表 2-6 结 算 方 式

结算方式编码	结算方式名称	票据管理
1	现金	否
2	支票	否
201	现金支票	是
202	转账支票	是
3	其他	否

(5) 项目目录如表 2-7 所示。

定义项目大类
定义项目分类
设置项目目录
录入期初余额

表 2-7 项 目 目 录

项目设置步骤	设 置 内 容
项目大类	生产成本
核算科目	生产成本 (5001)： 直接材料 (500101) 直接人工 (500102) 制造费用 (500103)
项目分类	(1) 自行生产； (2) 委托加工
项目名称	(1) WSH-1.10-85/60-H 所属分类码 1； (2) CDZH2.1-85/60-A 所属分类码 2

(6) 数据分配权限。设置操作员“斯琴”具有采购部的查询权限，操作员“杨柳”和“明兰”具有所有部门的查询和录入权限。

3. 期初余额

(1) 总账期初余额表如表 2-8 所示。

表 2-8 2022 年 1 月份期初余额表

会 计 科 目	累计借方	累计贷方	期初余额
库存现金 (1001)	19 889.65	19 860.65	6 875.70
银行存款 (1002)	564 651.90	678 290.60	791 057.16
工行存款 (100201)	669 251.88	778 290.60	791 057.16
应收账款 (1122)	80 000.00	40 000.00	157 600.00
预付账款 (1123)			
预付单位款 (112301)			
报刊费 (112302)			642.00
其他应收款 (1221)	4 200.00	5 410.27	3 800.00

续表一

会 计 科 目	累计借方	累计贷方	期初余额
应收单位款 (122101)			
应收个人款 (122102)	4 200.00	3 410.27	3 800.00
坏账准备 (1231)	3 000.00	6 000.00	10 000.00
材料采购 (1401)	80 000.00		80 000.00
原材料 (1403)	293 180.00		1 042 600.00
螺纹钢管 (140301)	293 180.00		840 000.00
吨			240.00
省煤器管 (140302)			164 000.00
吨			5.00
燃烧设备 (140303)			38 600.00
库存商品 (1405)	140 142.54	90 000.00	2 544 000.00
WHS-1.10-85/60-H 型锅炉 (140501)			2 544 000.00
台			30
固定资产 (1601)			261 860.00
累计折旧 (1602)		39 511.89	47 120.91
在建工程 (1604)			
待处理财产损溢 (1901)			
流动资产损溢 (190101)			
固定资产损溢 (190102)			
无形资产 (1701)		58 500.00	58 500.00
短期借款 (2001)		400 000.00	400 000.00
应付账款 (2202)	150 557.26	60 000.00	276 850.00
预收账款 (2203)			
应付职工薪酬 (2211)		3 400.00	8 200.00
应付工资 (221101)		3 400.00	8 200.00
保险费 (221102)			
工会经费 (221103)			
职工教育经费 (221104)			
应交税费 (2221)	36 781.37	15 581.73	63 200.00
应交增值 (222101)	36 781.37	15 581.73	63 200.00
进项税 (22210101)	367 810.37		-33 800.00
销项税 (22210102)		15 581.73	97 000.00
未交增值税 (222102)			
应交所得税 (222105)			

续表二

会 计 科 目	累计借方	累计贷方	期初余额
其他应付款 (2241)		2 100.00	2 100.00
实收资本 (4001)			2 609 052.00
本年利润 (4103)			1 506 600
利润分配 (4104)	9 330.55	13 172.74	40 977.69
未分配利润 (410415)	9 330.55	13 172.74	40 977.69
生产成本 (5001)			17 165.74
直接材料 (500101)			10 000.00
直接人工 (500102)			4 000.74
制造费用 (500103)			3 165.00
制造费用 (5101)			
工资 (510101)			
折旧费 (510102)			
其他 (510103)			
主营业务收入 (6001)			
WHS-1.10-85/60-H 型锅炉 (600101)			
台			
其他业务收入 (6051)			
主营业务成本 (6401)			
WHS-1.10-85/60-H 型锅炉 (640101)			
台			
税金及附加 (6403)			
其他业务成本 (6402)			
销售费用 (6601)			
管理费用 (6602)			
薪资 (660201)			
办公费 (660202)			
差旅费 (660203)			
招待费 (660204)			
折旧费 (660205)			
其他 (660206)			
财务费用 (6603)			

(2) 辅助账期初余额表。

应收账款 (1122) 明细如表 2-9 所示。

表 2-9 应 收 账 款

日期	凭证号	客户	摘要	方向	余额	票号
2021-11-25	转 -118	甲公司	销售商品	借	99 600.00	P111
2021-12-10	转 -15	乙公司	销售商品	借	58 000.00	Z111
合计					157 600.00	

其他应收款 - 应收个人款 (122102) 明细如表 2-10 所示。

表 2-10 应 收 个 人 款

日期	凭证号	部门	个人	摘要	方向	余额
2021-12-26	付 -118	行政部	王洪宇	出差借款	借	2 000.00
2021-12-27	付 -156	销售部	杨柳	出差借款	借	1 800.00
合计						3 800

应付账款 (2202) 明细如表 2-11 所示。

表 2-11 应 付 账 款

日期	凭证号	供应商	摘要	方向	金额	票号
2021-10-20	转 -45	A 钢铁股份公司	购买材料	贷	276 850.00	C001

生产成本 (5001) 明细如表 2-12 所示。

表 2-12 生 产 成 本

科目名称	WSH-1.10-85/60-H	合 计
直接材料 (500101)	10 000.00	10 000.00
直接人工 (500102)	4 000.74	4 000.74
制造费用 (500103)	3 165.00	3 165.00
合计	17 165.74	17 165.74

【任务指导】

1. 登录总账

(1) 执行“企业应用平台”命令，打开“登录”对话框。

(2) 输入操作员“101”，输入密码“1”，选择账套“188 某锅炉制造厂”，输入操作日期“2022-01-01”，单击“登录”按钮。

(3) 在“业务工作”选项卡中，单击“财务会计”|“总账”选项，展开“总账”下级菜单。

2. 设置总账控制参数

(1) 在总账管理系统中，执行“设置”|“选项”命令，打开“选项”对话框。单击“编辑”按钮，进入选项编辑状态。

(2) 分别打开“凭证”“账簿”“凭证打印”“预算控制”“权限”“会计日历”“其他”选项卡，按照任务资料的要求进行相应的设置。

(3) 设置完成后，单击“确定”按钮。

3. 建立会计科目——增加明细会计科目

(1) 在企业应用平台的“基础设置”选项卡中，执行“基础档案”|“财务”|“会计科目”命令，进入“会计科目”窗口，显示所有按“2007 年新会计制度科目”预置的科目。

(2) 单击“增加”按钮，进入“会计科目 - 新增”窗口，输入任务资料中所给的明细科目。

(3) 输入明细科目的相关内容。输入编码“100201”、科目名称“工行存款”，选择“日记账”“银行账”，单击“确定”按钮。

(4) 继续单击“增加”按钮，输入任务资料中其他明细科目的相关内容。全部输入完成后，单击“关闭”按钮。

提示：

● 增加的会计科目编码长度及每级位数要符合编码规则。

4. 建立会计科目——修改会计科目

(1) 在“会计科目”窗口中，单击要修改的会计科目“1001”。

(2) 单击“修改”按钮或双击该科目，进入“会计科目 - 修改”窗口。

(3) 单击“修改”按钮，选中“日记账”复选框，单击“确定”按钮。

(4) 按任务资料的内容修改其他科目的辅助核算属性。修改完成后，单击“返回”按钮。

提示：

● 已有数据的科目不能修改科目的性质。

● 被封存的科目在制单时不可以使用。

5. 建立会计科目——删除会计科目

(1) 在“会计科目”窗口中，选择要删除的会计科目。

(2) 单击“删除”按钮，系统提示“记录删除后不能修复！真的删除此记录吗？”信息。

(3) 单击“确定”按钮，即可删除该科目。

提示：

● 如果科目已录入期初余额或已制单，则不能删除。

● 非末级会计科目不能删除。

● 被指定为“现金科目”“银行科目”的会计科目不能删除；若要删除，必须先取消指定。

6. 建立会计科目——指定会计科目

(1) 在“会计科目”窗口中，执行“编辑”|“指定科目”命令，进入“指定科目”窗口。

(2) 选择“现金总账科目”单选按钮，将“现金 (1001)”由待选科目选入已选科目。

(3) 选择“银行总账科目”单选按钮，将“银行存款 (1002)”由待选科目选入已选科目。

(4) 选择“现金流量科目”单选按钮，将“现金 (1001)”“工行存款 (100201)”“中行存款(100202)”由待选科目选入已选科目。

(5) 单击“确定”按钮。

提示：

● 指定会计科目是指定出纳的专管科目。只有指定科目后，才能执行出纳签字，从而实现现金、银行存款的保密性，才能查看现金、银行存款日记账。

● 在指定“现金科目”“银行科目”之前，应在建立“现金”“银行存款”会计科目时选中“日记账”复选框。

7. 设置凭证类别

(1) 在企业应用平台的“基础设置”选项卡中，执行“基础档案”|“财务”|“凭证类别”命令，打开“凭证类别预置”对话框。

(2) 选择“收款凭证、付款凭证、转账凭证”单选按钮。

(3) 单击“确定”按钮，进入“凭证类别”窗口。

(4) 单击工具栏上的“修改”按钮，再单击收款凭证“限制类型”的下三角按钮，选择“借方必有”，在“限制科目”栏输入“1001,1002”。

(5) 设置付款凭证的限制类型为“贷方必有”，限制科目为“1001,1002”，转账凭证的限制类型为“凭证必无”，限制科目为“1001,1002”。

(6) 设置完成后，单击“退出”按钮。

8. 设置结算方式

(1) 在企业应用平台的“基础设置”选项卡中，执行“基础档案”|“收付结算”|“结算方式”命令，进入“结算方式”窗口。

(2) 单击“增加”按钮，输入结算方式编码“1”、结算方式名称“现金结算”，单击“保存”按钮。

(3) 依次输入其他结算方式。对于“现金支票”和“转账支票”,要选中“票据管理标志”。

(4) 设置完成后，单击“退出”按钮。

提示：

● 支票管理是系统为辅助银行出纳对银行结算票据的管理而设置的功能，类似于手工系统中的支票登记簿的管理。若需实施票据管理,则选中“是否票据管理”复选框。

9. 设置项目目录

1) 设置项目目录——定义项目大类

(1) 在企业应用平台的“基础设置”选项卡中，执行“基础档案”|“财务”|“项目目录”命令，进入“项目档案”窗口。

(2) 单击“增加”按钮，打开“项目大类定义 - 增加”对话框。

(3) 输入新项目大类名称“生产成本”。

(4) 单击“下一步”按钮，输入要定义的项目级次，本例采用系统默认值。

(5) 单击“下一步”按钮，输入要修改的项目栏目，假设本例采用系统默认值。

(6) 单击“完成”按钮，返回“项目档案”窗口。

提示：

● 项目大类的名称是该类项目的总称，而不是会计科目的名称。例如，在建工程按具体工程项目核算，其项目大类名称应为“工程项目”，而不是“在建工程”。

2) 设置项目目录——指定核算科目

(1) 在“项目档案”窗口中，打开“核算科目”选项卡。

(2) 选择项目大类“生产成本”。

(3) 单击“>”按钮，将“生产成本 (5001)”及其明细科目选为参加核算的科目，单击“确定”按钮。

提示：

● 一个项目大类可指定多个科目，一个科目只能指定一个项目大类。

3) 设置项目目录——定义项目分类

(1) 在“项目档案”窗口中，打开“项目分类定义”选项卡。

(2) 单击右下角的“增加”按钮，输入分类编码“1”，输入分类名称“自行生产”，单击“确定”按钮。

(3) 定义“2 委托加工”项目分类。

4) 设置项目目录——定义项目目录

(1) 在“项目档案”窗口中，打开“项目目录”选项卡。

(2) 单击右下角的“维护”按钮，进入“项目目录维护”窗口。单击“增加”按钮，输入项目编号“01”，输入项目名称“WSH-1.10-85/60-H”，选择所属分类码“1”。

(3) 继续增加项目编号“02”，输入项目名称“CDZH2.1-85/60-A”，选择“所属分类码“2”。

10. 数据权限控制设置及分配

(1) 在企业应用平台的“系统服务”选项卡中，执行“权限”|“数据权限控制设置”命令，打开“数据权限控制设置”对话框。

(2) 打开“记录级”选项卡，选中“部门”复选框，单击“确定”按钮返回。

(3) 执行“数据权限”|“数据权限分配”命令，进入“权限浏览”窗口。从“业务对象”下拉列表中选择“部门”选项。从左侧“用户”列表框中选择“004 邱月”。

(4) 单击工具栏上的“授权”按钮，打开“记录权限设置”对话框。将“采购部”从“禁用”列表框中选入“可用”列表框中。

(5) 单击“保存”按钮，系统提示“保存成功”信息，单击“确定”按钮，返回记录权限设置。

提示：

● 标志结算后的项目将不能再使用。

11. 输入期初余额

(1) 在总账管理系统中,执行“设置”|“期初余额”命令,进入“期初余额录入”窗口。直接输入末级科目(底色为白色)的累计发生额和期初余额,上级科目的累计发生额和期初余额自动填列。

(2) 设置了辅助核算的科目底色显示为浅黄色,其累计发生额可直接输入,但期初余额的录入要到相应的辅助账中进行。其操作方法是:双击设置了辅助核算属性的科目的“期初余额”栏,进入相应的辅助窗口,按明细输入每笔业务的金额,完成后单击“退出”按钮,辅助账余额自动转到总账。

(3) 输完所有科目余额后,单击“试算”按钮,打开“期初余额试算平衡表”对话框。若期初余额不平衡,则修改期初余额;若期初余额试算平衡,则单击“退出”按钮。

提示:

- 期初余额试算不平衡,将不能记账,但可以填制凭证。
- 已经记过账,则不能再输入、修改期初余额,也不能执行“结转上年余额”功能。

12. 备份账套数据

在 D 盘建立文件夹,将项目二中任务一的账套输出,并保存到 U 盘。

【任务训练】

在业财一体信息化平台录入如表 2-13 所示的数据。

表 2-13　应收账款、应付账款期初余额明

单据类型	单据日期	客户 / 供应商名称	科目	方向	原币金额
其他应收单	2020-2-29	北京天地商业广场	1122	借	425 014
其他应收单	2020-2-29	深圳宝马汇商业中心	1122	借	438 030
其他应付单	2020-2-29	深圳安美家居有限公司	220201	贷	314 320
其他应付单	2020-2-29	北京万达物流有限公司	220201	贷	232 000
其他应付单	2020-2-29	北京绿环世纪有限公司	220201	贷	249 800
其他应付单	2020-2-29	北京家居用品有限公司	220201	贷	66 450
其他应付单	2020-2-29	深圳安美家居有限公司	220202	贷	858 000

任务二　总账管理系统的日常业务处理

【任务目的】

- 掌握总账管理系统日常业务处理的相关内容。
- 熟悉总账管理系统日常业务处理的各种操作。
- 掌握凭证管理、出纳管理和账簿管理的具体内容和操作方法。

【任务准备】

引入项目二中任务一的账套数据。

【任务要求】

● 以“财务会计”的身份进行填制凭证、凭证查询操作。

● 以“出纳员”的身份进行出纳签字、现金、银行存款日记账和现金日记账报表的查询、支票登记操作。

● 以“账套主管”的身份进行审核、记账、账簿查询操作。

【任务资料】

1. 凭证管理

填制凭证 1

2022 年 1 月份企业发生的经济业务如下：

(1) 1 月 2 日，销售部杨柳购买 600 元的办公用品 (普通发票)，以现金支付，附单据一张。

借：销售费用 (6601)　　600

　　贷：库存现金 (1001)　　600

填制凭证 2

(2) 1 月 3 日，财务部夏雨从工行提取现金 10 000 元，作为备用金，现金支票号为 XJ001。

借：库存现金 (1001)　　10 000

　　贷：银行存款 / 工行存款 (100201)　　10 000

填制凭证 3

(3) 1 月 5 日，收到丙公司投资资金 312 500 元，转账支票号为 ZZW001。

借：银行存款 / 工行存款 (100201)　　312 500

　　贷：实收资本 (4001)　　312 500

填制凭证 4

(4) 1 月 8 日，采购部邱月从甲公司采购螺纹钢管 40 吨，单价 3 500 元，材料直接入库，货款以银行存款支付，转账支票号为 ZZR001，增值税率为 13%。

借：原材料 / 螺纹钢管 (140301)　　140 000

　　应缴税费 / 应缴增值税 / 进项税额 (22210101)　　18 200

　　贷：银行存款 / 工行存款 (100201)　　158 200

填制凭证 5

(5) 1 月 12 日，销售部杨柳收到甲公司转来的一张转账支票，金额为 99 600 元，偿还前欠货款，转账支票号为 ZZR002。

借：银行存款 / 工行存款 (100201)　　99 600

　　贷：应收账款 (1122)　　99 600

填制凭证 6

(6) 1 月 14 日，采购部邱月从 B 无缝钢管有限公司购入锅炉配件省煤器管 3 吨，单价为 32 800 元，货税款暂欠，已验收入库，适用税率 13%。

借：原材料 / 省煤器管 (140302)　　98 400

　　应缴税费 / 应缴增值税 / 进项税额 (22210101)　　12 792

　　贷：应付账款 (2202)　　111 192

填制凭证 7

(7) 1 月 16 日，行政部支付业务招待费 2 000 元，转账支票号为 ZZR003。

借：管理费用 / 招待费 (660204)　　2 000

　　贷：银行存款 / 工行存款 (100201)　　2 000

(8) 1 月 18 日，行政部王洪宇出差归来，报销差旅费 1 800 元，交回现金 200 元。

填制凭证 8

借：管理费用 / 差旅费 (660203)　　1 800

　　库存现金 (1001)　　200

　　贷：其他应收款 (122102)　　2 000

(9) 1 月 20 日，一车间领用螺纹钢管 80 吨，单价 3 500 元，计 280 000 元，用于生产 WHS-1.10-85/60-H 型锅炉。

借：生产成本 / 直接材料 (500101)　　280 000

　　贷：原材料 / 螺纹钢管 (140301)　　280 000

(10) 1 月 26 日，一车间领用省煤器管 1.5 吨，单价 32 800 元，计 49 200 元，领用燃烧设备 38 600 元，用于生产 WHS-1.10-85/60-H 型锅炉。

借：生产成本 / 直接材料 (500101)　　87 800

　　贷：原材料 /H 型省煤器管 (140302)　　49 200

　　　　原材料 / 燃烧设备 (140303)　　38 600

(11) 1 月 28 日，销售给丁公司 WHS-1.10-85/60-H 型锅炉 10 台，售价 120 000 元 / 台，增值税率为 13%，货款尚未收到。

借：应收账款 (1122)　　1 356 000

　　贷：主营业务收入 (600101)　　1 200 000

　　　　应缴税费 / 应缴增值税 / 销项税额 (22210102)　　156 000

填制凭证 11～12

(12) 1 月 29 日，乙公司购买省煤器管 3 吨，单位售价 34 000 元，增值税率为 13%，收到转账支票一张，金额为 115 260 元，支票号为 ZZ456。

借：银行存款 (100201)　　115 260

　　贷：其他业务收入 (6051)　　102 000

　　　　应交税费 / 应交增值税 / 销项税额 (22210102)　　13 260

(13) 1 月 30 日，一车间领用燃烧设备 12 600 元，用于生产 WHS-1.10-85/60-H 型锅炉。

填制凭证 13

借：生产成本 / 直接材料 (500101)　　12 600

　　贷：原材料 / 燃烧设备 (140303)　　12 600

(14) 1 月 31 日，结转本月应缴增值税 201 468 元。

借：应缴税费 / 应缴增值税 / 销项税额 (22210102)　　266 260

　　贷：应缴税费 / 应缴增值税 / 进项税额 (22210101)　　64 792

　　　　应缴税费 / 未缴增值税 (222102)　　201 468

填制凭证 14

2. 出纳管理——支票登记簿

1 月 25 日，采购部邱月借转账支票一张，票号为 ZZR105，预计金额为 5 000 元。

【任务指导】

以“003 明兰”的身份注册进入企业应用平台。

提示：

- 操作日期输入“2022-01-31”。可以只注册一次企业应用平台，输入不同日期的凭证。

1. 填制凭证

业务 1 普通凭证——无辅助核算

在凭证填制过程中，若某科目为“银行科目”“外币科目”“数量科目”“辅助核算科目”，输完科目名称后，必须继续输入该科目的辅助核算信息。

(1) 执行“凭证”|“填制凭证”命令，进入“填制凭证”窗口。

(2) 单击“增加”按钮，增加一张空白凭证。

(3) 选择凭证类型“付款凭证”，输入制单日期“2022-01-02”，输入附单据数“1”。

(4) 输入摘要“购办公用品”，输入科目名称“6601”、借方金额“600”，按“Enter”键，摘要自动带到下一行，输入科目名称“1001”、贷方金额“600”，单击“保存”按钮。

(5) 系统弹出“凭证已成功保存！”信息提示框，单击“确定”按钮。

提示：

- 凭证一旦保存，其凭证类别、凭证编号就不能修改。
- 凭证中不同行的摘要可以相同，也可以不同，但不能为空。每行摘要将随相应的会计科目在明细账、日记账中出现。
- 科目编码必须是末级的科目编码。
- 金额不能为“零”，红字以“-”号表示。
- 可按“=”键，取消当前凭证借贷方金额的差别到当前光标位置。

业务 2 辅助核算——银行科目

(1) 在填制凭证过程中，输入银行科目“100201”，弹出“辅助项”对话框。

(2) 输入结算方式“201”、票号“XJ001”、发生日期“2022-01-03”，单击“确定”按钮。

(3) 凭证输入完成后，单击“保存”按钮。若此张支票未登记，则系统弹出“此支票尚未登记，是否登记？”对话框。

(4) 单击“是”按钮，弹出“票号登记”对话框。

(5) 输入领用日期“2022-01-03”、领用部门“财务部”、姓名“夏雨”、限额“10 000”、用途“备用金”，单击“确定”按钮。

提示：

- 选择支票控制，即该结算方式设为支票管理，银行辅助信息不能为空，而且该方式的票号应在支票登记簿中有记录。

业务 3 辅助核算——外币科目

(1) 在填制凭证过程中，输完外币科目“100202”，输入外币金额“50 000”，根据自动显示的外币汇率“6.25”，自动结算出并显示本币金额“312 500”。

(2) 全部输入完成后，单击“保存“按钮，保存凭证。

业务 4 辅助核算——数量科目

(1) 在填制凭证过程中，输入完客户往来科目“140301”，弹出“辅助项”对话框。

(2) 输入数量“40”、单价“3 500”，单击“确定”按钮。

(3) 保存凭证时，登记支票登记簿。

业务 5 辅助核算——客户往来

(1) 在填制凭证过程中，输入完客户往来科目“1122”，弹出“辅助项”对话框。

(2) 输入客户往来“甲公司”、发生日期“2022-01-12”。

(3) 单击“确定“按钮。

业务 6 辅助核算——供应商往来

(1) 在填制凭证过程中，输入完供应商往来科目“2202”，弹出“辅助项”对话框。

(2) 输入供应商“B 无缝钢管有限公司”、发生日期“2022-01-14”。

(3) 单击“确定”按钮。

业务 7 辅助核算——部门核算

(1) 在填制凭证过程中，输入完部门核算科目“660204”，弹出“辅助项”对话框。

(2) 输入部门“总行政办公室”，单击“确定”按钮。

(3) 保存凭证时，登记支票登记簿。

业务 8 辅助核算——个人往来

(1) 在填制凭证过程中，输入完个人往来科目“122102”，弹出“辅助项”对话框。

(2) 输入部门“总行政办公室”、个人“王洪宇”、发生日期“2022-01-18”。

(3) 单击“确定”按钮。

业务 9 辅助核算——项目核算

(1) 在填制凭证过程中，输入完项目核算科目“500101”，弹出“辅助项”对话框。

(2) 选择或输入项目名称“WSH-1.10-85/60-H”，单击“确定”按钮。

业务 10、业务 11、业务 12、业务 13、业务 14 参照以上操作。

2. 查询凭证

(1) 执行“凭证”|“查询凭证”命令，打开“凭证查询”对话框。

(2) 输入查询条件，单击“辅助条件”按钮，可输入更多的查询条件。

(3) 单击“确定”按钮，进入“查询凭证”窗口。

(4) 双击某一凭证行，则屏幕可显示出此张凭证。

3. 作废凭证

(1) 在“填制凭证”窗口中，执行“制单”|“作废/恢复“命令。

(2) 凭证的左上角显示“作废”字样，表示该凭证已作废。

4. 删除凭证

(1) 在“填制凭证”窗口中，执行“制单”|“整理凭证”命令，打开“选择凭证期间”对话框。

(2) 选择要整理的“月份”。

(3) 单击“确定”按钮，打开“作废凭证”对话框。

(4) 选择真正要删除的作废凭证。

(5) 单击“确定”按钮，系统将这些凭证从数据库中删除并对剩下的凭证重新排号。

5. 出纳签字——更换“操作员”为“出纳”

(1) 以“002 夏雨”的身份注册并进入企业应用平台，再进入总账管理系统。

(2) 执行“凭证”|“出纳签字”命令，打开“出纳签字”查询条件对话框。

(3) 输入查询条件，选择“全部”单选按钮。

(4) 单击“确定”按钮，进入“出纳签字”的凭证列表窗口。

(5) 双击某一个要签字的凭证或单击“确定”按钮，进入“出纳签字”的签字窗口。

(6) 单击“签字”按钮，凭证底部的“出纳”位置被自动签上出纳人的姓名。

(7) 单击“下张”按钮，对其他凭证签字，最后单击“退出”按钮。

6. 审核凭证

以“001 斯琴”的身份重新注册进入企业应用平台。

(1) 执行“凭证”|“审核凭证”命令，打开“凭证审核”查询条件对话框。

(2) 输入查询条件，单击“确定”按钮，进入“凭证审核”的凭证列表窗口。

(3) 双击要审核的凭证或单击“确定”按钮，进入“凭证审核”的审核凭证窗口。

(4) 检查要审核的凭证，无误后，单击“审核”按钮，凭证底部的“审核”处自动签上审核人的姓名。

(5) 单击“下张”按钮，对其他凭证签字，最后单击“退出”按钮。

7. 凭证记账

以“账套主管”的身份进行记账。

(1) 执行“凭证”|“记账”命令，进入“记账”窗口。

(2) 第一步，选择要进行记账的凭证范围。例如，在付款凭证的“记账范围”栏中输入“1-4”，本例单击“全选”按钮，选择所有凭证，单击“下一步”按钮

(3) 第二步，显示记账报告。如果需要打印记账报告，可单击“打印”按钮，如果不打印记账报告，单击“下一步”按钮。

(4) 第三步，记账。单击“记账”按钮，打开“期初试算平衡表”对话框，单击“确认”按钮，系统开始登录有关的总账和明细账、辅助账。登录完后，弹出“记账完毕”信息提示对话框。

(5) 单击“确定”按钮，记账完毕。

8. 取消记账

(1) 在总账初始窗口，执行“期末”|“对账”命令，进入“对账”窗口。

(2) 按“Ctrl + H”键，系统弹出“恢复记账前状态功能已被激活”信息提示对话框。

(3) 执行“凭证”|“恢复记账前状态”命令，打开“恢复记账前状态”对话框。

(4) 选择“最近一次记账前状态”单选按钮。

(5) 单击“确定”按钮，系统弹出“请输入主管口号”信息提示对话框。

(6) 输入口令“1”，单击“确认”按钮，系统弹出“恢复记账完毕”信息提示对话框，单击“确定”按钮。

9. 出纳管理

以“出纳员”的身份重新注册，并进入企业应用平台。

执行“总账”|“出纳”|“支票登记簿”命令，单击“增加”按钮，“修改日期”“选择领用部门”“领用人”“录入预计金额”，关闭窗口。

10. 账簿管理

以“账套主管”的身份重新注册进入企业应用平台。

1) 查询基本会计核算账簿

(1) 执行“账表”|“科目账”|“总账”命令，可以查询总账。

(2) 执行“账簿”|“科目账”|“余额表”命令，可以查询发生额及余额表。

(3) 执行“账簿”|“科目账”|“明细表”命令，可以查询月份综合明细表。

2) 部门账——部门总账

(1) 执行“账表”|“部门辅助账”|“部门总账”|“部门三栏总账”命令，进入“部门三栏总账条件”窗口。

(2) 输入查询条件：科目“招待费 (660205)”，部门“总行政办公室”。

(3) 单击“确定”按钮，显示查询结果。

(4) 将光标置于总账的某笔业务上，单击“明细”按钮，可以联查询月份综合明细账。

3) 部门账——部门明细账

(1) 执行“账表”|“部门辅助账”|“部门明细账”|“部门多栏式明细账”命令，进入“部门多栏明细账条件”窗口。

(2) 选择科目“6602”，部门“行政部”，月份范围为 2022-01-01—2020-01-31，分析方式“金额分析”，单击“确定”按钮，显示查询结果。

(3) 将光标置于多栏账的某笔业务上，单击“凭证”按钮，可以联查该笔业务的凭证。

在 D 盘中建立文件夹，将项目二中任务二的账套输出，并保存到 U 盘。

【任务训练】

根据借款单如图 2-1 所示，在业财一体信息化平台填制记账凭证。

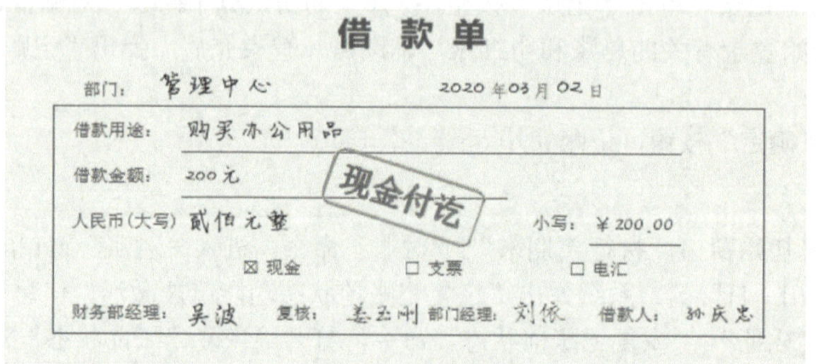

借款单

部门：管理中心　　2020 年 03 月 02 日

借款用途：购买办公用品

借款金额：200 元

人民币(大写) 贰佰元整　　小写：¥200.00

☒ 现金　☐ 支票　☐ 电汇

财务部经理：吴波　复核：姜玉刚　部门经理：刘依　借款人：孙庆忠

图 2-1　借款单

项目三

薪 资 管 理

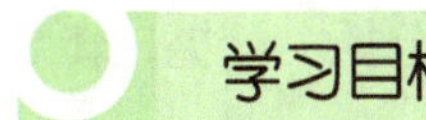

学习目标

知识目标

- 掌握薪资管理的基本功能。
- 熟悉薪资管理日常业务的主要内容。
- 理解薪资变动中各项目的增减变动关系。

技能目标

- 能够完成工资账套建立的初始设置。
- 能够完成薪资管理中的项目设置、公式设置、工资变动等业务处理。
- 能够完成工资分摊的公式设置和工资分摊凭证的业务处理。

素质目标

- 培养学生严肃认真、严谨细致的工作态度。
- 培养学生熟悉企业机构设置、薪资管理制度，履行会计监督职责。

知识链接

一、业务流程简介

人力资源管理是企业管理的重要组成部分。企业员工的业绩考评和薪酬的确定关系到企业每一位员工的切身利益，这对于调动每一位员工的工作积极性、正确处理企业与职工之间的经济关系具有重要意义。薪资管理是各企事业单位常用的功能之一。在用友新道ERPU8 V15.0软件中，薪资管理作为人力资源管理系统的一个子系统，主要功能包括以下几个方面。

（一）设置薪资类别

薪资管理系统提供了处理多个工资类别的功能。如果单位按周或按月多次发放工资，或者是单位中有多种不同类别（部门）的人员，工资发放的项目不同，计算公式也不同，但需进行统一工资核算管理，则需要建立多个工资类别。

如果对单位中所有人员的工资进行统一管理，人员的工资项目、工资计算公式全部相同，则需要建立单个工资类别，以提高系统的运行效率。

(二)设置人员档案

薪资管理系统设置人员的基础信息并对人员的变动进行调整，另外薪资管理系统还提供了设置人员附加信息的功能。

(三)日常业务处理

薪资管理系统可以根据不同企业的需要设置工资项目和计算公式，管理所有人员的工资数据，并对日常发生的工资变动进行调整，自动计算个人所得税，结合工资发放方式选择是否进行扣零处理等选项，自动计算、汇总工资数据；自动完成工资分摊、计提、转账业务。

(四)薪资报表管理

薪资管理系统提供多层次、多维度的工资数据查询。

二、薪资管理系统的日常业务处理

(一)初始设置

信息化处理薪资，用户首先要做一次性初始设置，如部门、人员类别、工资项目、公式、个人工资、个人所得税设置，银行代发设置等，每月只需对有变动的项目进行修改，系统会自动进行计算，并汇总生成各种报表。薪资管理系统初始设置包括建立工资账套和基础信息设置两个部分。

1. 建立工资账套

工资账套与系统管理中的账套是两个不同的概念。系统管理中的账套是针对整个核算系统而言的，而工资账套是针对薪资子系统的。建立工资账套的前提是在系统管理中先要建立本单位的核算账套。建立工资账套时，可以根据建账向导进行。

2. 基础信息设置

(1) 部门设置：薪资一般按部门进行管理。

(2) 人员类别设置：人员类别与工资费用的分配、分摊有关，以便于按人员的类别进行工资汇总计算。

(3) 人员附加信息设置：此项设置可增加人员信息，充实人员档案的内容，便于对人员进行更加有效的管理，可以附加设置人员的性别、民族、婚否等。

(4) 工资项目设置：定义工资项目的名称、类型、宽度、小数、增减项。系统中有一些固定项目是工资账中必不可少的。例如，“应发合计”“扣款合计”“实发合计”，这些项目不能删除也不能重命名。其他项目可根据实际情况定义或参照增加。例如，基本工资、奖励工资、请假天数等。在此设置的工资项目是针对所有工资类别的全部工资项目。

(5) 银行名称设置：发放工资的银行可按需要设置多个，这里的银行名称设置是针对所有的工资类别。例如，同一工资类别中的人员由于在不同的工作地点，需由不同的银行代发工资；或者不同的工资类别由不同的银行代发工资，均需设置相应的银行。

（二）日常业务处理

1. 工资类别管理

薪资管理系统是按工资类别来进行管理的。每个工资类别下均有员工档案、工资变动、工资数据、报税处理、银行代发等项目。对工资类别的维护包括建立工资类别、打开工资类别、删除工资类别、关闭工资类别和汇总工资类别。

1) 人员档案

人员档案的设置用于登记工资发放人员的姓名、编号、所在部门、类别等信息，人员的增减变动也必须在本功能中设置。人员档案的设置是针对某个工资类别的，即应先打开相应的工资类别。

2) 设置工资项目

在系统初始中设置的工资项目包括本单位各种工资类别所需要的全部工资项目。由于不同的工资类别和工资发放项目不同，因此应对某个指定工资类别所需的工资项目进行设置。

3) 设置计算公式

计算公式是指定义某些工资项目的计算公式及工资项目之间的运算关系。例如，缺勤扣款 = 基本工资 / 月工作日 × 缺勤天数。运用公式可直观地表达工资项目的实际运算过程，灵活地进行工资的计算处理。定义公式可通过选择工资项目、运算符、关系符、函数等组合完成。

系统固定的工资项目“应发合计”“扣款合计”“实发合计”等计算公式，系统根据工资项目设置的“增减项”自动给出。用户在此只能增加、修改或删除其他工资项目的计算公式。

2. 工资数据管理

第一次使用系统管理系统时，必须将所有人员的基本工资数据录入系统，每月发生工资数据变动也要进行调整。为了能够快速、准确地录入工资数据，系统提供了以下功能。

1) 筛选和定位

如果对部分人员的工资数据进行修改，应采用数据过滤的方法。先将要修改的人员过滤出来，然后进行工资数据修改。修改完毕后进行“重新计算”和“汇总”。

2) 页编辑

“工资变动”窗口提供了“编辑”功能，可以对选定的个人工资数据进行快速录入。单击“上一人”或“下一人”按钮可选择并变更人员，录入或修改人员的工资数据。

3) 替换

将符合条件人员的某个工资项目的数据，统一替换为某个数据，如管理人员的奖金上调 300 元等。

4) 过滤器

如果只对工资项目中的某一个或几个项目进行修改，则可将要修改的项目过滤出来。

例如，只对“事假天数”“病假天数”两个工资项目的数据进行修改。对于常用到的过滤项目可以在项目过滤选择后，输入一个名称进行保存。以后可以通过过滤项目名称进行调用，不用时也可以删除。

3. 工资分钱清单

工资分钱清单是按单位计算的工资发放分钱票面额清单，会计人员根据此表从银行取款并发放给各部门。系统提供了票面额设置的功能，用户可以根据单位需要自定义设置，系统根据实发工资项目分别自动计算出按部门、按人员、按企业各种面额的张数。

4. 个人所得税的计算与申报

鉴于许多企事业单位计算职工工资薪金所得税的工作量较大，本系统特提供个人所得税自动计算功能，用户只需自定义所得税税率，系统会自动计算出个人所得税。

5. 银行代发

目前，企事业单位发放工资时都采用银行代发的形式，是指月末单位向银行提供工资数据由银行直接将工资打入员工的银行卡。这样做既减轻了财务部门发放工资的繁重工作，同时也有效地避免了财务人员去银行提取大笔款项所承担的风险，同时还提高了对员工个人工资的保密程度。

6. 工资分摊

工资是人工费中最主要的部分，还需要对工资费用进行工资总额的计提计算、分配及各种经费的计提，并生成转账会计凭证，生成的凭证在总账系统中审核、记账。

7. 工资数据查询统计

工资数据处理的结果最终是通过工资报表的形式反映的。薪资管理系统提供了主要的工资报表，报表的格式由系统提供。工资报表也可以通过“修改表”和“新建表”功能自行设计。

1) 工资表

工资表包括工资发放签名表、工资发放条、工资卡、部门工资汇总表、人员类别工资表、条件汇总表、条件统计表、条件明细表、工资变动明细表、工资变动汇总表等由系统提供的原始表。工资表主要用于本月工资发放和统计，工资表可以进行修改和重建。

2) 工资分析表

工资分析表是以工资数据为基础，对部门类别、人员类别的工资数据进行分析和比较，产生各种分析表，供决策人员使用。

（三）期末处理

1. 月末结转

月末结转是以主管的身份登录系统，将当月数据经过处理后结转至下月的。每月的工资数据处理完毕后均可进行月末结转。由于在工资项目中，有的项目是变动的，即每月的数据均不相同，在处理每月工资时，均需将其数据清零，然后输入当月的数据，则此类项目即为清零项目。

月末结转在会计年度的1月至11月进行，且只有在当月工资数据处理完毕后才可进行。若处理多个工资类别时，则应打开工资类别，分别进行月末结转。若本月工资数据未汇总，系统将不允许进行月末结转。进行月末结转后，当月数据不允许变动。

2. 年末结转

年末结转是将工资数据经过处理后结转至下年。进行年末结转后，新年度账将自动建立。处理完所有工资类别的工资数据，对多工资类别应关闭所有工资类别，然后在系统管理中选择“年度账”菜单，进行上年数据结转。年末结转其他操作与月末结转处理类似。

年末结转只有在当月工资数据处理完毕后才能进行。若当月工资数据未汇总，系统将不允许进行年末结转。进行年末结转后，本年各月数据将不允许变动。若用户跨月进行年末结转，则系统会提示。年末处理功能只有主管人员才能进行操作。

项目实施

任务 薪资管理系统的日常业务处理

【任务目的】

- 掌握用友新道 ERPU8 V15.0 软件中薪资管理系统的相关内容。
- 掌握薪资管理系统中初始化、日常业务处理、工资分摊及月末处理的操作。

【任务准备】

- 引入项目二中任务二的账套数据。

【任务要求】

- 进行薪资管理系统的初始设置。
- 进行薪资管理系统的日常业务处理。
- 进行工资分摊及月末处理。
- 进行薪资管理系统的数据查询。
- 以账套主管“斯琴”的身份进行工资业务处理。

【任务资料】

1. 建立工资账套

工资类别个数：多个；核算币种：人民币 RMB；要求代扣个人所得税；不进行扣零处理；启用日期：2022年1月。

2. 期初信息设置

(1) 工资项目设置如表 3-1 所示。

表 3-1 工资项目设置

项目名称	类 型	长 度	小数位数	增减项
基本工资	数字	8	2	增项
奖励工资	数字	8	2	增项
交补	数字	8	2	增项
住房公积金	数字	10	2	减项
请假扣款	数字	8	2	减项
保险费	数字	8	2	减项
请假天数	数字	8	2	其他

(2) 人员档案设置。

工资类别 1：正式人员。

部门选择：所有部门。

工资项目：基本工资、奖励工资、交补、请假扣款、保险费、住房公积金、请假天数。

人员档案如表 3-2 所示。

表 3-2 人 员 档 案

人员编号	人员姓名	部门名称	人员类别	账 号	中方人员	是否计税	核算件工资
101	王洪宇	行政部	管理人员	20200090001	是	是	否
201	斯琴	财务部	管理人员	20200090002	是	是	否
202	夏雨	财务部	管理人员	20200090003	是	是	否
203	明兰	财务部	管理人员	20200090004	是	是	否
301	邱月	采购部	经营人员	20200090005	是	是	否
401	杨柳	销售部	经营人员	20200090188	是	是	否
402	田园	销售部	经营人员	20200090008	是	是	否
501	江南	一车间	车间管理人员	20200090009	是	是	否
502	程果	一车间	生产人员	20200090010	是	是	否

银行档案：

中国工商银行海东支行：账号定长为“11”。

银行档案计算公式如表 3-3 所示。

公式设置

表 3-3 计 算 公 式

工资项目	定 义 公 式
请假扣款	请假天数 * 90
住房公积金	(基本工资 + 奖励工资) * 0.12
保险费	(基本工资 + 奖励工资) * 0.08
交补	iff(人员类别 = “管理人员” OR 人员类别 = “车间管理人员”，300,100)

工资类别 2：临时人员。

部门选择：生产部、一车间、二车间。

临时人员档案如表 3-4 所示。

表 3-4 人 员 档 案

人员编号	人员姓名	部门名称	人员类别	账 号	中方人员	是否计税	计件工资
511	海涛	一车间	生产人员	20200090031	是	是	否
512	高原	二车间	生产人员	20200090032	是	是	否

3. 工资数据

录入工资

(1) 1 月初人员工资情况。正式人员工资情况如表 3-5 所示。

表 3-5 正式人员工资

姓 名	基 本 工 资	奖 励 工 资
王洪宇	6 000.00	1 200.00
斯琴	5 000.00	1 000.00
夏雨	3 000.00	500.00
明兰	4 500.00	500.00
邱月	5 000.00	500.00
田园	4 000.00	300.00
杨柳	5 000.00	500.00
江南	3 000.00	300.00
程果	3 500.00	350.00

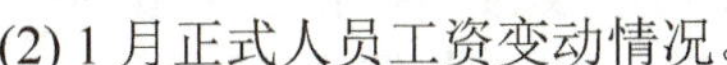
(2) 1 月正式人员工资变动情况。

考勤情况：江南请假 2 天；夏雨请假 1 天。

奖励工资情况

人员调动情况：因需要，决定招聘艾诗歌 (编号 302) 到采购部担任经营人员，其基本工资 4 000 元，无奖励工资，代发工资银行账号：20200090011。

奖励工资情况：销售部去年推广产品业绩较好，每人增加奖励工资 500 元。

4. 代扣个人所得税

工资分摊设置

个税免征额 (即扣税基数) 为 5 000 元。外籍人士个税减除费用为 4 800 元。

5. 工资分摊

工资分摊凭证

应付工资总额等于工资项目“实发合计”，工会经费、职工教育经费、保险费也以此为计提基础。

工资费用分配的转账分录如表 3-6 所示。

表 3-6 工资费用分配分录

部 门	科 目	应付工资 (100%)		工会经费 (2%)		职工教育经 (1.5%)	
		借方科目	贷方科目	借方科目	贷方科目	借方科目	贷方科目
行政部、财务部	管理人员	660201	221101	660201	221103	660201	221104
销售部、采购部	经营人员	6601	221101	6601	221103	6601	221104
一车间	车间管理	5101	221101	5101	221103	5101	221104
	生产人员	500102	221101	500102	221103	500102	221104

【任务指导】

1. 薪资管理系统初始化

(1) 执行“开始”|“程序”|“用友 ERPU8 V15.0”|“企业应用平台”命令，打开“登录”对话框。

(2) 输入操作员“101 斯琴”，输入密码“1”，在“斯琴”下拉列表框中选择“188 某锅炉制造厂”，更改操作日期“2022-01-01”，单击“登录”按钮，进入企业应用平台。

(3) 执行“基础设置”|“基础信息”|“系统启用”命令，打开“系统启用”对话框。选中“WA 薪资管理”复选框，弹出“日历”对话框，选择薪资管理系统企业日期“2022 年 1 月 1 日”，单击“确定”按钮，系统弹出“确定要启用当前系统吗？”信息提示对话框，单击“是”按钮返回。

(4) 进入企业应用平台，打开“业务工作”选项卡，选择“人力资源”中的“薪资管理”选项，打开“建立工资套”对话框。

2. 建立工资账套

(1) 在建账第一步的“参数设置”中，选择工资类别个数为“多个”，默认货币名称为“人民币”，选中“是否核算计工资”复选框，单击“下一步”按钮。

(2) 在建账第二步的“扣税设置”中，选中“是否从工资中代扣个人所得税”复选框，单击“下一步”按钮。

提示：

- 选择代扣个人所得税后，系统将自动生成工资项目“代扣税”，并自动进行代扣税金的计算。

(3) 在建账第三步的“扣零设置”中不做选择，直接单击“下一步”按钮。

(4) 单击“完成”按钮。

3. 基础信息设置

1) 工资项目设置

(1) 在薪资管理系统中，执行“设置”|“工资项目设置”命令，打开“工资项目设置”对话框。

(2) 单击“增加”按钮，工资项目列表中增加一空行。

(3) 单击“名称参照”下拉列表框，从下拉列表中选择“基本工资”选项。

(4) 单击“增加”按钮，增加其他工资项目。

(5) 单击“确认”按钮，系统弹出“工资项目已经改变，请确认各工资类别的公式是否正确？”信息提示对话框，单击“确定”按钮。

2) 银行设置

(1) 在企业应用平台的“基础设置”中，执行“基础档案”|“收付结算”|“银行档案”命令，打开“银行档案”对话框。

(2) 单击“增加”按钮，增加“工商银行新城支行”，默认个人账号“定长”，账号长度“11”，自动带出个人账户长度“7”。

3) 建立正式人员工资类别

(1) 在薪资管理系统中，执行“工资类别”|“新建工资类别”命令，打开“新建工资类别”对话框。

(2) 在文本框中输入第一个工资类别“正式人员”，单击“下一步”按钮。

(3) 选中“选定全部部门”复选框。

(4) 单击“完成”按钮，系统弹出“是否以 2022-01-01 为当前工资类别的启用日期？”信息，单击“是”按钮，返回薪资管理系统。

(5) 执行“工资类别”|“关闭工资类别”命令，关闭“正式人员”工资类别。

4) 建立临时人员工资类别

建立临时人员工资类别与正式人员的方法相同。

4. 正式人员工资类别初始设置

1) 打开工资类别

(1) 执行“工资类别”|“打开工资类别”命令，打开“打开工资类别“对话框。

(2) 选择“正式人员”工资类别，单击”确定“按钮。

2) 设置人员档案

(1) 在薪资管理系统中，执行“设置”|“人员档案”命令，进入“人员档案”窗口。

(2) 单击工具栏上的“批增”按钮，打开“人员批量增加”对话框。

(3) 在左侧的“人员类别”列表中，单击“管理人员”“经营人员”“车间管理人员”和“生产人员”前面的选择栏，出现“是”，所选人员类别的档案出现在右侧列表框中。单击“确定”按钮返回。

(4) 修改人员档案信息，补充输入银行账号信息、去掉核算计件工资选项，最后单击工具栏上的“退出”按钮。

3) 选择工资项目

(1) 执行“设置”|“工资项目设置”命令，打开“工资项目设置”对话框。

(2) 在“工资项目设置”选择卡中，单击“增加”按钮，工资项目列表中增加一行空行。

(3) 单击“名称参数”下拉列表框，从下拉列表中选择“基本工资”选项，工资项目名称、类别、长度、小数、增减项自动带出，不能修改。

(4) 单击“增加”按钮，增加其他工资项目。

(5) 所有项目增加完成后，单击“工资项目设置”窗口上的“上移”和“下移”按钮，按照任务资料的顺序调整工资项目的排列位置。

4) 设置计算公式

设置公式：请假扣款 = 请假天数 *90

(1) 在“工资项目设置”对话框中，打开“公式设置”选项卡。

(2) 单击“增加”按钮，在工资项目列表中增加一行空行，单击该行，在下拉列表中选择“请假扣款”选项。

(3) 单击“公式定义”文本框，单击工资项目列表中的“请假天数”。

(4) 单击运算符“*”，在“*”后单击，输入数字“90”，单击“公式确认”按钮。

设置公式：交补 = iff(人员类别 =“管理人员” OR 人员类别 =“车间管理人员”，300,100)

(5) 单击“增加”按钮，在工资项目列表中增加一空行，单击该行，在下拉列表框中选择“交补”选项 (提示：“OR”前后均输入一个空格)。

(6) 单击“公式定义”文本框，再单击“函数公式向导输入”按钮，打开“函数向导——步骤之 1”对话框。

(7) 从“函数名”列表中选择 iff，单击“下一步”按钮，打开“函数向导——步骤之 2”对话框。

(8) 单击“逻辑表达式”参照按钮，打开“参照”对话框，从“参照”下拉列表中选择“人员类别”选项，从下面的列表中选择“管理人员”，单击“确定”按钮。

(9) 在逻辑表达式文本框中的公式后单击鼠标，输入“OR”后，再次单击“逻辑表达式”参照按钮，出现“参照”对话框，从“参照”下拉列表中选择“人员类别”选项，从下面的列表中选择“车间管理人员”，单击“确定”按钮，返回“函数向导——步骤之 2”对话框。

提示：

- 在“OR”前后应有空格。
- 在“算术表达式 1”后的文本框中输入“300”，在“算术表达式 2”后的文本框中输入“100”，单击“完成”按钮，返回“公式设置”窗口，单击“公式确认”按钮。
- 自行设置保险费的计算公式。
- 单击“确定”按钮，退出公式设置。

5) 设置所得税纳税基数

(1) 执行“设置”|“选项”命令，打开“选项”对话框，单击“编辑”按钮。

(2) 单击“扣税设置”选项卡，单击“税率设置”按钮，打开“个人所得税申报表——税率表”对话框。

(3) 查看系统预置的所得税纳税基数是否为“5 000”，附加费用是否为“4 800”，税率表是否与国家现行规定一致，不一致的需要按国家规定进行修订。

(4) 单击“确定”按钮返回。

5. 正式人员工资类别日常业务

1) 人员变动

(1) 在企业应用平台中，执行“基础设置”|“基础档案”|“机构人员”|“人员档案”

命令，进入“人员档案”窗口。

(2) 单击“增加”按钮，输入新增人员“艾诗歌”的详细档案资料。

(3) 单击“确认”按钮，返回“人员档案”窗口，单击工具栏上的“退出”按钮。

(4) 在薪资管理系统正式人员工资类别中，选择“设置”|“人员档案”命令，增加“艾诗歌”的档案资料。

2) 输入正式人员基本工资数据

(1) 执行“业务处理”|“工资变动”|命令，进入“工资变动”窗口。

(2) 输入每人“基本工资”和“奖励工资”的工资数据。

3) 输入正式人员工资变动数据

(1) 输入考勤情况：江南请假2天，夏雨请假1天。

(2) 单击“全选”按钮，人员前面的“选择”栏出现选中标记。

(3) 单击工具栏上的“替换”按钮，单击“将工资项目”下拉列表框，从中选择“奖励工资”选项，在“替换成”文本框中，输入“奖励工资＋500”。

(4) 在“替换条件”文本框中分别选择：“部门”“=”“销售部”，单击“确定”按钮，系统弹出“数据替换后将不可修复。是否继续？”信息对话框，单击“是”按钮，系统弹出“2条记录被替换，是否重新计算？”信息对话框，单击“是”按钮，系统自动完成工资结算。

4) 数据计算与汇总

(1) 在“工资变动”窗口中，单击工具栏上的“计算”按钮，计算工资数据。

(2) 单击工具栏上的“汇总”按钮，汇总工资数据。

(3) 单击工具栏上的“退出”按钮，退出“工资变动”窗口。

5) 查看个人所得税

(1) 执行“业务处理”|“扣缴个人所得税”命令，打开“个人所得税申报模板”对话框。

(2) 选择“北京”地区“扣缴个人所得税报表”，单击“打开”按钮，打开“所得税申报”对话框，单击“确定”按钮，进入“北京扣缴个人所得税报表”窗口。

6. 正式人员类别工资分摊

1) 工资分摊类型设置

(1) 执行“业务处理”|“工资分摊”命令，打开“工资分摊”对话框。

(2) 单击“工资分摊设置”按钮，打开“分摊类型设置”对话框。

(3) 单击“增加”按钮，打开“分摊计提比例设置”对话框。

(4) 输入计提类型为“应付工资”，单击“下一步”按钮，打开“分摊构成设置”对话框。

(5) 按项目资料内容进行设置。返回“分摊类型设置”对话框。继续设置工会经费、职工教育经费等分摊计提项目。

提示：

● 如果科目设置了辅助核算，必须选择相应的项目大类和项目。本例选择项目大类“生产成本”，项目“WSH-1.10-85/60-H”。

2) 分摊工资费用

(1) 执行“业务处理”|“工资分摊”命令，打开“工资分摊”对话框。

(2) 选择需要分摊的计提费用类型，确定分摊计提的月份“2022-01”。

(3) 选择核算部门：行政部、财务部、采购部、销售部、生产部。

(4) 选择“选择到工资项目”复选框。

(5) 单击“确定”按钮，打开“应付工资一览表”对话框。

(6) 选中“合并科目相同、辅助项目相同的分录”复选框，单击工具栏上的“制单”按钮，即生成记账凭证。

(7) 单击凭证左上角的“字”位置，选择“转账凭证”，输入附单据书，单击“保存”按钮，凭证左上角出现“已生成”字样，表示该凭证传递到总账。

提示：

- 项目核算科目选择“WHS-1.10-85/60-H 型锅炉”项目。

7. 账表查询

查看工资分钱清单、个人所得税扣缴申报表、各种工资表。

8. 月末处理

(1) 执行“业务处理”|“月末处理”命令，打开“月末处理”对话框。单击“确定”按钮，系统弹出“月末处理之后，本月工资将不能变动，继续月末处理吗？”信息提示对话框，单击“是”按钮，系统继续弹出“是否选择清零项？”信息提示对话框，单击“是”按钮，打开“选择清零项目”对话框。

(2) 在“请选择清零项目”列表框中，单击鼠标选择“请假天数”“请假扣款”和“奖励工资”项目，单击“ > ”按钮，将所选项目移动到右侧的列表框中。

(3) 单击“确定”按钮，系统弹出“月末处理完毕”信息提示对话框，单击“确定”按钮返回。

(4) 以此类推，完成“临时人员”工资类别月末处理。

提示：

- 月末结账只有在会计年度的 1 月至 11 月进行。
- 如果是处理多个工资类别，则应打开工资类别，分别进行月末结算。
- 如果本月工资数据未汇总，系统则不允许进行月末结账。
- 进行期末处理后，当月数据不允许再变动。
- 月末处理功能只有主管人员才能执行。

9. 备份账套信息

在 D 盘建立文件夹，将项目三中任务的账套输出，并保存到 U 盘。

【任务训练】

在业财一体信息化平台中熟练、准确地进行工资计算处理。具体要求如下：

(1) 2020 年 3 月 1 日，公司考勤制度规定所有人员每请事假一天，扣款 50 元，设置工资公式“请假扣款 = 请假天数 *50”。

(2) 2020 年 3 月 30 日，由于 2 月销售业绩良好，3 月份临时将市场中心所有员工的奖金增加本人基本工资的 15% 作为临时奖励，设置奖金公式。

(3) 住房公积金、失业保险、医疗保险、养老保险分别按基本工资的 12%、0.2%、2% + 3、8% 计算。

项目四

固定资产管理

学习目标

知识目标

- 掌握固定资产管理的基本功能。
- 熟悉企业固定资产、固定资产变动的业务内容。
- 理解企业固定资产折旧的计提方法、计提范围。

技能目标

- 能够完成固定资产增加的业务处理。
- 能够完成固定资产变动的业务处理。
- 能够完成固定资产计提折旧的业务处理。

素质目标

- 培养学生爱岗敬业、维护企业财产安全、恪尽职守的工作精神。
- 培养学生熟悉企业资产管理制度、保证企业资产安全的责任意识。

知识链接

一、业务流程简介

用友新道 ERPU8 V15.0 软件中的固定资产管理系统主要用于完成企业固定资产日常业务的核算和管理，生成固定资产卡片，按月反映固定资产的增加、减少、原值变化及其他变动，并输出相应的增减变动明细账，按月自动计提折旧，生成折旧分配凭证，同时输出一些同设备管理相关的报表和账簿。

（一）初始设置

固定资产管理系统的初始设置是根据用户单位的具体情况，建立固定资产的子账套。初始设置包括设置控制参数、设置基础数据、输入期初固定资产卡片。

（二）设置控制参数

控制参数包括约定与说明、启用月份、折旧信息、编码方式，以及财务接口等。这些参数在初次启动固定资产管理系统时设置，其他参数可以在“选项”中补充设置。

（三）设置基础数据

1. 资产类别设置

固定资产的种类繁多，规格不一，要使固定资产管理系统及时、准确地做好固定资产核算，必须科学地设置固定资产的分类，为核算和统计管理提供依据。

2. 部门设置

固定资产管理系统可对单位的各部门进行设置，以便确定资产的归属。

3. 部门对应折旧科目设置

对应折旧科目是指折旧费用的入账科目。资产计提折旧后必须把折旧归入成本或费用，根据不同企业的具体情况，有按部门归集的，也有按类别归集的，部门对应折旧科目设置就是给每个部门选择一个折旧科目，这样在输入卡片时，该科目将自动填入卡片中，不必逐个输入。

如果对某一上级部门设置了对应的折旧科目，则下级部门将继承上级部门的设置。

4. 增减方式设置

增减方式包括增加方式和减少方式两类。系统内置的增加方式有直接购买、投资者投入、捐赠、盘盈、在建工程转入、融资租入 6 种。系统内置的减少方式有出售、盘亏、投资转出、捐赠转出、报废、毁损、融资租出 7 种。

5. 折旧方法设置

折旧方法设置是系统自动计算折旧的基础。系统提供了常用的 6 种折旧方法（不提折旧、工作量法、年数总和法、双倍余额递减法、平均年限法（一）和平均年限法（二）)，并列出了它们的折旧计算公式。这几种方法是系统默认的折旧方法，只能选用，不能删除和修改。如果这几种方法不能满足需要，系统还提供了折旧方法的自定义功能。

（四）录入期初固定资产卡片

固定资产卡片是固定资产核算和管理的基础和依据，为保持历史资料的连续性，必须将建账日期以前的数据输入系统中。

二、日常业务处理

（一）资产增加和减少

资产增加是指购入或通过其他方式增加企业资产。资产增加时，需要输入一张新的固定资产卡片，在“资产增加”里输入卡片。

资产减少是指资产在使用过程中，由于各种原因，如毁损、出售、盘亏等，退出企业。资产减少时，需输入资产减少卡片并说明减少的原因。

账套计提折旧后才可以使用资产减少功能，否则减少资产只是通过删除卡片来完成。

对于误减少的资产，可以使用系统提供的纠错功能来恢复，但只有当月减少的资产才可以恢复。如果资产减少操作已制作凭证，则必须删除凭证后才能恢复。

只要固定资产卡片未删除，就可以通过卡片管理中的“已减少资产”来查看减少的资产。

（二）资产变动

资产变动包括原值变动、部门转移、使用状况调整、使用年限调整、折旧方法调整、净残值(率)调整、工作总量调整、累计折旧调整、变动单管理。其他项目的修改，如名称、编号、自定义项目等的变动可直接在固定资产卡片上进行。

资产变动要求输入相应的“变动单”来记录资产调整的结果。

1. 原值变动

原值变动包括原值增加和原值减少两个部分。资产在使用过程中，其原值增减有 5 种情况：① 根据国家规定对固定资产重新评价；② 增加补充设备或改良设备；③ 将固定资产的一部分拆除；④ 根据实际价值调整原来的暂估价值；⑤ 发现原来记录的固定资产价值有误等。

2. 部门转移

资产在使用过程中，因单位内部调配而发生的部门资产变动应及时处理，否则将会影响部门资产的折旧计算。

3. 资产使用状况的调整

资产使用状况分为在用、未使用、不需用、停用、封存 5 种。资产在使用过程中，可能会因为某些原因，使得资产的使用状况发生变化。这种变化会影响到设备折旧的计算，因此应及时调整。

4. 资产使用年限的调整

资产在使用过程中，可能会由于资产重估、大修等原因调整资产的使用年限。进行使用年限调整的资产在调整的当月就按调整后的使用年限计提折旧。

5. 资产折旧方法的调整

一般来说，资产折旧方法在一年之内很少改变，但如果有特殊情况需改变的，也可以进行调整。

6. 变动单管理

可以对变动单进行查询、修改、制单、删除等处理。

提示：

- 用友新道 ERPU8 V15.0 软件的固定资产管理系统中，本月录入的卡片和本月增加的资产不允许进行变动处理，只能在下月进行。

（三）资产评估

用友新道 ERPU8 V15.0 管理系统提供对固定资产评估的管理，主要包括如下步骤：

(1) 将评估机构的评估数据手工录入系统或将定义的公式录入系统。

(2) 根据国家要求手工录入评估结果或根据定义的评估公式生成评估结果。

(3) 对评估单进行管理。

可评估的资产内容包括原值、累计折旧、净值、使用年限、工作总量、净残值率。

(四) 资产盘点

用友新道 ERPU8 V15.0 管理系统提供对固定资产盘点的管理，主要包括如下步骤：

(1) 在卡片管理中打印输出固定资产盘点单。

(2) 在资产盘点中选择按部门或按类别等对固定资产进行盘点，录入盘点数据，与账面上记录的盘点单进行核对，查核资产的完整性。

(3) 对盘点单进行管理。

(五) 生成凭证

固定资产管理系统和总账管理系统之间存在着数据的自动传输，固定资产管理系统通过记账凭证向总账管理系统传递有关数据 (如资产增加、减少、累计折旧调整，以及折旧分配等记账凭证)。记账凭证可以采取立即制单或批量制单的方法实现。

(六) 账簿管理

通过系统提供的账表管理功能，可以及时掌握资产的统计、汇总和其他方面的信息。账表包括账簿、折旧表、统计表、分析表 4 类。另外，如果系统提供的报表种类不能满足需要，还可以根据实际要求利用系统的自定义报表功能进行设置。

1. 账簿

系统自动生成的账簿有 (单个) 固定资产明细账、(部门、类别) 明细账、固定资产登记簿、固定资产总账。这些账簿以不同方式序时地反映了资产的变化情况。在查询过程中，可联查某时期 (部门、类别) 明细及相应原始凭证，从而获得所需财务信息。

2. 折旧表

系统提供了 4 种折旧表：(部门) 折旧计提汇总表、固定资产折旧计算明细表、固定资产及累计折旧表 (一) 和 (二)。通过该类表可以了解并掌握本企业所有资产本期、本年乃至某部门计提折旧及其明细情况。

3. 统计表

统计表是出于管理资产的需要，按管理目的统计的数据表。系统提供了 7 种统计表：固定资产原值一览表、固定资产统计表、评估汇总表、评估变动表、盘盈盘亏报告表、逾龄资产统计表、役龄资产统计表。

4. 分析表

分析表主要通过对固定资产的综合分析，为管理者提供管理和决策依据。系统提供了 4 种分析表：价值结构分析表、固定资产使用状况分析表、部门构成分析表、类别构成分析表。管理者可以通过这些分析表了解本企业资产计提折旧的程度和剩余价值的大小。

5. 自定义报表

当系统提供的报表不能满足企业的需求时，用户也可以自己定义报表。

三、期末处理

固定资产管理系统的期末处理工作主要包括计提减值准备、计提折旧、对账、月末结账等内容。

（一）计提减值准备

企业应当在期末或至少在每年年度终止时，对固定资产逐项进行检查，如果由于市价持续下跌，或技术陈旧等原因导致固定资产可回收金额低于账面价值，则应当将可回收金额低于账面价值的差额作为固定资产减值准备。固定资产减值准备必须按单项资产计提。

如已计提的固定资产价值又得以恢复，则应在原计提的减值准备范围内转回。

（二）计提折旧

自动计提折旧是固定资产管理系统的主要功能之一。可以根据录入系统的资料，利用系统提供的“折旧计提”功能，对各项资产每期计提一次折旧，并自动生成折旧分配表，然后制作记账凭证，将本期的折旧费用自动登记。

当开始计提折旧时，系统将自动计提所有资产当期的折旧额，并将当期的折旧额自动累加到累计折旧项目中。计提工作完成后，需要进行折旧分配，形成折旧费用，系统除了自动生成折旧清单外，同时还生成折旧分配表，从而完成本期折旧费用登账工作。

系统提供的折旧清单显示了所有应计提折旧资产所计提的折旧数据额。

折旧分配表是制作记账凭证，是把计提折旧额分配到有关成本和费用的依据。折旧分配表有两种类型：类别折旧分配表和部门折旧分配表。生成折旧分配表由“折旧汇总分配周期”决定，因此制作记账凭证要在生成折旧分配表后进行。

（三）对账

当初次启动固定资产的参数设置，或选项中的参数设置选择了“与账务系统对账”参数时，才可使用本系统的对账功能。

（四）月末结账

当固定资产管理系统完成了本月全部制单业务后，才可以进行月末结账。月末结账每月进行一次，结账后当期数据不能修改。如果有错，则必须修改。可以通过系统提供的“恢复月末结账前状态”功能反结账，再进行相应的修改。

由于成本系统每月从固定资产管理系统提取折旧费数据，因此一旦成本系统提取了某期的数据，则该期数据不能反结账。

如果本期不能结账，则系统不能处理下期的数据。结账前一定要进行数据备份，否则数据一旦丢失，将造成无法挽回的后果。

项目实施

任务 固定资产管理系统的日常业务处理

【任务目的】

- 掌握用友新道 ERPU8 V15.0 软件中固定资产管理的相关内容。
- 掌握固定资产管理系统的初始化、日常业务处理、月末处理等操作。

【任务准备】

- 引入项目三中任务的账套数据。

【任务要求】

- 进行固定资产管理系统参数的设置、原始卡片的录入。
- 开展日常业务：资产增减、资产变动、资产评估、生成凭证、账表查询。
- 进行月末处理：计提减值准备、计提折旧、对账和结账。
- 以账套主管的身份进行固定资产管理系统的日常业务操作。

【任务资料】

1. 初始设置

(1) 控制参数如表 4-1 所示。

表 4-1 控 制 参 数

控 制 参 数	参 数 说 明
约定与说明	我同意
启用月份	2022-01
折旧信息	本账套计提折旧。 折旧方法：平均年限法 (一)。 折旧汇总分配周期：1 个月。 当月初已计提月份 = 可使用月份 - 1 时将剩余折旧全部提足
编码方式	资产类别编码方式：2112。 固定资产编码方式： 按“类别编码 + 部门编码 + 序号”自动编码。 卡片序号长度为“3”
财务接口	与财务系统进行对账。 对账科目： 固定资产对账科目：固定资产 (1601)。 累计折旧对账科目：累计折旧 (1602)

续表

控制参数	参数说明
补充参数	业务发生后立即制单。 月末结账前一定要完成制单登账业务。 固定资产缺省入账科目：1601。 累计折旧缺省入账科目：1602。 固定资产减值准备缺省入账科目：1603。 增值税进项税额缺省入账科目：22210101。 固定资产清理缺省入账科目：1606

(2) 资产类别如表 4-2 所示。

表 4-2 资产类别

编码	类别名称	净残值率	单位	计提属性
01	交通运输设备	4%		正常计提
011	经营用设备	4%		正常计提
012	非经营用设备	4%		正常计提
02	电子设备及生产设备	4%		正常计提
021	经营用设备	4%	台	正常计提
022	非经营用设备	4%	台	正常计提
03	房屋及建筑物	4%	栋	正常计提

(3) 部门及对应折旧科目如表 4-3 所示。

表 4-3 部门及对应折旧科目

部门	对应折旧科目
行政部、采购部、财务部	660205 管理费用 / 折旧费
销售部	6601 销售费用
生产部	5101 制造费用

(4) 增减方式的对应入账科目如表 4-4 所示。

表 4-4 增减方式的对应入账科目

增减方式	对应入账科目
增加方式	
直接购入	工行存款 (100201)
在建工程转入	在建工程 (1604)
减少方式	
出售	固定资产清理 (1606)
报废	固定资产清理 (1606)
毁损	固定资产清理 (1606)

(5) 录入原始卡片，如表 4-5 所示。

表 4-5　原 始 卡 片

资产名称	类别编号	使用部门	增加方式	使用年限 / 月	开始使用日期	原　值	累计折旧	对应折旧科目
轿车	00001	行政部	直接购入	72	2021-06-01	215 470.00	17 237.00	660205
笔记本电脑	00002	销售部	直接购入	60	2018-12-01	6 000.00	3 456.00	6601
打印机	00003	财务部	直接购入	60	2020-12-01	15 000.00	4 320.00	660205
自动包装机	00004	一车间	直接购入	60	2018-12-01	50 000.00	28 800.00	5101
数控车床	00005	一车间	直接购入	120	2020-12-01	150 000.00	14 400.00	5101
厂房	00006	多部门	在建工程转入	480	2007-12-01	3 000 000.00	1 044 000.00	5101

注：净残值率为 4%，使用状况为“在用”，折旧方法均采用平均年限法 (一)。

录入原始卡片

厂房为多部门使用时，所占比例如下：行政部占 10%，财务部占 10%，采购部占 10%，销售部占 10%，一车间占 40%，生产部二车间占 20%。

2. 2022 年 1 月份发生的业务

2022 年 1 月份发生的业务如下：

(1) 1 月 21 日，财务部购买扫描仪一台，价值 3 500 元，净残值率为 4%，预计使用年限为 5 年，转账支票支付货款。

(2) 1 月 31 日，财务部的打印机转移到采购部。

(3) 1 月 31 日，经核查，对 2018 年购入的笔记本电脑计提 1 000 元的减值准备。

(4) 1 月 31 日，计提本月折旧费用。

(5) 1 月 31 日，一车间毁损自动包装机一台。

(6) 1 月 31 日，行政部的轿车添置新配件 10 000 元，转账支票支付。

业务 1

业务 2

业务 3

业务 4

业务 5-1

业务 5-2

业务 6

3. 月末处理

将以上凭证进行审核、记账、对账和月末结账。

【任务指导】

1. 启用并注册固定资产管理系统

(1) 执行“开始”|“程序”|“用友新道 ERPU8 V15.0”|“企业应用平台”命令，打开“登录”对话框。

(2) 输入操作员“001 斯琴”，输入密码“1”，在“账套”下拉列表框中选择“188 某锅炉制造厂”，更改操作日期为“2022-01-01”，单击“登录”按钮。

(3) 执行“基础设置”|“基本信息”|“系统启用”命令，

打开“系统启用”对话框。选中“FA 固定资产”复选框，弹出“日历”对话框，选择固定资产系统的启用日期为“2022-01-01”，单击“确定”按钮，系统弹出“确定要启用当前系统吗？”信息提示对话框，单击“是”按钮返回。

(4) 在“业务工作”选项卡中，单击“财务会计”|“固定资产”选项，系统弹出“这是第一次打开此账套，还未进行过初始化，是否进行初始化？”信息提示对话框，单击“是”按钮，打开固定资产“初始化账套向导”对话框。

2. 初始设置

1) 设置控制参数

初次启用固定资产管理系统的参数设置如下：

(1) 在“固定资产初始化向导——约定与说明”对话框中选择“我同意”。

(2) 单击“下一步”按钮，打开“固定资产初始化向导——启用月份”对话框。

(3) 选择启用月份“2022-01”。

(4) 单击“下一步”按钮，打开“固定资产初始化向导——折旧信息”对话框。

(5) 选中“本账套计提折旧”复选框，选择折旧方法“平均年限法(一)”，折旧分配周期为“1 个月”，选中“当月初已计提月份 = 可使用月份 - 1 时，将剩余折旧全部提足”复选框。

(6) 单击“下一步”按钮，打开“固定资产初始化向导——编码方式”对话框。

(7) 确定资产类别编码长度为“2112”，选择“自动编码”单选按钮，选择固定资产编码方式为“类别编码 + 部门编码 + 序号”，选择序号长度为“3”。

(8) 单击“下一步”按钮，打开“固定资产初始化向导——财务接口”对话框

(9) 选中“与财务系统进行对账”复选框，选择固定资产的对账科目为“固定资产(1601)”，累计折旧的对账科目为“累计折旧(1602)”。

(10) 单击“下一步”按钮，打开“固定资产初始化向导——财务接口”对话框。

(11) 单击“完成”按钮，完成本账套的初始化，系统弹出“是否完成所设置的信息完全正确并保存对新账套的所有设置”信息提示对话框。

(12) 单击“是”按钮，系统弹出“已成功初始化本固定资产账套”信息提示对话框，单击“确定”按钮。

提示：

- 初始化设置完成后，有些参数不能修改，所以要谨慎。
- 如果发现参数有错，则必须修正。修正只能通过固定资产管理系统中的“工具”|“重新初始化账套功能”命令实现，该操作将清空对该子账套所做的一切工作。

2) 设置补充参数

(1) 执行“设置”|“选项”命令，进入“选项”窗口。

(2) 单击“编辑”按钮，打开“与账务系统接口”选项卡。

(3) 选中“业务发生后立即制单”“月末结账前一定要完成制单登账业务”复选框，选择缺省入账科目“固定资产(1601)”“固定资产减值准备(1603)”“增值税进项税额(22210101)”“固定资产清理(1606)”，单击“确定”按钮。

3) 设置资产类别

(1) 执行“设置”|“资产类别”命令，进入“类别编码表”窗口。

(2) 单击“增加”按钮，输入类别名称“交通运输设备”，净残值“4%”，选择计提属性“正常计提”，折旧方法“平均年限法(一)”，卡片样式“通用样式”，单击“保存”按钮。

(3) 完成其他资产类别的设置。

提示：

- 资产类别编码不能重复，同一级的类别名称不能相同。
- 类别编码、名称、计提属性、卡片样式不能为空。
- 已使用过的类别不能设置新下级。

4) 设置部门对应折旧科目

(1) 执行“设置”|“部门对应折旧科目”命令，进入“部门编码表”窗口。

(2) 选择部门“管理中心”，单击“修改”按钮。

(3) 选择折旧科目“管理费用/折旧费(660206)”，单击“保存”按钮，系统弹出“是否将管理中心部门的所有下级部门的折旧科目替换为[折旧费]”信息提示对话框，单击“是”按钮。替换之后，即可看到行政部、财务部对应折旧科目均修改为“管理费用/折旧费”。

(4) 完成其他部门折旧科目的设置。

5) 设置增减方式的对应科目

(1) 执行“设置”|“增减方式”命令，进入“增减方式”窗口。

(2) 在左侧列表框中，单击“直接购入”增加方式，单击“修改”按钮。

(3) 输入对应入账科目“工行存款(100201)”，单击“保存”按钮。

(4) 输入减少方式“损毁”的对应入账科目“固定资产清理(1606)”。

提示：

- 当固定资产发生增减变动、系统生成凭证时，系统会默认采用这些科目。

6) 录入原始卡片

(1) 执行“卡片”|“录入原始卡片”命令，进入“资产类别参照”窗口。

(2) 选择固定资产类别“非经营用设备(012)”，单击“确认”按钮，进入“固定资产卡片录入”窗口。

(3) 输入固定资产名称“轿车”，双击“部门名称”，选择“行政部”，双击“增加方式”，选择“直接购入”，双击“使用状况”选择“在用”，输入开始使用日期“2021-12-01”，输入原值“215470”，累计折旧为“17237”，输入可使用年限“72 月”，其他信息会自动算出。

(4) 单击“保存”按钮，系统弹出“数据成功保存”信息提示对话框，单击“确定”按钮。

(5) 完成其他固定资产卡片的输入。

(6) 执行“处理”|“对账”命令，系统将固定资产系统录入的明细资料数据汇总并与财务核对，显示与财务的对账结果，单击“确定”按钮返回。

提示：

- 卡片编号：系统根据初始化时定义的编码方案自动设定，不能修改。如果删除一张卡片，该卡片又不是最后一张，则系统将保留空号。
- 已计提月份：系统将根据开始使用日期自动计算出已计提月份，也可以修改。将使用期间停用等不计提折旧的月份扣除。
- 月折旧率、月折旧额：与计算折旧有关的项目输入后，系统会按照输入的内容自动计算并显示在相应项目内，可与手工计算的值比较，并核对是否有错误。

3. 日常业务处理

业务 1　资产增加 (购买扫描仪)

(1) 执行“卡片”|“增产增加”命令，进入“资产类别参照”窗口。

(2) 选择资产类别“非经营用设备 (022)”，单击“确定”按钮，进入“固定资产卡片”窗口。

(3) 输入固定资产名称“扫描仪”，双击部门名称，弹出“本资产部门使用方式”信息提示对话框；选择“单部门使用”选项，单击“确定”按钮，打开“部门参照”对话框；选择“财务部”选项，双击“增加方式”，选择“直接购入”，双击“使用状况”，选择“在用”，输入原值“3500”、可使用年限“60 月”、开始使用日期“2022-01-21”。

(4) 单击“保存”按钮，进入“填制凭证”窗口。

(5) 选择凭证类别“付款凭证”，修改制单日期、附件数，单击“保存”按钮。

提示：

- 固定资产原值一定要输入卡片录入月初的价值，否则会计算错误。
- 新卡片第一个月不提折旧，累计折旧为空或 0。
- 卡片输入完后，可以立即制单，也可以月末批量制单。

业务 2　资产部门转移

(1) 执行“卡片”|“变动单”|“部门转移”命令，进入“固定资产变动单”窗口。

(2) 输入卡片编号“00003”，双击“变动后部门”，选择“采购部”，输入变动原因“调拨”。

(3) 单击“保存”按钮。

提示：

● 如果上次计提折旧已通过记账凭证把数据传递到账务系统中，则必须删除凭证才能重新计提折旧。

● 如果计提折旧后又对账套进行了影响折旧计算或分配的操作，则必须重新计提折旧，否则系统不允许结账。

业务 3 计提减值准备

(1) 执行“卡片”|“变动单”|“计提减值准备”命令，进入“固定资产变动单”窗口。

(2) 输入卡片编号“00002”，输入准备金额“1000”，输入减值原因“技术进步”。

(3) 单击“保存”按钮，进入“填制凭证”窗口。

(4) 选择凭证类型“转账凭证”，修改其他项目，单击“保存”按钮。

计提减值准备生成以下凭证：

借：管理费用 / 其他

　　贷：固定资产减值准备

业务 4 折旧处理

(1) 执行“处理”|“计提本月折旧”命令，系统弹出“是否要查看折旧清单”信息提示对话框，单击“否”按钮。

(2) 系统继续弹出“本操作将计提本月折旧，并花费一定时间，是否要继续”信息提示对话框，单击“是”按钮。

(3) 系统计提折旧完成后，进入“折旧分配表”窗口，单击“凭证”按钮，进入“填制凭证”窗口，选择“转账凭证”类别，修改其他项目，单击“保存”按钮。

业务 5 资产减少

(1) 执行“卡片”|“资产减少”命令，进入“资产减少”窗口。

(2) 选择卡片编号“00004”，单击“增加”按钮。

(3) 选择减少方式“毁损”，单击“确定”按钮，进入“填制凭证”窗口。

(4) 选择“转账凭证”类别，修改其他项目，单击“保存”按钮。

业务 6 资产原值增加

(1) 执行“卡片”|“变动单”|“原值增加”命令，进入“固定资产变动单”窗口。

(2) 输入卡片编号“00001”，输入增加金额“10000”，输入变动原因“增加配件”。

(3) 单击“保存”按钮，进入“填制凭证”窗口。

(4) 选择凭证类型“付款凭证”，修改其他项目，单击“保存”按钮。

提示：

● 变动单不能修改，只有当月删除重做，所以请仔细检查后再保存。

● 必须保证固定资产变动后的净值大于变动的净残值。

● 计提折旧后，才能减少资产。

● 在总账系统进行凭证的审核、记账处理。

4. 月末处理

(1) 固定资产管理系统生成的凭证自动传递到总账管理系统。在总账管理系统中，对传递过来的凭证进行审核和记账。

(2) 以出纳“杨柳”的身份登录总账管理系统，进行出纳签字。

(3) 以会计“明兰”的身份登录总账，进行审核记账。

(4) 以主管“斯琴”的身份执行“处理”|“月末结账”命令，按提示进行月末结账。

提示：

- 只有总账管理系统记账完毕，固定资产管理系统期末才能和总账对账。

5. 备份分账套信息

在 D 盘建立文件夹，将项目四任务的账套输出，并保存到 U 盘。

【任务训练】

在业财一体信息化平台生成固定资产增加凭证，如图 4-1 所示。

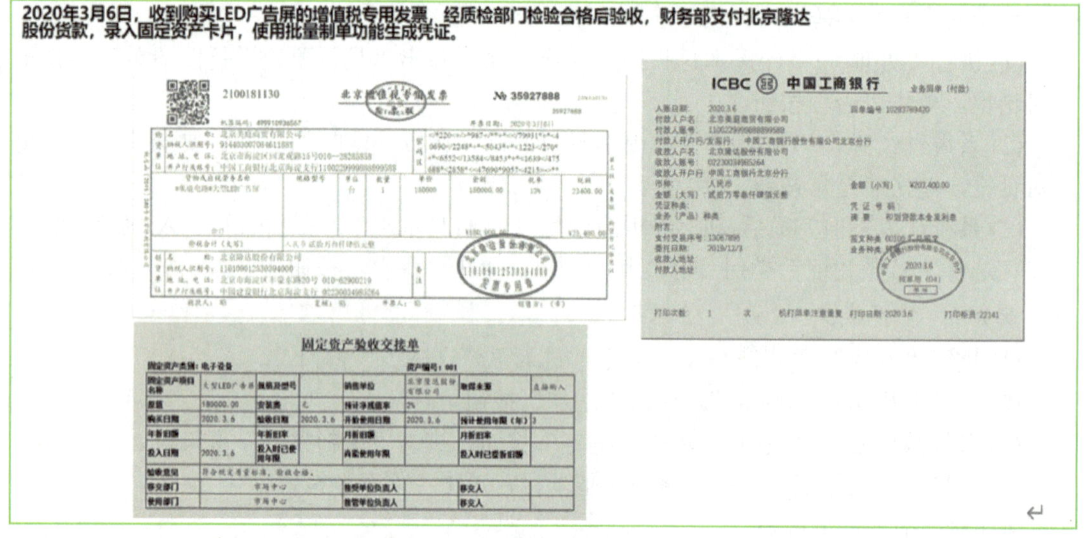

2020年3月6日，收到购买LED广告屏的增值税专用发票，经质检部门检验合格后验收，财务部支付北京隆达股份货款，录入固定资产卡片，使用批量制单功能生成凭证。

固定资产验收交接单

固定资产类别：电子设备　　资产编号：001

固定资产项目名称	大型LED广告屏	规格型号		销售单位	北京隆达股份有限公司	资金来源	直接购入
原值	180000.00	安装费	无	预计净残值率	2%		
购买日期	2020.3.6	验收日期	2020.3.6	开始使用日期	2020.3.6	预计使用年限（年）	3
年折旧额		年折旧率		月折旧额		月折旧率	
投入日期	2020.3.6	投入时已使用年限		尚需使用年限		投入时已提折旧额	
验收意见	符合规定质量标准，验收合格。						
移交部门	市场中心			接受单位负责人		移交人	
使用部门	市场中心			保管单位负责人		移交人	

图 4-1　固定资产增加凭证

项目五

总账管理系统期末处理

学习目标

知识目标

- 掌握总账管理系统期末处理的基本内容。
- 熟悉总账期末处理的业务范围。
- 理解期末银行对账的操作流程。
- 理解期末自动转账的基本概念。

技能目标

- 能够完成银行对账和余额调节表查询的业务处理。
- 能够完成自定义转账的业务处理。
- 能够完成产品销售成本、汇兑损益结转、期末损益结转的业务处理。

素质目标

- 培养学生精益求精、追求卓越的工匠精神。
- 培养学生熟悉企业资产管理制度，保证企业资产安全的责任意识。
- 培养学生团结协作、共同进步的团队精神。

知识链接

一、业务流程简介

期末处理主要包括银行对账、自动转账、对账、月末处理和年末处理。与日常业务相比，期末处理业务数量不多，但种类繁杂且时间紧迫。在计算机操作的环境下，各会计期间的许多期末业务具有较强的规律性，且方法很少改变，如费用计提、分摊的方法等，由总账管理系统来处理这些有规律的业务，这样不但可以减少会计人员的工作量，而且也可以加强财务核算的规范性。

二、银行对账日常业务处理

(一)输入银行对账期初数据

通常情况下，许多企业在使用总账管理系统时，先不使用银行对账模块。例如，某企业 2022 年 1 月开始使用总账管理系统，而银行对账功能是在 5 月开始使用的，那么银行对账则应该有一个启用日期(启用日期为使用银行对账功能前最后一次手工对账的截止日期)，并在此录入最后一次对账企业方与银行方的调整前余额，以及启用日期之前的单位日记账和银行对账单的未达项。

(二)输入银行对账单

要实现总账管理系统自动对账，在每月月末对账前，需要将银行开出的银行对账单输入系统。本功能适用于平时录入银行对账单。在指定账户(银行科目)后，可录入本账户下的银行对账单，以便于与企业银行存款日记账进行对账。

(三)银行对账

银行对账采用自动对账与手工对账相结合的方式。

自动对账即总账管理系统根据对账依据将银行日记账未达账项与银行对账单进行自动核对勾销。对账依据通常是“结算方式 + 结算号 + 方向 + 金额”或“方向 + 金额”。对于已核对上的银行业务，系统将自动在银行存款日记账银行对账单双方写上两清标志，并视为已达账项，否则视其为未达账项。由于自动对账是以银行存款日记账和银行对账单双方对账依据完全相同为条件，所以为了保证自动对账的正确和彻底，必须保证对账数据的规范合理。

手工对账是对自动对账的补充。采用自动对账后，可能还有一些特殊的已达账项没有对出来，而被视为未达账项，为了保证对账更准确，可通过手工对账进行调整勾销。

(四)余额调节表的查询输出

在对银行对账进行两清勾选后，系统自动整理汇总未达账项和已达账项。生成“银行存款余额调节表”，以检查对账是否正确。该余额调节表为截止到对账截止日期的余额调节表，若无对账截止日期，则为最新余额调节表。如果余额调节表显示账面余额不平，应查“银行期初录入”中的相关项目是否平衡，“银行对账单”录入是否正确，“银行对账”中勾对是否正确，对账是否平衡，如不正确则应进行调整。

(五)对账结果查询

对账结果查询主要用于查询单位日记账和银行对账单的对账结果。它是对余额调节表的补充，可进一步了解对账后，对账单上勾对的明细情况(包括已达账项和未达账项)，从而进一步查询对账结果。检查无误后，可通过核销银行对账单来核销已达账。

银行对账不平时，则不能使用核销功能。核销不影响银行日记账的查询和打印。核销错误可以进行反核销。

三、总账系统期末转账

转账分为外部转账和内部转账。外部转账是指将其他专项核算子系统生成的凭证转入总账管理系统中；内部转账是指在总账管理系统内部，把某个或某几个会计科目中的余额或本期发生额结转到一个或多个会计科目中。实现自动转账包括转账定义和总账生成两部分。

（一）定义转账

转账主要包括自定义转账、对应结转、销售成本结转、汇兑损益结转、期间损益结转。

1. 自定义转账设置

(1)“费用分配”的结转，如工资分配等。

(2)“费用分摊”的结转，如制造费用等。

(3)“税金计算”的结转，如增值税等。

(4)“提取各项费用”的结转，如提取福利费等。

(5) 各项辅助核算的结转。

2. 对应结转设置

对应结转设置不仅可进行两个科目的一对一结转，还提供科目的一对多结转功能。对应结转的科目可分为上级科目，但其下级科目的对应科目结构必须一致(相同明细科目)，如有辅助核算，则两个科目的辅助账类也必须一一对应。

提示：

- 本功能只结转期末余额，若结转发生额，需在自定义结转中设置。

1. 销售成本结转

销售成本结转设置主要用来辅助没有启用供应链的管理系统的企业完成销售成本的计算和结转。销售成本结转分两种方法：全月平均法和售价(计划价)法。

2. 汇兑损益结转设置

本功能用于期末自动计算外币账户的汇兑损益，并在结转生成中自动生成汇兑损益转账凭证。汇兑损益只处理外汇存款账户、成本类账户和损益类账户。

为了保证汇兑损益计算正确，在填制某月的汇兑损益凭证时，账户必须先将本月的所有未记账凭证先记账；汇兑损益入账科目不能是辅助账科目或有数量外币核算的科目；若启用了应收款、应付款管理系统，则计算汇兑损益的外币科目不能是带客户或供应商往来核算的科目。

3. 期间损益结转设置

(1) 本功能用于在一个会计期间终止时，将损益类科目的余额结转到本年利润科目中，从而及时反映企业利润的盈亏情况。期间损益结转主要是对管理费用、销售费用、财务费用、销售收入、营业外收支等科目的结转。

(2) 损益科目结转中将列出所有的损益科目。如果希望某损益科目参与期间损益的结转，则应在该科目所在行的本年利润科目栏填写本年利润科目代码，代码若为空，则将不结转此损益科目的余额。

(3) 损益科目的期末余额将结转到该行的本年利润科目中。若损益科目与本年利润科目都要辅助核算，则辅助账类必须相同。

(4) 损益科目结转表中的本年利润科目必须为末级科目，且为本年利润入账科目的下级科目。

(二)转账生成

定义完转账凭证后，每月月末只需执行本功能即可由计算机快速生成转账凭证，在此生成的转账凭证将自动追加到未记账凭证中去，通过审核、记账后才能真正完成结转工作。在进行月末转账之前，必须将所有未记账凭证全部记账，否则生成的转账凭证中的数据可能不准确。特别是对于一组相关转账分录，必须按顺序依次进行转账生成、审核、记账。

(三)凭证记账

在记账时，系统会打开期初试算平衡表进行对账，并且进行平衡检验，并列出科目余额表及是否平衡信息。如果期初试算不平衡则不允许记账。如果上月未结账则不允许记账。当对账出现错误或记账有误时，系统允许回复记账前状态，并进行检查、修改，直到对账正确。

如果使用了应收款、应付款管理系统，则在总账管理系统中不能对往来客户账、供应商往来进行对账。

(四)月末结账

每月月底要进行结账处理(即计算和结转各账簿的本期发生额和期末余额)，并终止本期的账务处理工作。

在结账前要进行数据备份，结账后不得再录入本月凭证，并终止各账户的记账工作，计算本月各账户发生额合计和本月账户期末余额，并将期末余额结转至下月月初余额。

提示:

- 如果结账以后发现结账错误,可以进行“反结账”,取消结账标志,然后进行修正,再进行结账工作。
- 在期末“对账”窗口中，同时按住“Ctrl + Shift + F6”键，可取消结账。

项目实施

任务一 出纳管理——银行对账

【任务目的】

- 掌握用友新道 ERPU8 V15.0 管理软件中总账管理系统月末处理的相关内容。
- 熟悉总账管理系统月末处理业务的各种操作。
- 掌握银行对账、自动转账设置与生成、对账和月末结账的操作方法。

【任务准备】

- 引入项目四中任务的账套数据。

【任务要求】

- 以“夏雨”(出纳)的身份进行银行对账业务处理。

【任务资料】

(1) 银行对账期初。

某锅炉制造厂，系统启用日期为“2022-01-01”，工行人民币户企业日记账调整前余额为 511 057.16 元，银行对账单调整前余额为 533 829.16 元，未达账项一笔，系银行已收企业未收款 22 772 元。

(2) 银行对账单如表 5-1 所示。

表 5-1 1 月份银行对账单

日 期	结算方式	票 号	借方金额	贷方金额
2022-01-03	201	XJ001		10 000
2022-01-06				60 000
2022-01-10	202	ZZR001		158 200
2022-01-12	202	ZZR002	99 600	

(3) 进行银行对账：采用自动对账的方式。

(4) 查询输出银行存款余额调节表。

【任务指导】

以“夏雨”(出纳)的身份注册进入企业应用平台。

1. 录入银行对账期初

(1) 在总账管理系统中，执行“出纳”|“银行对账期初录入”命令，打开“银行科目选择”对话框。

(2) 选择科目“工行存款(100201)”，单击“确定”按钮，进入“银行对账期初”窗口。

(3) 确定启用日期“2022-01-01”。

(4) 输入单位日记账的调整前余额“511 057.16”；输入银行对账单的调整前余额“533 829.16”。

(5) 单击“对账单期初未达项”按钮，进入“银行方期初”窗口。

(6) 单击“增加”按钮，输入日期“2021-12-31”，结算方式“202”，借方金额“22 772.00”。

(7) 单击“保存”按钮，再在工具栏上单击“退出”按钮。

提示：

- 第一次使用银行对账功能前，系统要求录入日记账及对账单未达账项，在开始用银行对账之后不再使用。
- 在录入完单位日记账、银行对账单期初未达账项后，不能随意调整启用日期，尤其是向前调整，这样可能会造成启用日期后的期初数不能再参与对账。

2. 录入银行对账单

(1) 执行“出纳”|“银行对账单”命令，打开“银行科目选择”对话框。

(2) 选择科目“工行存款(100201)”，月份“2022-01—2020-01”，单击“确定”按钮，进入“银行对账单”窗口。

(3) 单击“增加”按钮，输入银行对账单数据，单击“保存”按钮。

3. 银行对账

(1) 自动对账。

(2) 执行“出纳”|“银行对账”|“银行对账”命令，打开“银行科目选择”对话框。

(3) 选择科目“工行存款(100201)”，月份“2022.01—2020.01”，单击“确定”按钮，进入“银行对账”窗口。

(4) 单击“对账”按钮，打开“自动对账”条件对话框。

(5) 输入截止日期“2022-01-31”，默认系统提供的其他对账条件。

(6) 单击“确定”按钮，显示自动对账结果。

提示：

- 对账条件中的方向，金额相同是必选条件，对账截止日期可以不输入；对于已达账项，系统自动在银行存款日记账和银行对账单双方的“两清”栏打上圆圈标志；在自动对账不能完全对上的情况下，可采用手工对账。

4. 输出余额调节表

(1) 选择“出纳”|“银行对账”|“余额调节表查询”命令，进入“银行存款余额调节表”窗口。

(2) 选择科目“工行存款(100201)”。

(3) 单击“查看”按钮或双击该行，即显示该银行账户的银行存款余额调节表。

(4) 单击“打印”按钮，打印银行存款余额调节表。

在D盘建立文件夹，将项目五任务一的账套输出，并保存到U盘。

任务二　总账系统期末转账

【任务目的】

- 掌握用友新道 ERPU8 V15.0 软件中总账管理系统月末转账的相关概念。
- 熟悉总账管理系统月末转账的处理业务。
- 掌握自动转账设置与生成、对账和月末结账的处理方法。

【任务准备】

- 引入项目五中任务一的账套数据。

【任务要求】

- 以“明兰”进行自动转账业务处理。
- 以“斯琴”进行凭证审核、记账、对账、结账处理。

【任务资料】

提示：

● 以下将要生成的每笔转账凭证必须逐笔审核、记账后，再进行下一笔业务。否则，后面结转的数据将会出现错误。

业务 1　按短期借款期末余额的 0.3% 计提短期借款利息

要求：进行自定义转账设置、转账生成，同时更换操作员审核凭证并记账。

自定义转账：

借：财务费用 (6603)　　QM(2001，月，贷)*0.003

　贷：应付利息 (2231)　　JG()

业务 2　结转制造费用

业务 2

要求：进行自定义转账设置、转账生成，同时更换操作员审核凭证并记账。

自定义转账：

借：生产成本 (500103)　　JG()

　贷：制造费用 (5101)　　FS(5101，月，借)

业务 3　结转完工产品成本，本月生产 5 台锅炉，全部完工

业务 3

要求：进行自定义转账设置、转账生成，同时更换操作员审核凭证并记账。

自定义转账：

借：库存商品 /WHS-1.10-85/60-H 型锅炉 (140501)　　JG()

　贷：生产成本 (500101)　　QM(500101，月，借)

　　　生产成本 (500102)　　QM(500102，月，借)

　　　生产成本 (500103)　　QM(500103，月，借)

业务 4　结转本月已售产品的销售成本。

要求：

(1) 转账定义：使用“销售成本结转”进行转账定义；

(2) 转账生成：使用“销售成本结转”；

(3) 生成凭证后，更换操作员审核、记账。

业务 5

业务 5　计提本月城市维护建设税 (7%) 和教育费附加 (3%)

要求：进行自定义转账设置、转账生成，同时更换操作员审核凭证并记账。

自定义转账：

借：税金及附加 (6403)　　JG()

　贷：应交税费 - 应交城建税 (222103)　　FS(222102，月，贷)*0.07

　　　应交税费 - 应交教育费附加 (222104)　　FS(222102，月，贷)*0.03

业务 6　期间损益结转

要求：

(1) 转账定义：使用“期间损益”进行转账定义；

(2) 转账生成：使用“期间损益结转”；

(3) 收入、支出分别结转，生成两张凭证；

(4) 生成凭证后，更换操作员审核、记账。

业务 7　计提企业所得税，税率 25%。

要求：进行自定义转账设置、转账生成，同时更换操作员审核凭证并记账。

业务 7

自定义转账：

借：所得税费用 (6801)　　JG()

　贷：应交税费 - 应交企业所得税 (222105)　　JE(4103，月，贷)*0.25

业务 8　结转所得税费用

业务 8

要求：

(1) 转账定义：使用“期间损益”进行转账定义；

(2) 转账生成：使用“期间损益结转”；

(3) 结转时只勾选“所得税费用”；

(4) 生成凭证后，更换操作员审核、记账。

【任务指导】

1. 定义

以“明兰”的身份重新注册进入企业应用平台，进行转账定义与转账生成。

业务 1　按短期借款期末余额的 0.3% 计提短期借款利息

(1) 在总账管理系统中，执行“期末”|“转账定义”|“自定义转账”命令，进入“自定义转账设置”设置。

(2) 单击“增加”按钮，打开“转账目录”设置对话框。

(3) 输入转账序号“0001”，转账说明“计提短期借款利息”；选择凭证类别“转账凭证”。

(4) 单击“确定”按钮，继续定义转账凭证分录信息。

(5) 单击“增行”按钮，选择科目编码“6603”，方向“借”；双击金额公示栏，选择“参照”按钮，打开“公式向导”对话框。

(6) 选择“期末余额”函数，单击“下一步”按钮，继续公式定义。

(7) 选择科目“2001”，其他默认，单击“完成”按钮，金额公式带回自定义转账设置窗口。将光标移至末尾，输入“*0.003”，按“Enter”键确认。

(8) 单击“增行”，确定分录的贷方信息。选择科目编码“2231”，方向“贷”，选择或输入金额公式。

(9) 单击“保存”按钮。

提示：

- 转账科目可以为非末级科目和部门可为空，表示所有部门。
- 输入转账计算公式有两种方法：一种是直接进行计算公式；另一种是引导方式录入公式。
- JG() 含义为“取对方科目计算结果”，其中的“()”必须为英文符号，否则系统提示“金额公示不合法：未知名函数”。
- 转账凭证每月只生成一次。

业务 2　结转制造费用

操作略，参照业务 1 的操作方法。

业务 3　结转完工产品成本

操作略，参照业务 1 的操作方法。

业务 4　结转销售成本

在总账模块直接录入凭证。

业务 5　计提城建税

操作略，参照业务 1 的操作步骤。

业务 6　期间损益结转

使用期间损益结转方式。

执行“期末”|“转账定义”|“期间损益”命令，进入“期间损益结转设置”窗口。

选择凭证类别“转账凭证”，选择本年利润科目“4103”，单击“确定”按钮。

转账生成 (收入、费用分别结转，生成两张凭证)。

业务 7　计提企业所得税，税率 25%

参照业务 1。

业务 8　结转所得税费用

(1) 执行“期末”|“转账生成”命令，进入“转账生成”窗口。

(2) 选择“期间损益结转”按钮。

(3) 单击选择“所得税费用”按钮，再单击“确定”，生成转账凭证。

(4) 单击“保存”按钮，系统自动将当前凭证追加到记账凭证中。

2. 对账

以“斯琴”的身份重新注册进入企业应用平台。

(1) 执行“期末”|“对账”命令，进入“对账”窗口。

(2) 将光标置于要进行对账的月份“2022-01”。单击“选择”按钮。

(3) 单击“对账”按钮，开始对账，并显示对账结果。

(4) 单击“试算”按钮，可以对各科目类别余额进行试算平衡。

(5) 单击“确认”按钮。

3. 结账

(1) 执行“期末”|“结账”命令，进入“结账”窗口。

(2) 单击选择要结账月份“2022-01”，单击“下一步”按钮。

(3) 单击“对账”按钮，系统对要结账的月份进行结账核对。

(4) 单击“下一步”按钮，系统显示“2022 年 01 月工作报告”。

(5) 查看工作报告后，单击“下一步”按钮，再单击“结账”按钮，若符合结账要求，系统将进行结账，否则不予结账。

4. 取消结账

(1) 执行“期末”|“结账”命令，进入“结账”窗口。

(2) 选择要取消结账的月份“2022-01”。

(3) 按“Ctrl + Shift + F6”键，激活“取消结账”功能。

(4) 输入账套主管口令，单击“确认”按钮，取消结账标志。

提示：

● 在结账后，由于非法操作或计算机病毒等原因可能会造成账套数据被破坏，这时可以在此使用“取消结账”功能。

5. 备份套账信息

在 D 盘建立文件夹，将项目五种任务二的账套输出，并保存到 U 盘。

【任务训练】

在业财一体信息化平台进行银行对账。

2020 年 3 月 15 日，财务中心出纳员进行工商银行账户对账操作。根据企业财务制度及出纳管理规定，在业财一体信息化平台中，查询银行对账单，编制银行存款余额调节表。具体业务资料如下：

工商银行账户和企业银行日记账期初余额均为 5 540 600.00 元，均无期初未达账项。本期收付款业务资料见表 5-2，且银行回单均已收到。

表 5-2 本期收付款

日 期	日 期	结算方式	票 号	收入金额	支付金额
2020-3-6	记 -0001	102	35684725		203 400
2020-3-10	记 -0003	2	28457893		300 000

项目六

UFO 报表管理

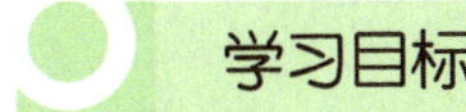

学习目标

知识目标

- 掌握 UFO 报表的基本功能。
- 熟悉 UFO 报表编制报表的基本方法。
- 理解 UFO 报表系统的基本概念。
- 理解 UFO 报表与总账管理系统及其他系统之间的相互关系。

技能目标

- 能够完成手动报表编制的业务处理。
- 能够完成利用模板生成报表的数据处理工作。

素质目标

- 培养学生诚实守信、不做假账的职业操守。
- 培养学生严肃认真、严谨细致的工作作风。

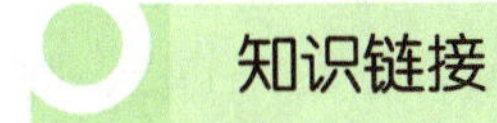

知识链接

一、UFO 报表简介

用友新道 ERPU8 V15.0 软件中的 UFO(User Friend Office) 报表管理是进行企业财务报表处理的工具。它与用友账务管理软件的各系统有着完善的接口，具有方便的自定义报表功能、数据处理功能，企业可以根据自身需要进行报表设计和处理。同时系统内置多个行业的常用会计报表模板，企业可以使用这些模板生成报表。

（一）功能概述

1. 文件管理功能

UFO 提供了各类文件的管理功能，除能完成一般的文件管理外，UFO 的数据文件还能够转换为不同的文件格式，如文本文件、MDB 文件、XLS 文件等。此外，通过 UFO 提供的导入和导出功能，可以实现和其他流行财务软件之间的数据交换。

2. 格式设计功能

UFO 提供的格式设计功能，可以设置报表尺寸，组合单元，画表格线，调整行高列宽，设置字体和颜色，设置显示比例等。同时，UFO 还内置了 11 种套用格式和 33 个行业的标准财务报表模板，包括最新的现金流量表，方便用户制作标准报表。对于用户单位内部常用的管理报表，UFO 还提供了自定义模板功能。

3. 公式设计功能

UFO 提供了绝对单元公式和相对单元公式，可以方便、迅速地定义计算公式、审核公式及舍位平衡公式；UFO 还提供了种类丰富的函数，在系统向导的引导下可轻松地从用友财务系统及其他子系统中提取数据，生成财务报表。

4. 数据处理功能

UFO 的数据处理功能可以固定格式管理大量数据不同的表页，并在每张表页之间建立有机联系。此外，UFO 还提供了表页的排序、查询、审核、舍位平衡及汇总功能。

5. 图表功能

UFO 可以很方便地对数据进行图形组织和分析，制作直方图、立体图、圆饼图、折线图等多种分析图表，并能编辑图表的位置、大小、标题、字体、颜色和打印输出。

6. 打印功能

UFO 提供“所见即所得”和“打印预览”功能，可以随时观看报表或图形的打印效果。打印报表时，可以选择打印格式或数据，可以设置表头和表尾，可以在 0.3～3 倍之间缩放打印，也可以横向或纵向打印等。

7. 二次开发功能

UFO 提供了批命令和自定义菜单，利用该功能可以开发出适合本企业的专用系统。

（二）UFO 报表管理系统与其他系统的主要关系

UFO 报表管理系统主要是从其他系统中提取编制报表所需的数据。总账、工资、固定资产、应收款、应付款、财务分析、采购、库存、存货核算和销售等子系统均可向报表子系统传递数据，以生成财务部门所需的各种会计报表。

（三）UFO 报表管理系统的基本概念

1. 格式状态和数据状态

UFO 将报表制作分为两部分：一部分是报表格式与公式设计工作；另一部分是报表数据处理工作。这两部分是在不同状态下进行的。

1) 格式状态

可在报表格式设计状态下进行有关格式设计的操作，如表的尺寸、行高列宽、单元属性、单元风格、组合单元、关键字，以便定义报表的单元公式(计算公式)、审核公式及舍位平衡公式。在格式状态下看到的是报表的格式，报表的数据全部隐藏。在格式状态下所做的操作对本报表所有的表页都产生作用。在格式状态下不能进行数据的录入、计算等操作。

2) 数据状态

应在报表的数据状态下管理报表的数据，如输入数据，增加或删除表页，审核，舍位平衡，制作图形，汇总，合并报表等。在数据状态下不能修改报表的格式，用户看到的是报表的全部内容，包括格式和数据。

报表工作区的左下角有一个“格式 / 数据”按钮。单击这个按钮可以在格式状态和数据状态之间进行切换。

2. 单元

单元是组成报表的最小单位。单元名称由所在行、列标识。例如，C8 表示第 3 列第 8 行的单元。单元类型有数值单元、字符单元、表样单元三种。

1) 数值单元

用于存放报表的数据，应在数据状态下输入。数值单元的内容可以直接输入或由单元中存放的单元公式运算生成。建立一个新表时，所有单元的类型默认为数值型。

2) 字符单元

字符单元也是报表的数据，也在数据状态下输入。字符单元的内容可以直接输入，也可由单元公式生成。

3) 表样单元

表样单元是报表的格式，是定义一个没有数据的空表所需的所有文字、符号或数字。一旦单元被定义为表样，那么在其中输入的内容对所有表页都有效。表样单元只能在格式状态下输入和修改。

3. 组合单元

组合单元由相邻的两个或更多单元组成，这些单元必须是同一种单元类型 (表样、数值或字符)，UFO 在处理报表时将组合单元视为一个单元。组合单元的名称可以用组合中任何一个单元的名称来表示。

4. 区域

区城由一张表页上的相邻单元组成，自起点单元至终点单元是一个完整的长方形矩阵。在 UFO 中，区域是二维的，最大的区域是整个表页，最小的区域是一个单元。例如，A6 到 C10 的长方形区域表示为 A6:C10，起点单元与终点单元用“:”连接。

5. 表页

一个 UFO 报表最多可容纳 99 999 张表页，一个报表中的所有表页具有相同的格式，但其中的数据可以不同。表页在报表中的序号在表页的下方以标签的形式出现，称为页标。页标用“第 1 页”～“第 99 999 页”表示，当前表的第 2 页可以表示为 @2。

6. 二维表和三维表

确定某一数据位置的要素称为维。在一张有方格的纸上填写一个数，这个数的位置可通过行 (横轴) 和列 (纵轴) 来描述，那么这张纸就是一个二维表。

如果将多个相同的二维表叠在一起，要从多个二维表中找到一个数据，则需增加一个要素，即表页号 (Z 轴)，这一叠表称为一个三维表。

如果将多个不同的三维表放在一起，要从多个三维表中找到一个数据，则需增加一个要素，即表名。三维表的表间操作即为四维运算。因此，在 UFO 中确定一个数据的所有要素为 <表名><列><行><表页>，如利润表第 2 页的 C5 单元表示为“利润表”→ C5@2。

7. 固定区及可变区

固定区指组成行数和列数是固定数目的一个区域。可变区是行数或列数是不固定的数字的一个区域，可变区的最大行数或最大列数是在格式设计中设定的。在一个报表中只能设置一个可变区。

有可变区的报表称为可变表，没有可变区的报表称为固定表。

8. 关键字

关键字是一种特殊的单元，可以唯一标志一个表页，用于在大量表页中快速选择表页。例如，一个资产负债表的表文件可放一年 12 个月的资产负债表 (甚至多年的多张表)，要对某一张表页的数据进行定位，需设置一些定位标志，这些标志在 UFO 中称为关键字。

UFO 共提供了 6 种关键字，它们是“单位名称”“单位编号”“年”“季”“月”“日”。除此之外，UFO 还增加了一个自定义关键字，当定义名称为“周”和“旬”时有特殊意义，可在业务函数中代表取数日期。

关键字的显示位置在格式状态下设置，关键字的值则在数据状态下录入，每个报表可以定义多个关键字。

二、报表管理

(一) 报表定义及报表模板

1. 报表格式定义

报表格式对整个报表都有效。报表格式定义包括以下操作：

(1) 设置表尺寸：设定报表的行数和列数。

(2) 定义组合单元：把几个单元作为一个单元使用。

(3) 画表格线。

(4) 输入报表中的项目，包括表头、表体和表尾 (关键字值除外)。在格式状态下定义了单元内容的自动默认为表样型，定义为表样型的单元在数据状态下不允许修改和删除。

(5) 定义行高和列宽。

(6) 设置单元风格：设置单元的字形、字体、字号、颜色、图案、折行显示等。

(7) 设置单元属性：把需要输入数字的单元定为数值单元，把需要输入字符的单元定为字符单元。

(8) 确定关键字在表页上的位置，如单位名称、年、月等。

2. 报表公式定义

报表公式的定义在格式状态下进行。

(1) 计算公式：定义了报表数据之间的运算关系，可以实现报表系统从其他子系统取数。

(2) 审核公式：用于审核报表内或报表之间的钩稽关系是否正确。

(3) 舍位平衡公式：用于报表数据进行进位或小数取整时调整数据，如将以“元”为单位的报表数据变成以“万元”为单位的报表数据，且表中的平衡关系仍然成立。

报表的计算公式在一般情况下必须设置，审核公式和舍位平衡公式是根据需要设置的。

用友软件的计算公式一般通过函数表实现。企业常用的财务报表数据一般来源于总账管理系统或报表系统本身。取自于报表的数据又可以分为从本报表取的数和从其他报表的表页取的数。

(4) 自总账取数的函数。自总账取数函数又称为账务函数。

账务函数的基本格式如下：

函数名 (“科目编码”, 会计期间, [" 方向 "], [账套号], [会计年度], [编码 1], [编码 2])

其中：

- 科目编码：也可以是科目名称，且必须用双引号括起来。
- 会计期间：可以是“年”“季”“月”等变量，也可以是具体表示年、季、月的数字。
- 方向：即“借”或“贷”，可以省略。
- 账套号：为数字，缺省时默认为 999 账套。
- 会计年度：数据取数的年度，可以省略。
- [编码 1]、[编码 2]：与科目编码的核算账类有关，可以取科目的辅助账，如职员编码、项目编码等，如无辅助核算则省略。

账务函数如表 6-1 所示。

表 6-1　账 务 函 数

账 务 函 数	金 额 式	数 量 式	外 币 式
期初额函数	QG()	sQC()	wQC()
期末额函数	QM()	sQM()	wQM()
发生额函数	FS()	sFS()	wFS()
累计发生额函数	LFS()	sLFS()	wLFS()
条件发生额函数	TFS()	sTFS()	wTFS()
对方科目发生额函数	DFS()	sDFS()	wDFS()
净额函数	JE()	sJE()	wJE()
汇额函数	HL()		

(5) 自本表页取数的函数。自本表页取数的函数如表 6-2 所示。

表 6-2　自本表页取数的函数

数据合计	PTOTAL()
平均值	PAVG()
最大值	PMAX()
最小值	PMIN()

(6) 自本表其他表页取数的函数。对于取自于本表其他表页的数据，可以利用某个关键字作为表页定位的依据，或者直接以页标号作为定位依据，指定取某张表页的数据。

可以使用 SELECT() 函数从本表其他表页取数。例如：

C1 单元取自于上个月的 C2 单元的数据：C1=SELECT(C2，月 @= 月 +1)。

C1 单元取自于第 2 张表页的 C2 单元的数据：Cl=C2@2。

(7) 自其他报表取数的函数。对于取自于其他报表的数据，可以用“" 报表 [.REP]" → 单元”格式指定要取数的某张报表的单元。

3. 报表模板

通过报表格式定义和公式定义可以设置个性化的自定义报表。用友 UFO 还为用户提供了 33 个行业的各种标准财务报表格式。

利用报表模板可以迅速建立一张符合需要的财务报表。另外，对于一些本企业常用报表模板中没有提供的报表，在自定义完这些报表的格式和公式后，可以将其定义为报表模板，以后可以直接调用。

(二) 报表数据处理

报表数据处理主要包括生成报表数据、审核报表数据和舍位平衡操作等工作。数据处理工作必须在数据状态下进行。处理数据时系统会根据已定义的单元公式、审核公式和舍位平衡公式自动进行取数、审核及舍位等操作。

报表数据处理一般是针对某一张特定表页进行的，因此在数据处理时还涉及表页的操作，如增加、删除、插入、追加表页等。

报表的数据包括报表单元的数值和字符，以及游离于单元之外的关键字。数值单元只能生成数字，而字符单元既能生成数字，又能生成字符。数值单元和字符单元可以由公式生成，也可以由键盘输入。关键字则必须由键盘输入。

(三) 表页管理及报表输出

报表的输出包括报表的屏幕输出和打印输出。报表输出时可以针对报表格式输出，也可以针对某一张特定表页输出。输出报表格式必须在格式状态下操作，而输出表页必须在数据状态下操作。输出表页时，报表格式和报表数据一起输出。

输出表页数据时会涉及表页的相关操作，如表页排序、查找、透视等。屏幕输出时可以对报表的显示风格、显示比例加以设置。打印报表之前可以在预览窗口预览，打印时还可以进行页面设置和打印设置等操作。

(四) 图表功能

报表数据生成之后，为了对报表数据进行直观的了解和分析，方便对数据对比、趋势和结构进行分析，可以利用图形对数据进行直观显示。UFO 图表格式提供了直方图、圆饼图、折线图和面积图 4 大类共 10 种格式的图表。

图表是利用报表文件中的数据生成的。图表与报表数据存在着密切的联系，报表数据发生变化时，图表也随之变化。报表数据删除后，图表也随之消失。

项目实施

任务一　自定义报表

【任务目的】

- 理解自定义报表的原理及流程。
- 掌握报表格式定义、公式定义的操作方法，掌握报表单元公式的用法。
- 掌握报表处理相关操作。
- 掌握如何利用报表模板生成一张报表。

【任务准备】

- 引入项目五种任务二的账套数据。

【任务要求】

- 自定义一张货币资金表。
- 利用报表模板生成资产负债表、利润表、现金流量表。
- 以账套主管“斯琴”的身份进行 UFO 报表管理操作。

自定义报表

【任务资料】

货币资金表的报表格式如表 6-3 所示

表 6-3　货币资金表

编制单位：　　　　　　年　　月　　日　　　　　　单位：元

项　目	行　次	期 初 数	期 末 数
库存现金	1		
银行存款	2		
其他货币资金	3		
合计			

制表人：

说明：

- 表头：标题“货币资金表”设置为黑体、14 号、居中，单位名称和年、月、日应设置为关键字。
- 表体：表体中的文字设置为楷体、12 号、居中。
- 表尾：“制表人：”设置为宋体、10 号、右对齐第 4 栏。
- 报表公式：

现金期初数：C4=QC("1001"，月)。

现金期末数：D4=QM("1001"，月)。

银行存款期初数：C5=QC("1002"，月)。

银行存款期末数：D5=QM("1002"，月)。

期初数合计：C6=C4+C5。

期末数合计：D6=D4+D5。

【任务指导】

1. 进入系统

以“斯琴”的身份进入企业应用平台，执行“财务会计”|“UFO 报表”命令，进入报表管理系统。

2. 建立新表

执行“文件”|“新建”命令，建立一张空白报表，报表名默认为“report1”。

3. 设置报表尺寸

(1) 执行“格式”|“表尺寸”命令，打开“表尺寸”对话框。

(2) 输入行数“7”、列数“4”，单击“确认”按钮。

4. 定义组合单元

(1) 选择需合并的单元区域 A1:D1。

(2) 执行“格式”|“组合单元”命令，打开“组合单元”对话框。

(3) 选择组合方式“整体组合”或“按行组合”，该单元即合并成一个单元格。

(4) 定义 A2:D2 单元为组合单元。

5. 画表格线

(1) 选中报表需要画线的单元区域 A3:D6。

(2) 执行“格式”|“区域画线”命令，打开“区域画线”对话框。

(3) 选择“网线”单选按钮，单击“确认”按钮，将所选区域画上表格线。

6. 输入报表项目

(1) 选中需要输入内容的单元或组合单元。

(2) 在该单元或组合单元中输入相关文字内容。例如，在 A1 组合单元输入“货币资金表”字样，在 A2 组合单元中输入“编制单位：某锅炉制造厂”。

提示：

- 报表项目指报表的文字内容，主要包括表头内容、表体项目、表尾项目等，不包括关键字。
- 日期一般不作为文字内容输入，而需要设置为关键字。

7. 定义报表行高和列宽

(1) 选中需要调整的单元所在的行 A1。

(2) 执行“格式”|“行高”命令，打开“行高”对话框。

(3) 输入行高“7”，单击“确定”按钮。

(4) 选中需要调整的单元所在的列，执行“格式”|“列宽”命令，设置该列的宽度。

提示：

● 行高、列宽的单位为毫米。

8. 设置单元风格

(1) 选中标题所在的组合单元 A1。
(2) 执行“格式”|“单元属性”命令，打开“单元格属性”对话框。
(3) 打开“字体图案”选项卡，设置字体为“黑体”，字号为“14”。
(4) 打开“对齐”选项卡，设置对齐方式为“居中”，单击“确定”按钮。

9. 定义单元属性

(1) 选定单元 D7。
(2) 执行“格式”|“单元属性”命令，打开“单元格属性”对话框。
(3) 打开“单元类型”选项卡，选择“字符”选项，单击“确定”按钮。

提示：

● 在格式状态下输入内容的单元均默认为表样单元，未输入数据的单元均默认为数值单元，在数据状态下可输入数值。若希望在数据状态下输入字符，则应将其定义为字符单元。

● 字符单元和数值单元输入后只对本表页有效，表样单元输入后对所有表页有效。

10. 设置关键字

(1) 选中需要输入关键字的组合单元 A2。
(2) 执行“数据”|“关键字”|“设置”命令，打开“设置关键字”对话框。
(3) 选择“年”单选按钮，单击“确定”按钮。
(4) 设置“月”“日”关键字。

提示：

● 每个报表可以同时定义多个关键字。
● 如果要取消关键字，必须执行“数据”|“关键字”|“取消”命令。

11. 调整关键字

(1) 执行“数据”|“关键字”|“偏移”命令，打开“定义关键字偏移”对话框。
(2) 在需要调整位置的关键字后面输入偏移量，如年“-120”、月“-90”、日“-60”。
(3) 单击“确定”按钮。

提示:

- 关键字的位置可以用偏移量来表示，负数值表示向左移，正数值表示向右移。在调整时，可以通过输入正或负的数值来调整。
- 关键字的偏移量的单位为像素。

12. 定义单元公式(直接输入公式)

(1) 选定需要定义公式的单元 C4，即“库存现金”的期初数。

(2) 执行“数据”|“编辑公式”|“单元公式”命令，打开“定义公式”对话框。

(3) 在“定义公式”对话框中，直接输入总账期初函数 QC(“1001”, 月)，单击“确认”按钮。

提示:

- 单元公式中涉及的符号均为英文半角字符。
- 单击“fx”按钮或双击某公式单元或按“=”键，都可以打开“定义公式”对话框。

13. 定义单元公式(引导输入公式)

(1) 选定被定义的单元 D5，即“银行存款”期末数。

(2) 单击“fx”按钮，打开“定义公式”对话框。

(3) 单击“函数向导”按钮，打开“函数向导”对话框。

(4) 在“函数分类”列表框中选择“用友账务函数”，在右侧的“函数名”列表框中选择“期末 (QM)”，单击“下一步”按钮，打开“用友账务函数”对话框。

(5) 单击“参照”按钮，打开“账务函数”对话框。

(6) 选择科目“1002”，其余各项均采用系统默认值，单击“确定”按钮，返回“用友账务函数”对话框。

(7) 单击“确定”按钮，返回“定义公式”对话框，单击“确认”按钮。

(8) 输入其他单元公式。

提示:

- 如果未进行账套初始化，那么账套号和会计年度需要直接输入。

14. 定义审核公式

审核公式用于审核报表内或报表之间的钩稽关系是否正确，如“资产负债表”中的“资产合计 = 负债合计 + 所有者权益合计”。本任务的“货币资金表”中不存在这种钩稽关系。若要定义审核公式，执行“数据”|“编辑公式”|“审核公式”命令即可。

15. 定义舍位平衡公式

(1) 执行“数据”|“编辑公式”|“审核公式”命令，打开“舍位平衡公式”对话框。

(2) 确定信息：舍位表名 SW1，舍位范围 C4:D6，舍位位数 3，平衡公式“C6=C4+C5,

D6=D4+D5”。

(3) 单击“完成”按钮。

提示：

- 舍位平衡公式是指用来重新调整报表数据进位后的小数位平衡关系的公式。
- 每个公式一行，各公式之间用逗号“,”（半角）隔开，最后一条公式不用写逗号，否则公式无法执行。
- 等号左边只能为一个单元（不带页号和表名）。
- 舍位公式中只能使用“+”“−”符号，不能使用其他运算符及函数。

16. 保存报表格式

(1) 执行“文件”|“保存”命令。如果是第一次保存，则打开“另存为”对话框。

(2) 选择保存文件夹的目录，输入报表文件名“货币资金表”，选择保存类型“*.REP”，单击“保存”按钮。

提示：

- 报表格式设置完以后切记要及时将这张报表的格式保存下来，以便以后随时调用。
- 如果没有保存就退出，则系统会提示“是否保存报表？”，以防止误操作。
- .REP 为用友报表文件专用扩展名。

17. 报表数据处理

1) 打开报表

(1) 启动 UFO 系统，执行“文件”|“打开”命令。

(2) 选择存放报表格式的文件夹中的报表文件“货币资金表 .REP”。单击“打开”按钮。

(3) 单击空白报表底部左下角的“格式 / 数据”按钮，使当前状态为数据状态。

提示：

- 报表数据处理必须在数据状态下进行。

2) 增加表页

(1) 执行“编辑”|“追加”|“表页”命令，打开“追加表页”对话框。

(2) 输入需要增加的表页数“2”，单击“确认”按钮。

提示：

- 追加表页是在最后一张表页后追加 *N* 张空表页，插入表页是在当前表页后面插入一张空表页。
- 一张报表最多只能管理 99 999 张表页，演示版软件系统最多只能管理 4 张表页。

18. 输入关键字值

(1) 执行“数据”|“关键字”|“录入”命令，打开“录入关键字”对话框。

(2) 输入年“2020”、月“01”、日“31”。

(3) 单击“确认”按钮，系统弹出“是否重算第 1 页？”信息提示对话框。

(4) 单击“是”按钮，系统会自动根据单元公式计算 1 月份数据；单击“否”按钮，系统不计算 1 月份数据，以后可利用“表页重算”功能生成 1 月份数据。

提示：

- 每一张表页均对应不同的关键字值，输出时随同单元一起显示。
- 日期关键字可以确认报表数据取数的时间范围，即确定数据生成的具体日期。

19. 生成报表

(1) 执行“数据”|“表页重算”命令，系统弹出“是否重算第 1 页？”对话框。

(2) 单击“是”按钮，系统会自动在初始的账套和会计年度范围内根据单元公式计算、生成数据。

提示：

- 可将生成的数据报表保存到指定位置。

20. 报表舍位操作

执行“数据”|“舍位平衡”命令，系统会自动根据前面定义的舍位公式进行舍位操作，并将舍位后的报表保存在 SW1.REP 文件中。

提示：

- 舍位操作以后，可以将 SW1.REP 文件打开查阅一下。
- 如果舍位公式有误，则系统状态栏会提示“无效命令或错误参数！”。

21. 表页管理及报表输出

1) 表页排序

(1) 执行“数据”|“排序”|“表页”命令，打开“表页排序”对话框。

(2) 选择第一关键字“年”，排序方向“递增”；选择第二关键字“月”，排序方向“递增”。

(3) 单击“确认”按钮，系统将自动把表页按年份递增的顺序重新排列，如果年份相同则按月份递增的顺序排序。

2) 表页查找

(1) 执行“编辑”|“查找”命令，打开“查找”对话框。

(2) 确定查找内容为“表页”，确定查找条件“月 =9”。

(3) 单击“查找”按钮，查找到符合条件的表页作为当前表页。

任务二　调用报表模板生成资产负债表、利润表

【任务目的】

- 理解报表模板的原理及流程。
- 掌握报表模板关键字的处理。
- 掌握报表模板数据单元公式的处理。
- 掌握报表模板试算平衡的处理。

【任务准备】

- 引入项目五中任务二的账套数据。

【任务要求】

- 以账套主管“斯琴”的身份进行 UFO 报表管理操作。
- 利用报表模板生成资产负债表、利润表。

【任务资料】

根据某锅炉制造厂 2022 年 1 月份的账务系统数据，利用报表模板生成该企业本月资产负债表、利润表。

模板生成报表

【任务指导】

1. 调用资产负债表模板

(1) 在格式状态下，执行“格式”|“报表模板”命令，打开“报表模板”对话框。

(2) 选择所在的行业为“2007 年新会计科目”，财务报表为“资产负债表”。

(3) 单击“确认”按钮，系统弹出“模板格式将覆盖本表格式！是否继续？”信息提示对话框。

(4) 单击“确定”按钮，打开“资产负债表”模板。

2. 调整报表模板

(1) 单击“数据 / 格式”按钮，使“资产负债表”处于格式状态。

(2) 根据本单位的实际情况，调整报表格式，修改报表公式。

(3) 保存调整后的报表模板。

3. 生成资产负债表数据

(1) 在数据状态下，执行“数据”|“关键字”|“录入”命令，打开“录入关键字”对话框。

(2) 输入关键字：年“2022”、月“01”、日“31”。

(3) 单击“确认”按钮，系统弹出“是否重算第 1 页？”信息提示对话框。

(4) 单击“是”按钮，系统会自动根据单元公式计算 1 月份数据；单击“否”按钮，系统不计算 1 月份数据，以后可利用表页重算功能生成 1 月份数据。

(5) 单击工具栏上的“保存”按钮，将生成的报表数据保存。

提示：

- 采用同样的方法，生成 2022 年 1 月份的利润表。

【任务训练】

1. 在业财一体信息化平台完成资产负债表的编制，如图 6-1 所示。

资产负债表

会企01表

编制单位： 2020 年 3 月 31 日 单位:元

资产	行次	期末余额	上年年末余额	负债和所有者权益（或股东权益）	行次	期末余额	上年年末余额
流动资产：				流动负债：			
货币资金	1	4,987,937.01	5,590,600.00	短期借款	36		
交易性金融资产	2			交易性金融负债	37		
衍生金融资产	3			衍生金融负债	38		
应收票据	4			应付票据	39		
应收账款	5			应付账款	40	1,461,250.00	1,720,570.00
应收款项融资	6			预收款项	41		
预付款项	7			合同负债	42		
其他应收款	8			应付职工薪酬	43	1,240,449.50	941,104.50
存货	9	4,761,262.00	5,703,462.00	应交税费	44	360,121.63	360,121.63
合同资产	10			其他应付款	45		
持有待售资产	11			持有待售负债	46		
一年内到期的非流动资产	12			一年内到期的非流动负债	47		
其他流动资产	13			其他流动负债	48		
流动资产合计	14	11,717,609.01	12,157,106.00	流动负债合计	49	3,061,821.13	3,021,796.13
非流动资产：				非流动负债：		350474.00	350474.00
债权投资	15			长期借款	50		
其他债权投资	16			应付债券	51		
长期应收款	17			其中：优先股	52		
长期股权投资	18			演示数据 永续债	53		
其他权益工具投资	19			租赁负债	54		
其他非流动金融资产	20			长期应付款	55	2000000.00	2000000.00
投资性房地产	21			预计负债	56		
固定资产	22	13,247,412.71	13,115,444.44	递延收益	57		
在建工程	23			递延所得税负债	58		
生物性生物资产	24			其他非流动负债	59		
油气资产	25			非流动负债合计	60	2000000.00	2000000.00
使用权资产	26			负债合计	61	5061821.13	5021796.13
无形资产	27			所有者权益（或股东权益）：			
开发支出	28			实收资本（或股本）	62	10,000,000.00	10,000,000.00

图 6-1 资产负债表

2. 2020 年 3 月 31 日，打开桌面上的资产负债表，为应收账款设置取数公式，查看公式取数结果并保存该报表(按原文件名、原路径保存)。

第二部分　业　务　链

项目七

供应链基础设置

学习目标

知识目标

- 掌握供应链管理的基本功能。
- 熟悉供应链管理的业务内容。
- 熟悉供应链管理的业务流程。

技能目标

- 能够完成业务基础数据设置的业务处理。
- 能够完成财务基础数据设置的业务处理。

素质目标

- 培养学生坚持原则、互相监督的岗位责任感。
- 培养学生的管理意识，树立爱岗敬业的职业精神。

知识链接

一、供应链管理系统的数据流程

供应链管理系统是用友 ERPU8 软件的重要组成部分，它突破了会计核算软件单一财务管理的局限，实现了财务管理到企业财务业务一体化全面管理，实现了物流、资金流管理的统一。供应链管理系统主要包括采购管理、销售管理、库存管理、存货核算等模块。其中，每个模块既可以单独使用，也可以与其相关的子系统联合使用。

在企业的日常工作中，采购供应部门、仓库、销售部门、财务部门等都涉及购销存业务及其核算的处理，各个部门的管理内容是不同的，工作间的延续性是通过单据在不同部门间的传递来完成的，那么这些工作在软件中是如何体现的？计算机环境下的业务处理流程与手工环境下的业务处理流程存在很大的差异，如果缺乏对供应链管理系统业务流程的了解，那么就无法实现部门间的协调配合，则会影响系统的工作效率。

供应链管理系统数据流程如图 7-1 所示。

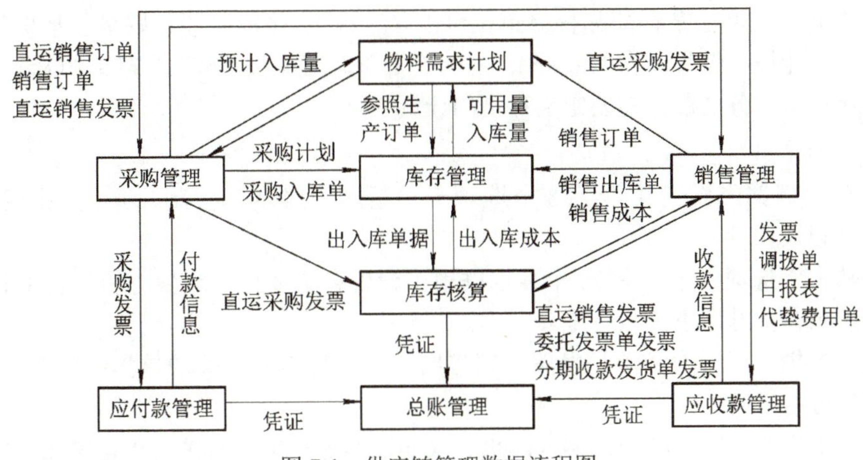

图 7-1　供应链管理数据流程图

二、供应链管理系统的初始化

供应链管理系统的初始化包括建账、基础信息设置、数据录入等工作。

（一）供应链管理系统建账

企业建账在会计电算化课程中已经学习过，此处不再赘述。与以前的版本相比，用友ERPU8 V10.1 供应链管理系统的功能更完善、使用更方便、适用面更广、开放性更高。这意味着系统蕴涵了丰富的参数、个性化细节等，为了能更清晰地了解各项参数与业务之间的关系，在业务处理时一并介绍参数设置。

（二）基础档案设置

会计电算化课程中的实验，有基础信息的设置，但基本限于财务相关的信息。除此之外，供应链管理系统还需要增设与业务处理、查询统计、财务连接相关的基础信息。

1. 基础档案信息

使用供应链管理系统之前，应做好手工基础数据的准备工作，如对存货的合理分类、详细档案、库存数据的整理及与账面数据的核对等。供应链管理系统需要增设的基础档案信息包括以下项目。

1) 存货分类

如果企业的存货较多，需要按照一定的方式进行分类管理。存货分类是指按照存货固有的特征或属性将其划分为不同的类别，以便于分类核算与统计。如工业企业可以将存货分为原材料、半成品、应税劳务；商业企业可以将存货分为商品、应税劳务等。

在企业日常的购销业务中，经常会发生一些劳务费用，如运输费、装卸费等，这些费用也是构成企业存货成本的一个部分，并且它们可以拥有不同于一般存货的税率。为了能够正确反映和核算这些劳务费用，一般在存货分类中单独设置一类，如应税劳务或劳务费用。

2) 计量单位

企业中的存货种类繁多，不同的存货有不同的计量单位。有些存货的财务计量单位、库存计量单位、销售发货单位可能是一致的；但同一种存货用于不同的业务，其计量单位也可能是不同的。例如某种药品核算单位可能是“板”，也就是说，财务上按板计价；而其库存单位可能按“盒”(1 盒 = 20 板)；对客户发货时可能按“箱”(1 箱 = 100 盒)。因此，在开展企业日常业务之前，需要定义存货的计量单位。

3) 存货档案

在“存货档案”窗口中包括 8 个选项卡：基本、成本、控制、其他、计划、MPS/MRP、图片以及附件。

在“基本”选项卡中，有 25 个复选框用于设置存货属性。设置存货属性的目的是在填制单据参照存货时缩小参照范围。

内销、外销：用于发货单、发票、销售出库单等与销售有关的单据参照存货时使用，表示该存货可用于销售。

外购：用于购货所填制的采购入库单、采购发票等与采购有关的单据参照使用，在采购发票、运费发票上一起开具的采购费用，也应设置为外购属性。

生产耗用：存货可在生产过程中被领用、消耗。生产产品耗用的原材料、辅助材料等在开具材料领料单时参照。

自制：企业自制生产的存货，如产成品、半成品等，主要用在开具产成品入库单时的参照。

在制：尚在制造加工中的存货。

应税劳务：在采购发票上开具的运输费、包装费等采购费用及开具在销售发票或发货单上的应税劳务、非应税劳务等。

在“控制”选项卡中，有 20 多个复选框。

是否批次管理：对存货是否按批次进行出入库管理。该项必须在库存管理系统账套参数中选中“由批次管理”后，方可设定。

是否保质期管理：由保质期管理的存货必须有批次管理。因此该项也必须在库存管理系统账套参数中选中“由批次管理”后，方可设定。

是否呆滞积压：存货是否呆滞积压，完全由用户自行设定。

4) 仓库档案

存货一般是存放在仓库保管的。对存货进行核算管理，就必须建立仓库档案。

5) 收发类别

收发类别用来表示存货的出入库类型，便于对存货的出入库情况进行分类汇总和统计。

6) 采购类型 / 销售类型

定义采购类型 / 销售类型，能够按采购、销售类型对采购、销售业务数据进行统计和分析。采购类型和销售类型均不分级次，根据实际需要设立。

7) 产品结构

产品结构用来定义产品的组成，包括组成成分和数量关系，以便用于配比出库、组装拆卸、消耗定额、产品材料成本、采购计划、成本核算等引用。产品结构中引用的物料必须先在存货档案中定义。

8) 费用项目

销售过程中有很多不同的费用产生，如代垫费用、销售支出等，在系统中将其设置为费用项目，以方便记录和统计。

2. 设置存货系统业务科目

存货核算系统是供应链管理系统与财务系统联系的桥梁。各种存货的购进、销售及其他出入库业务，均在存货核算系统中生成凭证，并传递到总账管理系统中。为了快速、准确地完成制单，应事先设置好凭证上的相关科目。

1) 设置存货科目

存货科目是设置生成凭证所需要的各种存货科目和差异科目。存货科目既可以按仓库也可以按存货分类分别进行设置。

2) 设置对方科目

对方科目是设置生成凭证所需要的存货对方科目，可以按收发类别进行设置。

（三）供应链管理系统期初数据

在供应链管理系统中，期初数据录入是一个非常关键的环节。期初录入的数据内容及顺序如表 7-1 所示。

表 7-1 供应链管理系统期初数据

系统名称	操 作	内 容	说 明
采购管理	录入	期初暂估入库 期初在途存货	暂估入库是指货到票未到 在途存货是指票到货未到
	期初记账	采购期初数据	没有期初数据也要执行期初记账，否则不能开始日常业务
销售管理	录入并审核	期初发货单 期初委托代销发货单 期初分期收款发货单	已发货、出库，但未开票 已发货未结算的数量 已发货未结算的数量
库存	录入（取数） 审核	库存期初余额 不合格品期初数据	库存和存货共用期初数据 未处理的不合格品结存量
存货	录入（取数） 记账	存货期初余额 期初分期收款发出商品余额	

项目实施

任务一 建 立 账 套

【任务目的】

● 掌握操作员权限设置和账套管理的处理。

【任务准备】

- 已经安装了用友 ERPU8 V15.0 软件供应链管理模块。分析本企业所在的行业、经济类型和生产经营特点，了解企业管理的核算和管理要求，确定本企业个性化的应用方案。

【任务要求】

- 增加操作员。
- 建立核算单位账套(暂时不启用任何系统)。
- 对操作员进行授权。
- 启用供应链及其相关子系统。
- 账套备份。

【任务资料】

某商贸有限公司是一家销售箱包的公司，公司于 2022 年 1 月启用业财一体信息化平台，对公司财务核算与业务处理进行融合管理。主要经营范围：箱包销售。本案例主要销售商品分为小型包和拉杆箱。

1. 角色分工及其权限

1) 8001 张建国(口令 1)

角色：账套主管

2) 8002 李　慧(口令 2)

负责购销存业务，具有基本信息中的公共单据、公用目录权限；供应链管理的全部操作权限；还拥有总账、应收系统、应付系统的全部操作权限(此处授予如此多的权限是便于操作，实际工作中需要根据本单位实际情况授权)。

2. 建账信息

账套号：108；账套信息：某商贸有限公司；启用会计期间：2022 年 1 月 1 日。

1) 单位信息

单位名称：某商贸有限公司；单位简称：某商贸有限公司；单位地址：市经济开发区 1 号；法定代表：王源；邮政编码：010070；联系电话：89976099；税号：100011010288866。

2) 核算类型

该企业记账本位币：人民币(RMB)；企业类型：商业；行业性质：2007 年新会计制度科目；账套主管：张建国；按行业性质预设会计科目。

3) 基础信息

该企业有外币核算，进行经济业务处理时需要对存货、客户、供应商进行分类。

4) 分类编码方案

- 科目编码级次：10-2-2-2
- 部门编码级次：2-2
- 客户分类编码级次：2-2
- 供应商分类编码级次：2-2
- 存货分类编码级次：2-3

- 收发类别编码级次：1-2
- 结算方式编码级次：2

5) 设置数据精度

该企业对存货数量、存货单价、开票单价、件数、换算率等小数位数约定为两位。

3. 启用的系统和启用日期

2022 年 1 月 1 日分别启用 108 账套的“采购管理”“销售管理”“库存管理”“存货核算”“总账”“应收款管理”和“应付款管理”系统。

【任务指导】

1. 增加操作员

增加操作员的操作步骤如下：

(1) 以系统管理员的身份注册进入系统管理后，执行“权限”|“用户”命令，进入“用户管理”窗户。

(2) 单击工具栏上的“增加”按钮，打开“操作员详细情况”对话框。

(3) 输入编号“8001”，姓名“张建国”，口令和确认口令均为“1”，并在所属角色列表中选择“账套主管”，如图 7-2 所示。

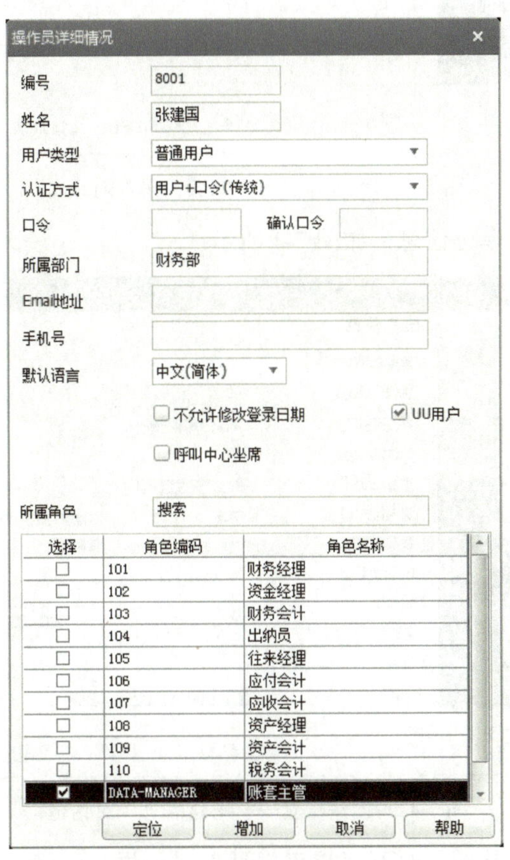

图 7-2 增加操作员对话框

(4) 单击“增加”按钮，并保存设置。

(5) 增加操作员“李慧”，在所属角色列表中选择“采购主管”“销售主管”“仓库主管”和“存货核算员”，然后保存设置。

2. 建立账套

建立账套的操作步骤如下：

(1) 在“系统管理”窗口中，执行“账套”|“建立”命令，打开“账套信息”对话框。

(2) 按任务资料录入新建账套的信息，如图 7-3 所示。

(3) 单击“下一步”按钮，打开“单位信息”对话框。

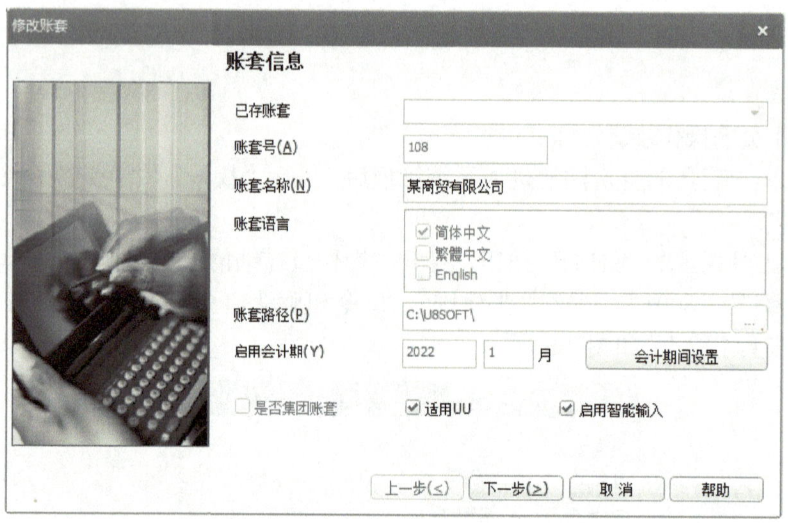

图 7-3 “创建账套——账套信息”对话框

(4) 按任务资料输入单位信息，如图 7-4 所示。

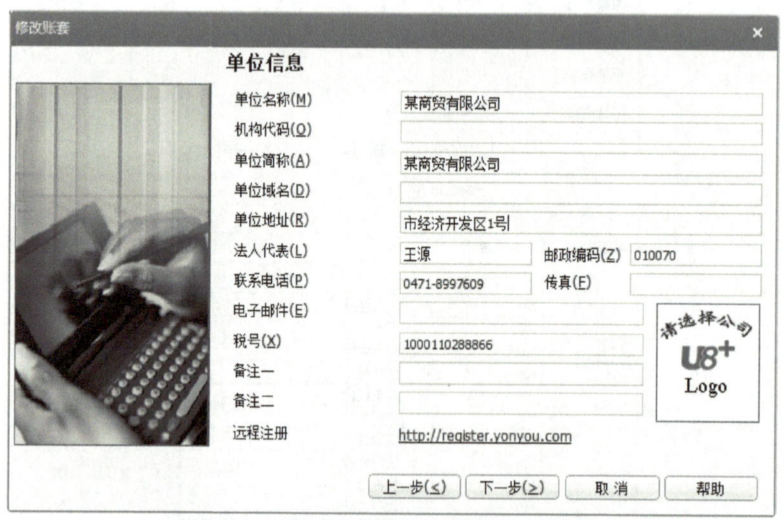

图 7-4 “创建账套——账套信息”对话框

(5) 单击“下一步”按钮，打开“核算类型”对话框。选择“商业”企业类型，行业性质默认为“2007 年新会计制度科目”，科目预置语言选择“中文(简体)”，从“账套主管”下拉列表中选择“[8001] 张建国”，如图 7-5 所示。

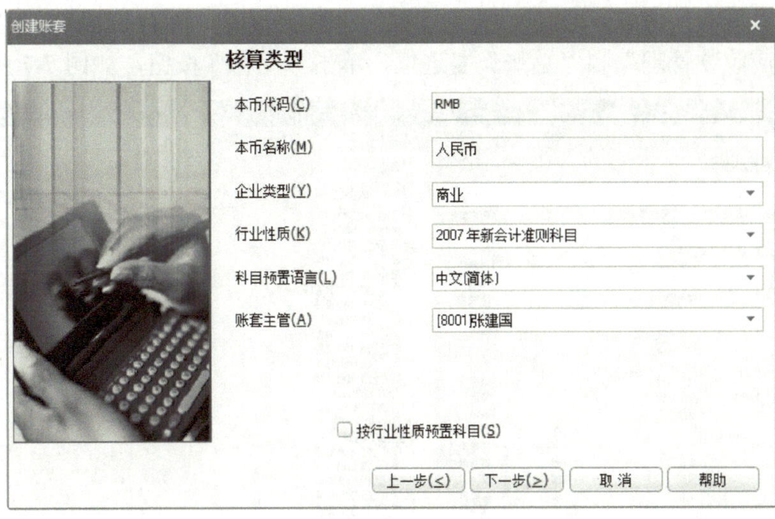

图 7-5　“核算类型”对话框

(6) 单击“下一步”按钮，打开“基础信息”对话框。分别选中“存货是否分类”“客户是否分类”“供应商是否分类”和“有无外币核算”复选框。

(7) 单击“完成”按钮，打开“创建账套”对话框，单击“是”按钮。由于系统需要按照输入的信息进行建账。建账完成后，系统自动打开“编码方案”对话框。

(8) 按所给资料修改分类编码方案，如图 7-6 所示。

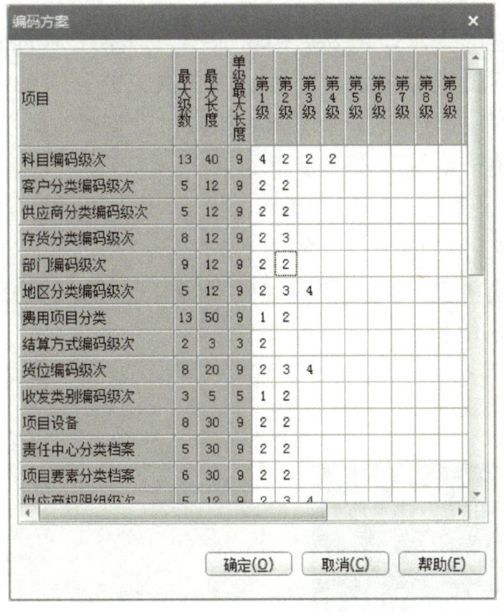

编码方案

项目	最大级数	最大长度	单级最大长度	第1级	第2级	第3级	第4级	第5级	第6级	第7级	第8级	第9级
科目编码级次	13	40	9	4	2	2	2					
客户分类编码级次	5	12	9	2	2							
供应商分类编码级次	5	12	9	2	2							
存货分类编码级次	8	12	9	2	3							
部门编码级次	9	12	9	2	2							
地区分类编码级次	5	12	9	2	3	4						
费用项目分类	13	50	9	1	2							
结算方式编码级次	2	3	3	2								
货位编码级次	8	20	9	2	3	4						
收发类别编码级次	3	5	5	1	2							
项目设备	8	30	9	2	2							
责任中心分类档案	5	30	9	2	2							
项目要素分类档案	6	30	9	2	2							
供应商权限组级次	5	12	9	2	3	4						

图 7-6　“编码方案”对话框

3. 设置操作员权限

为操作员李慧赋权的操作步骤如下：

(1) 在“操作员权限”对话框中，选中“8002 李慧”，选择“账套主管”右侧下拉列表框中的“[108] 某商贸有限公司”。

(2) 单击“修改”按钮，选中“采购管理”“销售管理”“库存管理”“存货核算”“应付款管理”“应收款管理”和“总账”复选框，单击“保存”按钮，如图 7-7 所示。

操作员权限

打印 预览 输出 修改 撤销 删除 保存 导出 导入 刷新 切换 定位 帮助 退出

[008]赤峰蓝天锅炉厂 2022--2022

搜索

操作员编码	操作员全名	部门	用户类型
101	财务经理		角色
102	资金经理		角色
103	财务会计		角色
104	出纳员		角色
105	往来经理		角色
106	应付会计		角色
107	应收会计		角色
108	资产经理		角色
109	资产会计		角色
110	税务会计		角色
DATA-MANAGER	账套主管		角色
OPER-HR20	普通员工		角色
01	01	总经办	普通用户
03	03	采购中心	普通用户
08	金宝荣	财务部	普通用户
10	周芳	财务部	普通用户
1001	吴波	财务中心	普通用户
1003	王玉芬	财务部	普通用户
1005	柳源	财务部	普通用户
1006	丰红	财务部	普通用户
1007	刘芳	财务部	普通用户
1008	赵珊	财务部	普通用户
1009	杨秀	财务部	普通用户
1010	王西西		普通用户
8001	张建国	财务部	普通用户
8002	李慧		普通用户

账套主管

显示所属角色权限 仅显示选中条目 复制

基本信息
财务会计
总账
发票管理
应收款管理
应付款管理
固定资产
网上银行
UFO报表
出纳管理
网上报销
费用预算
管理会计
CRM
电商管理
供应链
合同管理
售前分析
销售管理
采购管理
委外管理
质量管理
库存管理
条码管理
存货核算
出口管理
进口管理
售后服务
生产制造
人力资源
集团应用

就绪…

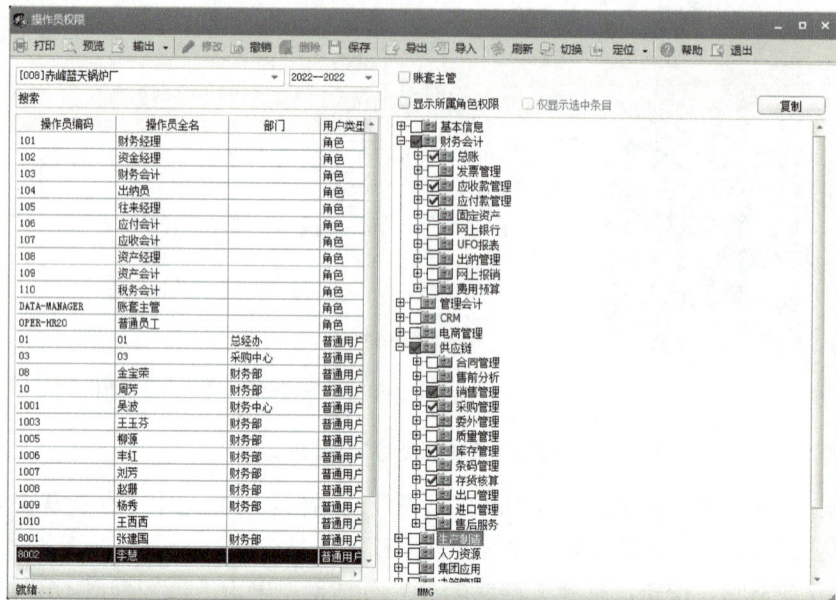

图 7-7 增加和调整权限

4. 启用供应链及其相关子系统

按照本企业业务流程的要求，需要启用供应链管理系统中的采购管理模块、销售管理模块、库存管理模块和存货核算模块，同时启用与供应链管理系统存在数据传递关系的相关模块，主要包括总账模块、应收款管理模块和应付款管理模块。

启用供应链及其相关子系统的操作步骤如下：

(1) 执行“开始”|“程序”|“用友 ERP-U8”|“企业应用平台”命令，以账套主管张建国的身份注册并进入企业应用平台，如图 7-8 所示。在“操作员”文本框中输入操作员编码，也可以输入操作员姓名。此处输入编码“8001”，密码“1”，选择“108 账套”，操作日期为“2022 年 01 月 01 日”。

图 7-8 登录账套

(2) 单击“登录”按钮，进入“企业应用平台”窗口，如图 7-9 所示。

图 7-9 “企业应用平台”窗口

(3) 在窗口左侧的工作列表中单击“基础设置”标签。

(4) 执行“基本信息”命令，打开“基本信息”对话框。

(5) 执行“系统启用”命令，打开“系统启用”对话框。

(6) 选择“采购管理”系统前的复选框，弹出“日历”对话框。

(7) 选择启用会计期间，本任务为“2022 年 01 月 01 日”。系统弹出提示“是否启用当前系统”。

(8) 单击“是”按钮，确认并完成采购管理系统的启用。

(9) 重复第 (6) ～第 (8) 步骤，分别启用“销售管理”“库存管理”“存货核算”“总账”“应收款管理”和“应付款管理”系统，完成供应链管理系统及其相关子系统的启用，如图 7-10 所示。

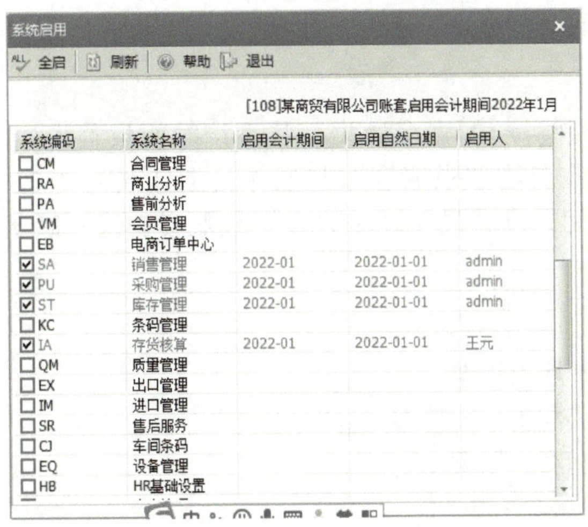

系统编码	系统名称	启用会计期间	启用自然日期	启用人
☐CM	合同管理			
☐RA	商业分析			
☐PA	售前分析			
☐VM	会员管理			
☐EB	电商订单中心			
☑SA	销售管理	2022-01	2022-01-01	admin
☑PU	采购管理	2022-01	2022-01-01	admin
☑ST	库存管理	2022-01	2022-01-01	admin
☐KC	条码管理			
☑IA	存货核算	2022-01	2022-01-01	王元
☐QM	质量管理			
☐EX	出口管理			
☐IM	进口管理			
☐SR	售后服务			
☐CJ	车间条码			
☐EQ	设备管理			
☐HB	HR基础设置			

图 7-10 系统启用

提示:

● 采购系统的启用月份必须大于等于应付系统的未结账月。

● 销售系统的启用月份必须大于等于应收系统的未结账月，并且应收系统未录入当月发票。如果已经录入发票，则必须先删除发票。

● 采购系统先启用，库存系统后启用时，如果库存系统启用月份已有根据采购订单生成的采购入库单，则库存系统不能启用。

● 库存系统启用之前，必须先审核库存系统启用日期之前未审核的发货单和先开据但未审核的发票，否则库存系统不能启用。

● 销售系统先启用，库存系统后启用时，如果库存系统启用日期之前的发货单有对应的库存系统启用日期之后的出库单，则必须先删除此类出库单，并在库存系统启用日期之前生成这些出库单，然后才能启用库存系统。

5. 备份账套

在 D 盘建立文件夹，将项目七任务一的账套输出，并保存到 U 盘。

【任务训练】

在业财一体信息化平台中完成以下角色权限设置。

根据企业财务制度与信息系统管理制度相关规定，在业财一体信息化平台中对角色进行查看、增加、修改等权限设置。设置工资主管角色的权限，具有薪资管理模块的全部权限。

任务二　业务基础设置

【任务目的】

● 熟悉业务基础的含义和内容。

● 掌握业务基础设置的处理方法。

【任务准备】

● 引入项目七中任务一的账套数据。将系统时间设置为 2022 年 1 月 1 日，如果不设置时间，则需要在每次登录账套时将操作日期修改为 2022 年 1 月 X 日。如果操作日期与账套建账时间跨度超过了 3 个月，则该账套在演示版状态下不能再执行任何操作。

【任务要求】

● 建立部门档案和职员档案。

● 建立供应商分类和供应商档案。

● 建立客户分类和客户档案。

● 设置付款条件。

● 建立存货分类、计量单位和存货档案。

- 设置结算方式。
- 设置开户银行。
- 建立仓库档案。
- 设置收发类别。
- 设置采购类型和销售类型。
- 设置费用项目。
- 设置发运方式。

【任务资料】

1. 部门职员档案

部门职员档案如表 7-2 所示。

表 7-2　部门职员档案

一级部门编码和名称	二级部门编码和名称	人员类别	职员编码和姓名	性别	是否业务员
01 管理中心	无	在职人员	1001 王　源	男	是
		在职人员	1002 刘　英	女	是
02 财务中心	无	在职人员	1003 张建国	男	是
		在职人员	1004 李　慧	女	是
03 市场中心	0301 批发部	在职人员	1005 王　帅	男	是
	0302 零售部	在职人员	1006 张菲菲	女	是
04 采购中心	无	在职人员	1007 赵威名	男	是
05 仓储中心	无	在职人员	1008 刘　静	女	是
06 运输中心	无	在职人员	1009 郭海涛	男	是

2. 客户和供应商分类资料

客户和供应商分类资料如表 7-3 所示。

表 7-3　客户和供应商分类资料

类 别 名 称	一级分类编码和名称	二级分类编码和名称
供应商	01 小型包商家	0101 批发商
		0102 代销商
	02 拉杆箱商家	0201 批发商
		0202 代销商
客户	01 经销商	0101 包头市经销商
	02 批发商	0201 北京市批发商
		0202 郑州市批发商
	03 子公司	0301 上海子公司
	04 零散客户	0401 零散客户

3. 付款条件

付款条件如表 7-4 所示。

表 7-4 付 款 条 件

付款条件编码	信用天数	优惠天数 1	优惠率 1	优惠天数 2	优惠率 2	优惠天数 3	优惠率 3
01	30	10	4	20	2	30	0
02	60	20	2	40	1	60	0
03	60	30	2	45	1	60	0

4. 客户和供应商档案

客户和供应商档案如表 7-5 所示。

表 7-5 客户和供应商档案

所属类别	客户编码	客户名称	客户简称	所属分类码	所属银行	开户银行	银行账号	默认值	税号	信用额度(万元)	付款条件
客户	001	甲百货公司	甲百货公司	0101	中国建设银行	中国建设银行	202212010001	是	10020221231	300	01
	002	乙百货公司	乙百货公司	0201	中国工商银行	中国工商银行	202212010002	是	10020221232	500	02
	003	丙百货公司	丙百货公司	0202	中国银行	中国银行	202212010003	是	10020221233	500	03
	004	丁贸易公司	丁贸易公司	0301	中国建设银行	中国建设银行	202212010004	是	10020221234	1 000	
	005	零散客户	零散客户	0401							
供应商	001	A 箱包有限公司	A 箱包有限公司	0101		中国工商银行	202212010005		10020221235		
	002	B 箱包有限公司	B 箱包有限公司	0102		中国建设银行	202212010006		10020221236		
	003	C 箱包有限公司	C 箱包有限公司	0201		中国建设银行	202212010007		10020221237		
	004	D 箱包有限公司	D 箱包有限公司	0202		中国银行	202212010008		10020221238		

5. 存货资料

计量单位

(1) 计量单位（如表 7-6 所示）。

表 7-6　计 量 单 位

计量单位组			计 量 单 位
编　码	计量单位组名称	类　别	
01	自然单位	无换算率	1. 个　2. 件　3. 箱　4. 次
02	换算 1 组	固定换算率	1 件 = 10 个，1 箱 = 40 件
03	换算 2 组	固定换算率	1 袋 = 20 个，1 大袋 = 10 袋

(2) 存货分类和存货档案（如表 7-7 所示）。

表 7-7　存货分类和存货档案

存货分类		编码 名称	计量 单位组	计量 单位	税率 /%	属　性	参考成 本 / 元	参考售 价 / 元	计划价 / 售价 / 元
一级	二级								
01 商品	01001 小型包	001A 女士钱包	换算 2 组	个	13%	采购，内销、外销	200	280	
		002A 女士手提包	换算 2 组	个	13%	采购，内销、外销	160	220	
		003A 女士潮流包	换算 2 组	个	13%	采购，内销、外销	350	500	
		004A 男士钱包	换算 2 组	个	13%	采购，内销、外销	300	500	
		005A 男士手提包	换算 2 组	个	13%	采购，内销、外销	200	280	
		006A 男士时尚包	换算 2 组	个	13%	采购，内销、外销	800	1200	
		007B 女背包	换算 2 组	个	13%	采购，内销、外销	120	200	
		008B 男背包	换算 2 组	个	13%	采购、内销、外销	150	220	
	01002 拉杆箱	009C 炫酷旅行箱	换算 1 组	个	13%	采购、内销、 外销、受托代销	800	1 200	1 300
		010C 时尚旅行箱	换算 1 组	个	13%	采购、内销、 外销、受托代销	850	1 300	1 400
		011C 商务皮箱	换算 1 组	个	13%	采购、内销、 外销、受托代销	2 000	2 500	2 800
		012D 休闲行李箱	换算 1 组	个	13%	采购、内销、外销	120	200	220
		013D 学生行李箱	换算 1 组	个	13%	采购、内销、外销	140	220	240
		014D 儿童拉杆箱	换算 1 组	个	13%	采购、内销、外销	280	600	630
02 劳务	02001 劳务 费用	015 运输费	自然单位	次	9%	采购、内销、外销、 应税劳务			

注：参考成本、参考售价和售价均不含税；箱包可以用换算单位，销售系统默认为“件”或“箱”，“袋”或“大袋。

6. 结算方式

01 现金支票，02 转账支票，03 电汇，04 网银。

7. 本单位开户银行

编码：01；银行账号：202200100888；开户银行：中国工商银行内蒙古分行大学路支行。

8. 仓库档案

- 01：A 箱包仓，计价方式为先进先出法。
- 02：B 箱包仓，计价方式为全月平均法
- 03：拉杆箱仓，计价方式为售价法。

9. 收发类别

收发类别如表 7-8 所示。

表 7-8 收 发 类 别

一级编码及名称	二级编码及名称	一级编码及名称	二级编码及名称
1 入库	101 采购入库	2 出库	201 销售出库
	102 采购退货		202 销售退货
	103 盘盈入库		203 盘亏出库
	104 调拨入库		204 调拨出库
	105 其他入库		205 其它出库

10. 采购类型和销售类型

采购类型和销售类型如表 7-9 所示。

表 7-9 采购类型和销售类型

采 购 类 型		销 售 类 型	
名 称	入库类别	名 称	出库类别
01 厂商采购	采购入库	01 批发销售	销售出库
02 代销商进货	采购入库	02 经销商批发	销售出库
03 采购退回	采购退货	03 销售退回	销售退货
		04 门市零售	销售出库

11. 费用项目分类

分类编码 1，费用类别为无分类。

12. 费用项目(如表 7-110 所示)

费用项目如表 7-10 所示。

表 7-10 费 用 项 目

费用项目编码	费用项目名称
01	运输费
02	业务招待费

13. 发运方式

发运方式如表 7-11 所示。

表 7-11　发 运 方 式

发运方式编码	发运方式名称
01	公路运输
02	铁路运输

【任务指导】

在“企业应用平台”窗口中，“设置”选项卡的“基础档案”中进行系统基础信息的设置，其结果是与其他模块共享的。

1. 建立部门档案

部门档案用于设置部门相关信息，包括部门编码、名称、负责人、编码属性等。

建立部门档案操作步骤如下：

执行“机构人员”|“部门档案”命令，打开“部门档案”窗口。按任务资料输入部门信息，结果如图 7-11 所示。

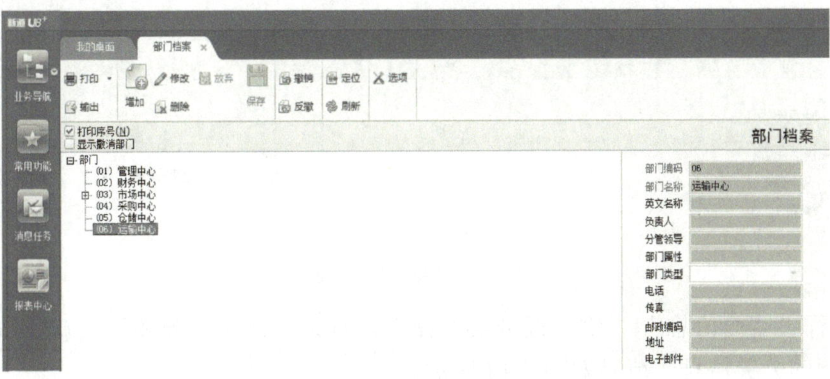

图 7-11　“部门档案”窗口

2. 建立人员档案

此处的人员是指企业的各个职能部门中参与企业的业务活动，并且需要对其核算业绩、考核业绩的人员。并非企业的全体人员，如图 7-12 所示。

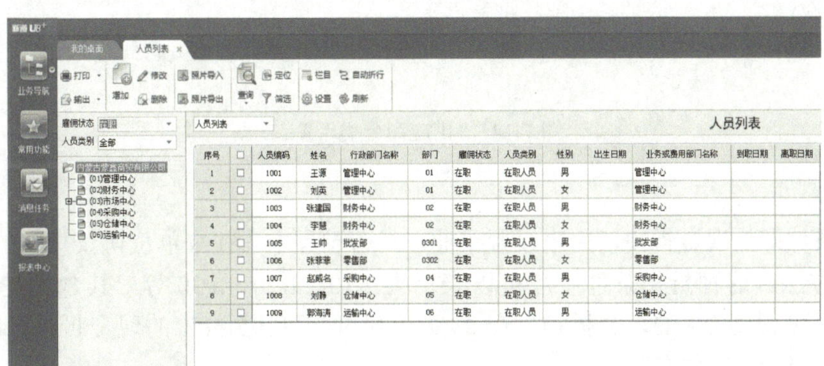

序号	□	人员编码	姓名	行政部门名称	部门	雇佣状态	人员类别	性别	出生日期	业务或费用部门名称	到职日期	离职日期
1	□	1001	王源	管理中心	01	在职	在职人员	男		管理中心		
2	□	1002	刘英	管理中心	01	在职	在职人员	女		管理中心		
3	□	1003	张建国	财务中心	02	在职	在职人员	男		财务中心		
4	□	1004	李慧	财务中心	02	在职	在职人员	女		财务中心		
5	□	1005	王帅	批发部	0301	在职	在职人员	男		批发部		
6	□	1006	张菲菲	零售部	0302	在职	在职人员	女		零售部		
7	□	1007	赵威名	采购中心	04	在职	在职人员	男		采购中心		
8	□	1008	刘静	仓储中心	05	在职	在职人员	女		仓储中心		
9	□	1009	郭海涛	运输中心	06	在职	在职人员	男		运输中心		

图 7-12　“人员列表”窗口

建立人员档案的操作步骤如下：

执行“机构人员”|“人员类别”命令，打开“人员类别”窗口，增加“104”在职人员，

然后再执行“机构人员”|“人员档案”命令，打开“人员列表”窗口。按任务资料录入职员信息，结果如图 7-12 所示。

3. 客户 / 供应商分类

供应链管理不局限于企业内部的采购、生产、销售等生产经营活动，它还包括企业下游的供应商和上游的客户。如果企业的供应商和客户较多，且分布广泛，则不仅需要对供应商和客户进行分类，还需要对地区进行分类以便管理。

客户或供应商分类是指按照客户或供应商的某种属性或某种特质，将客户或供应商进行分类管理。如果建账时选择了客户 / 供应商分类，则必须先进行分类，才能增加客户 / 供应商档案。如果建账时没有选择客户 / 供应商分类，则可以直接建立客户 / 供应商档案。

客户 / 供应商分类的操作步骤如下：

(1) 执行“客商信息”|“客户分类”命令，打开“客户分类”窗口。按任务资料输入客户分类的信息，结果如图 7-13 所示。

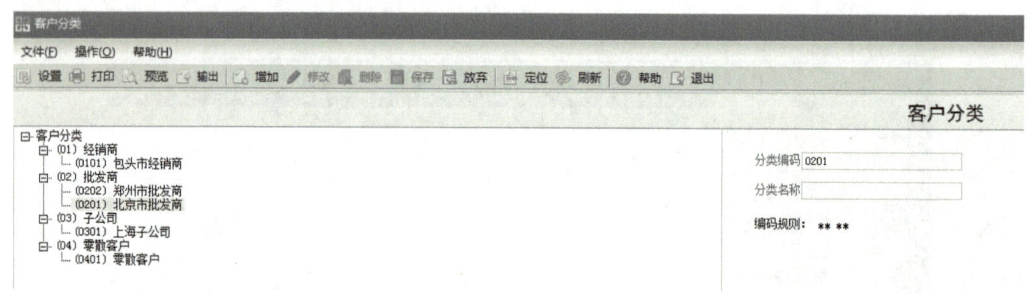

图 7-13 “客户分类”窗口

(2) 执行“客商信息”|“供应商分类”命令，打开“供应商分类”窗口。按任务资料输入供应商的分类信息，结果如图 7-14 所示。

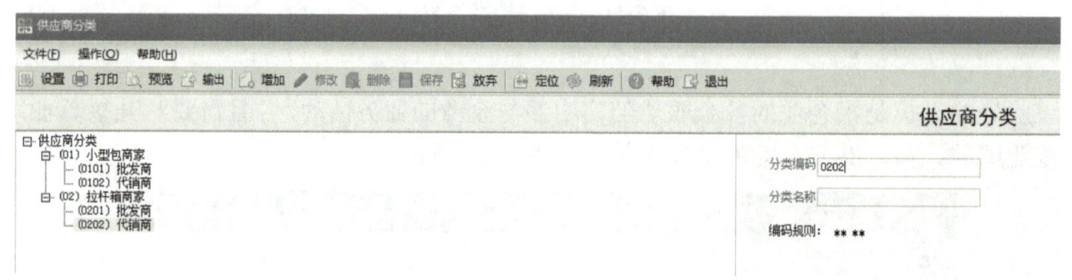

图 7-14 “供应商分类”窗口

4. 付款条件

付款条件即为现金折扣，用来设置企业在经营过程中与往来单位协议规定的收付款折扣的优惠方法。这种折扣条件一般可以表示为 2/10、1/20、n/30 等，其含义是客户在 10 天内付款，可得到 2% 的现金折扣；在 20 天内付款，可得到 1% 的现金折扣；超过 20 天付款，则按照全额支付货款。

付款条件的操作步骤如下：

执行“收费结算”|“付款条件”命令，打开“付款条件”窗口。按任务资料输入全部付款条件，结果如图 7-15 所示。

付款条件

文件(F) 操作(O) 帮助(H)

设置 打印 预览 输出 增加 修改 删除 放弃 保存 查询 定位 刷新 帮助 退出

付款条件

序号	付款条件编码	付款条件名称	信用天数	优惠天数1	优惠率1	优惠天数2	优惠率2	优惠天数3	优惠率3	优惠天数4	优惠率4
1	01	4/10, 2/20, n/30	30	10	4.0000	20	2.0000	30	0.0000	0	0.0000
2	02	2/20, 1/40, n/60	60	20	2.0000	40	1.0000	60	0.0000	0	0.0000
3	03	2/30, 1/45, n/90	90	30	2.0000	45	1.0000	60	0.0000	0	0.0000

图 7-15 “付款条件”窗口

5. 客户档案

客户档案主要用于设置往来客户的基本信息，便于对客户及其业务数据进行统计和分析。

客户档案的操作步骤如下：

(1) 执行“客商信息” | “客户档案”命令，打开“客户档案”窗口。该窗口分为左右两个部分，左窗口显示已经设置的客户分类，在右窗口中显示该分类下所有的客户列表。

(2) 单击“增加”按钮，打开“增加客户档案”对话框。该对话框中共包括 4 个选项卡，即“基本”“联系”“信用”“其他”。可对客户不同的属性分别归类记录。

(3) 按任务资料输入客户信息，结果如图 7-16 所示。

☑ 打印序号(N)

客户档案

客户分类
- (01) 经销商
- (02) 批发商
- (03) 子公司
- (04) 零散客户

序号	选择	客户编码	客户名称	客户简称	地区名称	发展日期	联系人	电话	专营业务员名称	分管部门名称	潜在客户编码
1		001	甲百货公司	甲百货公司		2022-01-01					
2		002	乙百货公司	乙百货公司		2022-01-01					
3		003	丙百货公司	丙百货公司		2022-01-01					
4		004	丁贸易公司	丁贸易公司		2022-01-01					
5		005	零散客户	零散客户		2022-01-01					

图 7-16 “客户档案”窗口

(4) 选中窗口右侧的第一条记录，即甲百货公司的记录，双击后在弹出的窗口中直接修改客户内容，如图 7-17 所示。

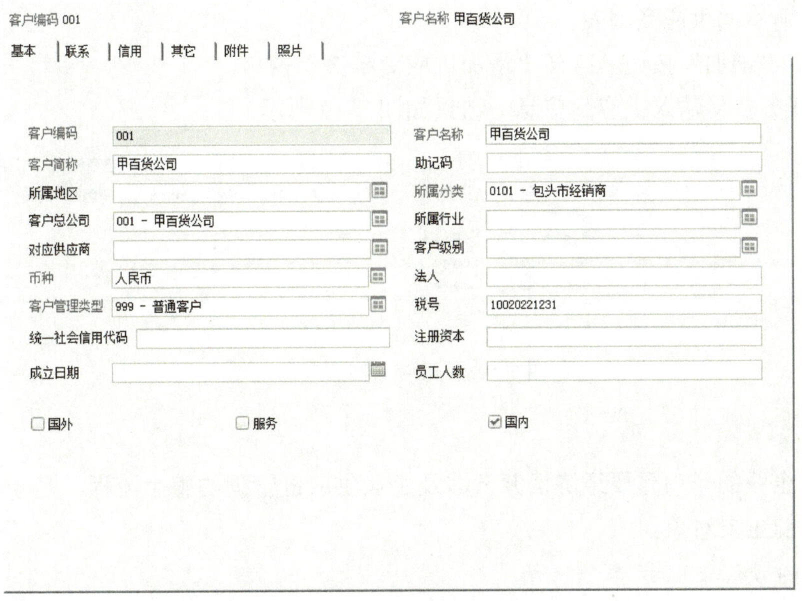

图 7-17 “修改客户档案”对话框

(5) 单击图 7-15 中的“银行”按钮，系统弹出“客户银行档案”窗口。将任务资料中的“所属银行”“开户银行”“银行账号”输入到上述窗口中，其中“所属银行”和“默认值”是参照录入的，如图 7-18 所示。

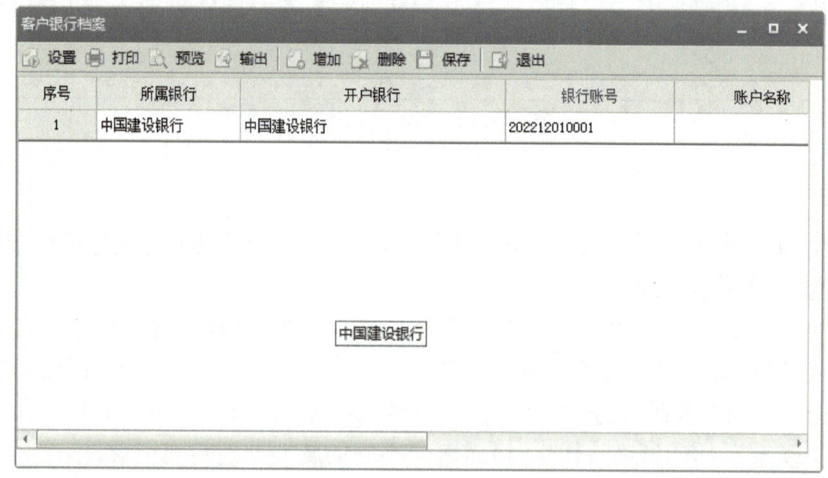

序号	所属银行	开户银行	银行账号	账户名称
1	中国建设银行	中国建设银行	202212010001	

图 7-18 “客户银行档案”窗口

6. 供应商档案

供应商档案主要用于设置往来供应商的档案信息，以便对供应商及其业务数据进行统计和分析。供应商档案设置的各栏目内容与客户档案是基本相同的，其不同在于选项卡中的两项内容。

供应商档案的操作步骤如下：

(1) 执行“客商信息”|“供应商档案”命令，打开“供应商档案”窗口。窗口分为左右两个部分，左窗口显示已经设置的供应商分类，选择某一供应商分类，则在右窗口中显示该分类下所有的供应商列表。

(2) 单击“增加”按钮，打开“增加供应商档案”窗口。

(3) 按任务资料输入供应商信息，结果如图 7-19 所示。

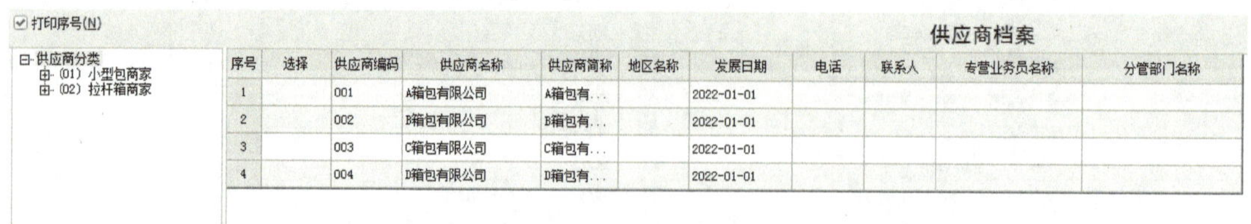

序号	选择	供应商编码	供应商名称	供应商简称	地区名称	发展日期	电话	联系人	专营业务员名称	分管部门名称
1		001	A箱包有限公司	A箱包有...		2022-01-01				
2		002	B箱包有限公司	B箱包有...		2022-01-01				
3		003	C箱包有限公司	C箱包有...		2022-01-01				
4		004	D箱包有限公司	D箱包有...		2022-01-01				

图 7-19 “供应商档案”窗口

7. 存货相关信息设置

存货是企业的一项重要经济资源，涉及企业供应链管理的整个流程，是企业物流管理和财务核算的主要对象。

1) 存货分类

如果企业存货较多，可以按一定的方式对存货进行分类管理。存货分类是指按照存货固有的特质或属性，将存货划分为不同的类别，以便于分类核算和统计。

存货相关信息设置的操作步骤如下：

执行“存货”|“存货分类”命令，打开“存货分类”窗口。按任务资料输入存货分类信息，如图 7-20 所示。

图 7-20 “存货分类”窗口

2) 计量单位

企业的存货种类繁多，不同的存货具有不同的计量单位，同一种存货用于不同的业务，其计量单位也可能不同。例如，对于某种药品，采购、批发销售可能用“箱”作为计量单位，而库存和零售则可能是“盒”，财务上可能按“板”计价。因此，在基础设置中，需要定义好存货的计量单位。

存货计量单位可以分为“无换算”“固定换算”和“浮动换算”三类。“无换算”计量单位一般是指自然单位、度量衡单位等。“固定换算”计量单位是指各个计量单位之间存在着不变的换算比率，这种计量单位之间的换算关系即为固定换算率，这些单位即为固定换算单位。例如，1 盒 = 4 板，1 箱 = 20 盒等。“浮动换算”计量单位是指计量单位之间无固定换算率，这种不固定换算率称为浮动换算率，这些单位也称为浮动换算单位。例如，透明胶带可以“卷”“米”为计量单位，1 卷约等于 10 米，则“卷”与“米”之间存在浮动换算率关系。无论是“固定换算”还是“浮动换算”关系的计量单位之间，都应该设置其中一个单位为“主计量单位”，其他单位以此为基础，按照一定的换算率进行换算。一般来说，将最小的计量单位设置为主计量单位。上述固定换算单位“板”“盒”“箱”，可以将“板”设置为主计量单位；浮动换算单位“卷”“米”，则应将“米”设置为主计量单位，每组中主计量单位以外的单位称为辅计量单位。

计量单位的操作步骤如下：

(1) 执行“存货”|“计量单位”命令，打开“计量单位”窗口。

(2) 单击“分组”按钮，打开“计量单位组”窗口。

(3) 单击“增加”按钮，输入计量单位组的编码、名称、换算类别等信息。输入全部计量单位组后，窗口如图 7-21 所示。

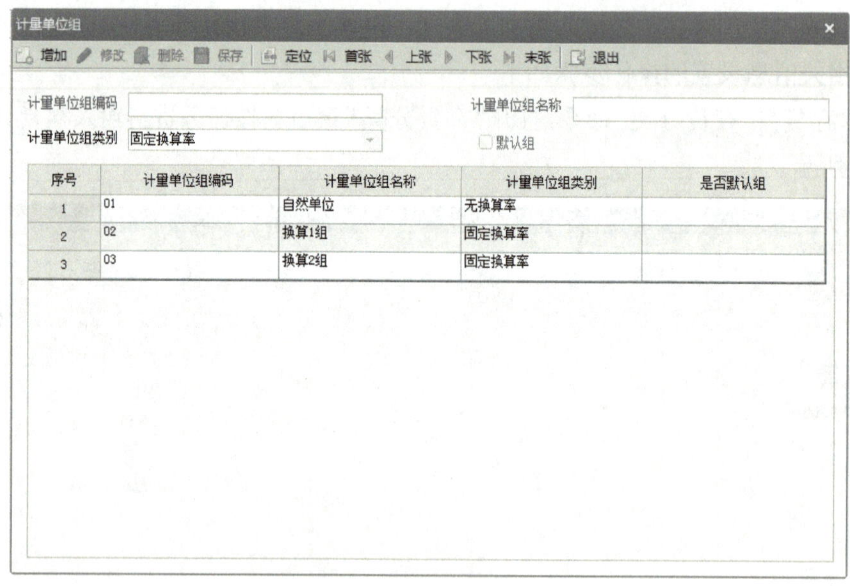

图 7-21 “计量单位组”窗口

(4) 退出“计量单位组”窗口，显示计量单位组列表。

(5) 选中“(01) 自然单位 < 无换算率 >”计量单位组，单击“单位”按钮，打开“计量单位”对话框。

(6) 单击“增加”按钮，输入计量单位编码、名称、所属计量单位组、换算率等信息。

(7) 单击“保存”按钮，保存计量单位信息，如图 7-22 所示。

(8) 单击“退出”按钮，退出“自然单位组”计量单位的设置。

(9) 选择“(02) 换算 1 组 < 固定换算率 >”计量单位组，单击“单位”按钮，打开“计量单位”对话框。

(10) 单击“增加”按钮，输入计量单位编码“5”，计量单位名称“个”，单击“保存”按钮，如图 7-23 所示。

计量单位

计量单位组
- (01) 自然单位<无换算率>
- (02) 换算1组<固定换算率>
- (03) 换算2组<固定换算率>

序号	计量单位编码	计量单位名称	计量单位组编码	计量单位组名称	计量单位组类别	英文名称单数	英文名称复数	对应条形码
1	1	个	01	自然单位	无换算率			
2	2	件	01	自然单位	无换算率			
3	3	箱	01	自然单位	无换算率			
4	4	次	01	自然单位	无换算率			
5	5	个	02	换算1组	固定换算率			
6	501	件	02	换算1组	固定换算率			
7	502	箱	02	换算1组	固定换算率			
8	6	个	03	换算2组	固定换算率			
9	601	袋	03	换算2组	固定换算率			
10	602	大袋	03	换算2组	固定换算率			

图 7-22 “自然单位组”的计量单位

提示：

● 此时设置的是“换算 1 组“的第一种计量单位的主计量单位。通常将小的计量单位作为主计量单位。

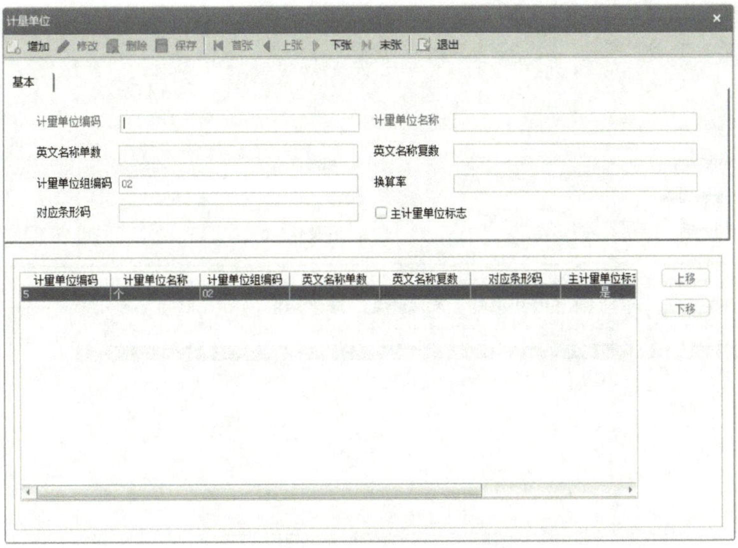

图 7-23 “换算 1 组”的第一种计量单位

(11) 输入计量单位编码“501”，计量单位“件”，在“换算率”文本框中输入“10”，单击“保存”按钮。再输入计量单位编码“502”，计量单位“箱”，在“换算率”文本框中输入“400”，单击“保存”按钮，如图 7-24 所示。

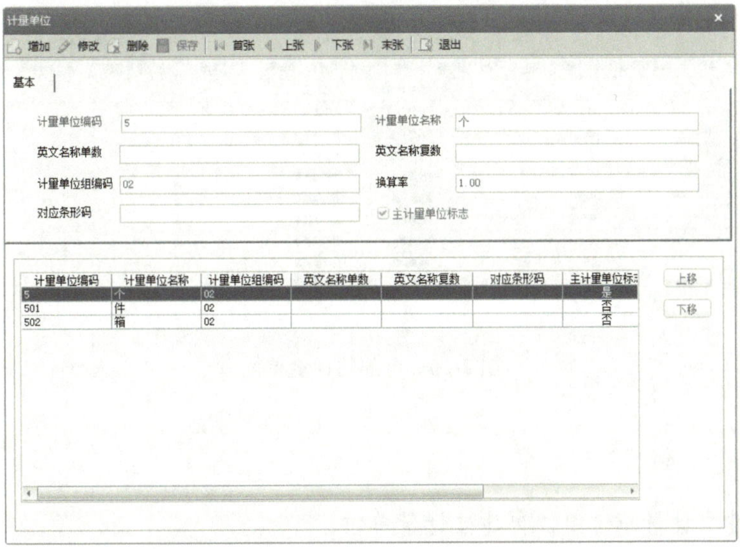

图 7-24 “换算 1 组”的第 2 种计量单位

(12) 单击“退出”按钮。退出“换算 1 组”计量单位的设置。

(13) 选中“(03) 换算 2 组 <固定换算率>”计量单位组，单击“单位”按钮，打开“计量单位”对话框。

(14) 单击“增加”按钮，输入计量单位编码“6”，计量单位“个”，单击“保存”按钮。

(15) 再输入计量单位编码“601”，计量单位“袋”，在“换算率”文本框中输入“20”，单击“保存”按钮。再输入计量单位编码“602”，计量单位名称“大袋”，在“换算率”文本框中输入“200”，单击“保存”按钮，如图 7-25 所示。

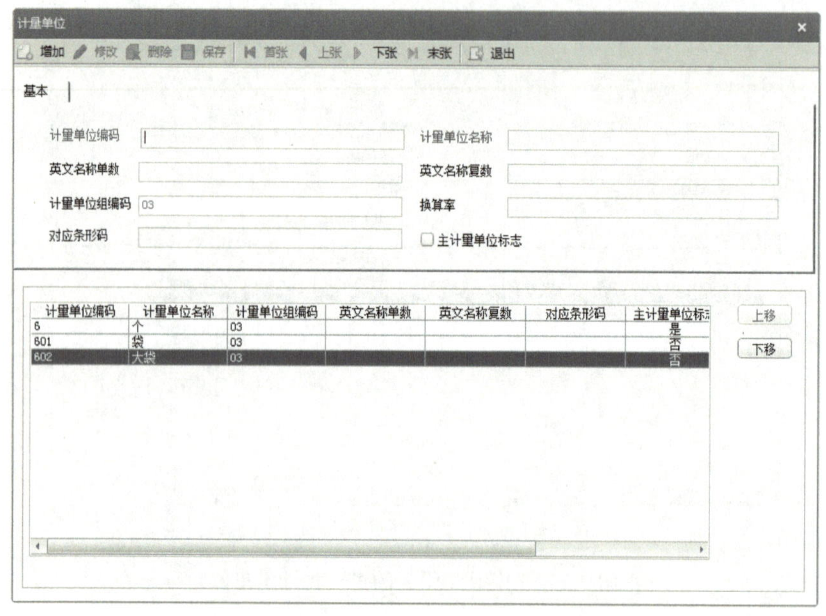

图 7-25 “换算 2 组”计量单位

(16) 单击“退出”按钮，退出“换算 2 组”计量单位的设置。全部的计量单位设置如图 7-26 所示。

计量单位组
(01) 自然单位<无换算率>
(02) 换算1组<固定换算率>
(03) 换算2组<固定换算率>

计量单位

序号	计量单位编码	计量单位名称	计量单位组编码	计量单位组名称	计量单位组类别	英文名称单数	英文名称复数	对应条形码	主计量单位标志	换算率
1	1	个	01	自然单位	无换算率					
2	2	件	01	自然单位	无换算率					
3	3	箱	01	自然单位	无换算率					
4	4	次	01	自然单位	无换算率					
5	5	个	02	换算1组	固定换算率				是	1.00
6	501	件	02	换算1组	固定换算率				否	10.00
7	502	箱	02	换算1组	固定换算率				否	400.00
8	6	个	03	换算2组	固定换算率				是	1.00
9	601	袋	03	换算2组	固定换算率				否	20.00
10	602	大袋	03	换算2组	固定换算率				否	200.00

图 7-26 全部的计量单位

提示：

● 先建立计量单位组，再建立计量单位。

● 主计量单位的换算率为 1，本计量单位组的其他单位以此为依据，按照换算率进行换算。

● 固定换算组每一个辅计量单位对主计量单位的换算率不能为空。

● 被存货引用后的主、辅计量单位均不允许删除，但可以修改辅计量单位的使用顺序及换算率。如果在单据中使用了某一计量单位，该计量单位的换算率就不允许再修改了。

● 浮动换算组可以修改为固定换算组。浮动换算的计量单位只能包括两个计量单位。同时，其辅计量单位换算率可以为空，在单据中使用该浮动换算率时需要手工输入换算率，或通过输入数量、件数，系统会自动计算出换算率。

3) 存货档案

存货档案是供应链所有子系统核算的依据和基础，必须科学地、合理地对其进行分类，准确、完整地提供存货档案数据。

存货档案主要是对企业全部存货目录的设立和管理，包括随同发货单或发票一起开具的应税劳务，也应设置在存货档案中。存货档案可以进行多计量单位设置。

存货档案的操作步骤如下：

(1) 执行“存货”|“存货档案”命令，打开“存货档案”窗口。

(2) 选中“(1) 商品 -(01001) 小型包”存货分类，如图 7-27 所示。

图 7-27 “存货档案”窗口

(3) 单击“增加”按钮，打开“增加存货档案”对话框，如图 7-27 所示。

(4) 根据所给资料填制“001A 女士钱包”的存货档案的“基本”选项，如图 7-28 所示。

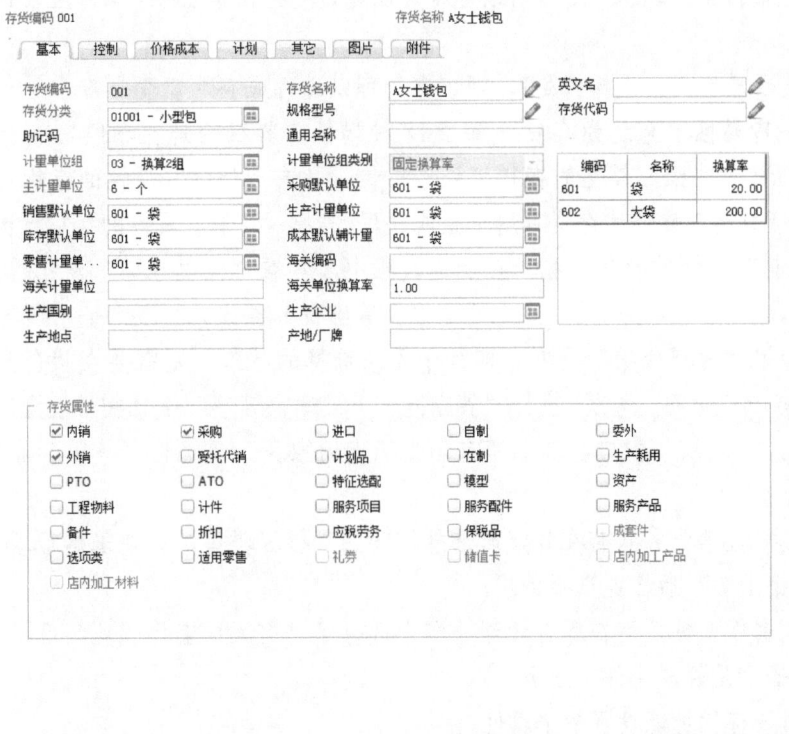

存货编码 001　　存货名称 A女士钱包

基本 | 控制 | 价格成本 | 计划 | 其它 | 图片 | 附件

存货编码 001　　存货名称 A女士钱包　　英文名
存货分类 01001 - 小型包　　规格型号　　存货代码
助记码　　通用名称
计量单位组 03 - 换算2组　　计量单位组类别 固定换算率
主计量单位 6 - 个　　采购默认单位 601 - 袋
销售默认单位 601 - 袋　　生产计量单位 601 - 袋
库存默认单位 601 - 袋　　成本默认辅计量 601 - 袋
零售计量单... 601 - 袋　　海关编码
海关计量单位　　海关单位换算率 1.00
生产国别　　生产企业
生产地点　　产地/厂牌

编码	名称	换算率
601	袋	20.00
602	大袋	200.00

存货属性

☑内销 ☑采购 ☐进口 ☐自制 ☐委外
☑外销 ☐受托代销 ☐计划品 ☐在制 ☐生产耗用
☐PTO ☐ATO ☐特征选配 ☐模型 ☐资产
☐工程物料 ☐计件 ☐服务项目 ☐服务配件 ☐服务产品
☐备件 ☐折扣 ☐应税劳务 ☐保税品 ☐成套件
☐选项类 ☐适用零售 ☐礼券 ☐储值卡 ☐店内加工产品
☐店内加工材料

图 7-28 “增加存货档案”对话框

提示:

- “增加存货档案”对话框中有7个选项卡,即“基本”“成本”“控制”“其他”“计划”“图片”“附加”,对存货不同的属性分别归类。
- “基本”选项卡中主要记录了企业存货的基本信息。其中“蓝色字体”项为必填项。
- 存货编码:必须唯一且必须输入,最大长度30个字符,可以用0~9或字符A~Z表示。
- 存货代码:必须唯一,最大长度30个字符,非必填项。可以用“存货分类+存货编码”构成存货代码。
- 存货名称:必须输入。
- 计量单位组合主计量单位:可以参照输入。根据已选的计量单位组,带出主计量单位,如果要修改,则需要先删除该主计量单位,再输入其他计量单位。
- 采购、销售、库存默认单位和成本默认辅计量单位:设置各子系统默认时使用的计量单位。
- 税率:该存货的增值税税率。销售该存货时,此税率为专用发票或普通发票上该存货默认的销售税税率;采购该存货时,此税率为专用发票、运费发票等可以抵扣的进项发票上默认的进项税税率。税率不能小于零。
- 是否折扣:选择“是”,则该存货可以进行受托代销业务(同时应设置外购属性)处理。
- 是否成套件:选择“是”,则该存货可以进行成套件管理业务。
- 存货属性:系统为存货设置了18种属性,其目的是在参照输入时缩小范围。具有“内销”“外销”属性的存货可用于出售,具有“外购”属性的存货可用于采购,具有“生产耗用”属性的存货可用于生成领用,具有“自制”属性的存货可由企业生产,具有“在制”属性的存货是指正在制造过程中,具有“应税劳务”属性的存货可以抵扣进项税,是指开具在采购发票上的运输费等应税劳务。
- 如果“受托代销”是灰色即处于无法选择的状态,则需要在“企业应用平台”窗口中,单击“业务”选项,执行“供应链”|“库存管理”|“初始设置”|“选项”命令,打开“选项”窗口,选中“有无受托代销业务”复选框,单击“确定”按钮退出即可。
- 受托代销业务只有在建账时选择“商业”核算类型,并在采购管理中确定“是否受托代销业务”后才能选择使用。
- 成套件业务只有在库存管理系统中选择了“有无成套件管理”后,才能在存货档案中选择“是否成套件”业务。
- 同一存货可以设置多个属性。
- “成本”选项卡中主要记录了与存货计价相关的信息,如图7-29所示。

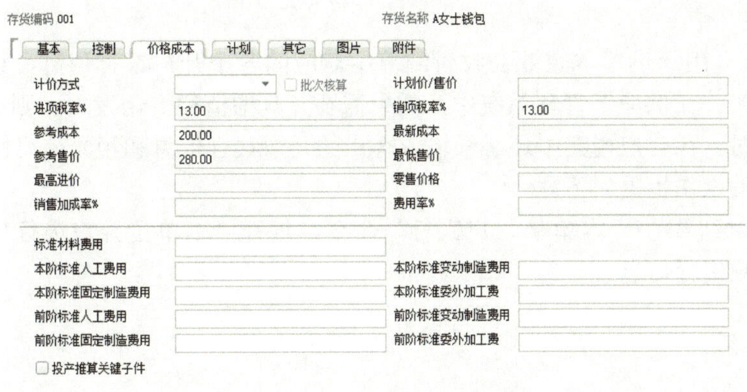

图 7-29　“成本”选项卡

(5) 单击“保存”按钮，保存存货档案信息。

(6) 重复上述步骤，输入全部存货档案。存货档案列表如图 7-30 所示。

☑ 打印序号(N)

存货档案

存货分类
- (01) 商品
  - (01001) 小型包
  - (01002) 拉杆箱
- (02) 劳务

序号	选择	存货编码	存货名称	规格型号	存货代码	ABC分类	启用日期	计量单位组名称	主计量单位名称	特征选配
1	□	001	A女士钱包				2022-01-01	换算2组	个	□
2	□	002	A女士手提包				2022-01-01	换算2组	个	□
3	□	003	A女士潮流包				2022-01-01	换算2组	个	□
4	□	004	A男士钱包				2022-01-01	换算2组	个	□
5	□	005	A男士手提包				2022-01-01	换算2组	个	□
6	□	006	A男士时尚包				2022-01-01	换算2组	个	□
7	□	007	B女背包				2022-01-01	换算2组	个	□
8	□	008	B男背包				2022-01-01	换算2组	个	□
9	□	009	C炫酷旅行箱				2022-01-01	换算1组	个	□
10	□	010	C时尚旅行箱				2022-01-01	换算1组	个	□
11	□	011	C商务皮箱				2022-01-01	换算1组	个	□
12	□	012	D休闲行李箱				2022-01-01	换算1组	个	□
13	□	013	D学生行李箱				2022-01-01	换算1组	个	□
14	□	014	D儿童拉杆箱				2022-01-01	换算1组	个	□
15	□	015	运输费				2022-01-01	自然单位	次	□

图 7-30　存货档案列表

提示：

● 由于此时还未启动“采购管理”系统，在设置“009\010\011 存货”的存货档案时还不能设置“是否委托代销”的属性，待启动“采购管理”系统后再补充设置。

8. 设置结算方式

为了便于提高银行对账的效率，系统提供了设置银行结算方式的功能。该功能主要用来建立和管理用户在经营活动中所涉及的结算方式，其设置应该与财务结算方式一致。

设置结算方式的操作步骤如下：

执行“收付结算”|“结算方式”命令，打开“结算方式”窗口。按任务资料输入结算方式。

提示：

● 结算方式编码和名称必须输入。编码要符合编码规则。

● 票据管理标志是为出纳对银行结算票据的管理而设置的功能，需要进行票据登记的结算方式则要选择此项功能。

9. 开户银行

“开户银行”用于设置本企业在收付结算中对应的各个开户银行信息。系统支持多个开户银行和账号。在供应链管理系统中，如果需要开具增值税专用发票，则需要设置开户银行信息；同时，在客户档案中还必须输入客户的开户银行信息和税号信息。

开户银行的操作步骤如下：

执行“收付结算”|“本单位开户银行”命令，打开“本单位开户银行”窗口。按任务资料输入开户银行信息。

提示：

- 开户银行编码必须唯一，最大长度为 3 个字符。
- 银行账号必须唯一，最大长度为 20 个字符。
- “暂封标识”用于标识银行的使用状态。如果某个账号临时不用，可以设置暂封标识。

10. 仓库档案

仓库是用于存放存货的场所，对存货进行核实和管理，首先应对仓库进行管理。因此，设置仓库档案是供应链管理系统的重要基础工作之一。此处设置的仓库可以是企业实际拥有的仓库，也可以是企业虚拟的仓库。全部仓库档案的设置结果如图 7-31 所示。

仓库档案

序号	仓库编码	仓库名称	部门名称	仓库地址	电话	负责人	计价方式	仓库核算组	是否货位管理	资金定额	对应条
1	01	A箱包仓					先进先出法		否		01
2	02	B箱包仓	B箱包仓				全月平均法		否		02
3	03	拉杆箱仓	拉杆箱仓				售价法		否		03

图 7-31　仓库档案

仓库档案的操作步骤如下：

执行“业务”|“仓库档案”命令，打开“仓库档案”窗口。按任务资料设置企业仓库。

提示：

- 仓库编码、仓库名称必须输入。
- 仓库编码必须唯一，最大长度 10 个字符。
- 每个仓库必须选择一种计价方式。系统提供了 6 种计价方法，工业企业为计划价法、全月平均法、移动平均法、先进先出法、后进先出法和个别计价法；商业企业为售价法、全月平均法、移动平均法、先进先出法、后进先出法和个别计价法。

11. 收发类别

设置收发类别，是为了便于用户对企业的出入库情况进行分类汇总、统计而设置的，用以标识材料的出入库类型。用户可以根据企业的实际情况进行灵活的设置。

收发类别的操作步骤如下：

执行“业务”|“收发类别”命令，打开“收发类别”窗口，按照任务资料输入收发类别。全部收发类别的设置结果如图 7-32 所示。

图 7-32　“收发类别”窗口

提示：

● 必须按编码方案设置的编码规则输入。

● 先建立上级收发类别，再建立下级类别。

12. 采购类型

采购类型是用户对采购业务所作的一种分类，是采购单据上的必填项。如果企业需要按照采购类别进行采购统计，则必须设置采购类型。

采购类型的操作步骤如下：

执行“业务”|“采购类型”命令，打开“采购类型”窗口，按照任务资料输入采购类型。全部采购类型的设置结果如图 7-33 所示。

采购类型

文件(F)　操作(O)　帮助(H)

设置 打印 预览 输出 增加 修改 删除 保存 放弃 查询 定位 刷新 帮助 退出

序号	采购类型编码	采购类型名称	入库类别	是否默认值	是否委外默认值	参与需求计划运算
1	01	厂商采购	采购入库	是	否	是
2	02	代销商进货	采购入库	否	否	是
3	03	采购退回	采购退货	否	是	是

图 7-33　“采购类型”窗口

提示：

● 采购类型编码和采购类型名称必须输入。编码位数视采购类型的多少设定。

● “入库类别”是指设定在采购系统中填制采购入库单时，输入采购类型后，系统默认的入库类别。

● “是否默认值”是指设定某个采购类型为填制单据时默认的采购类型，只能设定一种类型为默认值。

13. 销售类型

销售类型是用户自定义销售业务的类型，其目的在于根据销售类型对销售业务数据进行统计和分析。

销售类型的操作步骤如下：

执行“业务”|“销售类型”命令，打开“销售类型”窗口，按照任务资料输入销售类型。全部销售类型的设置结果如图 7-34 所示。

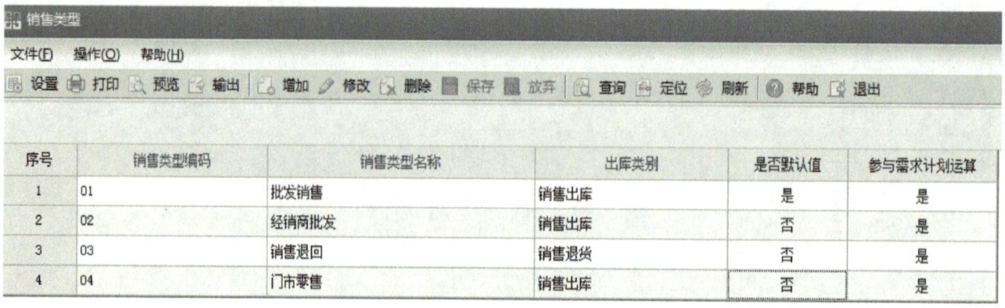

序号	销售类型编码	销售类型名称	出库类别	是否默认值	参与需求计划运算
1	01	批发销售	销售出库	是	是
2	02	经销商批发	销售出库	否	是
3	03	销售退回	销售退货	否	是
4	04	门市零售	销售出库	否	是

图 7-34 “销售类型”窗口

提示：

- 销售类型编码和销售类型名称必须输入。
- “出库类别”是指设定在销售系统中填制销售出库单时，输入销售类型后，系统默认的出库类别，便于销售业务数据传递到库存管理系统和存货核算系统时进行出库统计和财务制单处理。
- “是否默认值”是指设定某个销售类型作为填制单据时默认的销售类型，只能设定一种类型为默认值。

14. 费用项目分类

费用项目主要用于处理在销售活动中支付的代垫费用、各种销售费用等业务。

费用项目分类操作步骤如下：

执行“业务”|“费用项目分类”命令，打开“费用项目分类”窗口。设置一个“无分类”，结果如图 7-35 所示。

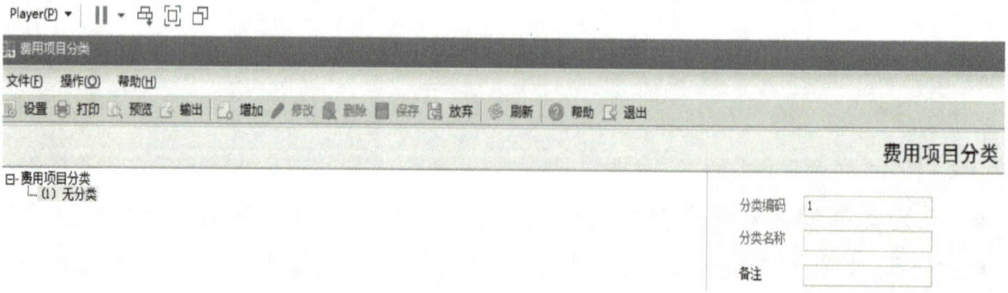

图 7-35 “费用项目分类”窗口

15. 费用项目

执行“业务”|“费用项目”命令。打开“费用项目档案”窗口，按任务资料输入费

用项目。全部费用项目的设置结果如图 7-36 所示。

费用项目

⊟-费用项目分类
└(1) 无分类

序号	费用项目编码	费用项目名称	费用项目分类名称	盈亏项目	销项税率(%)	会计科目名称
1	01	运输费	无分类			
2	02	业务招待费	无分类			

图 7-36　“费用项目档案”窗口

16. 发运方式

发运方式是指设定采购业务、销售业务中存货的运输方式。

发运方式的操作步骤如下：

执行“业务”|“发运方式”命令，打开“发运方式窗口。按任务资料输入发运方式。全部发运方式的设置结果如图 7-37 所示。

发运方式

文件(F)　操作(O)　帮助(H)

设置　打印　预览　输出　增加　修改　删除　保存　放弃　查询　定位

序号	发运方式编码	发运方式名称	发运方式英文名称
1	01	公路运输	
2	02	铁路运输	

图 7-37　“发运方式“窗口

17. 备份账套

在 D 盘建立文件夹，将项目七任务二的账套输出，并保存到 U 盘。

【任务训练】

在业财一体信息化平台完成以下部门档案设置，如图 7-38 所示。

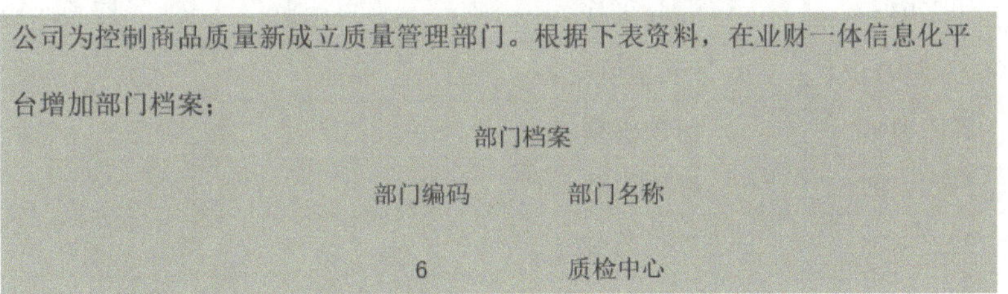

公司为控制商品质量新成立质量管理部门。根据下表资料，在业财一体信息化平台增加部门档案；

部门档案

部门编码	部门名称
6	质检中心

图 7-38　部门档案设置

任务三　财务基础设置

【任务目的】

- 熟悉财务基础的含义和内容。
- 掌握财务基础设置的处理方法。

【任务准备】

● 引入项目七中任务二的账套数据。将系统时间调整为“2022 年 01 月 01 日”，由“8001”操作员登录“企业应用平台”系统。

【任务要求】

● 设置总账系统参数。
● 设置会计科目。
● 设置凭证类别。
● 录入期初余额。
● 备份账套。

【任务资料】

1. 设置会计科目

设置会计科目，如表 7-12 所示。

表 7-12 设置会计科目

类型	科目编码	科目名称	辅助核算	备 注
资产	1121	应收票据	客户往来	受控“应收系统”
资产	1122	应收账款	客户往来	受控“应收系统”
资产	1123	预付账款	供应商往来	受控“应付系统”
资产	1321	受托代销商品		
负债	2201	应付票据	供应商往来	受控“应付系统”
负债	2202	应付账款		
负债	220201	应付货款	供应商往来	受控“应付系统”
负债	220202	暂估应付款		
负债	2203	预收账款	客户往来	受控“应收系统”
负债	222101	应交增值税		
负债	22210101	进项税额		
负债	22210102	销项税额		
负债	22210103	进项税额转出		
权益	410401	未分配利润		

2. 设置凭证类别

设置凭证类别，如表 7-13 所示。

表 7-13 凭 证 类 别

类别字	类别名称	限制类型	限制科目
收	收款凭证	借方必有	1001 1002
付	付款凭证	贷方必有	1001 1002
转	转账凭证	凭证必无	1001 1002

3. 录入总账系统期初余额

录入总账系统期初余额，如表 7-14 所示。

表 7-14 总账系统期初余额

资 产			负债和所有者权益		
科 目	方 向	金 额	科 目	方 向	金 额
库存现金	借	8 000	短期借款	贷	500 000
银行存款	借	677 300	暂估应付款	贷	155 000
库存商品	借	1 212 100	长期借款	贷	400 000
商品进销差价	贷	-2 600	实收资本	贷	4 708 900
受托代销商品	借	41 500	盈余公积	贷	210 100
发出商品	借	72 000	未分配利润	贷	220 000
固定资产	借	4 301 500			
累计折旧	贷	121 000			

【任务指导】

1. 设置会计科目辅助核算类别

设置会计科目辅助核算类别的操作步骤如下：

(1) 在“企业应用平台”窗口中，打开“基础设置”选项卡。执行“基础档案”|“财务”|“会计科目”命令，打开“会计科目”对话框。

(2) 在“会计科目”对话框中，双击“1122 应收账款”，或在选中“1122 应收账款”后单击修改按钮，打开“会计科目 - 修改”对话框。

(3) 在“会计科目 - 修改”对话框中，单击“修改”按钮。

(4) 选中“客户往来”复选框，默认“受控系统”为“应收系统”，如图 7-39 所示。

(5) 单击“确定”按钮。以此方法修改其他会计科目。

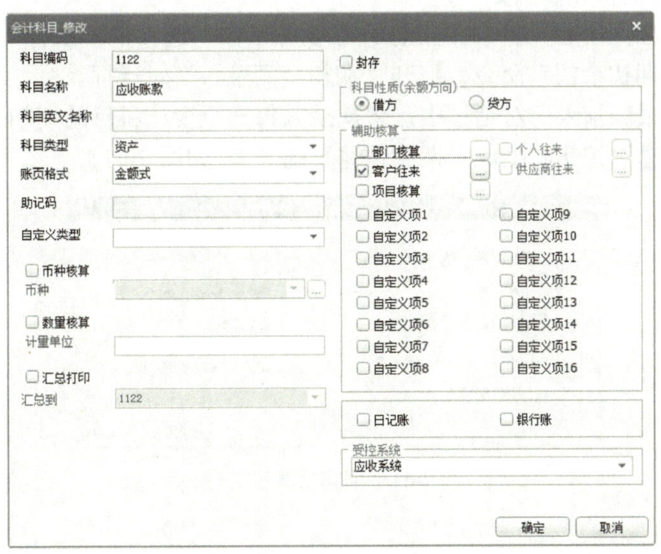

图 7-39 “会计科目 - 修改”对话框

2. 修改会计科目

修改会计科目的操作步骤如下：

(1) 在“会计科目”对话框中。双击“1321 代理业务资产”，打开“会计科目 - 修改”对话框。

(2) 在“会计科目 - 修改”对话框中，单击“修改”按钮。

(3) 修改会计科目名称为“受托代销商品”，单击“确定”按钮。

3. 设置凭证类别

设置凭证类别的操作步骤如下：

(1) 在“企业应用平台”窗口中，打开“基础设置”选项卡，执行“基础档案”|“财务”|“凭证类别”命令，打开“凭证类别”对话框。

(2) 在“凭证类别”对话框中，选中“收款凭证”“付款凭证”“转账凭证”单选按钮。

(3) 单击“确定”按钮，打开“凭证类别”窗口。

(4) 单击“修改”按钮，根据所给资料设置各种凭证类别的限制内容，如图 7-40 所示。

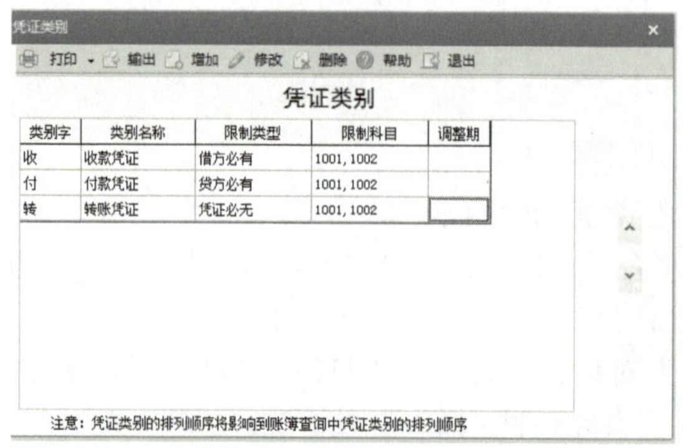

类别字	类别名称	限制类型	限制科目	调整期
收	收款凭证	借方必有	1001, 1002	
付	付款凭证	贷方必有	1001, 1002	
转	转账凭证	凭证必无	1001, 1002	

注意：凭证类别的排列顺序将影响到账簿查询中凭证类别的排列顺序

图 7-40 “凭证类别”窗口

4. 录入期初余额

录入期初余额的操作步骤如下：

(1) 在“企业应用平台”窗口中，打开“业务工作”选项卡，执行“财务会计”|“总账”|“设置”|“期初余额”命令，打开“期初余额录入”对话框。

(2) 在“期初余额录入”对话框中，依次录入每一个会计科目的期初余额。

(3) 单击“试算”按钮，生成“期初试算平衡表”，如图 7-41 所示。

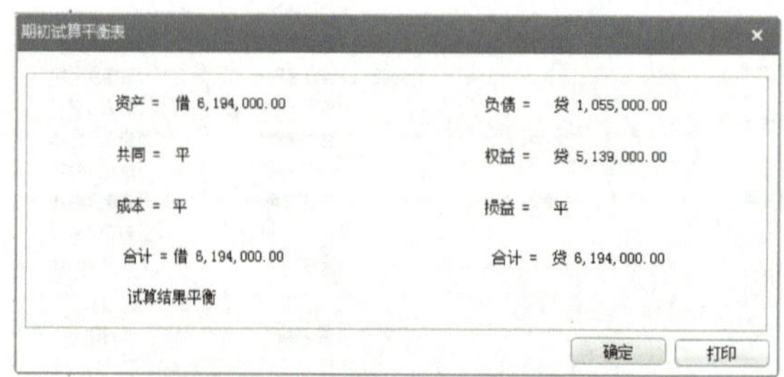

图 7-41 期初试算平衡表

5. 备份账套

在 D 盘建立文件夹，将项目七任务三的账套输出，并保存到 U 盘。

项目八

采 购 管 理

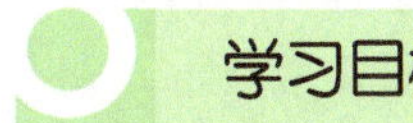

学习目标

知识目标

- 掌握采购管理的基本概念。
- 熟悉采购、付款业务的基本概念。
- 熟悉采购典型业务的工作流程。

技能目标

- 能够完成采购订单、到货单、入库单的业务处理。
- 能够完成采购发票填制、应付款管理业务的处理。
- 能够绘制采购业务流程草图。
- 能够完成采购业务中存货核算的财务处理。

素质目标

- 培养学生热爱会计工作、忠于职守的敬业精神。
- 培养学生严肃认真、严谨细致的工作作风。
- 培养学生熟悉企业采购管理制度，严格落实会计监督的职业操守。

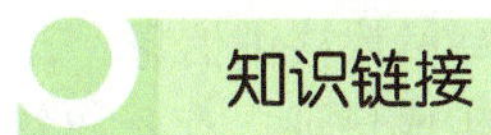

知识链接

一、采购管理系统与其他系统的主要关系

采购管理系统是用友 ERPU8 供应链管理系统的一个子系统，它的主要功能包括以下几个方面：

（一）采购管理系统的初始设置

采购管理系统的初始设置包括设置采购管理系统业务处理所需要的采购参数、基础信息及采购期初数据。

（二）采购业务处理

采购业务处理主要包括请购、订货、到货、入库、采购发票、采购结算等采购业务全过程的管理，可以处理普通采购业务、受托代销业务、直运业务等业务类型。企业可根据实际业务情况，对采购业务处理流程进行配置。

（三）采购账簿及采购分析

采购管理系统可以提供各种采购明细表、增值税抵扣明细表、统计表及采购账簿供用户查询。同时，还提供采购成本分析、供应商价格对比分析、采购类型结构分析、采购资金比重分析、采购费用分析、采购货龄综合分析。

采购管理系统既可以单独使用，也可以与用友 ERPU8 管理系统的库存管理、存货核算、销售管理、应付款管理等系统集成使用。采购管理系统与其他系统的主要关系如图 8-1 所示。

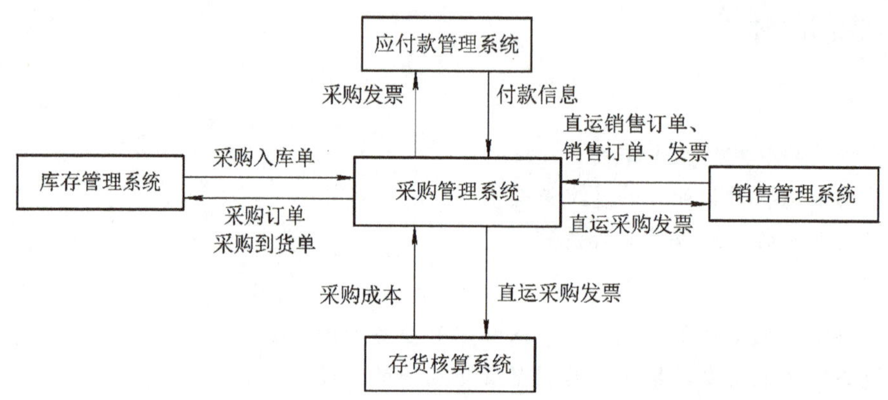

图 8-1　采购管理系统与其他系统的关系图

采购管理系统可参照销售管理系统的销售订单生成采购订单。在直运业务必有订单模式下，直运采购订单必须参照直运销售订单生成，直运采购发票必须参照直运采购订单生成；在直运业务非必有订单模式下，直运采购发票和直运销售发票可相互参照。

库存管理系统可以参照采购管理系统的采购订单和采购到货单生成采购入库单，并将入库情况反馈到采购管理系统。

在采购管理系统录入采购发票后，在应付款管理系统中审核登记应付明细账，进行制单，生成凭证。应付款管理系统进行付款并核销相应应付单据后，回写付款核销信息。

存货核算系统对直运采购发票进行记账，登记存货明细表并制单生成凭证。存货核算系统对采购结算单进行制单，生成凭证，存货核算系统为采购管理系统提供采购成本。

二、采购管理系统的日常业务

（一）普通采购业务

普通采购业务适合于大多数企业的日常采购业务，它提供对采购请购、采购订货、采购入库、采购发票、采购成本核算、采购付款全过程的管理。

1. 采购请购

采购请购是指企业内部各部门向采购部门提出采购申请，或采购部门汇总企业内部采购需求列出采购清单。请购是采购业务的起点，可以依据审核后的采购请购单生成采购订单。在采购业务处理流程中，请购环节可以省略。

2. 订货

订货是指企业与供应商签订采购合同或采购协议，确定要货需求。供应商根据采购订单组织货源，企业依据采购订单进行验收。在采购业务处理流程中，订货环节也是可选的。

3. 到货处理

到货处理是采购订货和采购入库的中间环节，一般由采购业务员根据供方通知或送货单填写，确认对方所送货物、数量、价格等信息，以到货单的形式传递到仓库作为保管员收货的依据。在采购业务处理流程中，到货处理可选，也可不选。

4. 入库处理

入库处理是指将确定合格后的供应商提供的物料检验（也可以免检）放入指定仓库的业务。当采购管理系统与库存管理系统集成使用时，入库业务在库存管理系统中进行处理。当采购管理系统不与库存管理系统集成使用时，入库业务在采购管理系统中进行处理。在采购业务处理流程中，入库处理是必需的。

采购入库单是仓库管理员根据采购到货签收的实收数量填制的入库单据。采购入库单既可以直接填列，也可以复制采购订单或采购到货单生成。

5. 采购发票

采购发票是供应商开出的销售货物的凭证，系统根据采购发票确定采购成本，并据此登记应付账款。采购发票按业务性质分为蓝字发票和红字发票，按发票类型分为增值税专用发票、普通发票和运费发票。

采购发票既可以直接填列，也可以从采购订单、采购入库单或其他采购发票复制生成。

6. 采购结算

采购结算也称为采购报账。在手工业务中，采购业务员拿着经主管领导审批过的采购发票和仓库确认的入库单到财务部门，由财务人员确定采购成本。在本系统中，采购结算是针对采购入库单，根据发票确定其采购成本。采购结算的结果是生成采购结算单，它是记载采购入库单与采购发票对应关系的结算对照表。采购结算分为自动结算和手工结算两种方式。

自动结算是由计算机系统自动将相同供货单位的、存货相同且数量相等的采购入库单和采购发票进行结算。

使用手工结算功能可以进行正数入库单与负数入库单结算、正数发票与负数发票结算、正数入库单与正数发票结算、费用发票单独结算。手工结算时可以结算入库单中的部分货物，未结算的货物可以在今后取得发票后再结算。可以同时对多张入库单和多张发票进行报账结算。手工结算还支持到下级单位采购、付款给其上级主管单位的结算，以及三角债结算（即甲单位的发票结算乙单位的货物）。

在实际工作中，有时费用发票在货物发票已经结算后才收到，为了将该笔费用计入对应存货的采购成本，需要采用采购费用发票单独结算的方式。

(二)采购入库业务

按货物和发票到达的先后，将采购入库业务划分为单货同行、货到票未到(暂估入库)、票到货未到(在途存货)三种类型。对于不同的业务类型，处理方式各有不同。

1. 单货同行

当采购管理、库存管理、存货核算、应付款管理、总账管理集成使用时，单货同行的采购业务处理流程(省略请购、订货、到货等可选环节)如图 8-2 所示。

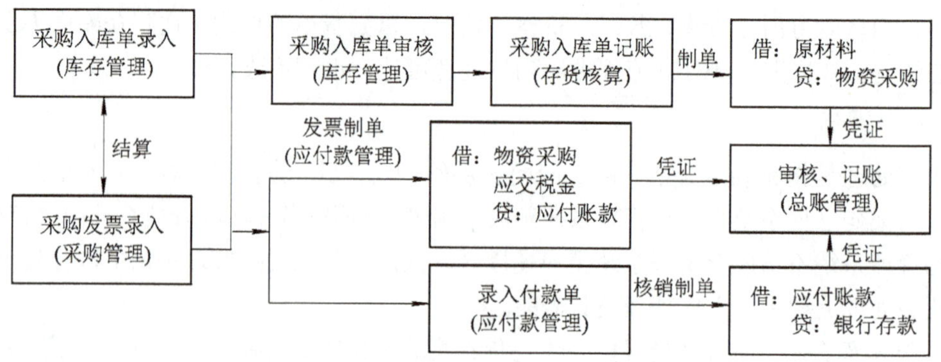

图 8-2 单货同行的业务处理流程图

2. 货到票未到(暂估入库)业务

暂估是指本月存货已经入库，但采购发票尚未收到，不能确定存货的入库成本，月底时为了正确核算企业的库存成本，需要将这部分存货暂估入库，形成暂估凭证。对暂估业务，系统提供了 3 种不同的处理方法，如图 8-3 所示。

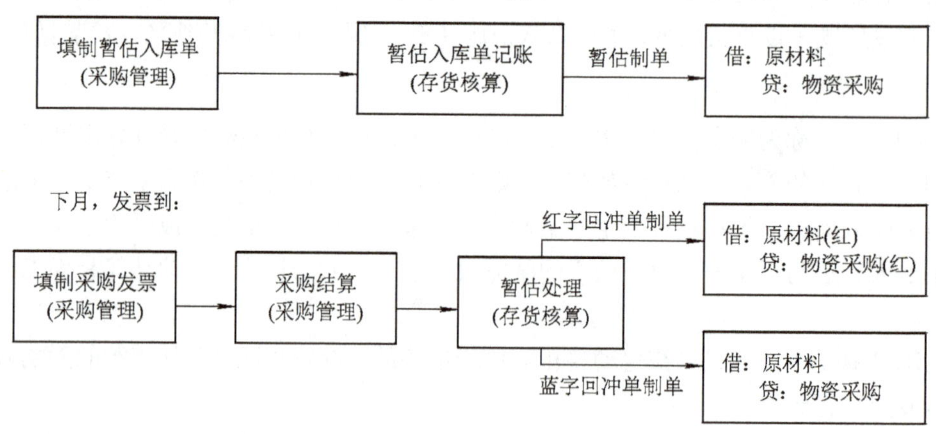

图 8-3 暂估业务处理流程图

1) 月初回冲

进入下月后，存货核算系统自动生成与暂估入库单完全相同的“红字回冲单”，同时登录相应的存货明细账，冲回存货明细账中上月的暂估入库。对“红字回冲单”制单，冲回上月的暂估凭证。

收到采购发票后，录入采购发票，对采购入库单和采购发票作采购结算。结算完毕后，进入存货核算系统，执行“暂估处理”功能；进行暂估处理后，系统根据发票自动生成一张“蓝字回冲单”，其上的金额为发票上的报销金额。同时登记存货明细账，使库存增加。对“蓝字回冲单”制单，生成采购入库凭证。

2) 单到回冲

下月初不做处理，采购发票收到后，在采购管理系统中录入并进行采购结算；再到存货结算中进行“暂估处理”，系统自动生成红字回冲单、蓝字回冲单，同时据以登记存货明细账。红字回冲单的入库金额为上月暂估金额，蓝字回冲单的入库金额为发票上的报销金额。在“存货核算”|“生成凭证”中，选择“红字回冲单”“蓝字回冲单”制单，生成凭证，传递到总账。

3) 单到补差

下月初不做处理，采购发票收到后，在采购管理系统中录入并进行采购结算，再到存货核算中进行“暂估处理”。如果报销金额与暂估金额的差额不为零，则产生调整单，一张采购入库单生成一张调整单，用户确认后，自动记入存货明细账；如果差额为零，则不生成调整单。最后对“调整单”制单，生成凭证，传递到总账。

提示：

- 对于暂估业务，在月末暂估入库单记账前，要对所有没有结算的入库单填入暂估单价，然后才能记账。

3. 票到货未到(在途存货)业务

如果先收到了供货单位的发票，而没有收到供货单位的货物，则可以对发票进行压单处理，待货物到达后，再一并输入系统做报账结算处理。但如果需要实时统计在途货物的情况，就必须将发票输入系统，待货物到达后，再填制入库单并做采购结算。

(三)现付业务

现付业务是当采购业务发生时，立即付款，由供货单位开具发票。

(四)受托代销业务

受托代销业务是一种先销售后结算的采购模式，指商业企业接受其他企业的委托，为其代购商品，代销商品售出后，本企业与委托方进行结算，开具正式的销售发票，商品的所有权实现转移。这种业务的处理流程如下：

(1) 受托方接受货物，填制受托代销入库单。

(2) 受托方售出代销商品后，手工开具代销商品清单交委托方。

(3) 委托方开具发票。

(4) 受托方进行“委托代销结算”，系统自动生成“受托代销发票”和“受托代销结算单”。

在系统中，只有在建账时选择企业类型为“商业”，才能处理受托代销业务。对于受托代销商品，必须在存货档案中选中“是否受托代销”复选框，并且把存货属性设置为“外购”“销售”。

(五)综合查询

灵活运用采购管理系统提供的各种查询功能,可以有效提高信息利用和采购管理水平。

1. 单据查询

通过“入库单明细列表”“发票明细列表”“结算单明细列表”“凭证列表查询”可以分别对入库单、发票、结算单、凭证进行查询。

2. 账表查询

通过对采购管理系统提供的采购明细表、采购统计表、余额表及采购分析表的对比分析,可以掌握采购环节业务情况,为事中控制、事后分析提供依据。

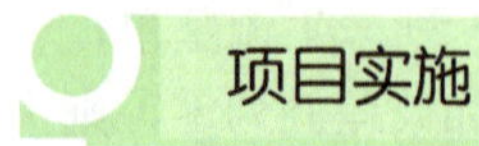

项目实施

任务一　采购系统的初始化

【任务目的】

- 熟悉采购管理系统与其他子系统的相互关系。
- 掌握采购管理、库存管理、存货核算和应付款管理系统的系统参数的设置方法。
- 掌握采购管理、库存管理、存货核算和应付款管理系统的初始设置和供应链各个模块期初余额的处理方法。

【任务准备】

- 引入项目七中任务三的账套数据。将系统日期修改为“2022 年 01 月 01 日”,以“张建国”操作员(密码为“1”)的身份登录“企业应用平台”。

【任务要求】

- 分别启动采购管理、库存管理、存货核算和应付款管理系统并设置系统参数。
- 修改具有受托代销要求的存货档案。
- 分别进行采购管理、库存管理、存货核算和应付款管理系统的初始设置并输入供应链各个模块启用期间的期初余额。
- 对采购管理系统和库存管理系统或存货核算系统进行期初记账。
- 备份 108 账套的期初数据。

【任务资料】

1. 设置系统参数

1) 设置采购管理系统的系统参数

- 启用受托代销业务选项卡。

● 专用发票默认税率为13%。

2) 修改存货档案

将C炫酷旅行箱、C时尚旅行箱、C商务皮箱设置为“受托代销”属性。

3) 设置库存管理系统的系统参数

● 有受托代销业务(通用设置)。

● 有组装业务。

● 采购入库审核时改现存量(通用设置)。

● 销售出库审核时改现存量。

● 其他出入库审核时改现存量。

● 自动带出单价的单据包括全部出库单，即销售出库单、其他出库单、调拨单(专用设置)。

● 其他设置为系统默认。

4) 设置存货核算系统的系统参数

● 暂估方式为单到回冲。

● 零成本出库选择参考成本。

● 结算单价与暂估单价不一致时，需要调整出库成本。

● 其他设置为系统默认。

5) 应付款管理系统的参数设置和初始设置

● 应付款管理系统选项包括应付款核销方式、按单据、应付单据审核日期、单据日期、汇兑损益方式、月末处理、受控科目制单方式、明细到单据。

● 初始设置

基本科目设置：应付科目为“220221”，预付科目为“1123”，采购科目为“1401”，税金科目为“22210101”。

结算方式科目设置：现金支票、转账支票、电汇、网银结算方式科目为“1002”。

2. 启用期初数据

期初暂估单

采购管理系统(采购系统价格均为不含税价)的期初暂估单：

(1) 2021年12月18日，A女士潮流包100个，单价350元，入A箱包仓，购自A箱包有限公司。

(2) 2021年12月8日，A男士时尚包150个，单价800元，入A箱包仓，购自A箱包有限公司。

受托代销期初数：

(1) 2021年12月10日，C炫酷旅行箱20个，单价800元，入拉杆箱仓，C公司委托代销。

(2) 2021年12月28日，C时尚旅行箱30个，单价850元，入拉杆箱仓，C公司委托代销。

库存系统、存货系统的期初数据如表8-1所示。

表 8-1 库存系统和存货系统的期初数据

仓库名称	存货编码和名称	数量 / 个	单价 / 元	金额 / 元	期初差异	差价科目
A 箱包仓	001 A 女士钱包	100	200	20 000	—	
A 箱包仓	004 A 男士钱包	200	300	60 000	—	
A 箱包仓	002 A 女士手提包	100	160	16 000	—	
A 箱包仓	005 A 男士手提包	200	200	40 000	—	
A 箱包仓	003 A 女士潮流包	50	350	17 500	—	
A 箱包仓	006 A 男士时尚包	30	800	24 000	—	
B 箱包仓	007 B 女背包	300	120	36 000	—	
B 箱包仓	008 B 男背包	500	150	75 000	—	
拉杆箱仓	009 C 炫酷旅行箱	535	800	428 000	—	
拉杆箱仓	010 C 时尚旅行箱	536	850	455 600	—	
拉杆箱仓	012 D 休闲行李箱	100	120	12 000	1 200	1407 商品进销差价
拉杆箱仓	013 D 学生行李箱	200	140	28 000	1 400	1407 商品进销差价
合计				1 212 100		

注：存货期初差异计入“商品进销差价”账户。

3. 单据设置

设置“允许修改采购系统采购专用发票的编号”。

库存系统期初数

存货系统期初数

【任务指导】

1. 设置采购参数

1) 设置采购管理系统的参数

采购管理系统参数的设置是指在处理日常采购业务之前，确定采购业务的范围、类型以及各种采购业务的核算要求，这是采购管理系统初始化的一项重要工作。因为一旦采购管理系统进行期初记账或开始处理日常业务，有的系统参数就不能修改，有的也不能重新设置。因此，在系统初始化时应设置好相关的系统参数。

设置采购参数的操作步骤如下：

(1) 在企业应用平台中，打开“业务工作”选项卡，执行“供应链”|“采购管理”命令，打开采购管理系统。

(2) 在系统菜单下，执行“设置”|“采购选项”命令，弹出“采购系统选项”对话框。

(3) 打开“业务及权限控制”选项卡，对本单位需要的参数进行选择，选中“启用受托代销”，如图 8-4 所示。

(4) 打开“公共及参照控制”选项卡，修改“单据默认税率”为“13%”，如图 8-5 所示。

(5) 所有参数选定后，单击“确定”按钮，保存系统参数的设置。

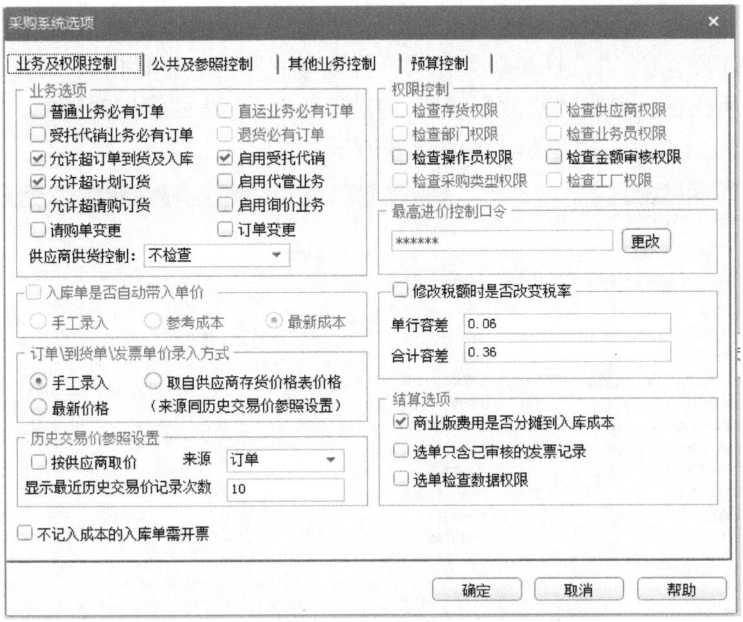

图 8-4　采购管理系统的基本参数的设置

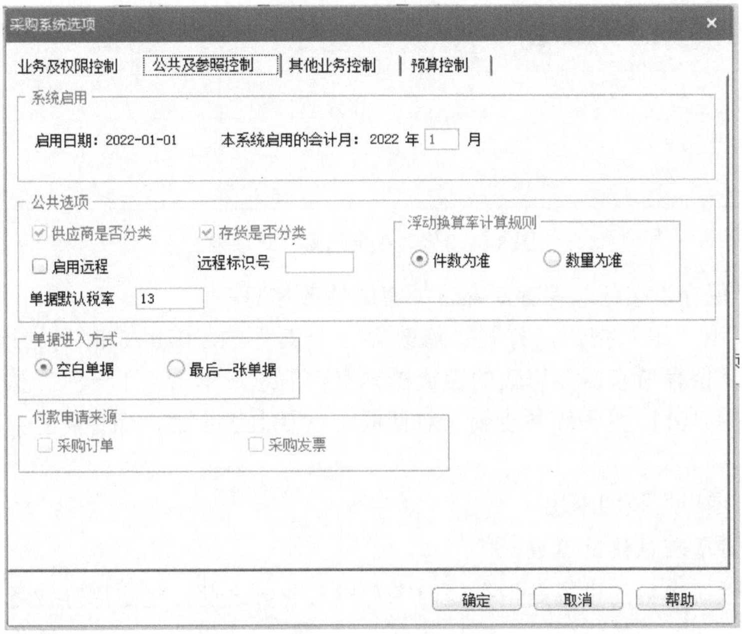

图 8-5　采购管理系统的控制参数的设置

2) 修改存货档案

由于存货档案中的炫酷旅行箱属于受托代销商品，因此需要将其属性设置为“受托代销”，但只有在采购管理系统中选中“启用受托代销”复选框，才能在存货档案中设置存货属性为“受托代销”。因此，需要修改受托代销商品的存货属性。

修改存货档案的操作步骤如下：

(1) 打开“基础设置”选项卡，执行“存货”|“存货档案”命令，打开“存货档案”

窗口。

(2) 选中窗口左边的“拉杆箱”类存货，再选中右侧的“存货档案”窗口中的“009 C 炫酷旅行箱”所在行，单击“修改”按钮，打开“修改存货档案”对话框。

(3) 选中“受托代销”复选框，如图 8-6 所示。

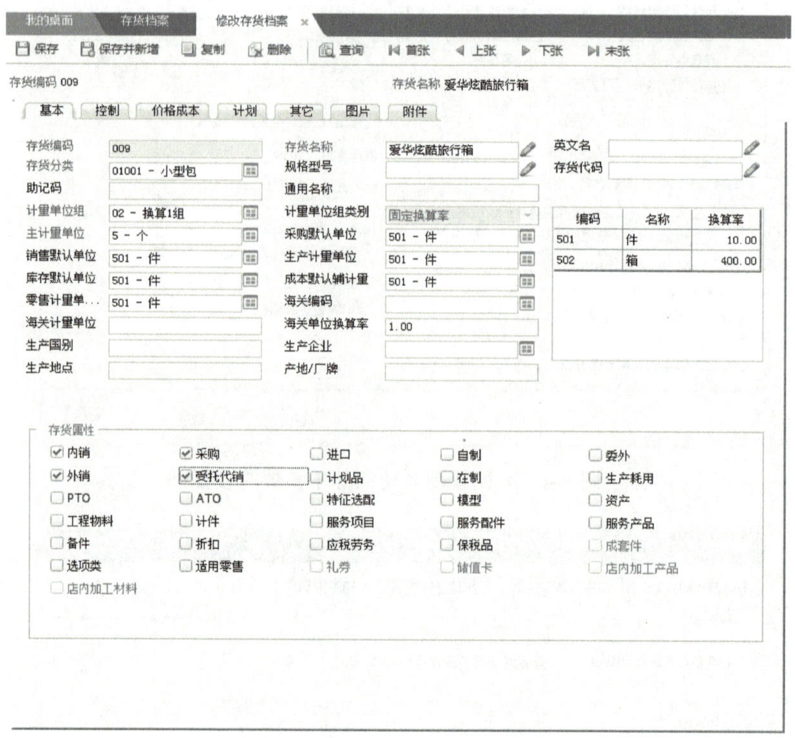

图 8-6 “修改存货档案”对话框

(4) 单击“保存”按钮，保存对存货档案的修改信息。

(5) 单击“下一张”按钮，打开“修改存货档案”的“010 C 时尚旅行箱”对话框。重复上述步骤，保存所有需要修改的存货档案资料信息，单击“下一张”按钮，打开“修改存货档案”的“011 爱华商务皮箱”对话框。重复上述步骤，保存所有需要修改的存货档案资料信息。

(6) 单击“退出”按钮退出。

3) 设置库存管理系统的参数

库存管理系统参数的设置是指在处理库存日常业务之前，确定库存业务的范围、类型以及对各种库存业务的核算要求，这是库存管理系统初始化的一项重要工作。因为一旦库存管理开始处理日常业务，有的系统参数就不能修改，有的也不能重新设置。因此，在系统初始化时应该设置好相关的系统参数。

设置库存管理系统的参数的操作步骤如下：

(1) 打开“业务工作”选项卡，执行“供应链”|“库存管理”命令，打开库存管理系统。

(2) 在库存管理系统的系统菜单下，执行“初始设置”|“选项”命令，打开“库存选项设置”对话框。

(3) 选中“通用设置”选项卡中的“有无受托代销业务”“有无组装拆卸业务”“采购

入库审核时改现存量”“销售出库审核时改现存量”复选框，如图 8-7 所示。

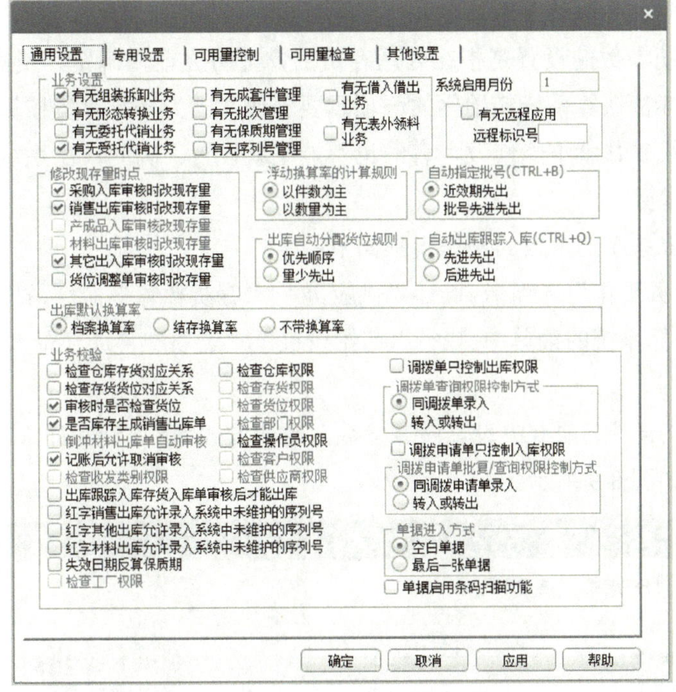

图 8-7 库存管理系统的通用参数

(4) 打开“专用设置”选项卡，在“自动带出单价的单据”选项区域中选中“销售出库单”“其他出库单”和“调拨单”复选框，如图 8-8 所示。

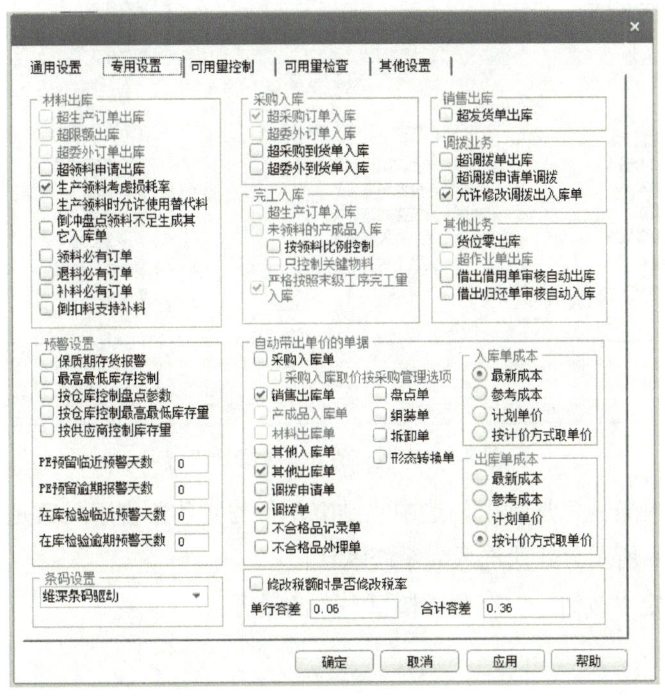

图 8-8 库存管理系统的专用参数

(5) 单击“确定”按钮，保存库存系统的参数设置。

4) 设置存货核算系统的参数

存货核算系统参数的设置是指在处理存货日常业务之前，确定存货业务的核算方式、核算要求，这是存货核算系统初始化的一项重要工作。因为一旦存货核算系统开始处理日常业务，有的系统参数就不能修改，有的也不能重新设置。因此，在系统初始化时应该设置好相关的系统参数。

设置存货核算系统的参数的操作步骤如下：

(1) 打开“业务工作”选项卡,执行“供应链”|“存货核算”命令,打开存货核算系统。

(2) 在存货核算系统的菜单中,执行“初始设置”|“选项”|“选项录入”命令,打开“选项录入”对话框。

(3) 在“核算方式”选项卡中设置核算参数。暂估方式为“单到回冲”,零成本出库按“参考成本”核算，如图 8-9 所示。

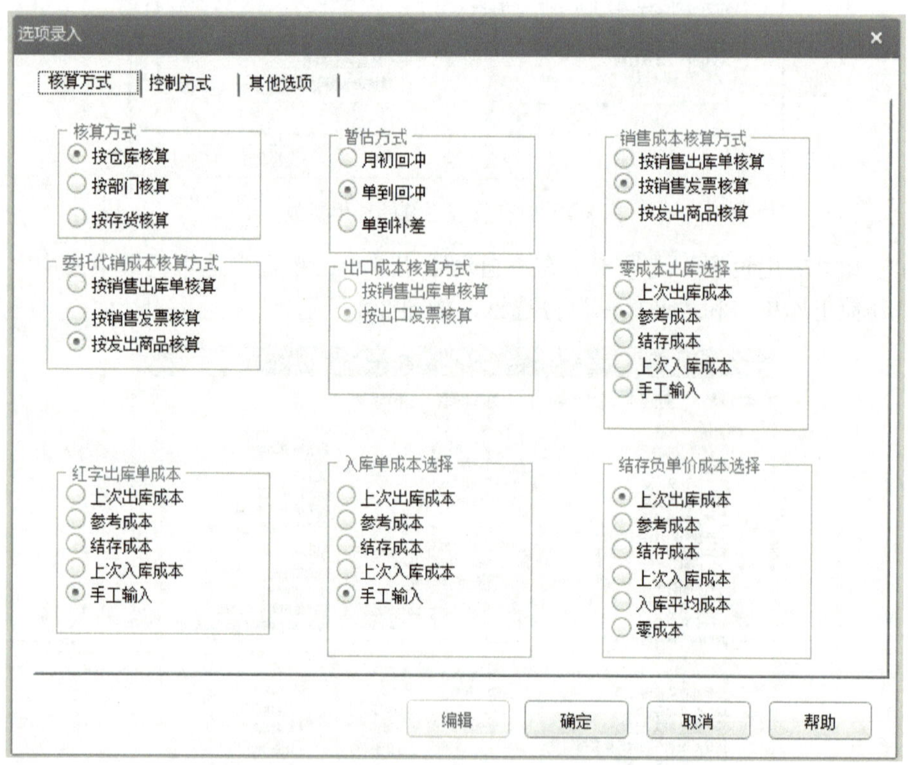

图 8-9　存货核算系统的参数设置

(4) 打开“控制方式”选项卡，选中“结算单价与暂估单价不一致是否调整出库成本”复选框，如图 8-10 所示。其他选项为系统默认。

(5) 单击“确定“按钮，保存存货核算参数的设置。

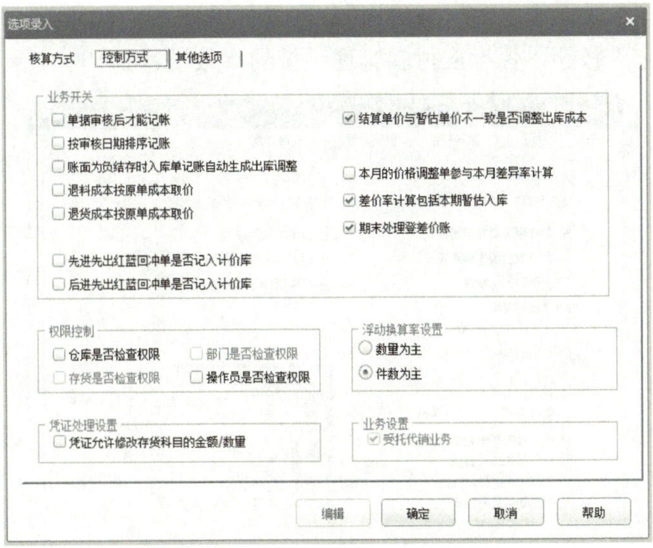

图 8-10　存货控制方式的参数设置

5) 应付款管理系统的参数设置和初始设置

应付款管理系统与采购管理系统在联用的情况下存在着数据传递关系。因此，在启用采购管理系统的同时，应该启用应付款管理系统。应付款管理系统的参数设置和初始设置都是系统的初始化工作，应该在处理日常业务之前完成。如果应付款管理系统已经进行了日常业务处理，则其系统参数和初始设置不能随便修改。

应付款管理系统的参数设置和初始设置的操作步骤如下：

(1) 执行“业务工作”|“财务会计”命令，进入应付款管理系统。

(2) 在系统菜单下，执行“设置”|“选项”命令，弹出“账套参数设置”对话框。

(3) 打开“常规”选项卡，单击“编辑”按钮，使所有参数处于可修改状态。“应付单据审核日期”选择“单据日期”，如图 8-11 所示。

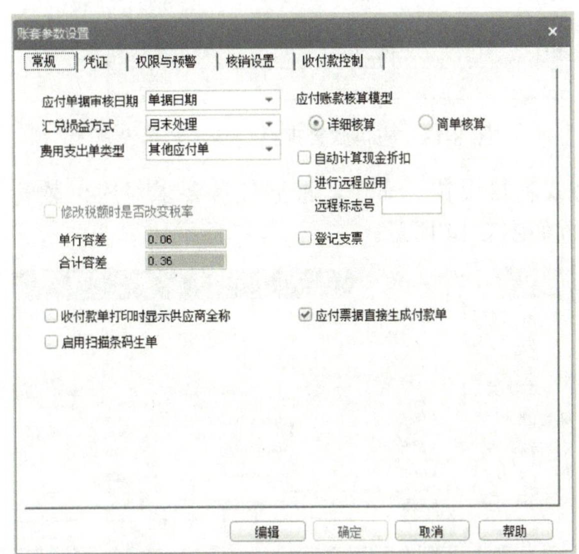

图 8-11　应付款管理系统常规参数设置

(4) 打开“凭证”选项卡，“受控科目制单方式”选择“明细到单据”，如图 8-12 所示。

(5) 单击“确定”按钮，保存应付款管理系统的参数设置。

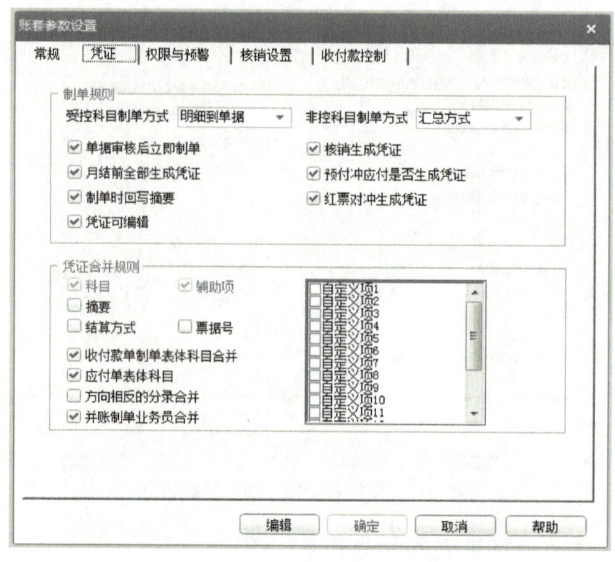

图 8-12　应付款管理系统凭证参数设置

(6) 执行“设置”|“科目设置”命令，打开“基本科目设置”对话框。单击“设置科目”中的“应付基本科目”，根据任务要求对应付款管理系统的应付基本科目进行设置，如图 8-13 所示。

我的桌面　应付基本科目

打印　输出　增行　删除

基本科目种类	科目	币种
应付科目	220201	人民币
预付科目	1123	人民币
采购科目	1401	人民币
税金科目	22210101	人民币

图 8-13　应付款管理系统基本科目设置

(7) 执行“结算方式科目设置”命令，根据任务要求对应付款管理系统的应付结算科目进行设置。具体设置如图 8-14 所示。

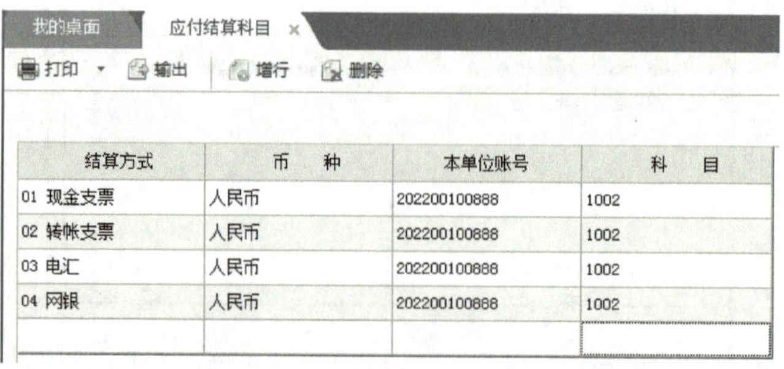

我的桌面　应付结算科目

打印　输出　增行　删除

结算方式	币　种	本单位账号	科　目
01 现金支票	人民币	202200100888	1002
02 转帐支票	人民币	202200100888	1002
03 电汇	人民币	202200100888	1002
04 网银	人民币	202200100888	1002

图 8-14　应付款管理系统结算科目设置

提示：

- 在供应链期初记账之前或处理日常业务之前，供应链管理的系统的参数可以修改或重新设置；在期初记账或处理日常业务之后，有的参数则不允许修改。

至此，供应链管理系统的初始设置工作基本结束。当然，使用本系统的各个单位，由于生产经营状况不同、管理要求不同、核算要求也不完全相同，其初始设置也不完全相同。每个单位都应该按照本单位的实际情况进行初始设置。本任务只讲述管理系统基本参数的设置方法。

2. 期初数据录入

由于供应链管理系统是一个有机联系的整体，各个模块之间存在着直接的数据传递关系，彼此影响、相互制约；因此，不仅对其系统参数、初始设置要考虑各个模块之间的数据传递关系，而且对初始数据的录入也要考虑它们之间的影响关系，注意数据录入的先后顺序。

1) 采购管理系统期初数据录入

采购管理系统的期初数据是指在启用系统之前，已经收到采购货物，但尚未收到对方开具的发票。对于这类采购货物，可以按暂估价先办理入库手续，待以后收到发票，再进行采购结算；对于已经收到受托代销单位的代销货物，也属于货到尚未实现销售，需要实现销售之后才能办理结算。因此，对这些已经办理入库手续的货物，必须录入期初入库信息，以便将来及时进行结算。

(1) 期初暂估入库单录入的操作步骤如下：

① 重新注册进入系统，在供应链系统中打开采购管理模块。

② 在系统菜单下，执行“采购入库”|“采购入库单”命令，打开“期初采购入库单”窗口，如图 8-15 所示。

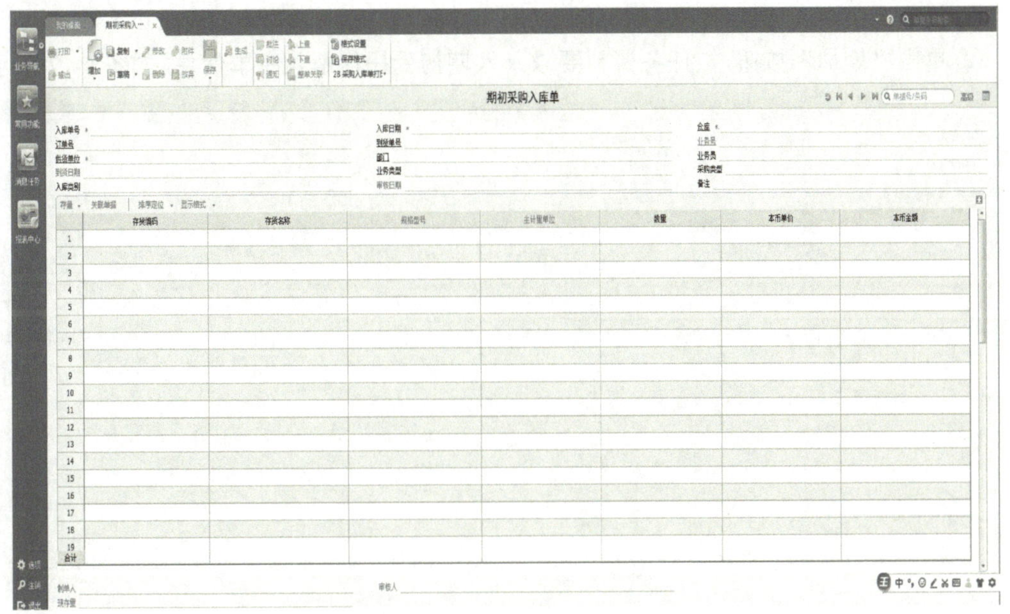

图 8-15　期初采购入库单

③ 单击“增加”按钮，按任务资料要求录入第 1 张期初采购入库单信息。具体信息如图 8-16 所示。

④ 单击“保存”按钮，保存期初采购入库单信息。

⑤ 单击“增加”按钮，录入第 2 张采购暂估入库单信息，单击“保存”按钮。

⑥ 如果需要修改期初暂估入库单信息，则先打开需要修改的暂估单，单击“修改”按钮，修改完毕后，再单击“保存”按钮即可。

⑦ 如果需要删除暂估单，则打开需要删除的暂估单，单击“删除”即可。

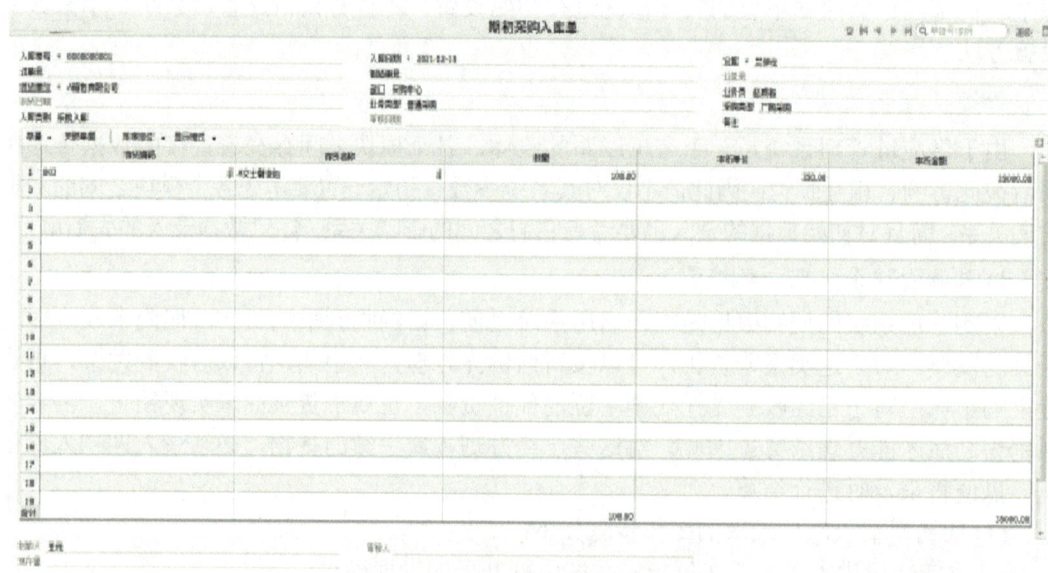

图 8-16 期初暂估入库单信息

(2) 期初受托代销入库单录入的操作步骤如下：

① 执行“采购入库”|“受托代销入库单”命令，打开“期初采购入库单”窗口。

② 单击“增加”按钮，按任务资料要求录入期初受托代销入库单信息，如图 8-17 所示。

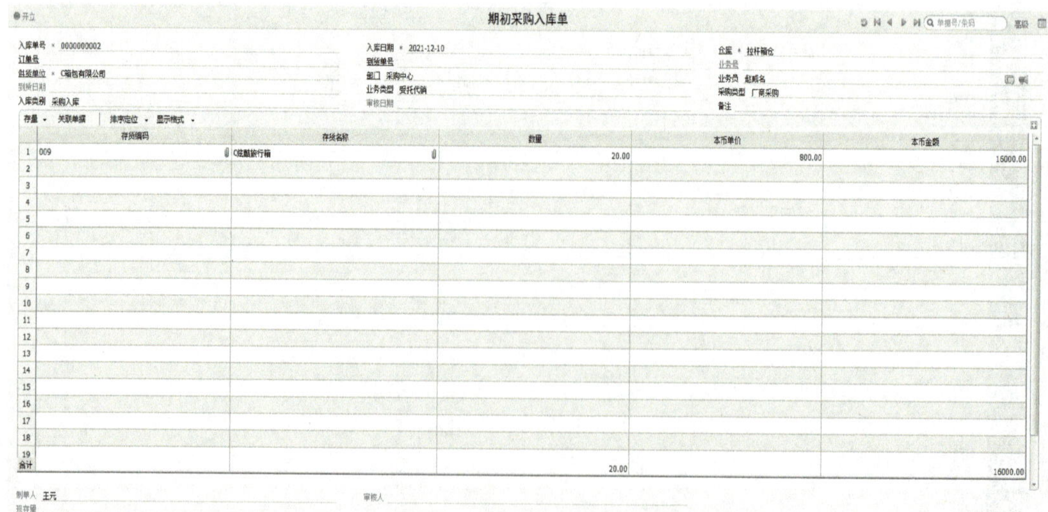

图 8-17 期初受托代销入库单

③ 单击“保存”按钮。

④ 单击“增加”按钮，录入新的受托代销入库单信息，并单击“保存”按钮。

⑤ 单击“退出”按钮。期初受托代销入库单全部录入之后，单击“退出”按钮，退出期初采购入库单录入界面。

⑥ 如果需要修改期初受托代销入库单，则先打开需要修改的单据，单击“修改”按钮，修改完毕，再单击“保存”按钮即可。

⑦ 如果需要删除受托代销入库单，则打开需要删除的单据，单击“删除”按钮。

提示：

- 在采购管理系统期初记账前，采购管理系统的“采购入库”，只能录入期初入库单。期初记账后，采购入库单需要在库存系统中录入或生成。
- 采购管理系统期初记账前，期初入库单可以修改、删除，期初记账后，不允许修改和删除。
- 如果采购货物尚未运达企业但发票已经收到，则可以录入期初采购发票，表示企业的在途物资；待货物运达后，再办理采购结算。

2) 库存管理系统期初数据录入

库存管理系统期初数据录入方法有两种：一种是在库存管理系统中直接录入；另一种是从存货核算系统中取数。

(1) 库存系统直接录入，操作步骤如下：

① 在库存管理系统中，执行“初始设置”|“期初结存”命令，打开“库存期初”窗口。

② 在“库存期初”窗口中将仓库选中为“A 箱包仓”。

③ 单击“修改”按钮，再单击“存货编码”栏中的参照按钮，选择“A 女士钱包；在“数量”栏中输入“100”，在“单价”栏中输入“200”。

④ 以此方法输入“A 箱包仓”的其他期初结存数据。单击“保存”按钮，保存录入存货信息，如图 8-18 所示。

库存期初　　仓库 (01)A箱包仓

审核　弃审　货位　条码扫描　排序定位　显示格式

	仓库	仓库编码	存货编码	存货名称	数量	单价	金额	入库类别	部门	制单人	审核人	审核日期
1	A箱包仓	01	001	A女士钱包	100.00	200.00	20000.00			王元	王元	2021-12-31
2	A箱包仓	01	004	A男士钱包	200.00	300.00	60000.00			王元	王元	2021-12-31
3	A箱包仓	01	002	A女士手提包	100.00	160.00	16000.00			王元	王元	2021-12-31
4	A箱包仓	01	005	A男士手提包	200.00	200.00	40000.00			王元	王元	2021-12-31
5	A箱包仓	01	003	A女士潮流包	50.00	350.00	17500.00			王元	王元	2021-12-31
6	A箱包仓	01	006	A男士时尚包	30.00	800.00	24000.00			王元	王元	2021-12-31
7												
8												
9												
10												
11												
12												
13												
14												
15												
16												
17												
18												
19												
20												
21												
22												
23												
24												
合计					680.00		177500.00					

图 8-18　库存期初余额录入

⑤ 在“库存期初”窗口中,“仓库”选择“B 箱包仓”。单击“修改”按钮,以此输入“B 箱包仓”的期初结存数据并保存，如图 8-19 所示。

库存期初　　仓库 [illegible]

审核　弃审　货位　条码扫描　排序定位　显示格式

	仓库	仓库编码	存货编码	存货名称	数量	单价	金额	入库类别	部门	制单人	审核人	审核日期
1	B箱包仓	02	007	B女背包	300.00	120.00	36000.00			王元	王元	2021-12-31
2	B箱包仓	02	008	B男背包	500.00	150.00	75000.00			王元	王元	2021-12-31
3												
4												
5												
6												
7												
8												
9												
10												
11												
12												
13												
14												
15												
16												
17												
18												
19												
20												
21												
22												
23												
24												
合计					800.00		111000.00					

图 8-19　B 箱包仓期初结存

⑥ 在“库存期初”窗口中,“仓库”选择“拉杆箱仓”。单击“修改”按钮,依次输入“拉杆箱仓”的期初结存数据并保存，如图 8-20 所示。

库存期初　　仓库 [illegible]

审核　弃审　货位　条码扫描　排序定位　显示格式

	仓库	仓库编码	存货编码	存货名称	数量	单价	金额	入库类别	部门	制单人	审核人	审核日期
1	拉杆箱仓	03	009	C炫酷旅行箱	85.00	800.00	68000.00			王元	王元	2021-12-31
2	拉杆箱仓	03	010	C时尚旅行箱	86.00	850.00	73100.00			王元	王元	2021-12-31
3	拉杆箱仓	03	012	D休闲行李箱	100.00	120.00	12000.00			王元	王元	2021-12-31
4	拉杆箱仓	03	013	D学生行李箱	200.00	140.00	28000.00			王元	王元	2021-12-31
5												
6												
7												
8												
9												
10												
11												
12												
13												
14												
15												
16												
17												
18												
19												
20												
21												
22												
23												
24												
合计					471.00		181100.00					

图 8-20　拉杆箱仓期初结存

⑦ 单击“审核”或“批审”按钮，分别对三个仓库进行批审，确认各仓库录入的存货信息。

提示:

- 库存期初结存数据必须按照仓库分别录入。
- 如果默认存货在库存系统中的计量单位不是主计量单位，则需要录入该存货的单价和金额，由系统计算该存货数量。
- 退出存货期初数据录入功能时，系统对当前仓库的所有期初数据进行合法性检查，并提示不完整的数据项。

- 库存期初数据录入完成之后，必须进行审核工作。期初结存数据的审核实际是期初记账的过程，表明该仓库期初数据录入工作的完成。
- 库存期初数据审核是分仓库、分存货进行的(即针对一条存货记录进行审核)。如果执行“批审”功能，则对选中仓库的所有存货执行审核，但并非审核所有仓库的存货。
- 审核后的库存期初数据是不能修改、删除的，但可以在弃审后进行修改或删除。
- 如果有期初不合格数据，也可以录入到期初数据中。执行“初始设置”|“期初数据”|“期初不合格品”命令，单击“增加”按钮进行录入，并单击“审核”按钮后退出。

(2) 从存货系统取数。当库存管理系统与存货核算系统集成使用时，库存管理系统可以从存货核算系统中读取存货核算与库存管理系统启用月份相同的会计期间的期初数。如果两条系统启用月份相同，则直接取存货的期初数；如果两条系统启用月份不同，即存货先启、库存后启，则期初数据需要将存货的期初数据和存货在库存系统启用之前的发生数进行汇总求出结存，才能作为存货的期初数据被库存系统读取。

提示：

- 取数只能取出当前仓库的数据(即一次只能取出一个仓库的期初数据)。
- 如果当前仓库已经存在期初数据，系统将提示“是否覆盖原有数据”。一般应选择覆盖，否则期初数据会发生重复。
- 只有第一年启用时，才能使用取数功能；以后年度结转上年后，取数功能不能使用，系统自动结转期初数据。
- 取数成功后，也必须对所有仓库的所有存货进行审核，以完成期初记账工作。

3) 存货核算系统期初数据录入

存货核算系统期初数据可以直接录入，有的数据也可以从库存管理系统读取。“分期收款发出商品”的期初数据就只能从销售管理系统取数，而且必须是销售管理系统录入审核后的才能取数；按计划价或售价核算出库成本的存货，都应有期初差异或差价。初次使用存货核算系统时，只能从存货核算系统录入这些存货的期初差异余额或期初差价余额。

(1) 存货期初数据录入和审核。存货期初数据录入方法有两种：一种是直接录入；另一种是从库存管理系统取数。其直接录入方法与库存管理系统类似，在此不再赘述。这里主要讲述用取数的方法录入存货核算期初数据。

取数方法录入存货核算期初数据的操作步骤如下：

① 在用友 ERPU8 V15.1 存货核算系统中，执行“初始设置”|“期初数据”|“期初余额”命令，打开“期初余额”窗口。

②“仓库”选中“A 箱包仓”。

③ 单击“取数”按钮，系统自动从库存管理系统中取出该窗口的全部存货信息，如图 8-21 所示。

④ 可以将供应商等信息补充完整。

⑤ 以此方法继续对“B 箱包仓”和“拉杆箱仓”进行取数操作。

⑥ 单击“对账”按钮，选择所有仓库，系统自动对存货核算和库存管理系统的存货

数据进行对账，如图 8-22 所示。如果对账成功，则单击“确定”按钮。

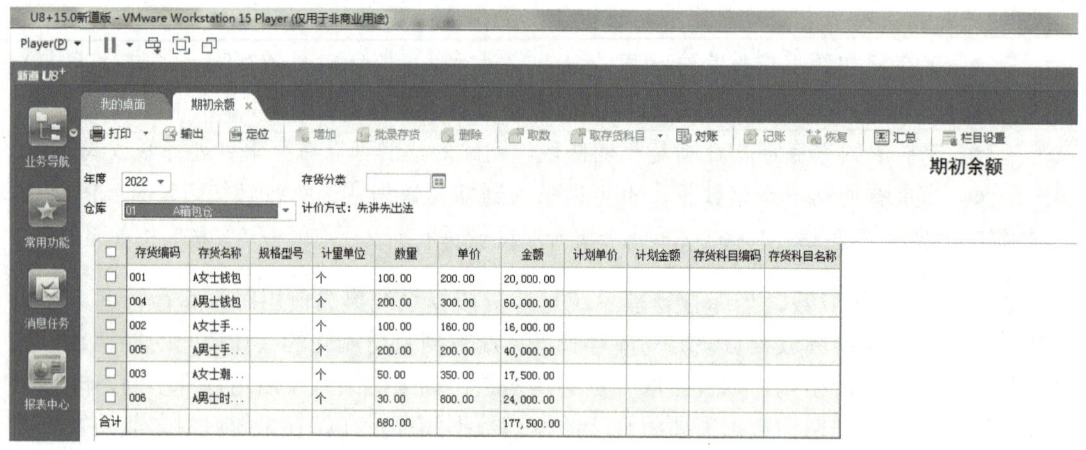

图 8-21 存货核算系统期初取数

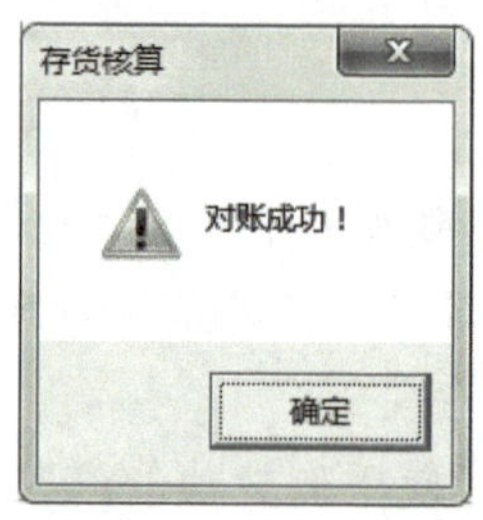

图 8-22 存货核算系统与库存管理系统期初对账

⑦ 单击“退出”按钮。

(2) 存货期初差异录入。按计划价或售价核算出库成本的存货，应该在存货核算系统中录入期初差异余额。

存货期初差异录入的操作步骤如下：

① 在存货核算系统中，执行“初始设置”|“期初数据”|“期初差异”命令，打开“期初差价”窗口。

②“仓库”选择“拉杆箱仓”。

③ 录入 D 休闲行李箱的差价为“1 200”，录入 D 学生行李箱的差价为“1 400”和差价科目为“1407 商品进销差价”，如图 8-23 所示。

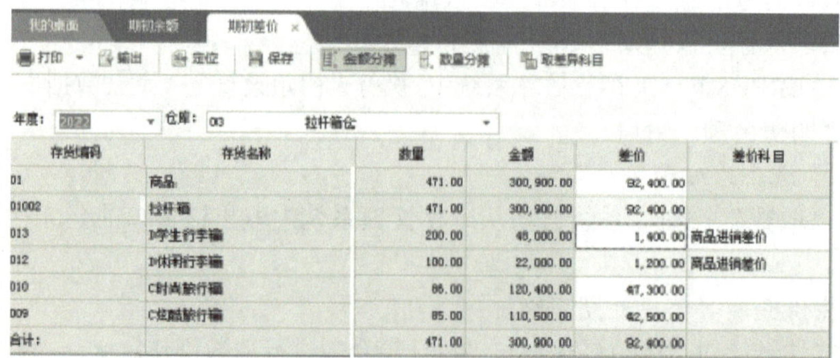

图 8-23 录入存货期初差价

④ 单击“保存”按钮，系统弹出“保存完毕”信息提示框。单击“确定”按钮。

提示：

● 如果存货核算系统核算方式为按部门核算，则“仓库”下拉列表中显示所有按计划价或售价核算部门下属的仓库；如果存货核算系统核算方式为按仓库核算，则“仓库”下拉列表中显示所有按计划价或售价核算的仓库，存货的差异或差价按核算仓库输入；如果存货核算系统核算方式为按存货核算，则“仓库”下拉列表中显示所有仓库，仓库中存货的差异或差价应按存货输入。

● 先录入存货期初余额，再录入存货期初差异或差价。

● 存货期初差价只能在存货核算系统中录入，不能从库存管理系统中取数，也不能在库存管理系统中录入。

3. 期初记账

期初记账是指将有关期初数据记入相应的账表中，它标志着供应链管理系统各个子系统的初始工作全部结束，相关的参数和期初数据不能修改和删除。如果供应链管理系统的各个子系统集成使用，则期初记账应该遵循一定的顺序。

1) 采购管理系统期初记账

采购管理系统期初记账的操作步骤如下：

(1) 执行“采购管理”|“设置”|“采购期初记账”命令，打开“期初记账”对话框，如图 8-24 所示。

(2) 单击“记账”按钮，弹出“期初记账完毕”信息提示框。

(3) 单击“确定”按钮，完成采购管理系统期初记账。

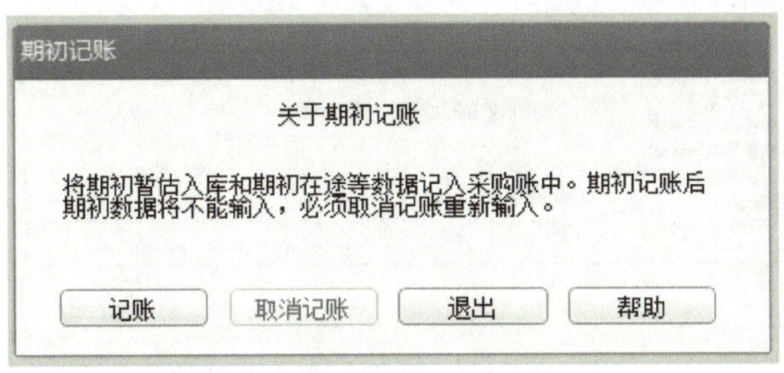

图 8-24 采购管理系统期初记账

2) 存货核算系统期初记账

存货核算系统期初记账的操作步骤如下：

(1) 执行“存货核算系统”|“初始设置”|“期初数据”|“期初余额”命令，打开“期初余额”窗口。

(2) 单击“记账”按钮，系统弹出“期初记账成功”信息提示框。单击“确定”按钮，完成期初记账工作。

提示：

● 供应链管理系统各个子系统集成使用时，采购管理系统先记账，库存管理系统所有仓库的所有存货必须“审核”确认，最后，存货核算系统记账。

● 如果没有期初数据，可以不输入期初数据，但必须执行记账操作。

● 如果期初数据是运行“结转上年”功能得到的，为未记账状态，则需要执行记账功能后，才能进行日常业务的处理。

● 如果已经进行业务核算，则不能恢复记账。

● 存货核算系统在期初记账前，可以修改存货计价方式；期初记账后，不能修改计价方式。

4. 操作步骤

(1) 在“基础设置”选项卡中，执行“单据设置”|“单据编号设置”命令，打开“单据编号设置”对话框。

(2) 选择“单据类型”|“采购管理”|“采购专用发票”选项，单击“修改”按钮，选中“手动改动，重号时自动重取 (T)”复选框，如图 8-25 所示。

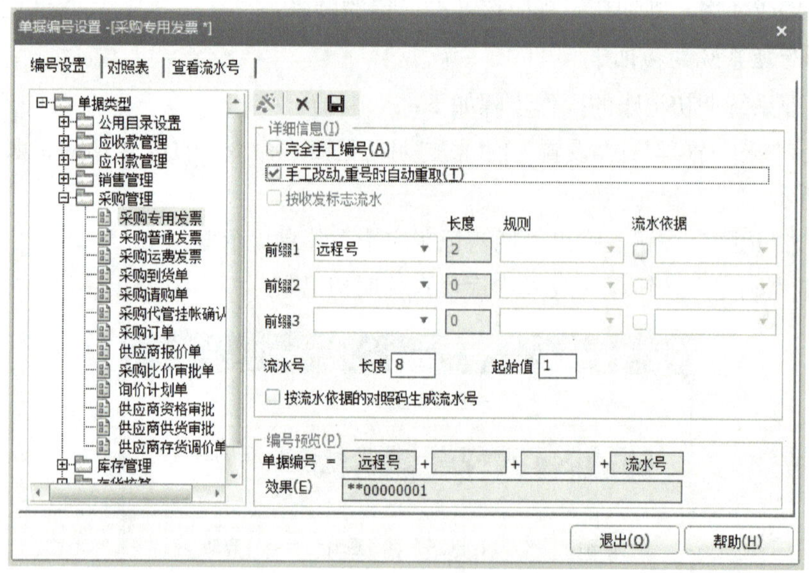

图 8-25 “单据编号设置”对话框

(3) 单击“保存”按钮，再单击“退出”按钮退出。

(4) 如果需要修改其他，可以重新选中需要修改的单据类型，选中“手动改动，重号时自动重取 (T)”复选框，并保存修改设置。

5. 备份套账

在 D 盘建立文件夹，将项目八中任务一的账套输出，并保存到 U 盘。

【任务训练】

在业财一体信息化平台采购管理模块中录入期初采购入库单。表 8-2 为 2020 年 2 月

29 日深圳安美家居有限公司商品入库清单。

表 8-2 期初采购入库单信息表

商品名称	仓库	供货单位	价格(不含税)	数量	金额
硅胶床垫	商品库	深圳安美家居有限公司	3 300	260	858 000

任务二 普通采购业务(一)

【任务目的】

● 熟悉采购普通业务流程。

● 掌握录入或生成请购单、采购订单、采购到货单、采购入库单、采购发票等普通采购业务单据的业务处理。

● 掌握应付款项和确认存货成本的业务处理。

【任务准备】

● 引入项目八中任务一的账套数据。系统日期与业务日期相同，以“张建国”操作员的身份登录“企业应用平台”。

【任务要求】

● 录入或生成请购单、采购订单、采购到货单、采购入库单等普通采购业务单据，并进行审核确认。

● 录入或生成采购发票，并按要求修改采购发票编号。

● 支付采购货款或者确认应付账款。

● 在总账系统查看有关凭证。

● 账套备份。

普通采购(一)
业务一

【任务资料】

某商贸有限公司日常采购业务如下(采购部业务员：赵威名)：

(1) 2022 年 1 月 8 日，向 A 箱包有限公司提出采购请求，请求采购男士钱包 10 000 个，报价 280 元 / 个；男士手提包 10 000 个，报价 180 元 / 个；男士时尚包 200 个，报价 760 元 / 个，增值税率 13%。

普通采购(一)
业务二

(2) 2022 年 1 月 8 日，A 箱包有限公司同意采购请求，但要求修改采购价格，经协商，本公司同意对方提出的采购价格：男士钱包 300 元 / 个，男士手提包 200 元 / 个，男士时尚包 800 元 / 个，增值税率 13%。并正式签订订货合同，要求本月 10 日到货。

普通采购(一)
业务三

(3) 2022 年 1 月 10 日，收到 A 箱包有限公司发来的男士箱包和专用发票，发票号码 ZF0098。该批箱包系本月 8 日采购。发票载男士钱包 10 000 个，300 元 / 个；男士手提包 10 000 个，200 元 / 个；男士时尚包

200 个，800 元 / 个。经检验质量全部合格，办理入库 (A 箱包仓) 手续。财务部门确认该笔存货成本和应付款项，尚未付款。

(4) 2022 年 1 月 14 日，向 C 箱包有限公司订购休闲行李箱 2 000 个，单价 120 元。要求本月 18 日到货。

普通采购 (一)
业务四

(5) 2022 年 1 月 16 日，向 C 箱包有限公司订购学生行李箱 1 000 个，单价 140 元。要求本月 19 日到货。

(6) 2022 年 1 月 18 日，向 B 箱包有限公司订购男背包 1 000 个，单价 150 元，订购女背包 500 个，单价 120 元。要求本月 20 日到货。

普通采购 (一)
业务五

(7) 2022 年 1 月 20 日，收到 B 箱包有限公司的专用发票，发票号 ZF0168。发票载明男背包 1 000 个，单价 150 元；女背包 500 个，单价 120 元，增值税率 13%。全部验收入库，尚未支付款项。

普通采购 (一)
业务六

【任务指导】

1. 第 1 笔业务的处理

本笔业务只需录入请购单。

第 1 笔业务的处理操作步骤如下：

(1) 在“业务工作”选项中，执行“供应链”|“采购管理”命令，打开采购管理系统。

普通采购 (一)
业务七

(2) 执行“请购”|“请购单”命令，打开“采购请购单”窗口。

(3) 单击“增加”按钮，选择采购类型为“普通采购”，修改采购日期为“2022-01-08”，部门为“采购部”，采购类型为“厂商采购”，存货名称选择“A 男士钱包”，在数量栏中输入“10 000”，在本币单价栏中输入“280”。继续输入 A 男士手提包和 A 男士时尚包的信息，如图 8-26 所示。

(4) 单击“保存”按钮。

(5) 单击“审核”按钮，直接审核请购单。

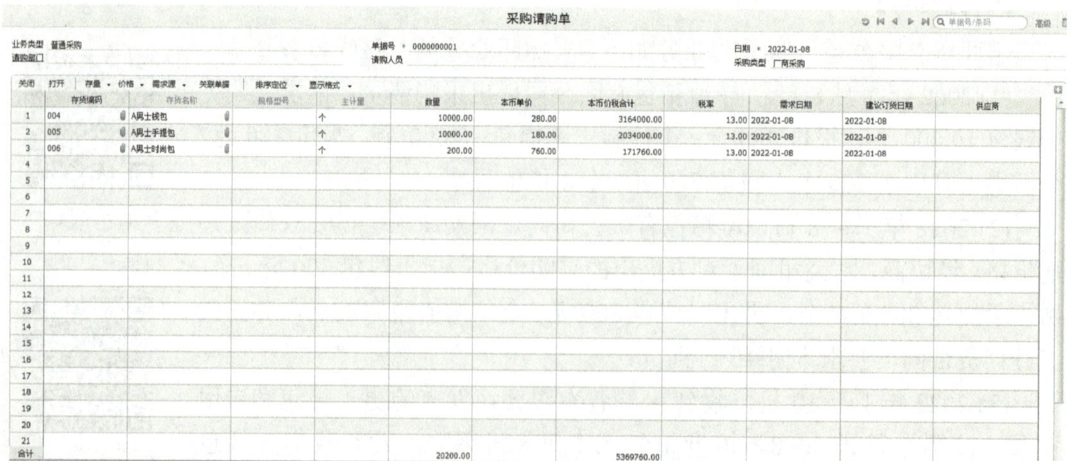

采购请购单

业务类型 普通采购　　单据号 * 0000000001　　日期 * 2022-01-08
请购部门　　请购人员　　采购类型 厂商采购

关闭 打开 | 存量 价格 需求源 关联单据 | 排序定位 显示格式

	存货编码	存货名称	规格型号	主计量	数量	本币单价	本币价税合计	税率	需求日期	建议订货日期	供应商
1	004	A男士钱包		个	10000.00	280.00	3164000.00	13.00	2022-01-08	2022-01-08	
2	005	A男士手提包		个	10000.00	180.00	2034000.00	13.00	2022-01-08	2022-01-08	
3	006	A男士时尚包		个	200.00	760.00	171760.00	13.00	2022-01-08	2022-01-08	
4											
5											
6											
7											
8											
9											
10											
11											
12											
13											
14											
15											
16											
17											
18											
19											
20											
21											
合计					20200.00		5369760.00				

图 8-26 “采购请购单”窗口

提示：

● 请购单的制单人与审核人可以为同一人。

● 审核后的请购单不能直接修改。

● 如果要修改审核后的请购单，需要先“弃审”，再“修改”，修改后单击“保存”按钮确认并保存修改信息。

● 没有审核的请购单可以直接删除；已经审核的请购单需要先“弃审”，然后才能删除。

● 查询采购请购单，可以查看“请购单列表”。在列表中，双击需要查询的单据，可以打开该请购单；也可以在此执行“弃审”“删除”操作。

2. 第二笔业务的处理

本笔业务需要录入采购订单。采购订单可以直接输入，也可以根据请购单自动生成。这里采用“拷贝采购请购单”的方式直接生成“采购订单”。

本笔业务的操作步骤如下：

(1) 在采购管理系统中，执行“采购订货”|“采购订单”命令，打开“采购订单”窗口。

(2) 单击“增加”按钮，修改订单日期为“2022-01-08”。

(3) 单击“生单”下拉按钮，选择“请购单”，打开“单据列表过滤”对话框，如图 8-27 所示。

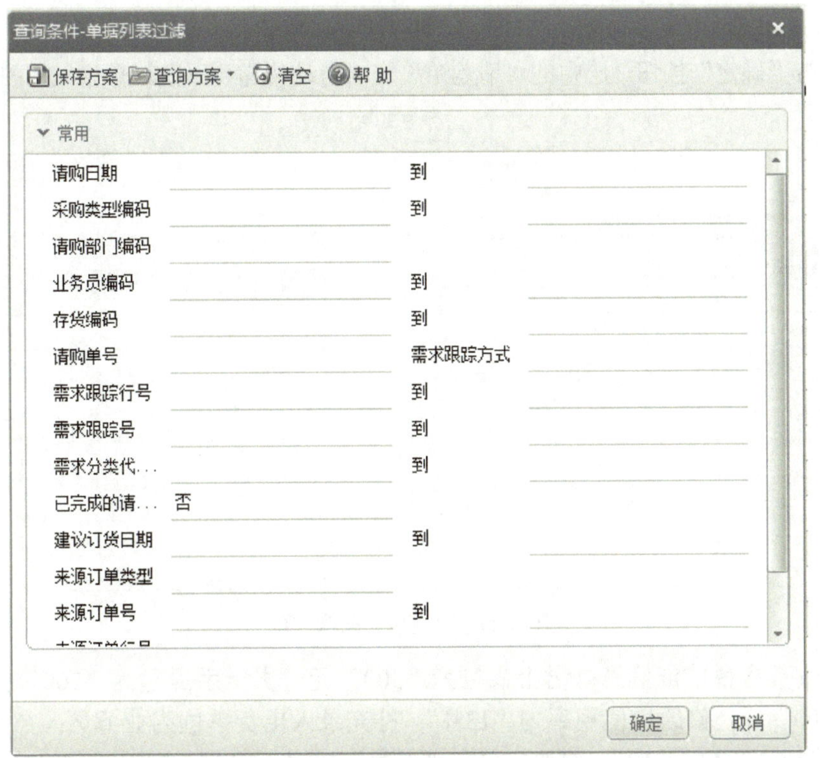

图 8-27 “单据列表过滤”对话框

(4) 单击“过滤”按钮，打开“拷贝并执行”窗口，如图 8-28 所示。

(5) 双击鼠标左键选中需要拷贝的请购单，即打上“☑”选中标志。

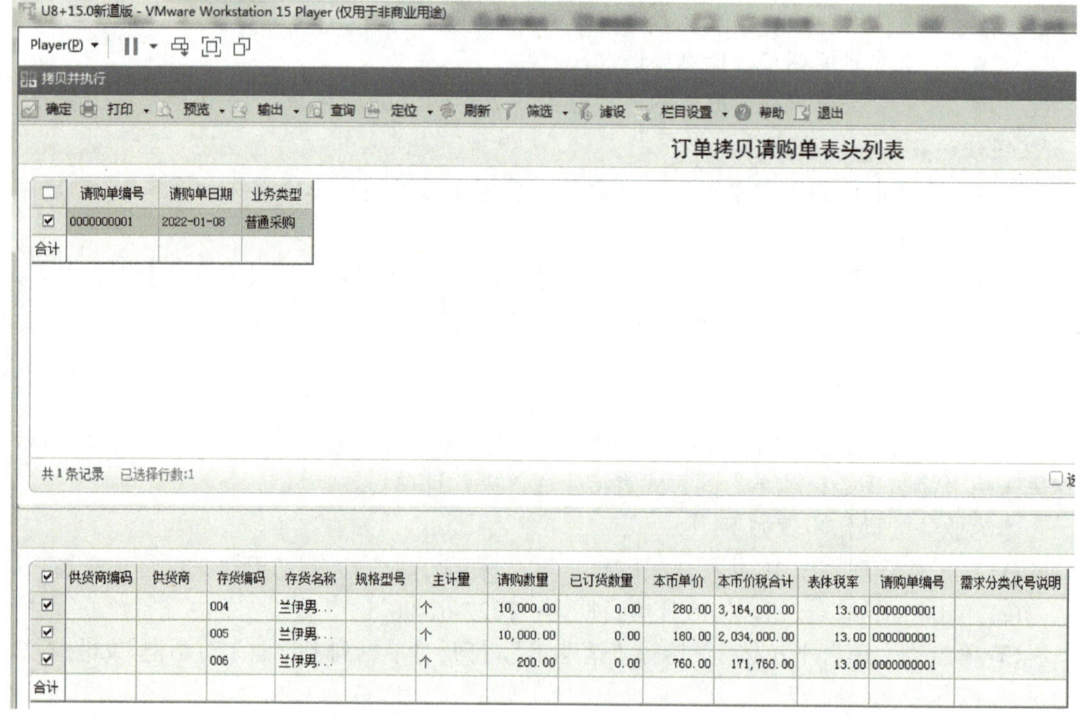

订单拷贝请购单表头列表

☐	请购单编号	请购单日期	业务类型
☑	0000000001	2022-01-08	普通采购
合计			

共1条记录 已选择行数:1

☑	供货商编码	供货商	存货编码	存货名称	规格型号	主计量	请购数量	已订货数量	本币单价	本币价税合计	表体税率	请购单编号	需求分类代号说明
☑			004	兰伊男...		个	10,000.00	0.00	280.00	3,164,000.00	13.00	0000000001	
☑			005	兰伊男...		个	10,000.00	0.00	180.00	2,034,000.00	13.00	0000000001	
☑			006	兰伊男...		个	200.00	0.00	760.00	171,760.00	13.00	0000000001	
合计													

图 8-28 “拷贝并执行”窗口

(6) 单击“确定”按钮，选中的“请购单”资料自动传递到采购订单中，如图 8-29 所示。

采购订单

业务类型 普通采购　　订单日期 2022-01-08　　订单编号 0000000002

采购类型 厂商采购　　供应商 A箱包有限公司　　部门

业务员　　税率 13.00　　付款条件

币种 人民币　　汇率 1　　备注

	存货编码	存货名称	规格型号	主计量	数量	原币含税单价	原币单价	原币金额	原币税额	原币价税合计	税率	计划到货日期	行关闭人
1	004	A男士钱包		个	10000.00	339.00	300.00	3000000.00	390000.00	3390000.00	13.00	2022-01-10	
2	005	A男士手提包		个	10000.00	226.00	200.00	2000000.00	260000.00	2260000.00	13.00	2022-01-10	
3	006	A男士时尚包		个	200.00	904.00	800.00	160000.00	20800.00	180800.00	13.00	2022-01-10	
4													
5													
6													
7													
8													
9													
10													
11													
12													
13													
14													
15													
16													
17													
18													
19													
合计					20200.00			5160000.00	670800.00	5830800.00			

图 8-29 拷贝生成采购订单

(7) 修改不含税单价信息：男士钱包为“300”元，男士手提包为“200”元，男士时尚包为“800”元，修改增值税率为“13%”；补充录入供货单位为业务员；在“计划到货日期”栏选择“2022-01-10”。修改完单击“保存”按钮，如图 8-30 所示。

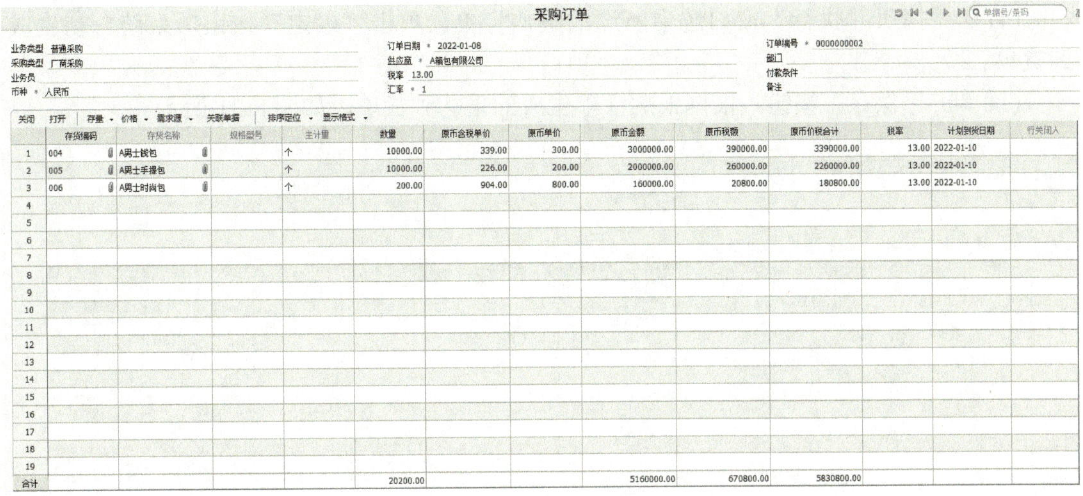

采购订单

业务类型 普通采购　　订单日期 * 2022-01-08　　订单编号 * 0000000002
采购类型 厂商采购　　供应商 * A箱包有限公司　　部门
业务员　　税率 13.00　　付款条件
币种 * 人民币　　汇率 * 1　　备注

关闭 打开 存量 价格 需求源 关联单据 排序定位 显示格式

	存货编码	存货名称	规格型号	主计量	数量	原币含税单价	原币单价	原币金额	原币税额	原币价税合计	税率	计划到货日期	行关闭人
1	004	A男士钱包		个	10000.00	339.00	300.00	3000000.00	390000.00	3390000.00	13.00	2022-01-10	
2	005	A男士手提包		个	10000.00	226.00	200.00	2000000.00	260000.00	2260000.00	13.00	2022-01-10	
3	006	A男士时尚包		个	200.00	904.00	800.00	160000.00	20800.00	180800.00	13.00	2022-01-10	
4													
5													
6													
7													
8													
9													
10													
11													
12													
13													
14													
15													
16													
17													
18													
19													
合计					20200.00			5160000.00	670800.00	5830800.00			

图 8-30 修改、审核采购订单

(8) 单击“审核”按钮，审核确认拷贝生成的采购订单。

提示：

● 如果要取消“拷贝并执行”窗口中的选择，可以在“☑”处双击鼠标取消。

● 拷贝采购请购单生成的采购订单可以直接保存并审核。

● 拷贝采购请购单生成的采购订单信息可以修改。但是如果根据请购单拷贝生成的采购订单已经审核，则不能直接修改，需要先“弃审”再“修改”。

● 拷贝采购请购单生成的采购订单如果已经生成到货单或采购入库单，也不可能直接修改、删除采购订单信息，需要将其下游单据删除后，才能修改。

● 如果需要按计划批量生单，需要执行“采购管理”|“采购订货”|“计划批量生单”命令，打开“过滤条件选择”对话框，过滤选择请购单，由系统自动成批生成采购订单。

● 如果需要查询采购订单，可以查看“采购订单列表”。

3. 第 3 笔业务的处理

该笔业务需要录入采购到货单、采购入库单和采购专用发票，也可以只录入采购入库单和采购专用发票，并进行采购结算。采购到货单可以直接录入，也可以根据采购到货单、采购订单自动生成；采购专用发票可以直接录入，也可以通过拷贝采购入库单或采购订单生成。

1) 生成采购到货单

生成采购到货单的操作步骤如下：

(1) 在采购管理系统中，执行“采购到货”|“到货单”命令，打开“到货单”窗口。

(2) 单击“增加”按钮，修改日期为“2022-01-10”。

(3) 单击“生单”下拉按钮，选中“采购订单”；单击“过滤”按钮，系统弹出“拷贝并执行”窗口。

(4) 在“拷贝并执行”窗口选中所选的采购订单，单击“确定”按钮，系统自动生成到货单。

(5) 单击“保存”按钮。根据采购订单生成的采购到货单，如图 8-31 所示。

到货单

业务类型 * 普通采购　单据号 * 0000000001　日期 * 2022-01-10
采购类型 厂商采购　供应商 * A箱包有限公司　部门 * 采购中心
业务员 赵威名　币种 * 人民币　汇率 * 1
运输方式　税率 13.00　备注

关闭　打开　存量　价格　关联单据　排序定位　显示格式

	存货编码	存货名称	规格型号	主计量	数量	原币含税单价	原币单价	原币金额	原币税额	原币价税合计	税率	订单号
1	004	A男士钱包		个	10000.00	339.00	300.00	3000000.00	390000.00	3390000.00	13.00	0000000002
2	005	A男士手提包		个	10000.00	226.00	200.00	2000000.00	260000.00	2260000.00	13.00	0000000002
3	006	A男士时尚包		个	200.00	904.00	800.00	160000.00	20800.00	180800.00	13.00	0000000002
4												
5												
6												
7												
8												
9												
10												
11												
12												
13												
14												
15												
16												
17												
18												
19												
20												
合计					20200.00			5160000.00	670800.00	5830800.00		

图 8-31　采购到货单

(6) 单击“审核”按钮，再单击“退出”按钮。

提示：

● 采购到货单可以手工录入，也可以通过拷贝采购订单生成到货单。

● 如果采购到货单与采购订单信息有差别，可以直接据实录入到货单信息，或直接修改生成的到货单信息，再单击“保存”按钮确认修改的到货单。

● 采购到货单不需审核。

● 没有生成下游单据的采购到货单可以直接删除。

● 已经生成下游单据的采购到货单不能直接删除，需要先删除下游单据后，才能删除采购到货单。

2) 生成采购入库单

当采购管理系统与库存管理系统集成使用时，采购入库单需要在库存管理系统中录入；如果采购管理系统不与库存管理系统集成使用时，则采购入库业务在采购管理系统中进行处理。

生成采购入库单的操作步骤如下：

(1) 在企业应用平台中，启动“库存管理系统”。

(2) 在库存管理系统中，执行“入库业务”|“采购入库单”命令，打开“采购入库单”窗口。

(3) 单击“增加”下拉按钮，选中“采购到货单”。单击“过滤”按钮，弹出“到货单生单列表”窗口，如图 8-32 所示。

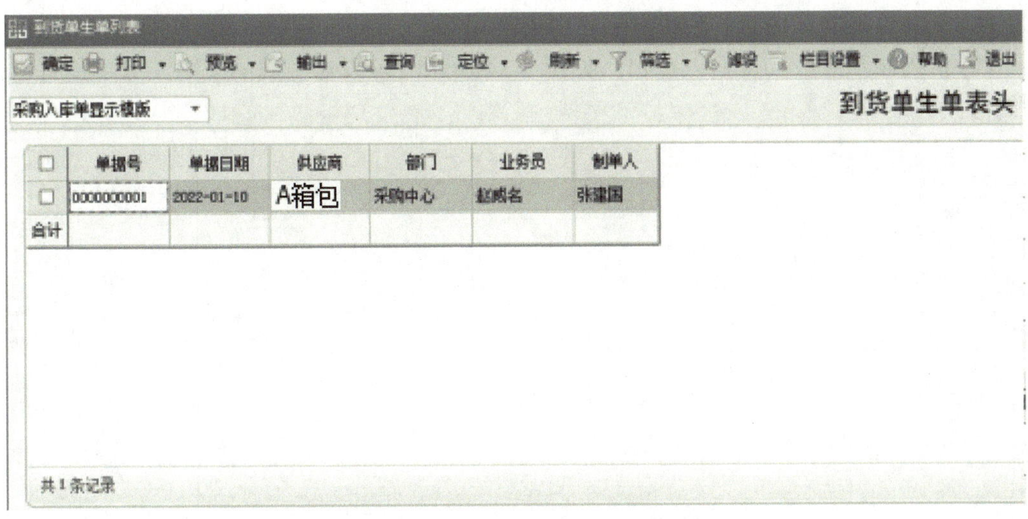

图 8-32 “到货单生单列表”窗口

(4) 双击“选择”按钮，选中栏中出现“☑”，如图 8-33 所示。

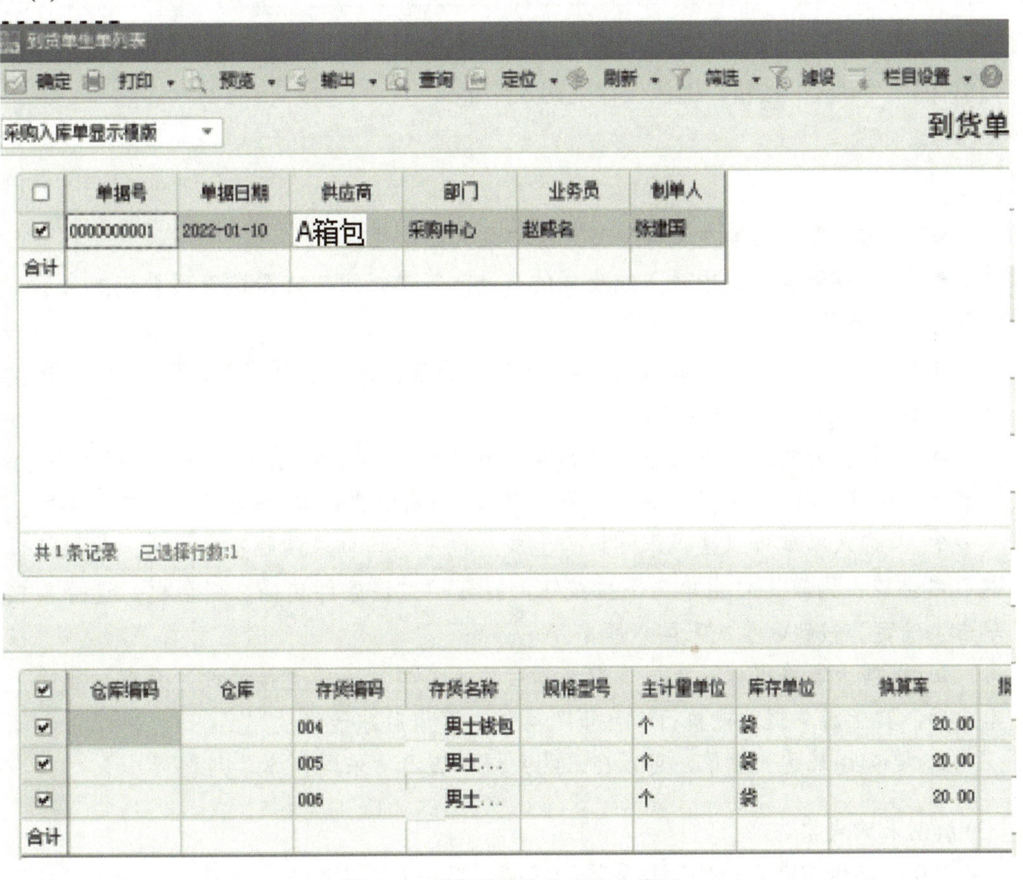

图 8-33 “到货单生单列表”窗口

(5) 在表体中的“仓库”栏的空白位置参照输入相关信息，单击“仓库”栏参照按钮，选择“A 箱包仓”。

(6) 单击“确定”按钮，系统显示“生单成功”。

(7) 系统显示生成的采购入库单，如图 8-34 所示。可以对生成的采购入库单进行有限制的修改。

采购入库单

入库单号 * 0000000006　　入库日期 * 2022-01-10　　仓库 * A箱包仓
订单号 0000000002　　到货单号 0000000001　　业务号
供货单位 * A箱包有限公司　　部门 采购中心　　业务员 赵威名
到货日期 2022-01-10　　业务类型 普通采购　　采购类型 厂商采购
入库类别 采购入库　　审核日期 2022-01-10　　备注

	存货编码	存货名称	数量	本币单价	本币金额
1	004	A男士钱包	10000.00	300.00	3000000.00
2	005	A男士手提包	10000.00	200.00	2000000.00
3	006	A男士时尚包	200.00	800.00	160000.00
4					
5					
6					
7					
8					
9					
10					
11					
12					
13					
14					
15					
16					
17					
18					
19					
合计			20200.00		5160000.00

图 8-34　采购入库单

(8) 单击“审核”按钮，确认保存采购入库单。

提示：

- 采购入库单必须在库存管理系统中录入或生成。
- 在库存管理系统中录入或生成的采购入库单，可以在采购管理系统中查看，但不能修改或删除。
- 如果需要手工录入采购入库单，则在库存管系统中打开采购入库单时，单击“增加”按钮，可以直接录入信息。
- 如果在采购选项中设置了“普通业务必有订单”，则采购入库单不能手工录入，只能参照生成。如果需要手工录入采购入库单，则需要先取消“普通业务必有订单”选项。
- 采购入库单可以拷贝采购订单生成，也可以拷贝采购到货单生成。如果拷贝采购订单生成，则单击“生单”下拉按钮，打开“过滤条件选择”对话框，选择单据后单击“确定”按钮，生成采购入库单。
- 根据上游单据拷贝生成下游单据后，上游单据不能直接修改、弃审。删除下游单据后，其上游单据才能执行“弃审”操作，弃审后才能修改。
- 要查询采购入库单，可以在采购系统中查看“采购入库单列表”。

3) 填制采购发票

采购发票是供应商开出的销售货物的凭证，系统根据采购发票确认采购成本，并据以登记应付账款。采购发票按业务性质分为蓝字发票和红字发票，按发票类型分为增值税专用发票、普通发票和运费发票。收到供应商开具的增值税专用发票，需要在采购管理系统中录入采购专用发票，或根据采购订单和采购入库单生成采购专用发票；如果收到供应商开具的普通发票，则录入或生成普通发票。

填制采购发票的操作步骤如下：

(1) 在采购管理系统中，执行“采购发票”|“专用采购发票”命令，打开“专用发票”窗口。

(2) 单击“增加”按钮，输入表体信息。默认业务类型为“普通采购”，修改发票日期为“2022 年 01 月 10 日”，并修改发票号为“ZF0098”。

(3) 单击“增加”下拉按钮，选择“入库单”(也可以选择采购订单)，如图 8-35 所示。

(4) 执行“入库单”命令，打开“过滤条件选择”对话框，如图 8-36 所示。

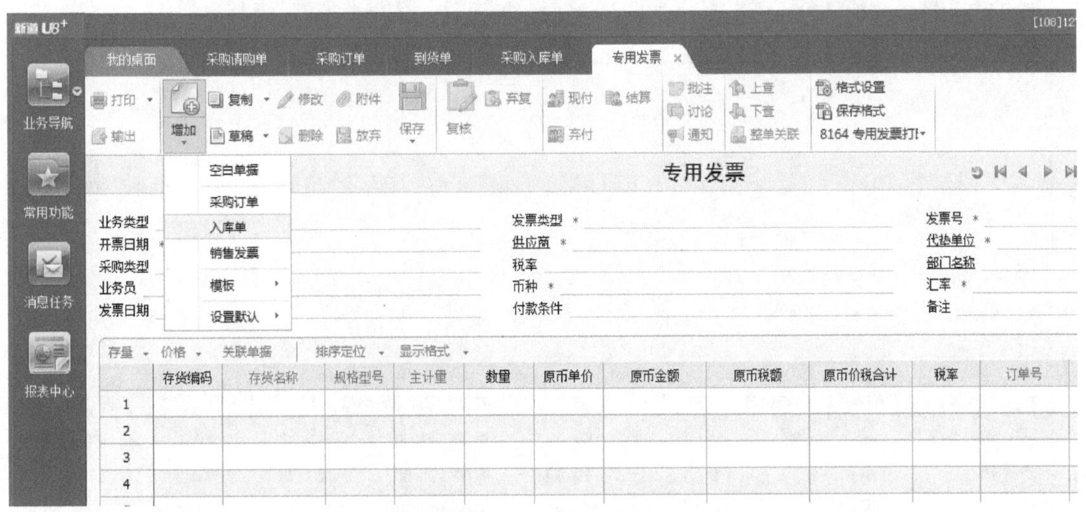

图 8-35　拷贝采购入库单

查询条件-单据列表过滤

保存方案　查询方案　清空　帮 助

常用

日期		到	
供应商编码		到	
币种		部门编码	
业务员编码		到	
存货编码		到	
入库单号			
订单号		到	
到货单号		到	
仓库编码		到	
入库单状态	全部	来源单据类型	采购入库单
结算完毕是...	否		

确定　取消

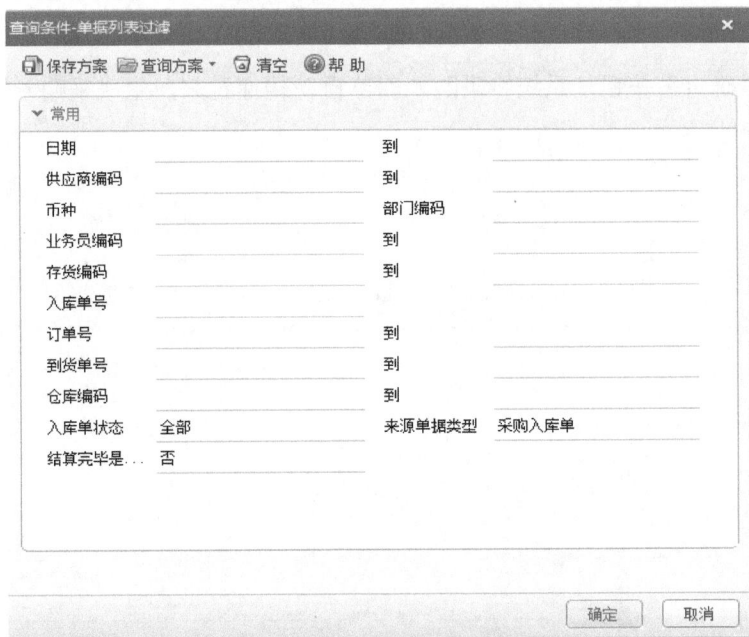

图 8-36　采购入库单列表过滤

(5) 单击“过滤”按钮，系统显示“拷贝并执行”窗口。双击所要选择的采购入库单，选择栏显示“☑”，如图 8-37 所示。

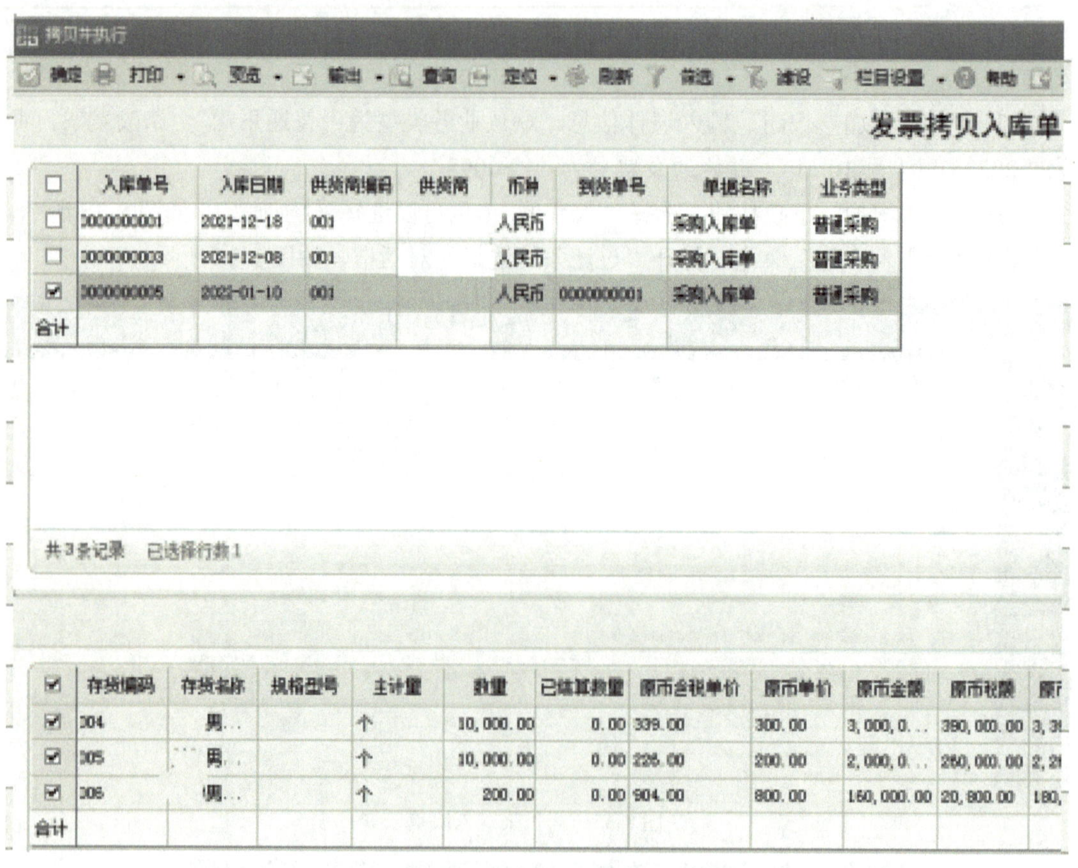

☐	入库单号	入库日期	供货商编码	供货商	币种	到货单号	单据名称	业务类型
☐	0000000001	2021-12-18	001		人民币		采购入库单	普通采购
☐	0000000003	2021-12-08	001		人民币		采购入库单	普通采购
☑	0000000005	2022-01-10	001		人民币	0000000001	采购入库单	普通采购
合计								

共 3 条记录　已选择行数 1

☑	存货编码	存货名称	规格型号	主计量	数量	已结算数量	原币含税单价	原币单价	原币金额	原币税额	原币
☑	004	男...		个	10,000.00	0.00	339.00	300.00	3,000,0...	390,000.00	3,39...
☑	005	男...		个	10,000.00	0.00	226.00	200.00	2,000,0...	260,000.00	2,26...
☑	006	男...		个	200.00	0.00	904.00	800.00	160,000.00	20,800.00	180,...
合计											

图 8-37　采购入库单列表

(6) 单击“确定”按钮，系统将采购入库单自动传递过来，生成采购专用发票，如图 8-38 所示。

专用发票

业务类型　普通采购
开票日期 * 2022-01-10
采购类型　厂商采购
业务员　赵威名
发票日期

发票类型 * 专用发票
供应商 * A箱包有限公司
税率　13.00
币种 * 人民币
付款条件

发票号 * ZF0098
代垫单位 * A箱包有限公司
部门名称　采购中心
汇率 * 1
备注

存量 · 价格 · 关联单据　排序定位 · 显示格式 ·

	存货编码	存货名称	规格型号	主计量	数量	原币单价	原币金额	原币税额	原币价税合计	税率	订单号	原币含税单价	记账人
1	004	A男士钱包		个	10000.00	300.00	3000000.00	390000.00	3390000.00	13.00	0000000002	339.00	
2	005	A男士手提包		个	10000.00	200.00	2000000.00	260000.00	2260000.00	13.00	0000000002	226.00	
3	006	A男士时尚包		个	200.00	800.00	160000.00	20800.00	180800.00	13.00	0000000002	904.00	
4													
5													
6													
7													
8													
9													
10													
11													
12													
13													
14													
15													
16													
17													
18													
19													
合计					20200.00		5160000.00	670800.00	5830800.00				

结算日期　2022-01-10　　制单人　张建国　　审核人　张建国

图 8-38　采购专用发票录入

(7) 所有信息输入完成后，单击“保存”“复核”按钮，保存参照采购入库单生成的采购专用发票。

提示：

- 采购发票包括采购专用发票、采购普通发票、采购运费发票和采购红字发票。
- 采购发票可以手工输入，也可以根据采购订单、采购入库单参照生成。
- 如果在采购选项中设置了“普通采购必有订单”，则不能手工录入采购发票，只能参照生成采购发票。如果需要手工录入,则需要先取消“普通业务必有订单”选项。
- 如果录入采购专用发票，需要先在基础档案中设置有关开户银行信息，否则，只能录入普通发票。
- 采购专用发票中的表头税率是根据专用发票默认税率带入的，可以修改。采购专用发票的单价为无税单价，金额为无税金额，税额等于无税金额与税率的乘积。
- 普通采购发票的表头税率默认为 0，运费发票的税率默认为 7%，可以进行修改；普通发票、运费发票的单价为含税单价，金额为价税合计。
- 如果收到供应商开具的发票但没有收到货物，可以对发票压单处理，待货物运达后，再输入采购入库单并进行采购结算；也可以先将发票输入系统，以便实时统计在途物资。
- 在采购管理系统中可以通过查看“采购发票列表”来查询采购发票。

4) 采购结算

采购结算就是采购报账，是指采购人员根据采购入库单、采购发票核算采购入库单成本。采购结算生成采购结算单，它是记载采购入库单记录与发票记录对应关系的结算对照表。采购结算分为自动结算和手工结算。

采购自动结算是由系统自动将符合条件的采购入库单记录和采购发票记录进行结算。系统按照三种结算模式自动结算：入库单和发票结算、红蓝入库单结算、红蓝发票结算。

采购结算的操作步骤如下：

(1) 在采购管理系统中，执行“采购结算”|“自动结算”命令，系统弹出“采购自动结算”对话框，如图 8-39 所示。

(2) 根据需要输入结算过滤条件和结算模式，如单据起止日期，选择“入库单和发票”结算模式；单据“过滤”按钮，系统自动进行结算。如果存在完全匹配的记录，则系统弹出信息提示对话框，如图 8-40 所示，单击“确定”按钮。如果不存在完全匹配的记录，则系统弹出“状态：没有符合条件的红蓝入库单和发票”信息提示框。

(3) 执行“结算单列表”命令，单击“过滤”按钮，如图 8-41 所示，双击需要查询的结算表，可以打开结算表，查询、打印本次自动结算的结算。

(4) 单击“退出”按钮。

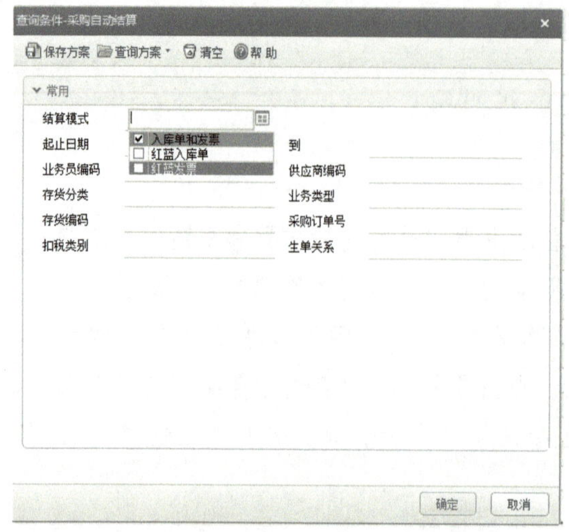

图 8-39　“采购自动结算”对话框

采购管理

结算模式 [入库单和发票]
状态：全部成功，共处理了 [3]条记录

确定

图 8-40　成功结算信息

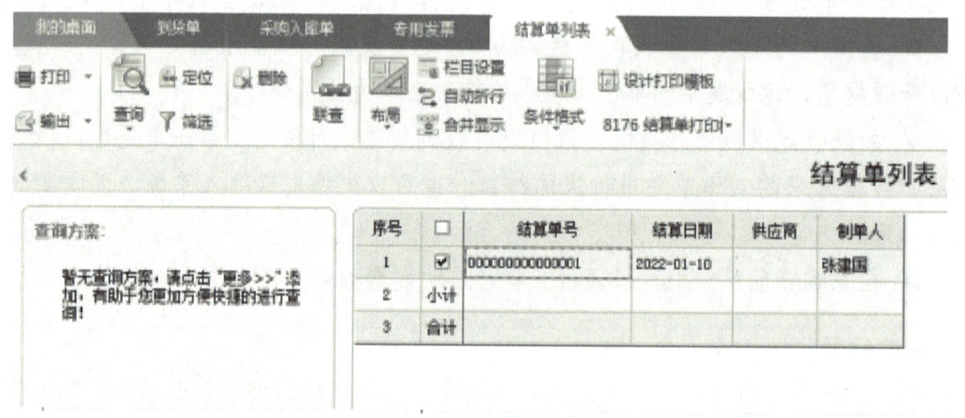

图 8-41　采购结算单列表

提示：

● 设置采购自动结算过滤条件时，存货分类与存货是互斥的，即同时只能选择一个条件进行过滤。

● 结算模式为复选，可以同时选择一种或多种结算模式。

● 执行采购结算后的单据不能进行修改、删除操作。

● 如果需要删除已经结算的发票或采购入库单，可以在“结算单列表”中打开结算单并删除，这样才能对采购发票或采购入库单执行相关的修改、删除操作。

5) 采购成本核算

采购成本的核算在存货核算系统中进行。存货核算系统记账后，才能确认采购商品的采购成本。

采购成本核算的操作步骤如下：

(1) 在存货核算系统中，执行“记账”|“正常单据记账”命令，单击“查询”按钮，

打开“正常单据记账”列表窗口。

(2) 单击“全选”按钮，如图 8-42 所示。

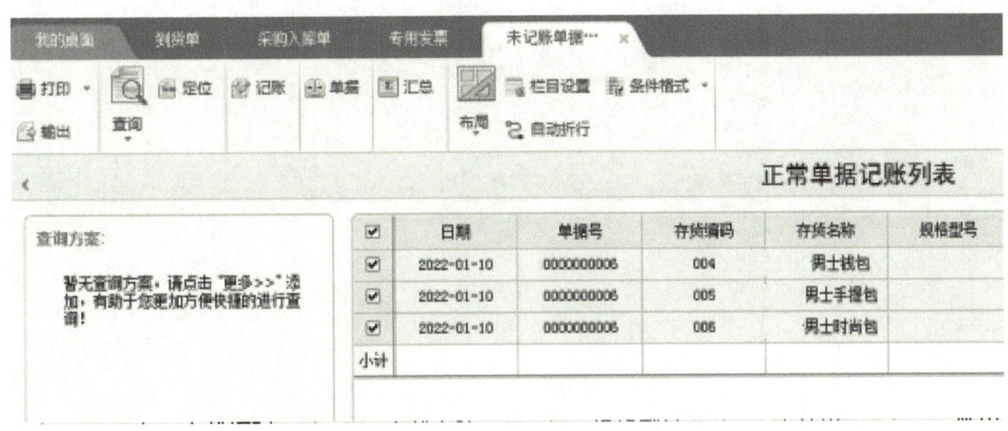

图 8-42　选择单据

(3) 单击“记账”按钮，显示“记账成功”，将采购入库单记账，如图 8-43 所示。

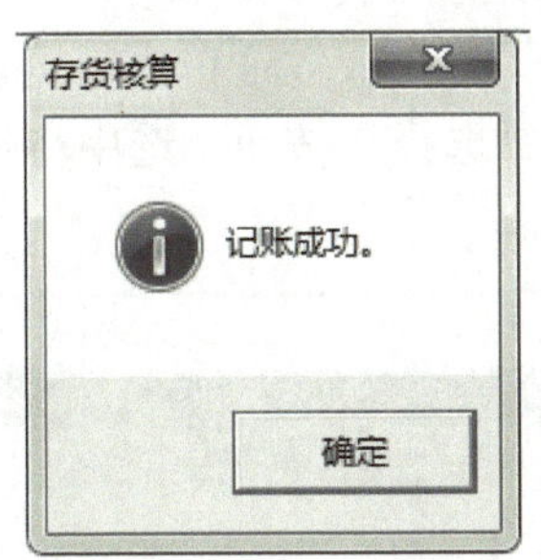

图 8-43　记账成功

(4) 单击“退出”按钮，关闭正常单据记账列表。

(5) 执行“凭证处理”|“生成凭证”命令，打开“生成凭证”窗口，如图 8-44 所示。

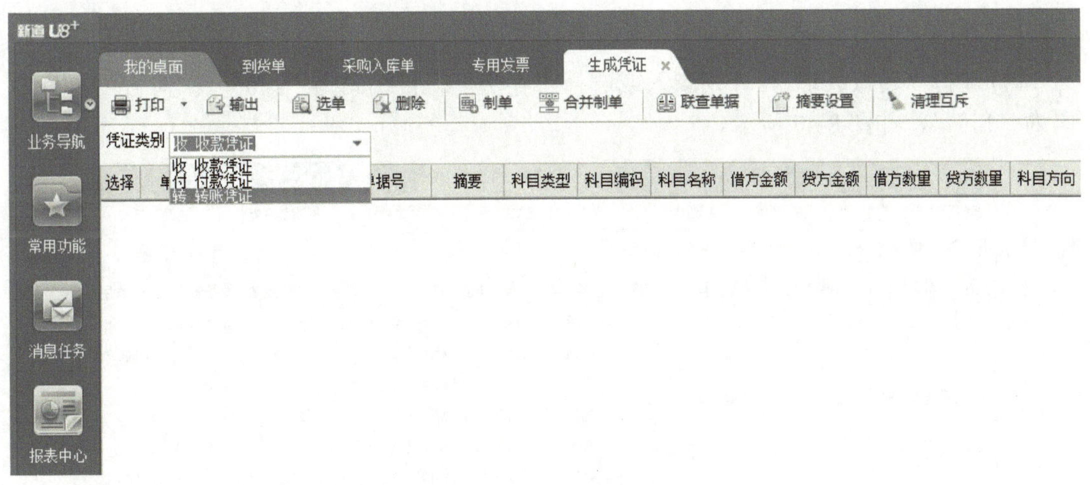

图 8-44　“生成凭证”窗口

(6) 单击“选单”按钮，打开“查询条件”对话框，如图 8-45 所示。

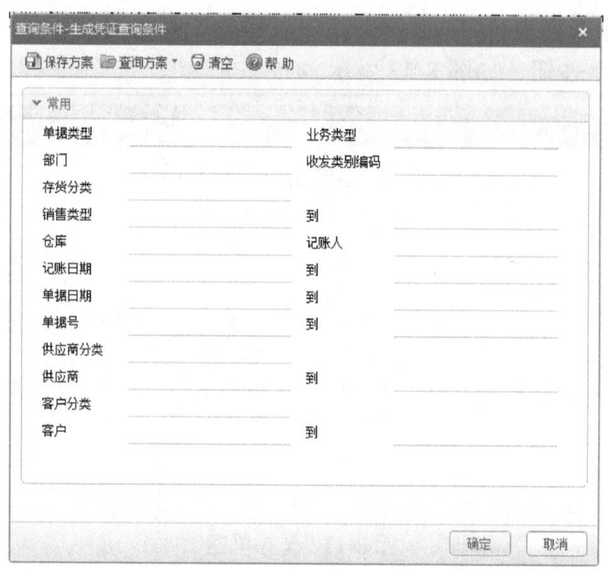

图 8-45　“查询条件”对话框

(7) 单击“确定”按钮，打开“未生成凭证单击一览表”窗口。

(8) 单击“选择”栏，或单击“选择”按钮，选中待生成凭证的单据，如图 8-46 所示。单击“确定”按钮。

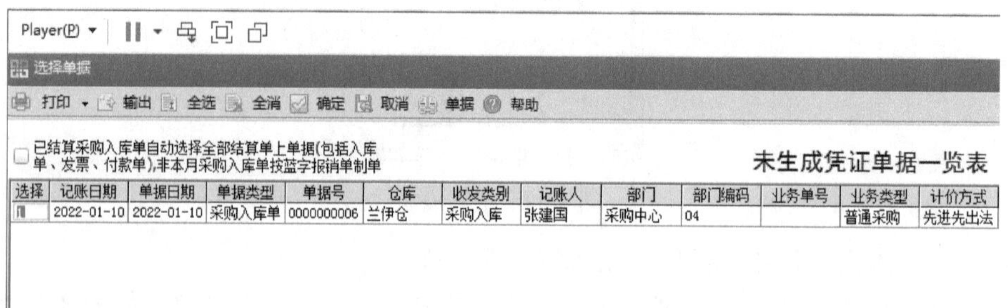

选择	记账日期	单据日期	单据类型	单据号	仓库	收发类别	记账人	部门	部门编码	业务单号	业务类型	计价方式
1	2022-01-10	2022-01-10	采购入库单	0000000006	兰伊仓	采购入库	张建国	采购中心	04		普通采购	先进先出法

图 8-46　选择单据

(9) 选择“转账凭证”，分别录入或选择“存货”科目编码为“1405”，“对方”科目编码为“1401”，如图 8-47 所示。

我的桌面　到货单　采购入库单　专用发票　生成凭证

打印　输出　选单　删除　制单　合并制单　联查单据　摘要设置　清理互斥

凭证类别　转 转账凭证

选择	单据类型	业务类型	单据号	摘要	科目类型	科目编码	科目名称	借方金额	贷方金额	借方数量	贷方数量
1	采购入库单	普通采购	0000000006	采购入...	存货	1405	库存商品	3,000,...		10,000.00	
					对方	1401	材料采购		3,000,...		10,000.00
					存货	1405	库存商品	2,000,...		10,000.00	
					对方	1401	材料采购		2,000,...		10,000.00
					存货	1405	库存商品	160,00...		200.00	
					对方	1401	材料采购		160,00...		200.00
合计								5,160,...	5,160,...		

图 8-47　录入存货和对方科目

(10) 单击“合并制单”按钮，生成一张转账凭证。

(11) 单击“保存”按钮，如图 8-48 所示。

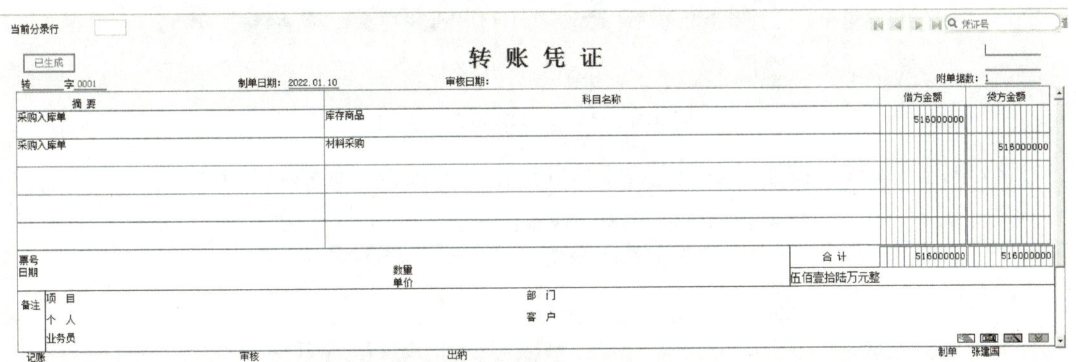

图 8-48　存货入库的转账凭证

(12) 单击“退出”按钮退出。

6) 财务部门确认应付账款

采购结算后的发票会自动传递到应付款管理系统，需要在应付款管理系统中审核后进行制单，形成应付款并传递给总账。

财务部门确认应付账款的操作步骤如下：

(1) 进入应付款管理系统，执行“应付处理”|“采购发票”选择“采购发票审核”，如图 8-49 所示。

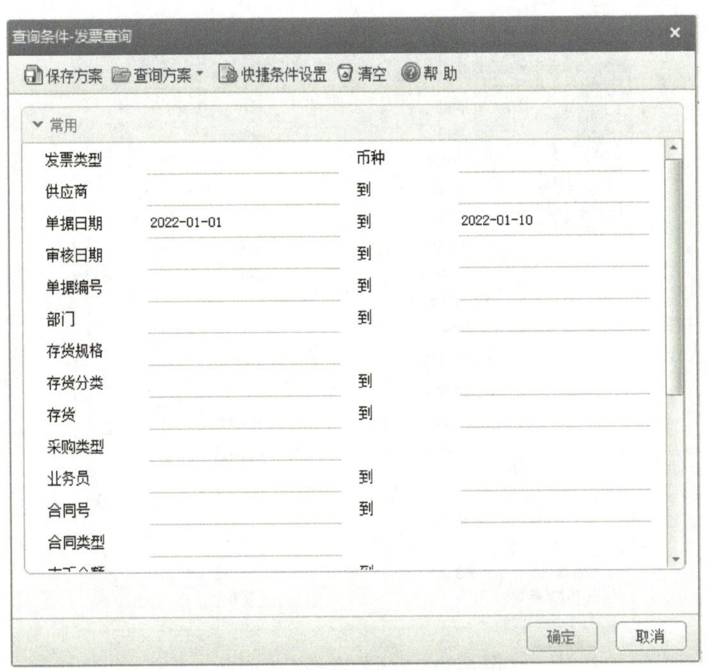

图 8-49　“发票查询”对话框

(2) 单击“确定”按钮，系统弹出“采购发票列表”窗口。

(3) 单击“选择”按钮，如图 8-50 所示。

采购发票列表

序号	□	审核人	单据日期	单据类型	单据号	供应商名称	部门	业务员
1	☑		2022-01-10	采购专…	ZP0098	箱包有限公司	采购中心	赵威名
2	小计							
3	合计							

图 8-50 “采购发票列表“窗口

(4) 单击“审核”按钮，系统完成审核并给出审核报告，如图 8-51 所示。

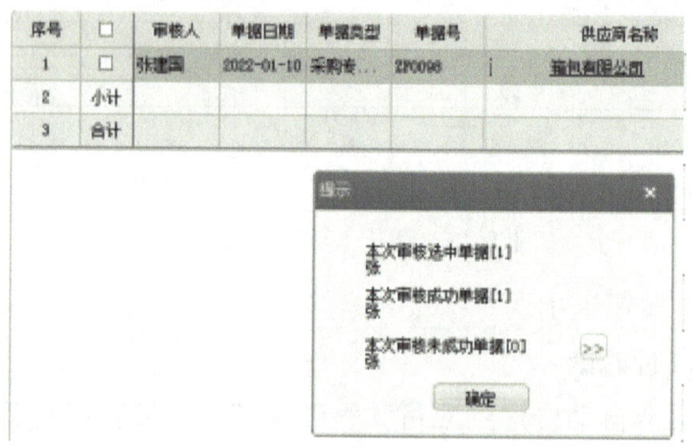

图 8-51 采购发票审核

(5) 单击“确定”按钮后退出。

(6) 执行“凭证处理”中的“生成凭证”命令，打开“制单查询”对话框，如图 8-52 所示，选择“发票”。

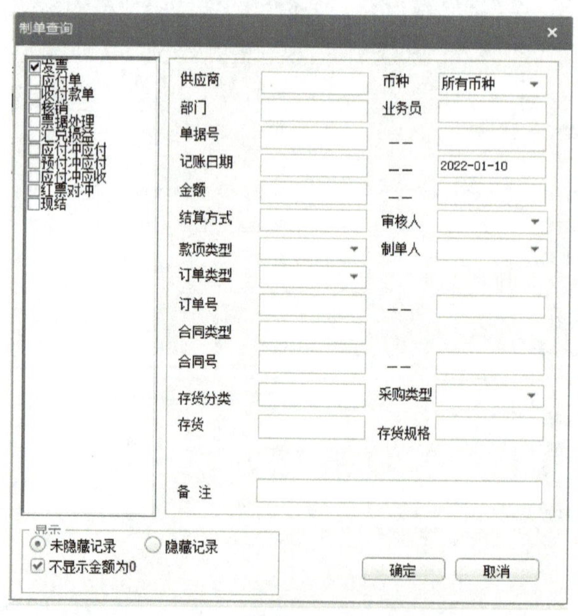

图 8-52 “制单查询”对话框

(7) 单击“确定”按钮，打开“采购发票制单”窗口。

(8) 选择“转账凭证”，单击“选择标志”按钮，选中要制单的“采购发票”，如图 8-53 所示。

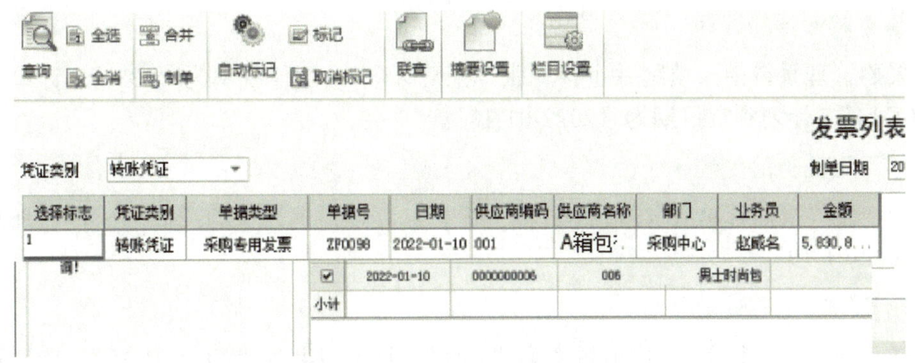

图 8-53　“采购发票制单”窗口

(9) 单击“制单”按钮，生成一张转账凭证，如图 8-54 所示，单击“保存”按钮。

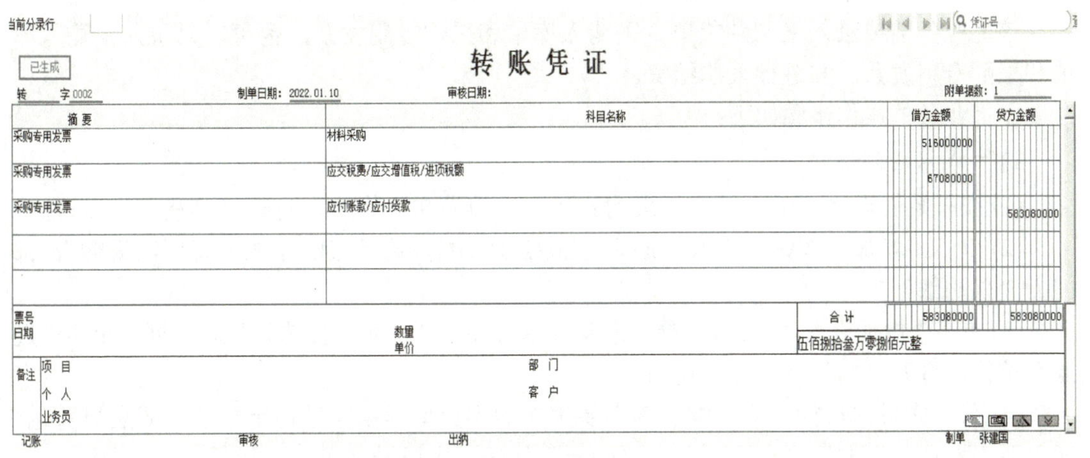

图 8-54　生成转账凭证

(10) 打开总账系统，执行“凭证”|“查询凭证”命令。选择“未记账凭证”，打开所选凭证，可以查询在应付款系统中生成并传递至总账的记账凭证。

提示：

● 应付科目可以在应付款系统的初始设置中设置。而此账套未设置，所以在生成凭证后补充填入。

● 只有采购结算后的采购发票才能自动传递到应付款管理系统，并且需要在应付款管理系统中审核确认，才能形成应付账款。

● 在应付款管理系统中可以根据采购发票制单，也可以根据应付单或其他单据制单。

● 在应付款管理系统中可以根据一条记录制单，也可以根据多条记录合并制单，用户可以根据选择制单序号进行处理。

● 可以在采购结算后针对每笔业务制单，也可以月末一次性制单。

● 采购发票需要在存货核算系统中记账。可以在采购发票记账前制单，也可以在采购发票记账后再制单。

4. 第 4 笔业务的处理

在采购管理系统中，填制并审核一张“采购订单”，增值税率为“13%”。订单日期为“2022-01-14”，计划到货日期为“2022-01-18”。

5. 第 5 笔业务的处理

填制一张“采购订单”，增值税率为“13%”。订单日期为“2022-01-16”，计划到货日期为“2022-01-19”。

6. 第 6 笔业务的处理

填制一张“采购订单”，增值税率为“13%”。订单日期为“2022-01-18”，计划到货日期为“2022-01-20”。

7. 第 7 笔业务的处理

该笔业务需要录入采购到货单、采购入库单和采购专用发票，也可以只录入采购入库单和采购专用发票，并进行采购结算。

本笔业务的操作步骤如下：

1) 生成采购到货单

(1) 在采购管理系统中，执行“采购到货”|“到货单”命令，打开“到货单”窗口。

(2) 单击“增加”按钮，修改日期为“2022-01-20”，选择采购类型为“厂商采购”，部门为“采购部”。

(3) 单击“增加”下拉按钮，选择“采购订单”，弹出“过滤条件选择”对话框。单击“过滤”按钮，打开“拷贝并执行”窗口。

(4) 在“拷贝并执行”窗口中，选中要生成的到货单的第 4 号订单中的“明宏男背包”和“明宏女背包”的选择栏，再单击“确定”按钮，生成一张采购到货单。

(5) 单击“保存”按钮，如图 8-55 所示，再单击“审核”按钮。

到货单

业务类型 * 普通采购　　单据号 * 0000000002　　日期 * 2022-01-20
采购类型 厂商采购　　供应商 * B箱包有限公司　　部门 * 采购中心
业务员 赵威名　　币种 * 人民币　　汇率 * 1
运输方式　　税率 13.00　　备注

关闭 打开 | 存量 ▾ 价格 ▾ 关联单据 | 排序定位 ▾ 显示格式 ▾

	存货编码	存货名称	规格型号	主计量	数量	原币含税单价	原币单价	原币金额	原币税额	原币价税合计	税率	订单号
1	008	B男背包		个	1000.00	169.50	150.00	150000.00	19500.00	169500.00	13.00	0000000005
2	007	B女背包		个	500.00	135.60	120.00	60000.00	7800.00	67800.00	13.00	0000000005
3												
4												
5												
6												
7												
8												
9												
10												
11												
12												
13												
14												
15												
16												
17												
18												
19												
20												
合计					1500.00			210000.00	27300.00	237300.00		

图 8-55　采购到货单

2) 采购入库单

(1) 在库存管理系统中，执行“入库业务”|“采购入库单”命令，打开“采购入库单”

窗口。

(2) 单击“增加”下拉按钮，选择“采购”|“采购到货单”。

(3) 选择“采购到货单”时，系统自动弹出“过滤条件选择”对话框。

(4) 单击“过滤”按钮，出现待选择的“采购入库单”。单击“选择”栏，或单击“全选”按钮，“选择”栏出现“☑”。窗口下部显示所选择单据的表体记录，如图 8-56 所示。

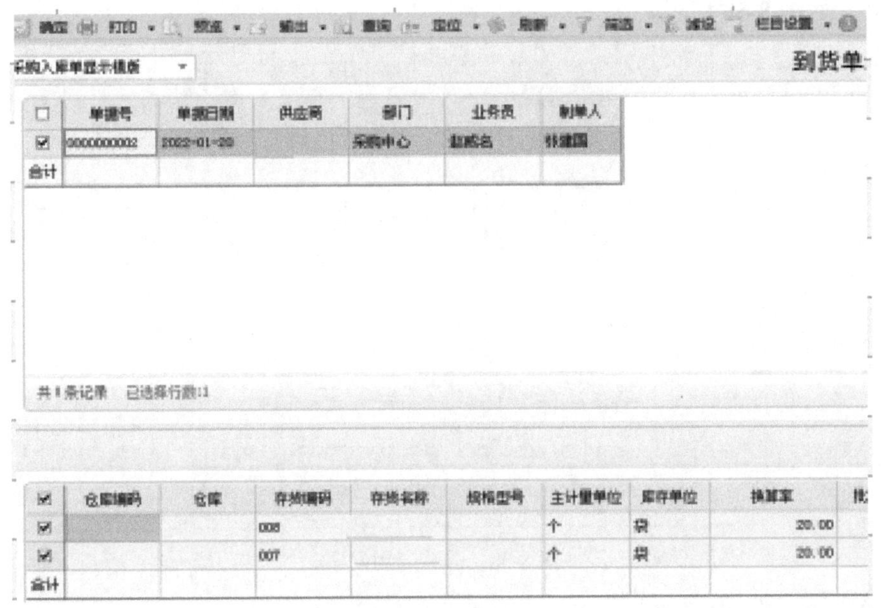

图 8-56 生单单据选择

(5) 单击“确定”按钮。

(6) 系统显示生成的采购入库单，如图 8-57 所示。

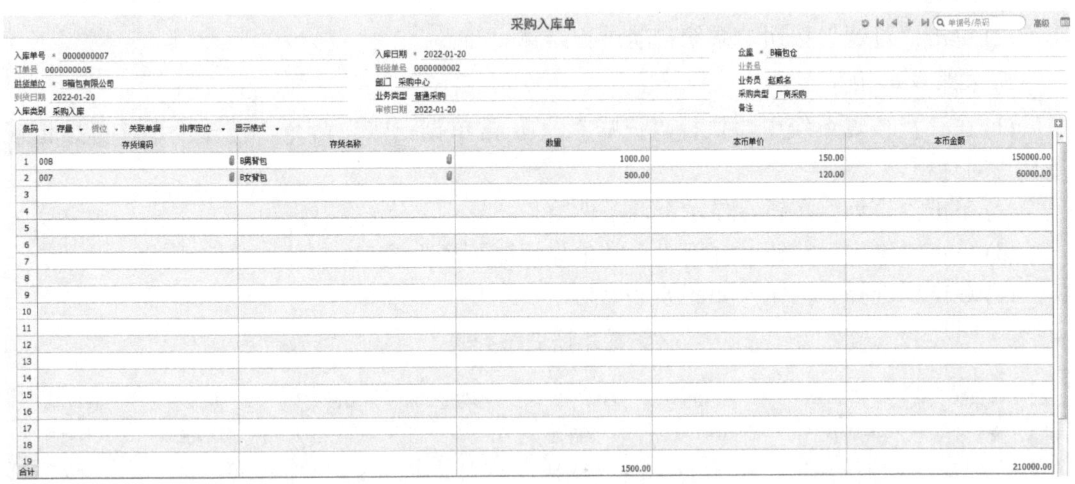

图 8-57 采购入库单

(7) 单击“保存”“审核”按钮，确认并保存采购入库单。

3) 填制采购发票

(1) 在采购管理系统中，执行“采购发票”|“专用采购发票”命令，打开“专用发票”

窗口。

(2) 单击“增加”按钮。选择“入库单”，弹出查询条件窗口。

(3) 单击“确定”按钮，系统显示“拷贝并执行”窗口。

(4) 单击供货方为北京明宏的入库单前的选择栏，再单击“确定”按钮，系统将采购入库单自动传递过来，生成采购专用发票，默认业务类型为“普通采购”，修改发票号为“ZF0168”，如图 8-58 所示。

专用发票

业务类型 普通采购　　发票类型 * 专用发票　　发票号 * ZF0168
开票日期 * 2022-01-20　　供应商 * B箱包有限公司　　代垫单位 * B箱包有限公司
采购类型 厂商采购　　税率 13.00　　部门名称 采购中心
业务员 赵威名　　币种 * 人民币　　汇率 * 1
发票日期　　付款条件　　备注

	存货编码	存货名称	规格型号	主计量	数量	原币单价	原币金额	原币税额	原币价税合计	税率	订单号	原币含税单价	记账人
1	008	B男背包		个	1000.00	150.00	150000.00	19500.00	169500.00	13.00	0000000005	169.50	
2	007	B女背包		个	500.00	120.00	60000.00	7800.00	67800.00	13.00	0000000005	135.60	
3													
4													
5													
6													
7													
8													
9													
10													
11													
12													
13													
14													
15													
16													
17													
18													
19													
合计					1500.00		210000.00	27300.00	237300.00				

图 8-58　采购专用发票

(5) 单击“保存”“复核”按钮，保存采购专用发票。

4) 采购结算

(1) 在采购管理系统中，执行“采购结算”|“自动结算”命令，系统自动弹出“自动结算”窗口。

(2) 单击“过滤”按钮，系统自动进行结算。

5) 采购成本核算

(1) 在存货核算系统中，执行“记账”|“正常单据记账”命令，打开“正常单据记账条件”对话框。

(2) 单击“查询”按钮，显示查询条件窗口。

(3) 单击“确定”按钮，打开“正常单据记账列表”窗口。

(4) 单击“选择”按钮，如图 8-59 所示。

正常单据记账列表

☐	日期	单据号	存货编码	存货名称	规格型号	存货代码	单据类型	仓库名称
☑	2022-01-20	0000000007	008	男背包			采购入库单	明宏仓
☑	2022-01-20	0000000007	007	女背包			采购入库单	明宏仓
小计								

图 8-59　正常单据记账窗口

(5) 单击“记账”按钮，将采购入库单记账。

(6) 单击“退出”按钮，退出“正常单据记账列表”窗口。

(7) 执行“凭证处理”|“生成凭证”命令，打开“生成凭证”窗口。

(8) 单击“选单”按钮，打开“查询条件”对话框，单击“确定”。

(9) 打开“选择单据”窗口。

(10) 单击“选择”按钮，选中待生成凭证的单据，单击“确定”按钮。

(11) 选择“转账凭证”，分别录入或选择“存货”科目编码为“1405”，“对方”科目编码为“1401”。

(12) 单击“合并制单”按钮，生成一张转账凭证。

(13) 单击“保存”按钮，结果如图 8-60 所示。

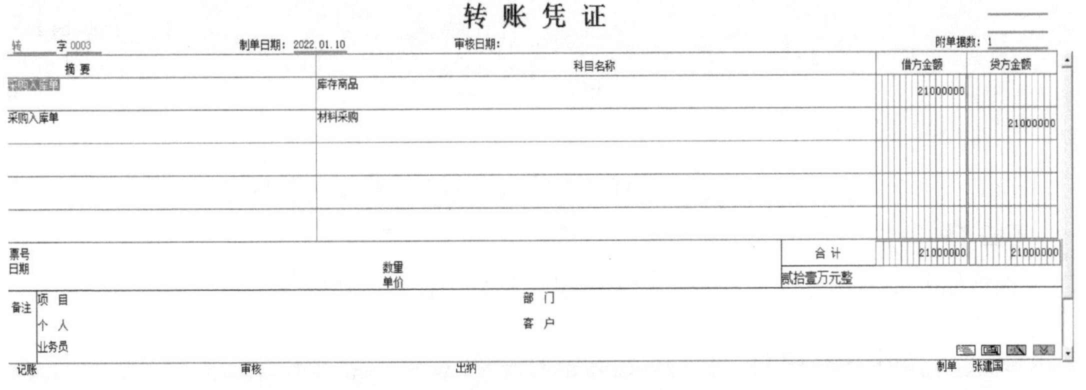

转账凭证

转　字 0003　　制单日期：2022.01.10　　审核日期：　　附单据数：1

摘要	科目名称	借方金额	贷方金额
采购入库单	库存商品	21000000	
采购入库单	材料采购		21000000
票号 日期	数量 单价	合计 21000000	21000000
		贰拾壹万元整	

备注　项目　部门　个人　客户　业务员

记账　审核　出纳　制单　张建国

图 8-60　存货入库的凭证

(14) 单击“退出”按钮。

6) 财务部门确认应付账款

(1) 在应付款管理系统中，执行“应付处理”|“采购发票”|“采购发票审核”命令，打开“采购发票列表”窗口。

(2) 单击“确定”按钮，系统显示“应付单据列表”。

(3) 单击“查询”按钮，显示查询条件，单击“确定”。

(4) 单击“选择”按钮，单击“审核”。

(5) 单击“确定”按钮后退出。

(6) 执行“凭证处理”|“生成凭证”命令，打开“制单查询”对话框，选择“发票制单”。

(7) 单击“确定”按钮，打开“生成凭证”窗口。

(8) 选择“转账凭证”，修改制单日期为“2022-01-20”，再单击“选择标志”按钮，选中要制单的采购入库单，如图 8-61 所示。

发票列表

凭证类别　转账凭证　　制单日期　2022-01-20

选择标志	凭证类别	单据类型	单据号	日期	供应商编码	供应商名称	部门	业务员	金额
1	转账凭证	采购专用发票	ZF0168	2022-01-20	002	北京 ...	采购中心	赵威名	237,300.00

图 8-61　要制单的采购入库单

(9) 单击“制单”按钮，生成一张转账凭证，单击“保存”按钮，结果如图 8-62 所示。

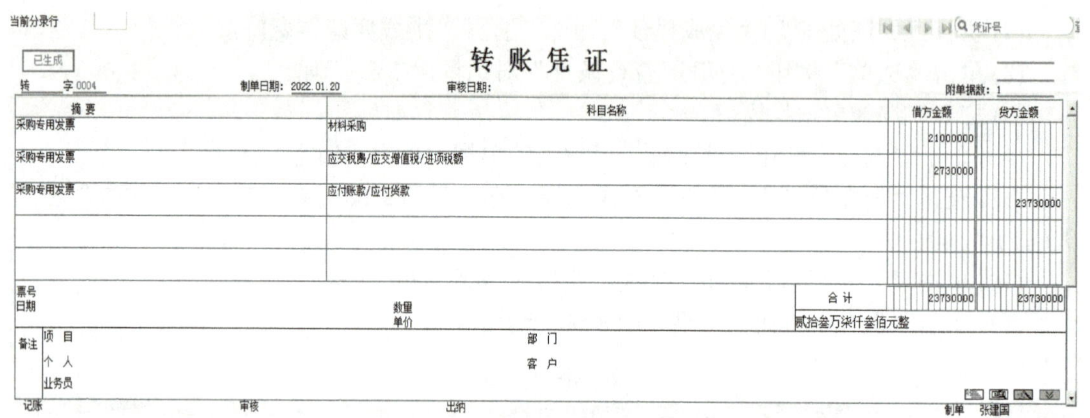

当前分录行

已生成

转账凭证

转 字 0004　　制单日期：2022.01.20　　审核日期：　　附单据数：1

摘要	科目名称	借方金额	贷方金额
采购专用发票	材料采购	21000000	
采购专用发票	应交税费/应交增值税/进项税额	2730000	
采购专用发票	应付账款/应付货款		23730000
票号 日期	数量 单价 合计	23730000	23730000
	贰拾叁万柒仟叁佰元整		

备注　项目　部门
个人　客户
业务员

记账　审核　出纳　制单 张建国

图 8-62　转账凭证

8. 备份账套

在 D 盘建立文件夹，将项目八中任务二的账套输出，并保存到 U 盘。

【任务训练】

根据如图 8-63 所示发票在业财一体信息化平台进行审核制单。

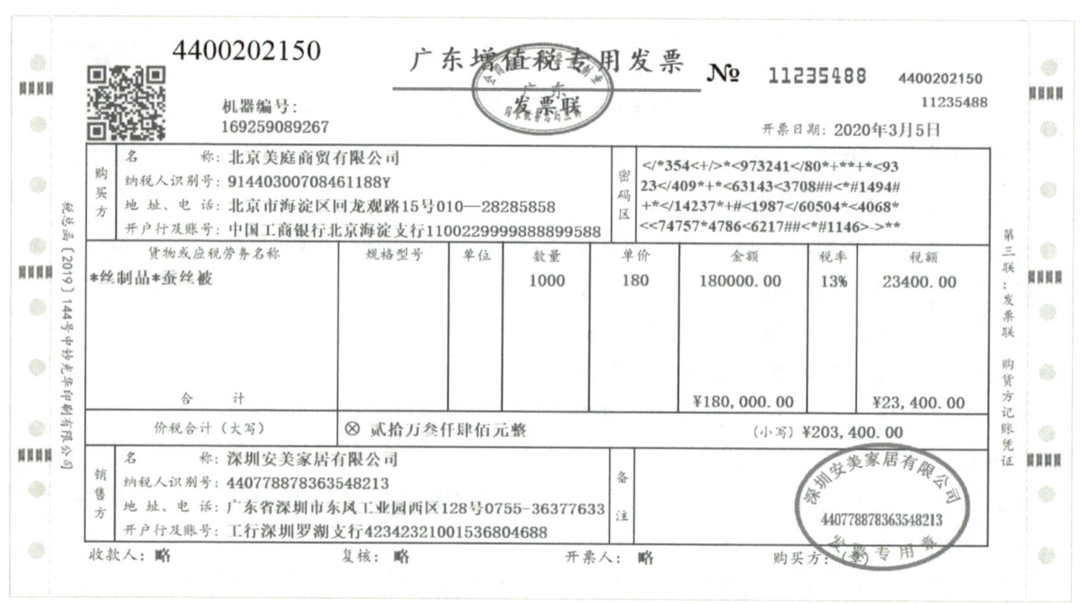

4400202150　　广东增值税专用发票　№ 11235488　4400202150 11235488

机器编号：169259089267　　开票日期：2020年3月5日

购买方	名称：北京美庭商贸有限公司 纳税人识别号：91440300708461188Y 地址、电话：北京市海淀区回龙观路15号010—28285858 开户行及账号：中国工商银行北京海淀支行1100229999888899588	密码区	</*354<+/>*<973241</80*+**+*<93 23</409*+*<63143<3708##<*#1494# +*</14237*+#<1987</60504*<4068* <<74757*4786<6217##<*#1146>->**

货物或应税劳务名称	规格型号	单位	数量	单价	金额	税率	税额
*丝制品*蚕丝被			1000	180	180000.00	13%	23400.00
合计					¥180,000.00		¥23,400.00
价税合计（大写）	⊗ 贰拾万叁仟肆佰元整				（小写）¥203,400.00		

销售方	名称：深圳安美家居有限公司 纳税人识别号：440778878363548213 地址、电话：广东省深圳市东风工业园西区128号0755-36377633 开户行及账号：工行深圳罗湖支行4234232100153680468	备注	

收款人：略　　复核：略　　开票人：略　　购买方：（章）

第三联：发票联　购货方记账凭证

图 8-63　审核制单

任务三　普通采购业务(二)

【任务目的】

- 熟悉合理损耗的定义和会计处理方法。
- 掌握现付采购业务的业务处理。

- 掌握运费发票录入的业务处理。
- 掌握采购结算手工结算的业务处理。

【任务准备】

- 引入项目八中任务二的账套数据。将系统日期修改为“2022 年 01 月 20 日”，以操作员“张建国”(密码为“1”) 的身份登录企业应用平台。

【任务要求】

- 录入或生成采购到货单、采购入库单等普通采购业务单据，并进行审核确认。
- 录入或生成采购发票，并按要求修改采购发票编号。
- 进行采购结算。
- 支付采购款项或确认应付账款，可以立即制单，也可以月末合并制单。

【任务资料】

蒙鑫商贸公司日常采购业务如下 (采购部业务员：赵威名)：

(1) 2022 年 1 月 20 日，收到 A 箱包有限公司的专用发票，发票号码为 ZF0088。发票载明女士潮流包 100 个，单价为 380 元 / 个，增值税率为 13%。本公司验收入库后立即支付货款和税款 (转账支票为 ZZ001)。

普通采购 (二)
业务一

(2) 2022 年 1 月 21 日，收到本月 14 日订购的 C 休闲行李箱 (2 000 个，单价为 120 元 / 个) 和专用发票，发票号码 ZF0112。同时附有一张运杂费发票，发票载明运杂费为 2 000 元 (不能抵扣进项税)，订货合同约定运杂费由本公司承担。经检验，行李箱合格 (入拉杆箱仓)，财务部门确认采购成本和该笔应付款项。

普通采购 (二)
业务二

(3) 2022 年 1 月 23 日，收到 C 公司根据 1 月 18 日的订单，发来的学生行李箱和专用发票，发票号码为 ZF0188，合同约定运费由对方承担。专用发票上写明学生行李箱为 1 000 个，单价为 140 元 / 个，增值税率 13%。在验收入库 (拉杆箱仓) 时发现损坏 5 个，属于合理损耗。本公司确认后立即付款 50%(网银 WY00887688)。

普通采购 (二)
业务三

【任务指导】

1. 第 1 笔业务的处理

本笔业务系 2021 年 12 月入库的 A 女士潮流包，因此只需要输入采购发票，执行采购结算并支付款项的操作。

本笔业务的操作步骤如下：

1) 采购发票与采购结算

(1) 在采购管理系统中，执行“采购发票”|“专用采购发票”命令，打开“采购专用发票”窗口。

(2) 期初已经输入该笔业务的入库单，直接拷贝采购入库单，生成采购专用发票。单击“增加”下拉按钮，选择“入库单”，系统自动打开“过滤条件选择”对话框；单击“确定”按钮，打开“拷贝并执行”窗口，选中第 1 张入库单的“选择”栏，如图 8-64 所示。

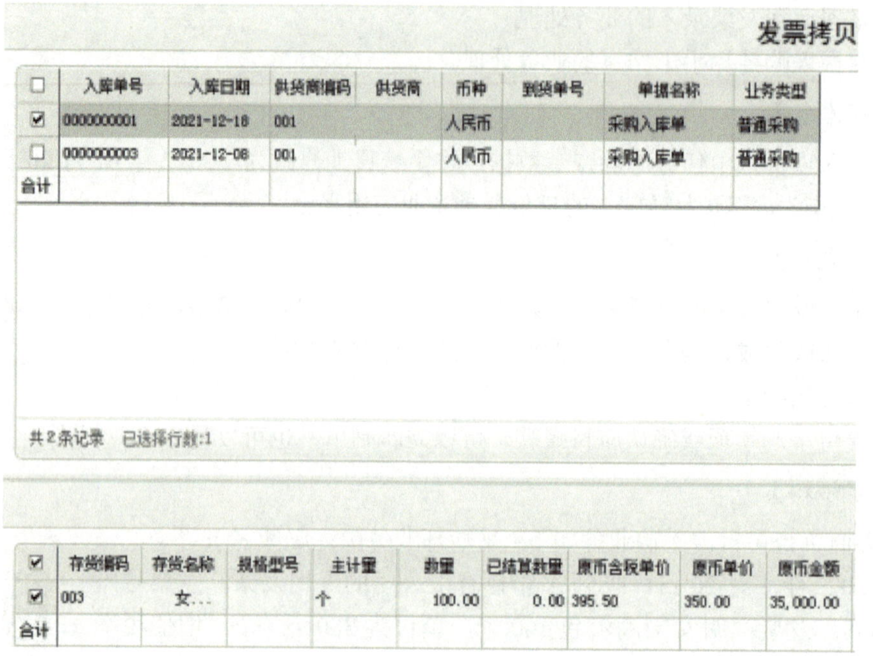

图 8-64 “拷贝并执行”窗口

(3) 单击“确定”按钮，生成一张“采购专用发票”，修改开票日期为“2022-01-20”，选择部门名称为“采购部”，业务员为“赵威名”，并修改发票号为“ZF0088”，修改原币单价为“380”。

(4) 单击“保存“按钮，最终的采购专用发票如图 8-65 所示。

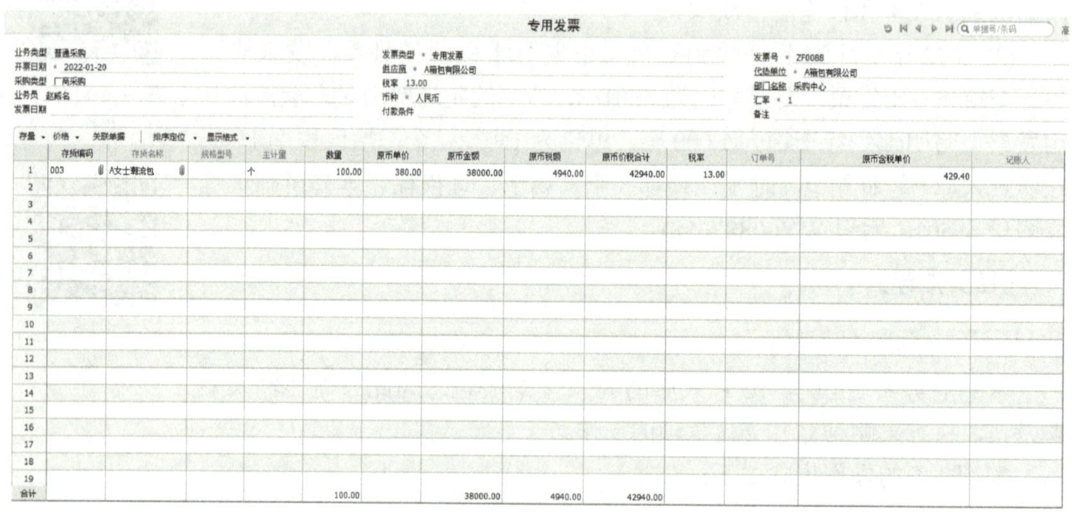

图 8-65 拷贝生成采购专用发票

(5) 单击“现付”按钮，打开“现付”窗口。选择结算方式为转账支票，录入结算金额为“42 940”元，票据号为“ZZ001”，银行账户等信息。

(6) 对完成已现付的发票，单击“结算”按钮，即可进行采购发票和采购入库单的自动结算工作，发票上显示“已现付”和“已结算”，如图 8-66 所示。

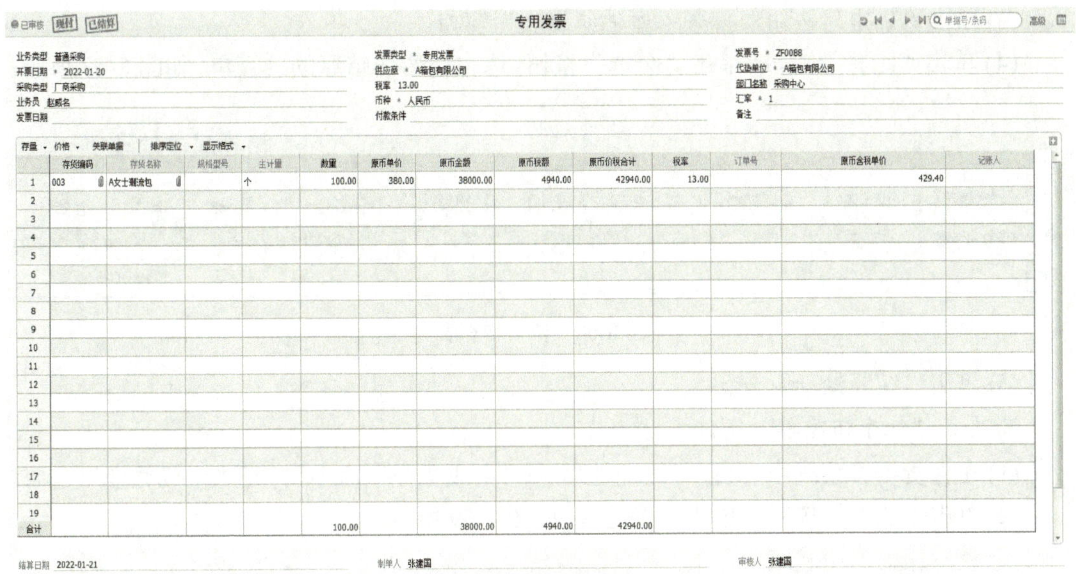

图 8-66 现付结算

提示：

● 对于上月末的暂估业务，执行采购结算后，还需要在存货核算系统中进行暂估处理(具体步骤见存货核算)，以便根据采购发票价格改写账簿资料，确认采购成本。

2) 暂估处理

(1) 在存货核算系统中，执行“记账”|“结算成本处理”命令，打开“暂估处理查询”对话框。

(2) 选中“A 箱包仓”前的复选框，如图 8-67 所示。

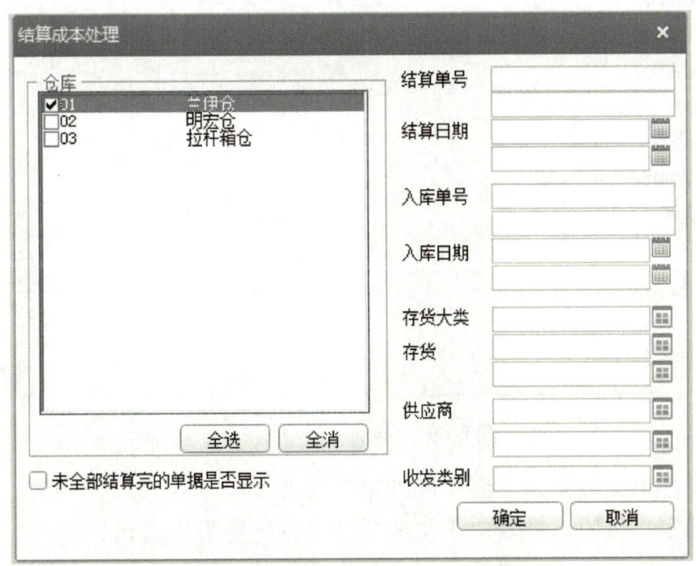

图 8-67 “暂估处理查询”对话框

(3) 单击“确定”按钮，打开“暂估结算表”窗口。

(4) 单击“选择”栏，或单击“全选”按钮，选中要暂估结算的结算单，如图 8-68 所示。

结算成本处理

☐	结算单号	仓库编码	仓库名称	入库单号	入库日期	存货编码	存货名称	计量单位	数量	暂估单价
☑	000000000...	01		0000000001	2021-12-18	003	女士潮流包	个	100.00	350.00
合计									100.00	

图 8-68　暂估结算表

(5) 单击“结算处理”按钮。

3) 生成“红字回冲单”凭证

(1) 在存货核算系统中，执行“凭证处理”|“生成凭证”命令，打开“生成凭证”窗口。

(2) 单击“选单”按钮，单击“确定”，如图 8-69 所示。

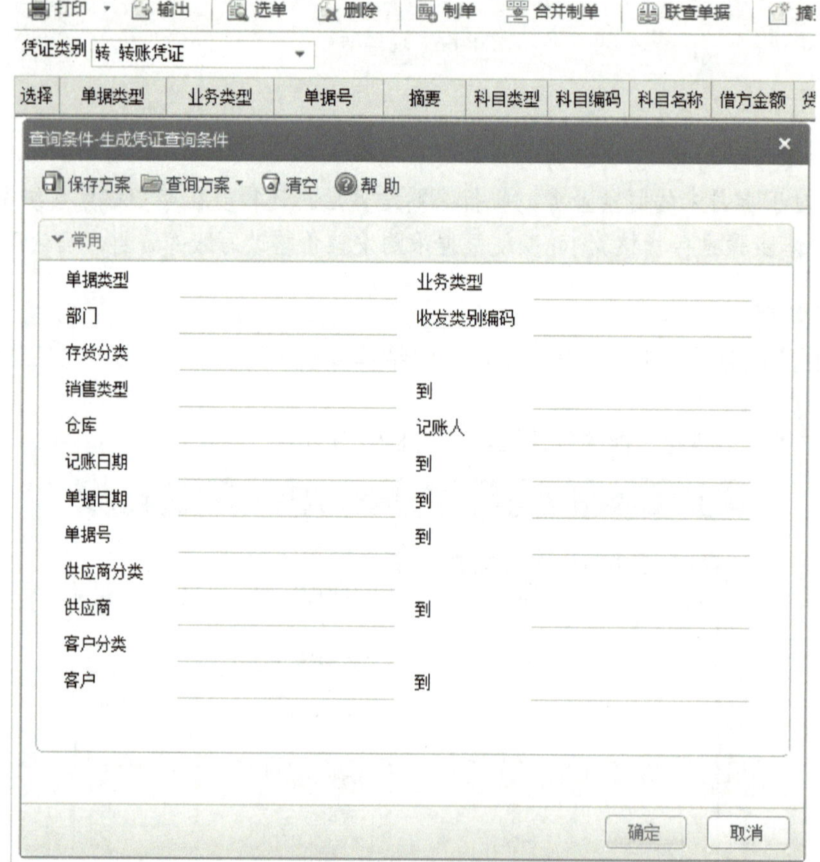

图 8-69　“查询条件“对话框

(3) 选中第一行单据类型为“红字回冲单”的选框。

(4) 单击“确定”按钮，打开“未生成凭证单据一览表”窗口。

(5) 单击第一行单据类型为“红字回冲单”前面的“选择”栏，如图 8-70 所示。

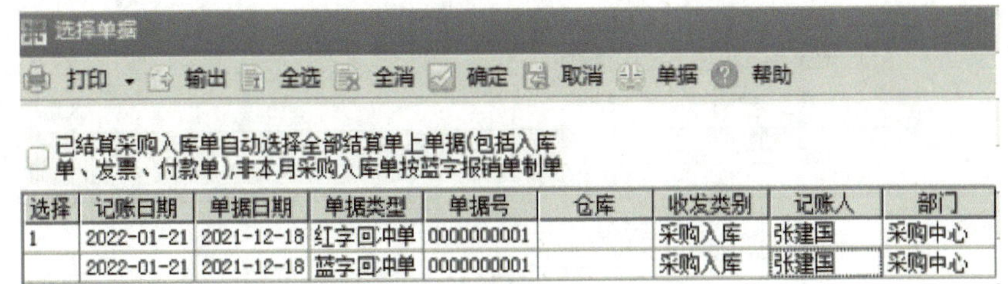

选择单据

打印　输出　全选　全消　确定　取消　单据　帮助

已结算采购入库单自动选择全部结算单上单据(包括入库单、发票、付款单),非本月采购入库单按蓝字报销单制单

选择	记账日期	单据日期	单据类型	单据号	仓库	收发类别	记账人	部门
1	2022-01-21	2021-12-18	红字回冲单	0000000001		采购入库	张建国	采购中心
	2022-01-21	2021-12-18	蓝字回冲单	0000000001		采购入库	张建国	采购中心

图 8-70　“未生成凭证单据一览表”窗口

(6) 单击“确定”按钮，打开“生成凭证”窗口。

(7) 录入存货科目编码为“1405”，暂估科目编码为“220222”，选择“转账凭证”，如图 8-71 所示。

我的桌面　生成凭证 ×

打印　输出　选单　删除　制单　合并制单　联查单据　摘要设置　清理

凭证类别　转 转账凭证

选择	单据类型	业务类型	单据号	摘要	科目类型	科目编码	科目名称	借方金额	贷方金额	借方数量
1	红字回冲单	普通采购	0000000001	红字回...	存货	1405	库存商品	-35,00...		-100.00
					应付暂估	220202	暂估应...		-35,00...	
合计								-35,00...	-35,00...	

图 8-71　选择“转账凭证”

(8) 单击“生成”按钮，生成一张转账凭证。

(9) 单击“保存”按钮，生成的凭证如图 8-72 所示。

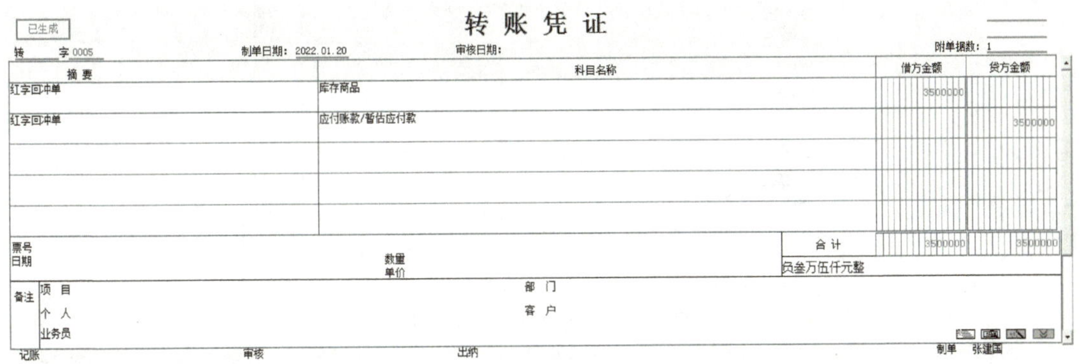

已生成

转账凭证

转　字 0005　制单日期：2022.01.20　审核日期：　附单据数：1

摘要	科目名称	借方金额	贷方金额
红字回冲单	库存商品	3500000	
红字回冲单	应付账款/暂估应付款		3500000

票号　日期　数量　单价　合计 3500000 3500000

负叁万伍仟元整

备注　项目　部门　个人　客户　业务员

记账　审核　出纳　制单 张建国

图 8-72　冲销暂估入库单

4) 生成“蓝字回冲单(报销)”凭证

(1) 执行“凭证处理”|“生成凭证”命令，打开“生成凭证”窗口。

(2) 单击“选单”按钮，打开“查询条件”对话框。

(3) 单击“确定”按钮，打开“未生成凭证单据一览表”窗口。

(4) 单击“选择”栏，再单击“确定”按钮，打开“生成凭证”窗口。

(5) 修改凭证类别为“转账凭证”，录入存货科目编码为“1405”，对方科目编码为“1401”。单击“合并制单”按钮，生成一张转账凭证。

(6) 单击“保存”按钮，生成的凭证如图 8-73 所示。

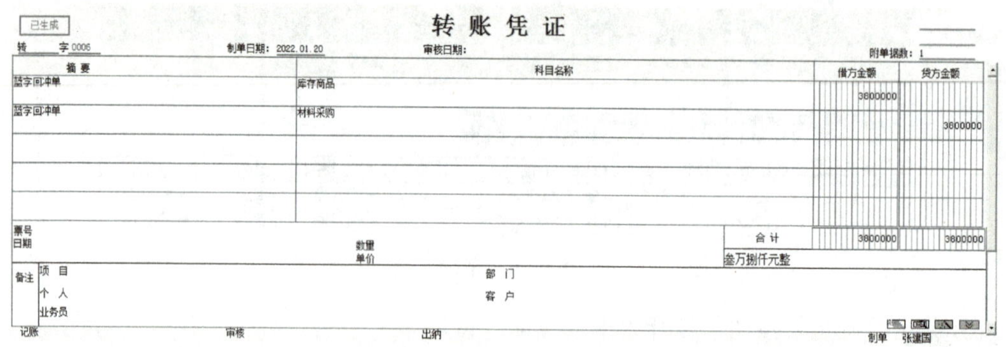

图 8-73 存货入库的凭证

(7) 单击“退出”按钮退出。

5) 现付单据审核与制单

(1) 在应付款管理系统中，执行“应付处理”|“采购发票”|“采购发票审核”命令，打开“采购发票列表”对话框。单击“查询”单击“确定”，如图 8-74 所示。

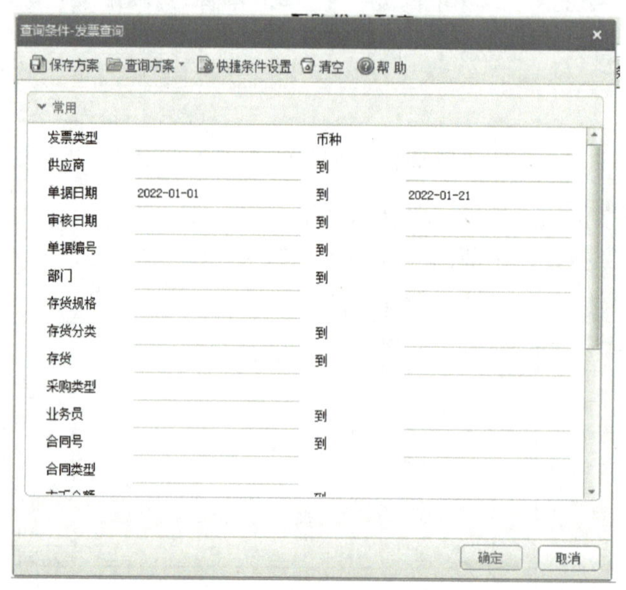

图 8-74 “查询条件”对话框

(2) 单击“确定”按钮，打开“应付单据列表”窗口。

(3) 单击“选择”栏，选中已现付单据。单击“审核”按钮，完成对现付发票的审核，如图 8-75 所示。

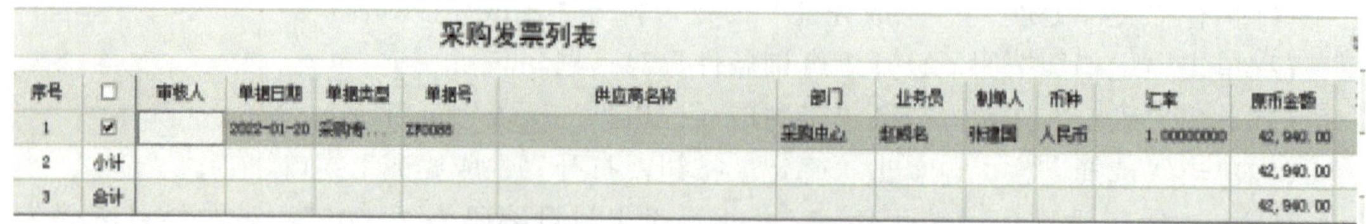

采购发票列表

序号	☐	审核人	单据日期	单据类型	单据号	供应商名称	部门	业务员	制单人	币种	汇率	原币金额
1	☑		2022-01-20	采购专...	ZF0088		采购中心	[illegible]	张建国	人民币	1.00000000	42,940.00
2	小计											42,940.00
3	合计											42,940.00

图 8-75 “应付单据列表”窗口

(4) 单击“确定”按钮，再单击“退出”按钮退出。

(5) 执行“凭证处理”|“生成凭证”命令，选择“现结制单”复选框，如图 8-76 所示。

图 8-76 “制单冲销”对话框

(6) 单击“确定”按钮，打开“现结制单”窗口。

(7) 单击“全选”按钮，选择凭证类别为“付款凭证”。单击“制单”按钮，生成一张付款凭证自动传递到总账系统，单击“保存”按钮，如图 8-77 所示。在总账系统中可以查询、审核该付款凭证。

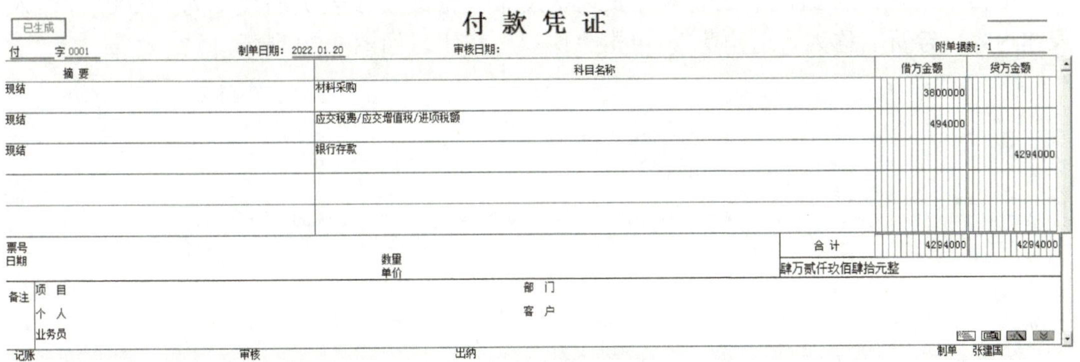

已生成

付款凭证

付 字 0001 制单日期：2022.01.20 审核日期： 附单据数：1

摘要	科目名称	借方金额	贷方金额
现结	材料采购	3800000	
现结	应交税费/应交增值税/进项税额	494000	
现结	银行存款		4294000
票号 日期	数量 单价	合计 4294000	4294000
		肆万贰仟玖佰肆拾元整	

备注 项目 部门 个人 客户 业务员

记账 审核 出纳 制单 张建国

图 8-77 现结付款凭证

提示：

- 采购结算后，现付发票和现付单据才能自动传递到应付款系统中。
- 付款单据也可以在应付款系统中手工录入和审核。
- 现付单据只能通过“应付款系统”|“应付单据审核”命令实现审核。
- 现付发票通过“应付款系统”|“应付单据审核”命令实现凭证生成。
- 可以根据每张现付发票生成付款凭证，也可以月末合并生成付款凭证。

2. 第 2 笔业务的处理

本笔业务需要录入采购入库单、采购发票、运费发票并进行手工结算。

本笔业务的操作步骤如下：

(1) 在库存管理系统中，根据采购订单生成采购入库单，如图 8-78 所示。

采购入库单

入库单号 * 0000000008　入库日期 * 2022-01-21　仓库 * 拉杆箱仓
订单号 0000000003　到货单号　业务号
供货单位 * D箱包有限公司　部门　业务员
到货日期　业务类型 普通采购　采购类型 厂商采购
入库类别 采购入库　审核日期 2022-01-21　备注

条码 · 存量 · 货位 · 关联单据　排序定位 · 显示格式 ·

	存货编码	存货名称	数量	本币单价	本币金额
1	012	D休闲行李箱	2000.00	121.00	242000.00
2					
3					
4					
5					
6					
7					
8					
9					
10					
11					
12					
13					
14					
15					
16					
17					
18					
19					
合计			2000.00		242000.00

图 8-78　生成采购入库单

(2) 在采购管理系统中，执行“采购发票”|“专用采购发票”命令，根据采购入库单拷贝生成采购专用发票，修改发票号为“ZF0112”。

(3) 在采购管理系统中。执行“采购发票”|“运费发票”命令。

单击“增加”按钮，手工输入一张运费发票，修改发票表头的税率为“0.00”，输入表体内容，存货名称为“运输费”，单击“保存”按钮，如图 8-79 所示。

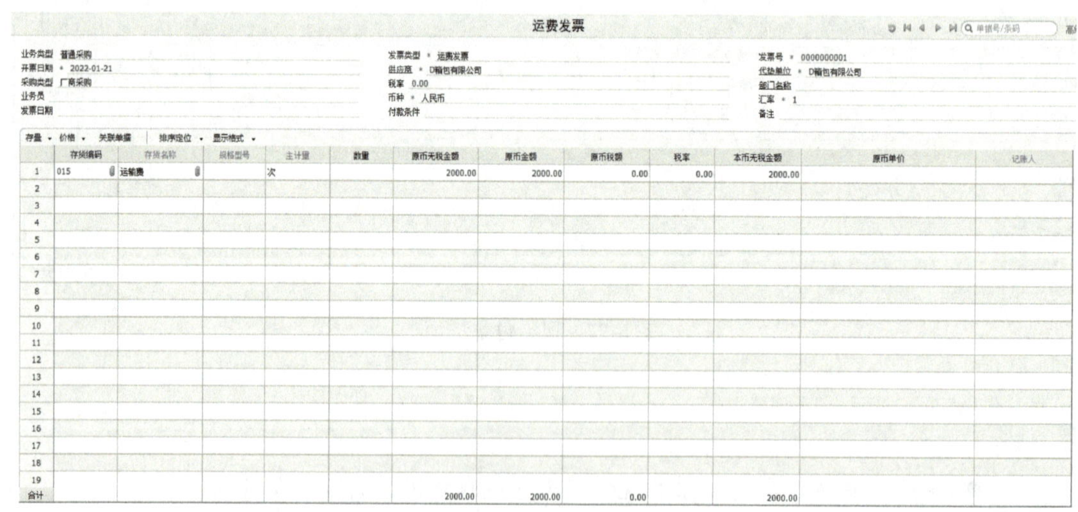

运费发票

业务类型 普通采购　发票类型 * 运费发票　发票号 * 0000000001
开票日期 * 2022-01-21　供应商 * D箱包有限公司　代垫单位 * D箱包有限公司
采购类型 厂商采购　税率 0.00　部门名称
业务员　币种 * 人民币　汇率 * 1
发票日期　付款条件　备注

存量 · 价格 · 关联单据　排序定位 · 显示格式 ·

	存货编码	存货名称	规格型号	主计量	数量	原币无税金额	原币金额	原币税额	税率	本币无税金额	原币单价	记账人
1	015	运输费		次		2000.00	2000.00	0.00	0.00	2000.00		
2												
3												
4												
5												
6												
7												
8												
9												
10												
11												
12												
13												
14												
15												
16												
17												
18												
19												
合计						2000.00	2000.00	0.00		2000.00		

图 8-79　运费发票

(4) 在采购管理系统中，执行“采购结算”|“手工结算”命令，打开“手工结算”窗口。

(5) 单击“选单”按钮，再单击“过滤”按钮，选择采购入库单、采购发票和运费发票，如图 8-80 所示。

结算选发票列表

☐	供应商简称	存货名称	制单人	发票号	供应商编号	供应商名称	开票日期	存货编码
☑			张建国	ZF0112	004	...	2022-01-21	012
☑		运输费	张建国	0000000001	004	..	2022-01-21	015
合计								

共2条记录 已选择行数:2

结算选入库单列表

☐	供应商简称	存货名称	仓库名称	入库单号	供货商编码	供应商名称	入库日期	仓库编码
☐				0000000003	001	...	2021-12-08	01
☑		休闲行李箱	拉杆箱仓	0000000008	004	...	2022-01-21	03
合计								

图 8-80 手工结算选单

(6) 单击“确定”按钮，如图 8-81 所示。

结算选发票列表

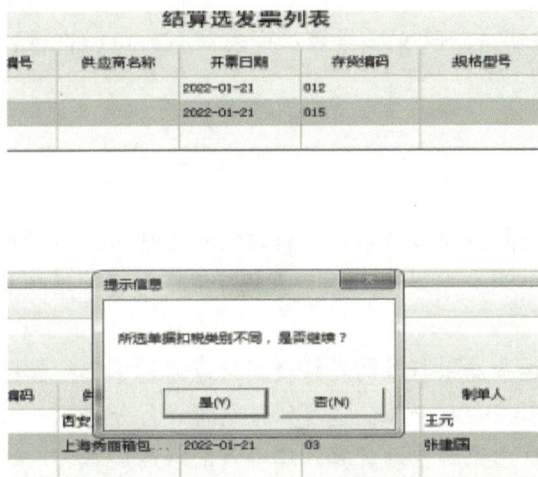

编号	供应商名称	开票日期	存货编码	规格型号
		2022-01-21	012	
		2022-01-21	015	

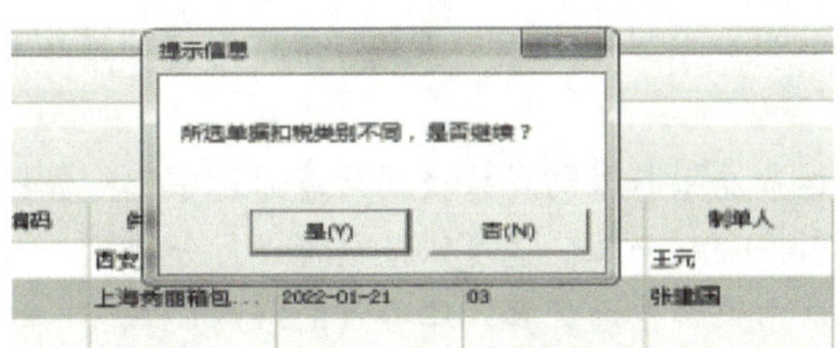

图 8-81 手工结算选票

(7) 选择“按数量”单选按钮，单击“分摊”按钮，再单击“结算”按钮，系统弹出“完成结算”信息提示框，如图 8-82 所示。

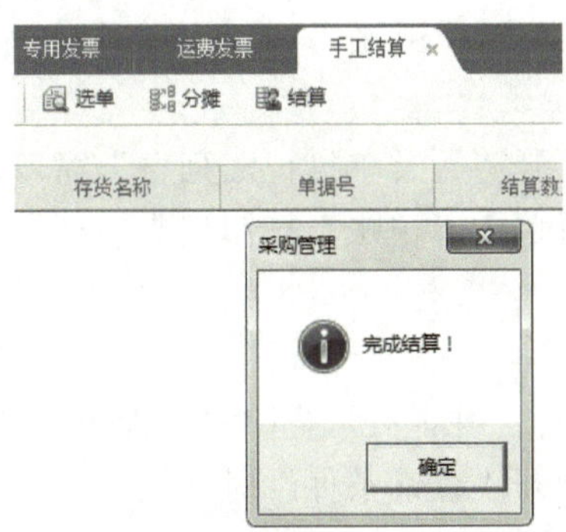

图 8-82 完成手工结算

(8) 单击“确定”按钮。完成采购入库单、采购发票和运费发票之间的结算。

(9) 查询结算列表，可以查询到秀丽休闲行李箱的结算单。执行“采购结算”|“结算单列表”命令，打开“结算单列表”窗口。结算单价为 121 元，暂估单价为 120 元(即分摊运费后的单价)，如图 8-83 所示。

结算单列表

序号	☐	结算单号	结算日期	供应商	入库单号/代管挂账单号	发票号	存货编码	存货名称	规格型号	主计量	结算数量	结算单价	结算金额	暂估单价	暂估金额	制单人
1	☐	00000000000000001	2022-01-10	A箱包有...	0000000006	ZF0098	004	A男士钱包		个	10,000.00	300.00	3,000,0...	300.00	3,000,0...	张建国
2	☐	00000000000000001	2022-01-10	A箱包有...	0000000006	ZF0098	005	A男士手...		个	10,000.00	200.00	2,000,0...	200.00	2,000,0...	张建国
3	☐	00000000000000001	2022-01-10	A箱包有...	0000000006	ZF0098	006	A男士时...		个	200.00	800.00	160,000.00	800.00	160,000.00	张建国
4	☐	00000000000000002	2022-01-10	B箱包有...	0000000007	ZF0168	007	B女背包		个	500.00	120.00	60,000.00	120.00	60,000.00	张建国
5	☐	00000000000000002	2022-01-10	B箱包有...	0000000007	ZF0168	008	B男背包		个	1,000.00	150.00	150,000.00	150.00	150,000.00	张建国
6	☐	00000000000000004	2022-01-20	D箱包有...	0000000008	ZF0112	012	D休闲行...		个	2,000.00	121.00	242,000.00	120.00	240,000.00	张建国
7	☐	00000000000000004	2022-01-20	D箱包有...		0000000001	015	运输费		次	0.00	0.00	0.00	0.00	0.00	张建国
8	小计										23,700.00		5,612,0...		5,610,0...	
9	合计										23,700.00		5,612,0...		5,610,0...	

图 8-83　结算单列表查询

(10) 单价“过滤”按钮，打开“采购结算单列表”窗口，可以查看到第 4 张结算单的内容。

(11) 单击“退出”按钮。

提示：

- 采购运费发票只能手工录入，并将运输费用视为一项“存货”。
- 运费发票上如果载明是市外运输费的 7% 作为进项增值税处理，93% 计入采购材料的成本。
- 采购订单、运费发票与采购发票之间只能通过手工结算完成采购结算。
- 采购运费可以按金额分摊，也可以按数量进行分摊。
- 采购结算后，由系统自动计算入库存货的采购成本。

1) 确定存货成本

确定存货成本的操作步骤如下：

(1) 单据记账。

① 在存货核算系统中，执行“记账”|“正常单据记账”命令，打开“查询条件”对话框。

② 单击“确定”按钮，打开“正常单据记账列表”窗口。

③ 单击“选择”按钮，再单击“记账”按钮记账。

④ 单击“退出”按钮。

(2) 生成凭证。

① 在存货核算系统中，执行“凭证处理”|“生成凭证”命令，打开“生成凭证”窗口。

② 单击“选单”按钮，打开“查询条件”对话框。

③ 单击“确定”按钮。

④ 打开“未生成凭证单据一览表”窗口。

⑤ 单击“全选”按钮，再单击“确定”按钮。

⑥ 修改凭证类别为“转账凭证”，再录入“差价”科目为“1407”，“存货”科目为“1405”，“对方”科目为“1401”，如图 8-84 所示。

我的桌面 生成凭证

打印 输出 选单 删除 制单 合并制单 联查单据

凭证类别 转 转账凭证

选择	单据类型	业务类型	单据号	摘要	科目类型	科目编码	科目名称	借方金额
1	采购入库单	普通采购	0000000008	采购入...	差价	1407	商品进...	
					存货	1405	库存商品	440,00...
					对方	1401	材料采购	
合计								440,00...

图 8-84 生成凭证

⑦ 单击“生成”按钮，生成一张“转账凭证”。

⑧ 单击“保存”按钮保存，结果如图 8-85 所示。

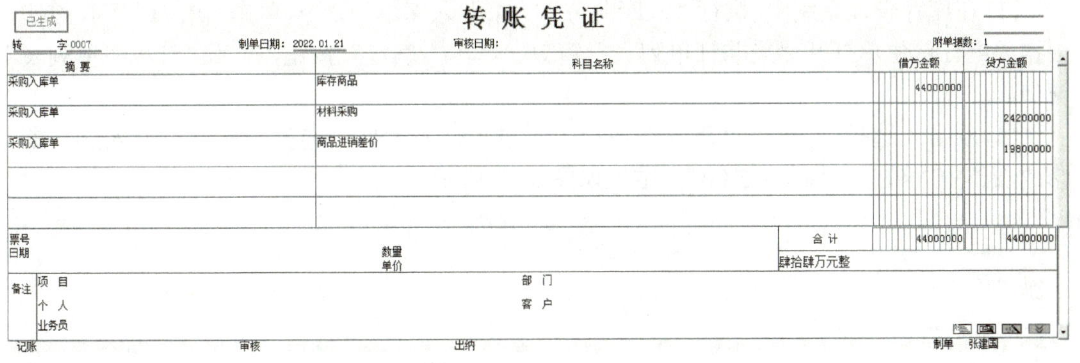
已生成

转账凭证

转 字 0007 制单日期：2022.01.21 审核日期： 附单据数：1

摘要	科目名称	借方金额	贷方金额
采购入库单	库存商品	44000000	
采购入库单	材料采购		24200000
采购入库单	商品进销差价		19800000
票号 日期	数量 单价 合计 肆拾肆万元整	44000000	44000000

备注 项目 部门 个人 客户 业务员

记账 审核 出纳 制单 张建国

图 8-85 存货入库凭证

2) 确定应付账款

确定应付账款的操作步骤如下：

(1) 审核应付单据。

① 在应付款管理系统中，执行“采购发票”|“采购发票审核”命令，打开“应付单过滤条件”对话框。

② 单击“确定”按钮，打开“采购发票列表”窗口，单击“查询”再单击“确定”按钮。

③ 单击第一、第二行选择框，再单击“审核”按钮。

(2) 制单处理。

① 在应付款管理系统中，执行“凭证处理”|“生成凭证”命令，打开”制单查询“对话框。

② 选择“发票制单”，单击“确定”按钮，打开“采购发票制单”窗口。

③ 在采购专用发票和运费发票前的选择框分别单击输入“1”，修改凭证类别为“转

账凭证”。再单击“制单”按钮，根据采购发票和运费发票生成一张转账凭证。

④ 单击“保存”按钮保存，按翻页键保存另一张凭证，结果如图 8-86 所示。

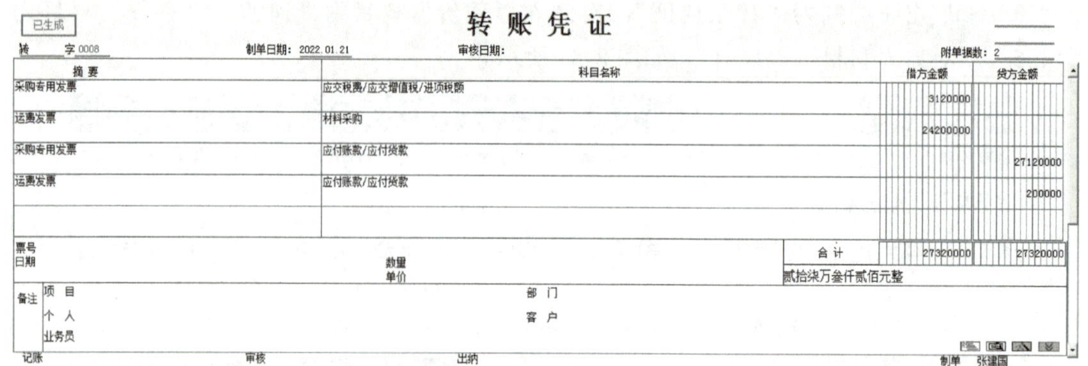

已生成

转账凭证

转 字 0008　　制单日期：2022.01.21　　审核日期：　　附单据数：2

摘要	科目名称	借方金额	贷方金额
采购专用发票	应交税费/应交增值税/进项税额	3120000	
运费发票	材料采购	24200000	
采购专用发票	应付账款/应付货款		27120000
运费发票	应付账款/应付货款		200000
票号 日期	数量 单价	合计 27320000	27320000
		贰拾柒万叁仟贰佰元整	

备注　项目　　部门

个人　　客户

业务员

记账　　审核　　出纳　　制单 张建国

图 8-86　转账凭证

3. 第 3 笔业务的处理

本笔业务需要生成采购入库单，按照采购订单生成采购发票，并执行手工采购结算。

本笔业务的操作步骤如下：

(1) 在库存管理系统中，执行“入库业务”|“采购入库单”命令，单击“增加”下拉按钮，根据采购订单生单打开“采购订单列表”窗口。单击“确定”按钮，打开“订单生单列表”窗口。

(2) 双击“选择”，单击“确定”按钮，生成采购入库单，选择仓库，修改入库日期，修改表体中“数量”为“995.00”，结果如图 8-87 所示。

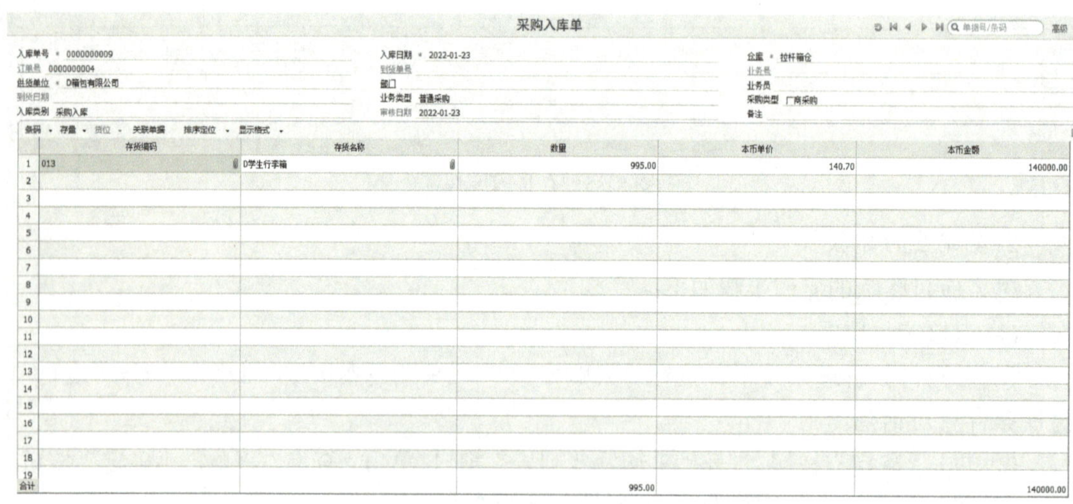

采购入库单

入库单号 0000000009　入库日期 2022-01-23　仓库 拉杆箱仓

订单号 0000000004　到货单号　业务号

供货单位 D箱包有限公司　部门　业务员

到货日期　业务类型 普通采购　采购类型 厂商采购

入库类别 采购入库　审核日期 2022-01-23　备注

	存货编码	存货名称	数量	本币单价	本币金额
1	013	D学生行李箱	995.00	140.70	140000.00
合计			995.00		140000.00

图 8-87　修改入库数量

(3) 单击“保存”按钮，生成采购入库单后单击“审核”按钮。

(4) 在采购管理系统中，执行“采购发票”|“专用采购发票”命令，根据采购订单生成采购发票，本币单价为“140”。单击“保存”按钮，再单击“现付”按钮，支付 50% 的款项 (158 200 × 50% = 79 100)，另外 50% 形成应付款项。

(5) 在采购管理系统中，执行“采购结算”|“手工结算”命令，打开结算窗口。

(6) 单击“选单”，再单击“查询”按钮，选择采购发票和采购入库单，单击“确定”按钮。

(7) 输入合理损耗数量为“5.00”，结果如图 8-88 所示。

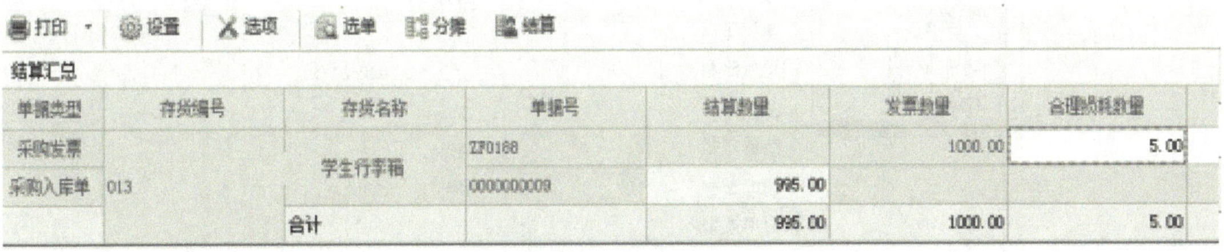

打印 · 设置 选项 选单 分摊 结算

结算汇总

单据类型	存货编号	存货名称	单据号	结算数量	发票数量	合理损耗数量
采购发票	013	学生行李箱	ZP0168		1000.00	5.00
采购入库单			0000000009	995.00		
		合计		995.00	1000.00	5.00

图 8-88 输入合理损耗数量

(8) 单击“结算”按钮，完成结算。

(9) 查询结算单列表，可以查询结算情况。

提示：

● 如果采购入库数量小于发票数量，属于损耗，可以根据损耗原因在采购手工结算时，在相应栏内输入损耗数量，即可进行采购结算。

● 如果采购入库数量大于发票数量，则应该在相应损耗数量栏内输入负数量，系统将入库数量大于发票的数量视为赠品，不计算金额，降低入库存货的采购成本。

● 如果入库数量、合理损耗、非合理损耗等项目数量之和不等于发票数量，则系统提示不能结算。

● 如果针对一张入库单进行分批结算，则需要手工修改结算数量，并按发票数量进行结算，否则系统会提示“入库数量 + 合理损耗 + 非合理损耗等项目不等于发票数量，不能结算”。

● 如果在生成发票时没有立即付款，可以先确认为应付账款，然后在应付款管理系统中手工录入一张付款单，审核确认后制单，或者期末合并制单。

1) 确认采购成本

在存货核算系统中，分别执行“正常单据记账”和“生成凭证”命令。

2) 采购发票审核

采购发票审核的操作步骤如下：

(1) 在应付款系统中，执行“采购发票”|“采购发票审核”命令，单击“查询”|“确定”打开“查询条件”对话框。

(2) 单击“确定”按钮，打开“采购发票列表”窗口。

(3) 单击“选择”按钮，再单击“审核”按钮。

3) 生成现结凭证

生成现结凭证的操作步骤如下：

(1) 在应付款系统中，执行“凭证处理”|“生成凭证”命令，打开“制单查询”对话框。

(2) 选择“现结制单”复选框，取消“发票制单”复选框，如图 8-89 所示。

图 8-89　“制单查询”对话框

(3) 单击“确定”按钮，打开“现结制单”窗口。

(4) 单击“全选”按钮，修改凭证类别为“付款凭证”，再单击“制单”按钮，生成一张付款凭证。

(5) 单击“保存”按钮，结果如图 8-90 所示。

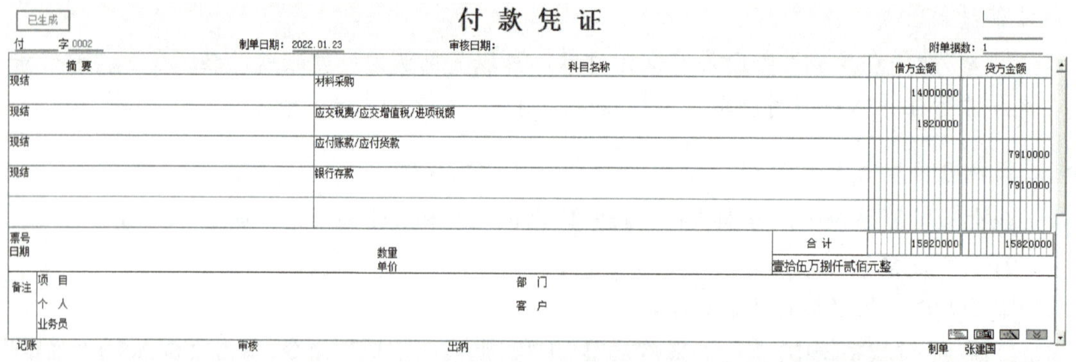

已生成

付款凭证

付　字 0002　　制单日期：2022.01.23　　审核日期：　　附单据数：1

摘要	科目名称	借方金额	贷方金额
现结	材料采购	14000000	
现结	应交税费/应交增值税/进项税额	1820000	
现结	应付账款/应付货款		7910000
现结	银行存款		7910000
票号 日期　数量 单价	合计　壹拾伍万捌仟贰佰元整	15820000	15820000

备注　项目　　部门

个人　　客户

业务员

记账　审核　出纳　制单 张建国

图 8-90　付款凭证

4. 账套备份

在 D 盘建立文件夹，将项目八中任务三的账套输出，并保存到 U盘。

【任务训练】

在业财一体信息化平台进行付款核销制单，如图 8-91 所示。

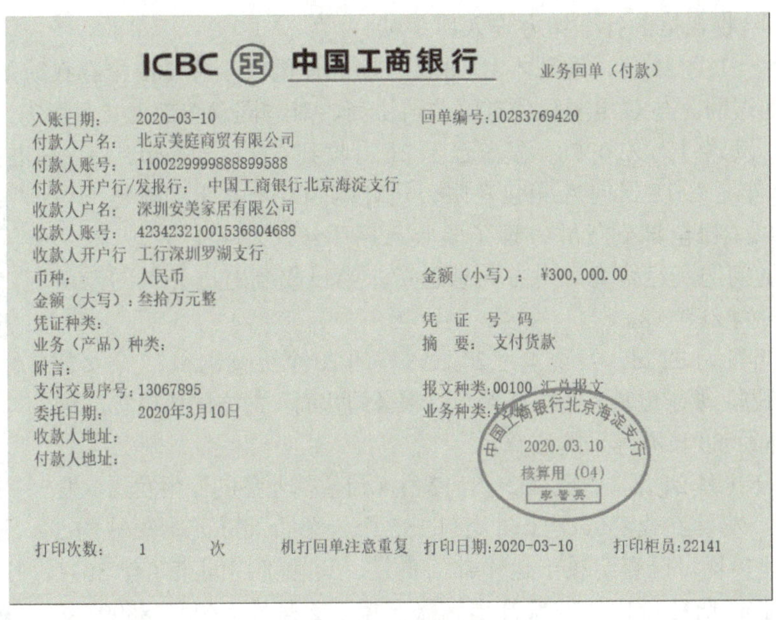

ICBC 中国工商银行　业务回单（付款）

入账日期:　2020-03-10　回单编号:10283769420
付款人户名:　北京美庭商贸有限公司
付款人账号:　1100229999888899588
付款人开户行/发报行:　中国工商银行北京海淀支行
收款人户名:　深圳安美家居有限公司
收款人账号:　42342321001536804688
收款人开户行　工行深圳罗湖支行
币种:　人民币　金额（小写）:　¥300,000.00
金额（大写）:叁拾万元整
凭证种类:　凭证号码
业务（产品）种类:　摘要:　支付货款
附言:
支付交易序号:13067895　报文种类:00100 汇兑报文
委托日期:　2020年3月10日　业务种类:转账
收款人地址:
付款人地址:
中国工商银行北京海淀支行 2020.03.10 核算用（04）
打印次数:　1　次　机打回单注意重复　打印日期:2020-03-10　打印柜员:22141

图 8-91　业务回单

任务四　采购特殊业务处理

【任务目的】

- 熟悉“非合理损耗类型”——运输部门责任的概念。
- 掌握暂估业务成本的确认方法。
- 掌握采购退货业务的处理流程和业务处理。

【任务准备】

● 引入项目八中任务三的账套数据。将系统日期修改为“2022 年 01 月 18 日”，以操作员“张建国”的身份登录“企业应用平台”。

【任务要求】

- 增加“非合理损耗类型”——运输部门责任
- 对于上月暂估业务，本月发票已到，执行采购结算并确认采购成本。
- 对于本月末采购商品已到但发票未到的业务进行暂估处理。
- 尚未结算的采购退货业务的处理。
- 已经执行采购结算的采购退货业务处理。

特殊采购业务一

【任务资料】

(1) 2022 年 1 月 18 日，向 C 箱包有限公司订购休闲行李箱 200 个，单价为 115 元。当日全部到货，办理入库手续。

特殊采购业务二

(2) 2022 年 1 月 18 日订购学生行李箱 300 个，单价为 140 元。20 日到货，21 日验收入库时发现 20 个行李箱存在质量问题，与对方协商，退货 20 个，验收合格的行李箱办理入库手续。

(3) 2022 年 1 月 21 日，发现本月 18 日入库的休闲行李箱 100 个存在质量问题，要求该批商品全部退回。与 C 电子科技有限公司协商，对方同意全部退货。对方已按 200 个开具专用发票，发票号为 ZF0258。发票已于 21 日收到 (发票号 ZF0258)，并进行采购结算。

(4) 2022 年 1 月 18 日向 A 箱包有限公司订购 800 个女士潮流包，单价为 340 元，21 日全部到货并办理了验收入库手续。22 日，发现 10 个潮流包有质量问题，经协商，对方同意退货。当日收到对方开具的专用发票，发票号为 ZF0518。

特殊采购业务三

(5) 2022 年 1 月 22 日，发现本月 20 日入库的 20 个男背包和 15 个女背包存在质量问题，要求退货。经与 B 箱包有限公司协商，对方同意退货。该批箱包已于本月 20 日办理采购结算。

特殊采购业务四

(6) 2022 年 1 月 24 日，收到 2021 年 12 月 8 日暂估业务的专用发票，发票号 ZF0021。发票上载明 A 男士时尚包 155 个，单价 860 元，短缺的 5 个包为非合理损耗，已查明属于运输部门责任，运输部门同意赔偿 5031 元 (尚未收到)。财务部门按发票开出转账支票 (支票号 ZZ00558899) 支付全部款项。

特殊采购业务五

【任务指导】

1. 第 1 笔业务的处理

本笔业务需要录入采购订单、采购到货单和采购入库单。

特殊采购业务六

本笔业务的操作步骤如下：

(1) 在采购管理系统中，执行“采购订货”|“采购订单”命令，增加一张采购订单。输入采购秀丽休闲行李箱 200 个，原币单价为 115 元等内容，单击“保存”按钮，再单击“审核”按钮。

(2) 在采购管理系统中，执行“采购到货”|“到货单”命令，参照采购订单生成采购到货单，如图 8-92 所示，然后保存并审核。

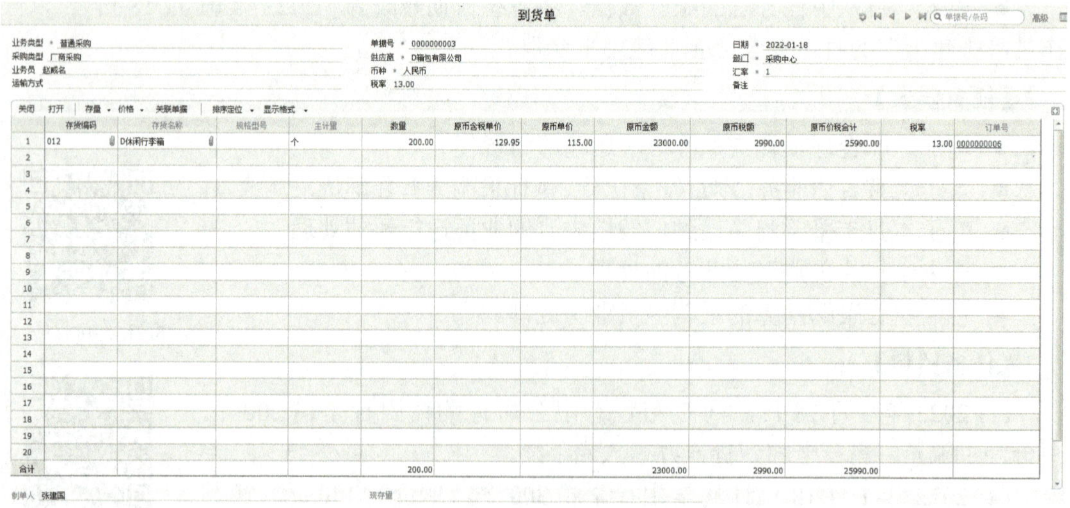

到货单

业务类型 普通采购　单据号 0000000003　日期 2022-01-18
采购类型 厂商采购　供应商 D箱包有限公司　部门 采购中心
业务员 赵威名　币种 人民币　汇率 1
运输方式　税率 13.00　备注

	存货编码	存货名称	规格型号	主计量	数量	原币含税单价	原币单价	原币金额	原币税额	原币价税合计	税率	订单号
1	012	D休闲行李箱		个	200.00	129.95	115.00	23000.00	2990.00	25990.00	13.00	0000000006
2												
3												
4												
5												
6												
7												
8												
9												
10												
11												
12												
13												
14												
15												
16												
17												
18												
19												
20												
合计					200.00			23000.00	2990.00	25990.00		

制单人 张建国　现存量

图 8-92　采购到货单

(3) 在库存管理系统中，执行“入库业务”|“采购入库单”命令。在采购入库单窗口中，直接单击“增加”下拉按钮，选择“采购”|“到货单”生成采购入库单，单击“保存”按钮，再单击“审核”按钮。

2. 第 2 笔业务的处理

本笔业务属于入库前部分退货业务，需要录入采购订单、采购到货单和退货单，并根据实际入库数量输入采购入库单。

本笔业务的操作步骤如下：

1) 填制采购订单和采购到货单

(1) 2022 年 1 月 18 日，在采购管理系统中，执行“采购订货”|“采购订单”命令，增加采购订单，输入明细学生行李箱 300 个，原币单价为 140 元，单击“保存”按钮，再单击“审核”按钮。

(2) 2022 年 1 月 20 日，执行“采购到货”|“到货单”命令，根据采购订单生成采购到货单。

(3) 2022 年 1 月 21 日，入库时发现 20 个学生行李箱不合格，需要开具 20 个行李箱的退货单。执行“采购到货”|“采购退货单”命令，输入并保存一张红字采购到货单，采购类型为“采购退回”，退货数量 20 为负数，如图 8-93 所示，保存审核。

采购退货单

业务类型 * 普通采购　单据号 * 0000000006　日期 * 2022-01-21
采购类型 厂商采购　供应商 * D箱包有限公司　部门 * 采购中心
业务员 赵威名　币种 * 人民币　汇率 * 1
运输方式　税率 13.00　备注

关闭 打开 存量 · 价格 · 关联单据 排序定位 · 显示格式 ·

	存货编码	存货名称	规格型号	主计量	数量	原币含税单价	原币单价	原币金额	原币税额	原币价税合计	税率	订单号
1	012	D休闲行李箱		个	-200.00	129.95	115.00	-23000.00	-2990.00	-25990.00	13.00	0000000006
2												
3												
4												
5												
6												
7												
8												
9												
10												
11												
12												
13												
14												
15												
16												
17												
18												
19												
20												
合计					-200.00			-23000.00	-2990.00	-25990.00		

图 8-93　部分退货单

2) 填制采购入库单

(1) 2022 年 1 月 21 日，输入一张采购入库单。在库存管理系统中，执行“入库业务”|“采购入库单”命令。

(2) 单击“增加”选择“采购到货单”，单击“确定”，打开“选择采购订单或采购到货单”对话框，选择“采购到货”选项卡。选中单据，单击“确定”，修改入库日期为“2022-01-21”，“入库仓库”选择“拉杆箱仓”，拖动表下方的滚动条到最后，修改“本次入库数量”

为“280”，如图 8-94 所示。

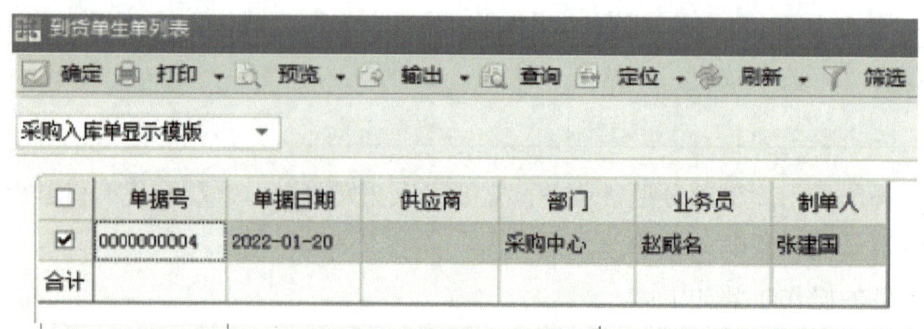

图 8-94　选择单据并修改数据

(3) 单据“OK 确定”按钮，生成一张采购入库单。单击“审核”按钮，审核采购入库单，结果如图 8-95 所示。

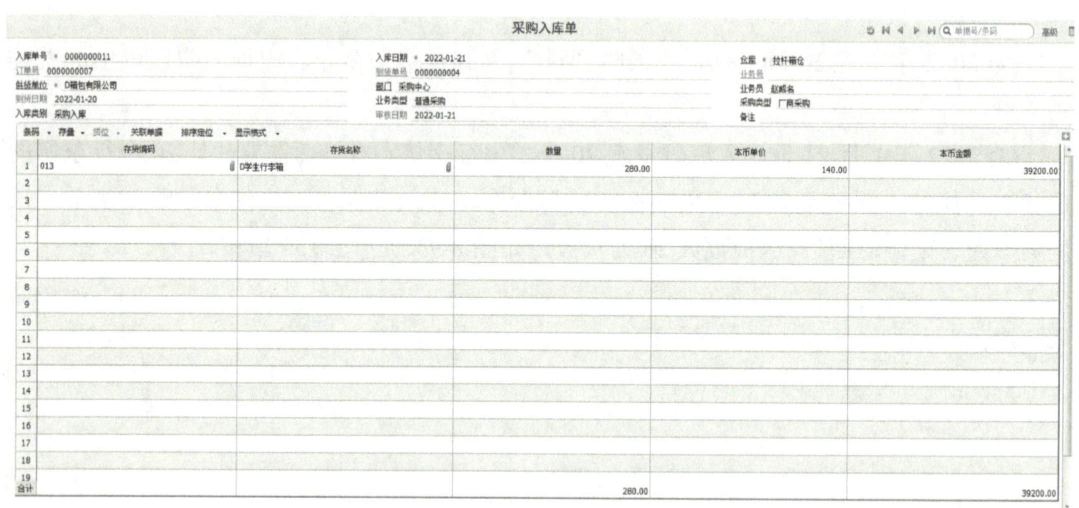

图 8-95　已审核的采购入库单

提示：

- 尚未办理入库手续的退货业务，只需要开具退货单，即可完成退货业务的处理。
- 收到对方按实际验收数量开具的发票后，按正常业务办理采购结算。

3. 第 3 笔业务的处理

本笔业务属于结算前全部退回业务，需要编制退货单、红字采购入库单，进行红蓝入库单和采购发票的手工结算。

本笔业务的操作步骤如下：

(1) 2022 年 1 月 21 日，根据采购入库单生成采购发票。在采购管理系统中，执行“采购发票”|“专用采购发票”命令，打开专用发票输入窗口，并根据 20 日填制的采购入库单生成采购专用发票，修改发票号为“ZF0258”，如图 8-96 所示。

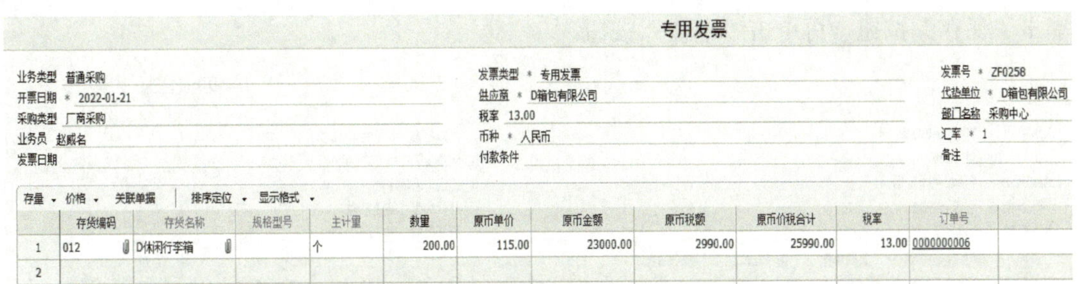

专用发票

业务类型 普通采购 发票类型 * 专用发票 发票号 * ZF0258
开票日期 * 2022-01-21 供应商 * D箱包有限公司 代垫单位 * D箱包有限公司
采购类型 厂商采购 税率 13.00 部门名称 采购中心
业务员 赵威名 币种 * 人民币 汇率 * 1
发票日期 付款条件 备注

	存货编码	存货名称	规格型号	主计量	数量	原币单价	原币金额	原币税额	原币价税合计	税率	订单号
1	012	D休闲行李箱		个	200.00	115.00	23000.00	2990.00	25990.00	13.00	0000000006
2											

图 8-96 采购专用发票

(2) 2022 年 1 月 21 日，在采购管理系统中，执行“采购到货”|“采购退货单”命令。单击“增加”按钮，参照 20 日填制的采购到货单生成红字退货单，单据上列明退货商品明细：休闲行李箱，退货数量为 200 个，原币单价为 115 元等信息。单击“保存”按钮，结果如图 8-97 所示。

图 8-97 全额退货单

(3) 在库存管理系统中，执行“入库业务”|“采购入库单”命令，打开“采购入库单”窗口。单击“增加”下拉按钮，选择“采购到货单 (红字)”，单击“确定”按钮，如图 8-98 所示。

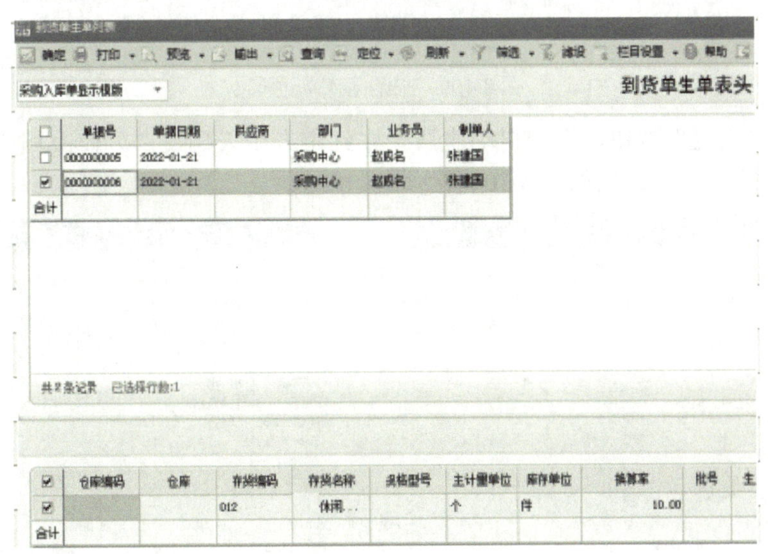

到货单生单列表

到货单生单表头

	单据号	单据日期	供应商	部门	业务员	制单人
☐	0000000005	2022-01-21		采购中心	赵威名	张建国
☑	0000000006	2022-01-21		采购中心	赵威名	张建国
合计						

共2条记录 已选择行数:1

☑	仓库编码	仓库	存货编码	存货名称	规格型号	主计量单位	库存单位	换算率	批号
☑			012	休闲...		个	件	10.00	
合计									

图 8-98 拷贝到货退回单

(4) 单击“确定”按钮，系统自动生成一张红字入库单，如图 8-99 所示。录入仓库信息，单击“保存”按钮，再单击“审核”按钮。

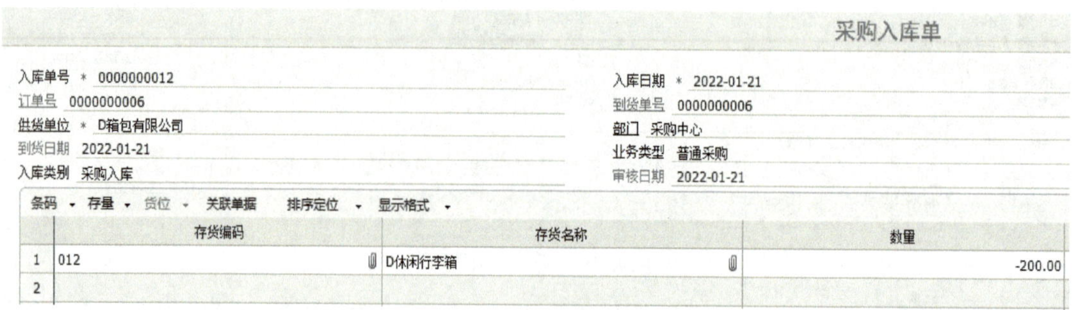

图 8-99 红字入库单

(5) 在采购管理系统中，执行“采购发票”|“红字专用采购发票”命令，打开“专用发票”窗口，单击“增加”按钮，选择“增加 | 入库单”，结果如图 8-100 所示。

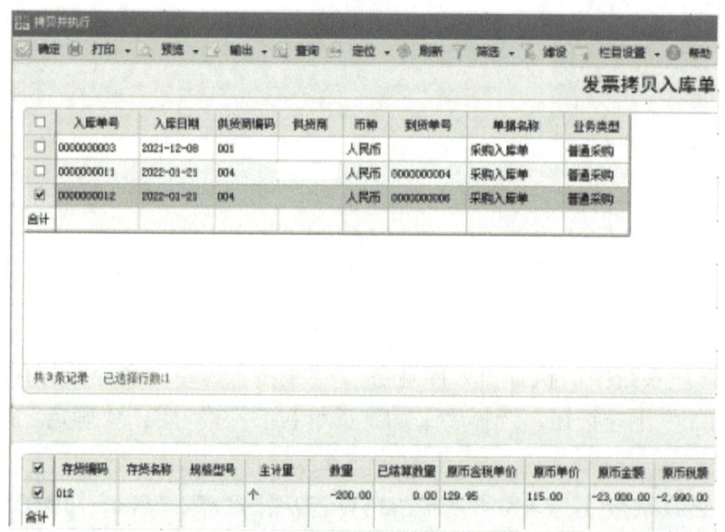

拷贝并执行
确定 打印 预览 输出 查询 定位 刷新 筛选 过滤 栏目设置 帮助
发票拷贝入库单
入库单号 入库日期 供货商编码 供货商 币种 到货单号 单据名称 业务类型
0000000003 2021-12-08 001 人民币 采购入库单 普通采购
0000000011 2022-01-21 004 人民币 0000000004 采购入库单 普通采购
0000000012 2022-01-21 004 人民币 0000000006 采购入库单 普通采购
合计
共3条记录 已选择行数:1
存货编码 存货名称 规格型号 主计量 数量 已结算数量 原币含税单价 原币单价 原币金额 原币税额
012 个 -200.00 0.00 129.95 115.00 -23,000.00 -2,990.00
合计

图 8-100 采购入库单过滤

(6) 单击“确定”按钮，系统自动生成一张红字专用采购发票。修改相关信息，单击“保存”“复核”按钮，结果如图 8-101 所示。

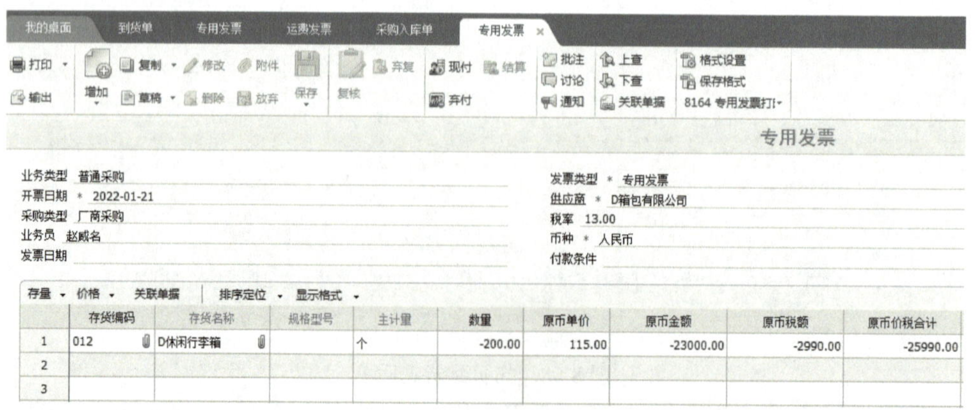

图 8-101 红字专用采购发票

(7) 在采购管理系统中，执行“采购结算”|“自动结算”命令，打开“采购自动结算”对话框，选择“红蓝入库单”和“红蓝发票”复选框，结果如图 8-102 所示。

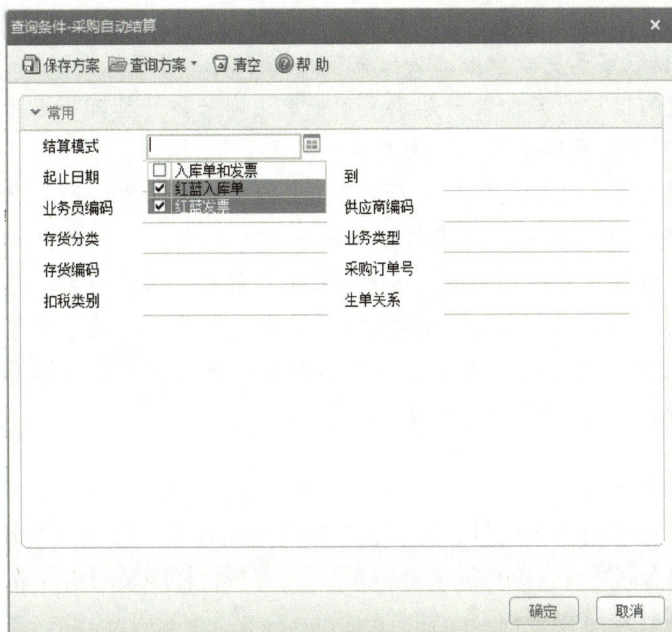

查询条件-采购自动结算
保存方案 查询方案 清空 帮助
常用
结算模式
入库单和发票
红蓝入库单
红蓝发票
起止日期 到
业务员编码 供应商编码
存货分类 业务类型
存货编码 采购订单号
扣税类别 生单关系
确定 取消

图 8-102 “采购自动结算”对话框

(8) 单击“过滤”按钮，完成红蓝入库单和红蓝发票的自动结算，结果如图 8-103 所示。

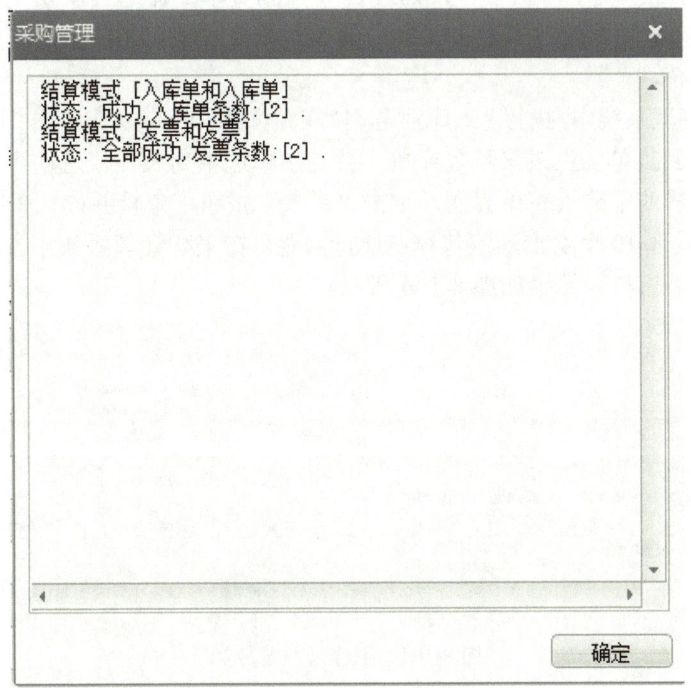

图 8-103 红蓝单据结算成功

(9) 单击“确定”按钮。

提示:

- 如果在采购管理系统中的采购选项设置为“普通业务必有订单”，则红字采购入库单必须根据红字到货单生成。如果需要手工录入，则需要先取消采购选项的设置。
- 结算前的退货业务如果只是录入到货单，则只需开具到货退回单，不用进行采购结算，按照实际入库数量录入采购入库单。
- 如果退货时已经录入采购入库单，但还没有收到发票，则只需要根据退货数量录入红字入库单，对红蓝入库单进行自动结算。
- 如果已经录入采购入库单，同时退货时已经收到采购发票，则需要根据退货数量录入红字采购入库单，并录入采购发票。其中，发票上的数量 = 原入库单数量 - 红字入库单数量。这时需要用手工结算的方式将红字采购入库单与原采购入库单、采购发票进行采购结算，以冲抵原入库数量。

4. 第 4 笔业务的处理

本笔业务属于结算前部分退货。20 日已经输入采购订单，30 日开具到货单和采购入库单，31 日退货时输入红字到货单和红字采购入库单，并按合格服装的实际数量输入采购发票。

本笔业务的操作步骤如下：

(1) 在采购管理系统中，执行“采购订货”|“采购订单”命令。单击“增加”按钮。修改采购日期为 18 日，订购女士潮流包 800 个，单价为 340 元，保存并审核。

(2) 在采购管理系统中，执行“采购到货”|“到货单”命令。单击“增加”按钮。修改日期为 21 日，收到 A 箱包有限公司发来的 800 个女士潮流包，参照采购订单生成采购到货单保存、审核。

(3) 在库存管理系统中，执行“入库业务”|“采购入库单”命令。单击“增加”下拉按钮，选择参照“采购到货单”生成采购入库单，并在生单选单列表中，选中到货单，单击“确定”按钮。在生成的采购入库单界面，单击“审核”按钮，审核并确认采购入库单。

(4) 22 日，发现 10 个女士潮流包存在质量问题，在采购管理系统中参照到货单生成采购退货单并保存、审核，结果如图 8-104 所示。

已审核　　采购退货单

业务类型 * 普通采购　　单据号 * 0000000008
采购类型 厂商采购　　供应商 * A箱包有限公司
业务员 赵威名　　币种 * 人民币
运输方式　　税率 13.00

关闭 打开 | 存量 ▾ 价格 ▾ 关联单据 | 排序定位 ▾ 显示格式 ▾

	存货编码	存货名称	规格型号	主计量	数量	原币含税单价	原币单价
1	003	A女士潮流包		个	-10.00	384.20	340.00
2							
3							

图 8-104　部分采购退货单

(5) 在库存管理系统中参照采购到货单(红字)生成红字入库单，保存、审核，如图 8-105 所示。

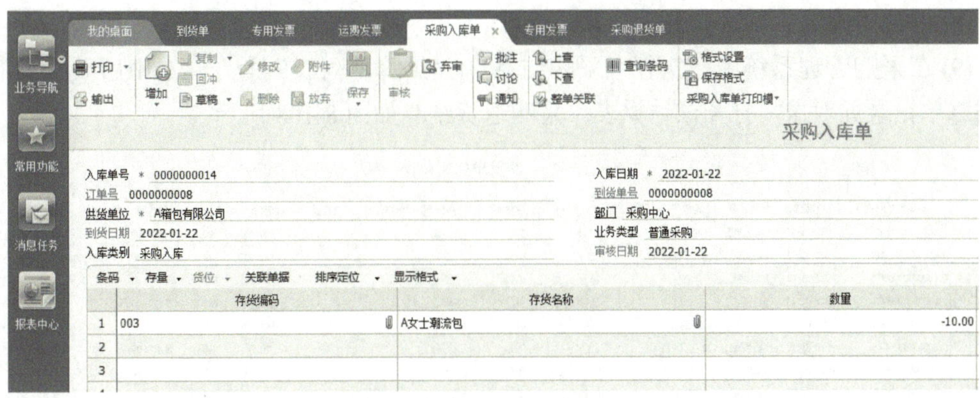

采购入库单

入库单号 * 0000000014　　入库日期 * 2022-01-22
订单号 0000000008　　到货单号 0000000008
供货单位 * A箱包有限公司　　部门 采购中心
到货日期 2022-01-22　　业务类型 普通采购
入库类别 采购入库　　审核日期 2022-01-22

	存货编码	存货名称	数量
1	003	A女士潮流包	-10.00
2			
3			

图 8-105　部分退货红字入库单

(6) 22 日，在采购管理系统中，执行“采购发票”|“专用采购发票”命令。单击“增加”按钮，修改专用发票号为“ZF0518”，根据原入库数量扣除退货数量后的实际数量 (790) 和发票单价 340 元，参照生成采购专用发票，如图 8-106 所示。

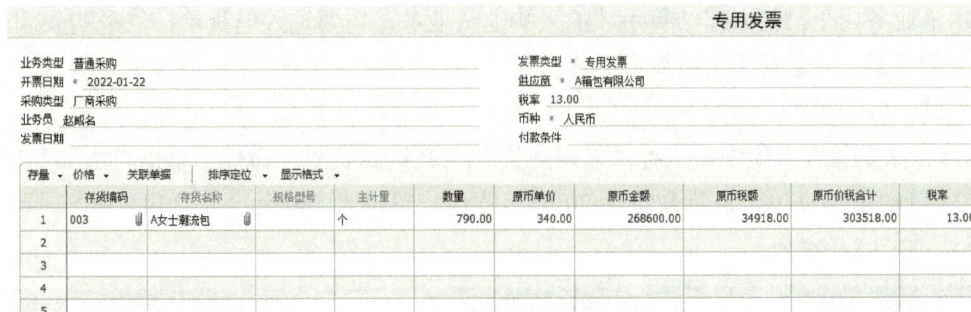

专用发票

业务类型 普通采购　　发票类型 * 专用发票
开票日期 * 2022-01-22　　供应商 * A箱包有限公司
采购类型 厂商采购　　税率 13.00
业务员 赵臧名　　币种 * 人民币
发票日期　　付款条件

	存货编码	存货名称	规格型号	主计量	数量	原币单价	原币金额	原币税额	原币价税合计	税率
1	003	A女士潮流包		个	790.00	340.00	268600.00	34918.00	303518.00	13.00
2										
3										
4										
5										

图 8-106　采购专用发票

(7) 执行“采购结算”|“手工结算”命令，选择“选单”，单击“过滤”按钮，打开结算单列表，采用手工结算方式将红字采购入库单与原采购入库单和采购发票进行结算，冲抵原入库数量，如图 8-107 所示。

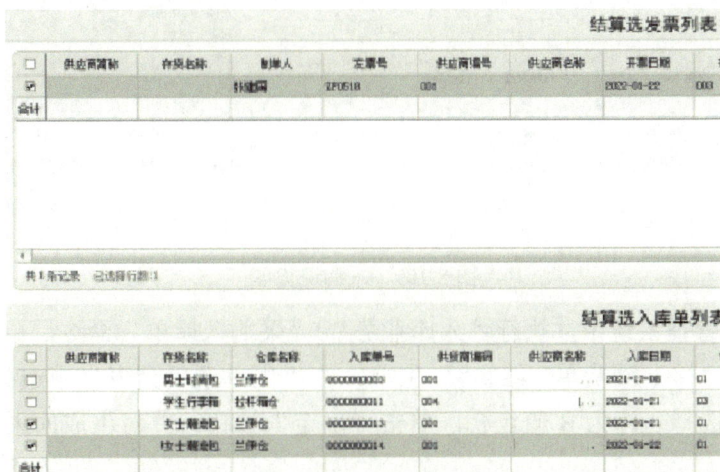

结算选发票列表

	供应商简称	存货名称	制单人	发票号	供应商编号	供应商名称	开票日期
☑			[illegible]	ZF0518	[illegible]		2022-01-22
合计							

共1条记录　已选择行数:1

结算选入库单列表

	供应商简称	存货名称	仓库名称	入库单号	供货商编码	供应商名称	入库日期
☐		[illegible]	兰伊仓	[illegible]	[illegible]		2021-12-08
☐		学生行李箱	拉杆箱仓	0000000011	004		2022-01-21
☑		女士潮流包	兰伊仓	0000000013	[illegible]		2022-01-21
☑		女士潮流包	兰伊仓	0000000014	[illegible]		2022-01-22
合计							

图 8-107　部分退货手工结算

(8) 单击“确定”按钮，进行结算。

(9) 在采购管理系统中，执行“采购结算”|“结算单列表”命令，选中所要查询的采购结算单记录并双击，打开该结算表。采购退货结算如图 8-108 所示。

结算单列表

序号	☐	结算单号	结算日期	供应商	入库单号/代管挂账单号	发票号	存货编码	存货名称	规格型号	主计量	结算数量	结算单价	结算金额	暂估单价	暂估金额	制单人
1	☐	000000000000003	2022-01-21	A箱包有...	0000000001	ZF0088	003	A女士潮...		个	100.00	380.00	38,000.00	350.00	35,000.00	张建国
2	☐	000000000000005	2022-01-21	D箱包有...	0000000009	ZF0188	013	D学生行...		个	995.00	140.70	140,000.00	140.00	139,300.00	张建国
3	☐	000000000000007	2022-01-21	D箱包有...		ZF0258	012	D休闲行...		个	200.00	129.95	25,990.00			张建国
4	☐	000000000000007	2022-01-21	D箱包有...		0000000001	012	D休闲行...		个	-200.00	129.95	-25,990.00			张建国
5	☐	000000000000008	2022-01-21	A箱包有...	0000000013	ZF0518	003	A女士潮...		个	800.00	340.00	272,000.00	340.00	272,000.00	张建国
6	☐	000000000000008	2022-01-21	A箱包有...	0000000014	ZF0518	003	A女士潮...		个	-10.00	340.00	-3,400.00	340.00	-3,400.00	张建国
7	☐	000000000000009	2022-01-21	B箱包有...	0000000015	0000000002	007	B女背包		个	-15.00	120.00	-1,800.00	120.00	-1,800.00	张建国
8	☐	000000000000009	2022-01-21	B箱包有...	0000000015	0000000002	008	B男背包		个	-20.00	150.00	-3,000.00	150.00	-3,000.00	张建国
9	小计										1,850.00		441,800.00		438,100.00	
10	合计										1,850.00		441,800.00		438,100.00	

图 8-108 采购退货结算单

5. 第 5 笔业务的处理

本笔业务属于已经办理结算手续的采购退货业务，需要输入退货单、红采购入库单和红字采购发票，并进行手工结算。

本笔业务的操作步骤如下：

(1) 在采购管理系统中，执行“采购到货”|“采购退货单”命令。单击“增加”按钮，拷贝 18 日的采购订单，退货数量为 20 个男背包，单价为 150 元；女背包 15 个，单价为 120 元，如图 8-109 所示。

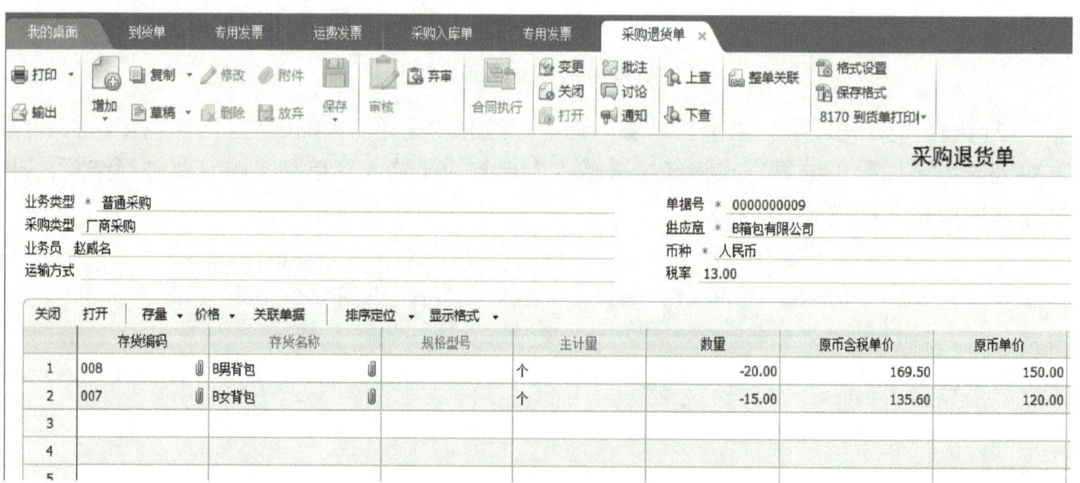
采购退货单

业务类型 * 普通采购　　单据号 * 0000000009
采购类型 厂商采购　　供应商 * B箱包有限公司
业务员 赵威名　　币种 * 人民币
运输方式　　税率 13.00

	存货编码	存货名称	规格型号	主计量	数量	原币含税单价	原币单价
1	008	B男背包		个	-20.00	169.50	150.00
2	007	B女背包		个	-15.00	135.60	120.00
3							
4							

图 8-109 采购退货单

(2) 在库存管理系统中，执行“入库业务”|“采购入库单”命令，单击“生单”下拉按钮，选择“采购到货单(红字)”生单；在“生单选单列表”中选择第 22 日明宏采购到货单，选择仓库为 B 箱包仓，单击“确定”按钮，并对生成的采购入库单进行审核。

(3) 在采购管理系统中，执行“采购发票”|“红字专用采购发票”命令，单击“增加”按钮，参照采购入库单生成红字专用采购发票，单击“保存”按钮。

(4) 在采购管理系统中，执行“采购结算”|“自动结算”命令。选择“入库单与发票”复选框，单击“确定”按钮，执行自动结算(如果不能自动结算，可选择手工结算)。

(5) 在采购管理系统中，执行“采购结算”|“结算单列表”命令，选中所要查询的采购结算单记录双击，打开该结算表，可以查询、打印该结算单，如图 8-110 所示。

结算单

结算号 * 000000000000009　　结算日期 * 2022-01-21
供应商 * B箱包有限公司　　部门名称 采购中心
采购类型 厂商采购

存量 ▾ 关联单据 排序定位 ▾ 显示格式 ▾

	入库单号/代管挂账单号	发票号	存货编码	规格型号	主计量	存货名称	结算数量	结算单价
1	0000000015	0000000002	007		个	B女背包	-15.00	[illegible]
2	0000000015	0000000002	008		个	B男背包	-20.00	[illegible]
3								
4								
5								

图 8-110　男女背包退货结算单

6. 第 6 笔业务的处理

本笔业务属于上年 12 月末的暂估业务，本月需要输入(拷贝生成)采购发票，执行采购结算，进行暂估处理，确认采购成本。

1) 操作步骤

(1) 在采购管理系统中，执行“采购发票”|“专用采购发票”命令，打开“采购专用发票”窗口。

(2) 单击“增加”按钮，修改发票号为“ZF0021”。

(3) 原采购入库单上的采购单价为 800 元，入库数量为 150 个，而发票载明单价为 860 元，数量为 155 个。此处直接按发票信息输入明细，采购单价为 860 元，数量为 155 个。全部信息确认无误后单击“保存”按钮，如图 8-111 所示。

专用发票

业务类型 普通采购　　发票类型 * 专用发票　　发票号 * ZF0021
开票日期 * 2022-01-24　　供应商 * A箱包有限公司　　代垫单位 * A箱包
采购类型 厂商采购　　税率 13.00　　部门名称
业务员　　币种 * 人民币　　汇率 * 1
发票日期　　付款条件　　备注

存量 ▾ 价格 ▾ 关联单据 排序定位 ▾ 显示格式 ▾

	存货编码	存货名称	规格型号	主计量	数量	原币单价	原币金额	原币税额	原币价税合计	税率	订单号
1	006	A男士时尚包		个	155.00	860.00	133300.00	17329.00	150629.00	13.00	
2											
3											

图 8-111　修改采购专用发票价格

(4) 单击“现付”按钮，打开“采购现付”对话框，输入结算方式为“转账支票”，结算金额为“150 629”，票据号为“ZZ00558899”，如图 8-112 所示。

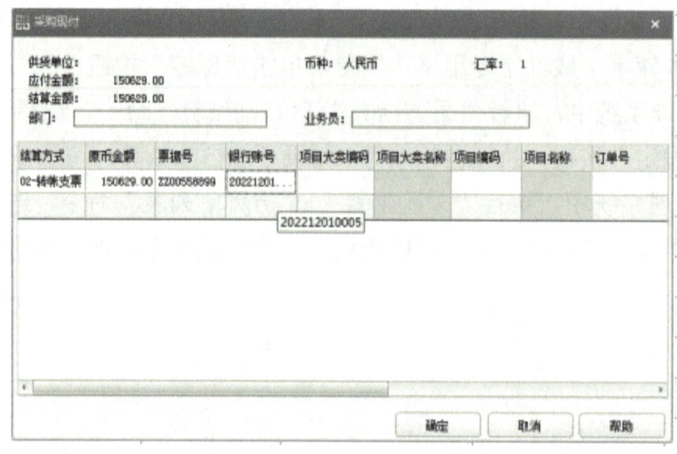

图 8-112 “采购现付“对话框

(5) 确认所有付款信息后，单击“确定”按钮，在“采购专用发票”上打上“已现付”标记。

(6) 选择“基础设置”选项，执行“基础档案”|“业务”|“非合理损耗类型”命令，增加非合理损耗类型编码为“01”，类型名称为“运输部门责任”，单击“保存”按钮，如图 8-113 所示。

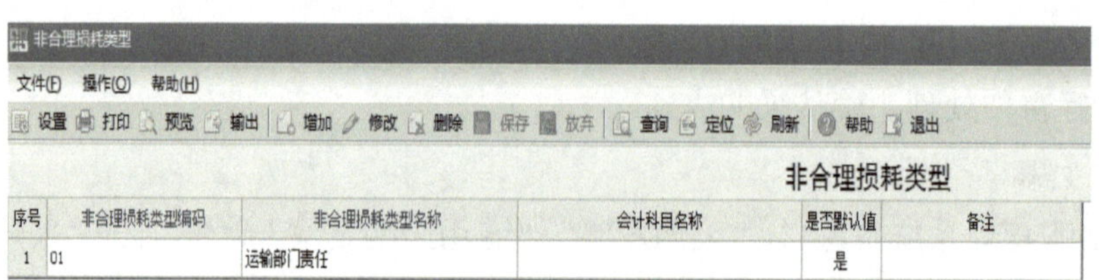

图 8-113 非合理损耗类型设置

(7) 在采购管理系统中，执行“采购结算”|“手工结算”命令，打开“手工结算”窗口。

(8) 单击“选单”按钮，再单击“过滤”按钮，设置过滤条件为“日期为 2021 年 12 月 1 日—2022 年 1 月 31 日”。单击“过滤”按钮。

(9) 选择相应的采购入库单和采购发票，如图 8-114 所示。

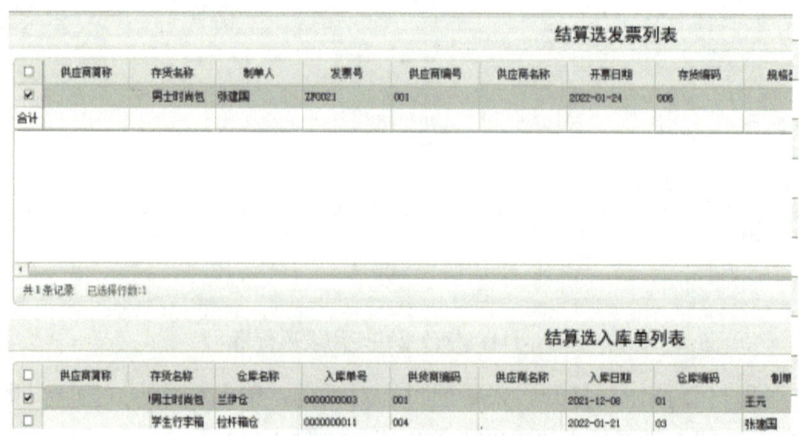

图 8-114 选择采购入库单和采购发票

(10) 单击“确定”按钮。

(11) 在发票的“非合理损耗数量”栏中输入“5.00”，金额输入“4 300”，“非合理损耗类型”选择“01 运输部门责任”，在“进项税转出金额”栏自动生成 559 元 (5 × 860 × 0.13)，如图 8-115 所示。

我的桌面　专用发票　手工结算

打印　设置　选项　选单　分摊　结算

结算汇总

暂估单价	暂估金额	发票单价	发票金额	非合理损耗类型	进项税转出金额
	0.00	860.00	133300.00	01	559
800.00	120000.00				
	120000.00		133300.00		

图 8-115　非合理损耗结算

(12) 单击“结算”按钮，系统弹出“结算完成”信息提示框。

提示：

- 采购溢缺处理需要分清溢缺原因和类型，并分别进行处理。
- 如果为非合理损耗，需要在采购管理系统中设置非合理损耗的类型，否则，不能结算。
- 采购溢缺的结算只能采用手工结算。
- 只有“发票数量 = 结算数量 + 合理损耗数量 + 非合理损耗数量”，该条入库单记录与发票记录才能进行采购结算。
- 如果入库数量大于发票数量，则在选择发票时，在发票的附加栏“合理损耗数量”“非合理损耗数量”“非合理损耗金额”中输入溢余数量和溢余金额，数量和金额为负数。系统将多余数量按赠品处理，只是降低了入库货物的单价，与企业的分批结算概念不同。
- 如果入库数量小于发票数量，则在选择发票时，在发票的附加栏“合理损耗数量”“非合理损耗数量”“非合理损耗金额”中输入短缺数量、短缺金额，数量和金额为正数。
- 如果是非合理损耗，应该转出进项税额。
- 本月对上月暂估业务执行采购结算后，还需要在存货核算系统中记账后，执行结算成本处理 (具体处理方法见存货核算相关业务处理)。

2) 应付款系统

在应付款管理系统中，对“包含已现结发票”的应付单据进行审核但不制单，如图 8-116 所示。

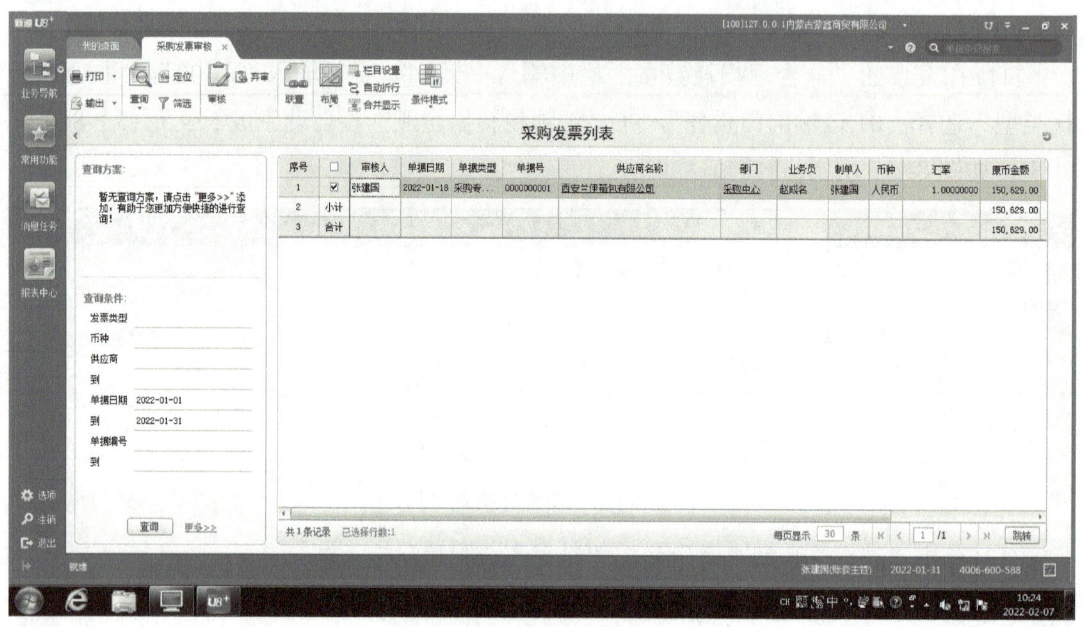

图 8-116　现结发票审核

3) 存货核算系统

存货核算系统的操作步骤如下：

(1) 结算成本处理。

① 在存货核算系统中，执行“记账”|“结算成本处理”命令，打开“暂估处理查询”对话框。

② 选中“A 箱包仓”前的复选框，如图 8-117 所示。

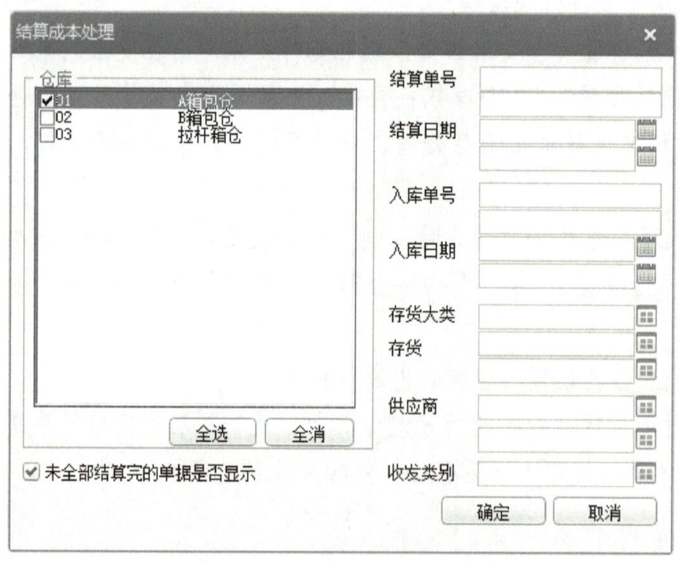

图 8-117　“暂估处理查询”对话框

③ 单击“确定”按钮，打开“结算成本处理”窗口。

④ 选中入库单，如图 8-118 所示。

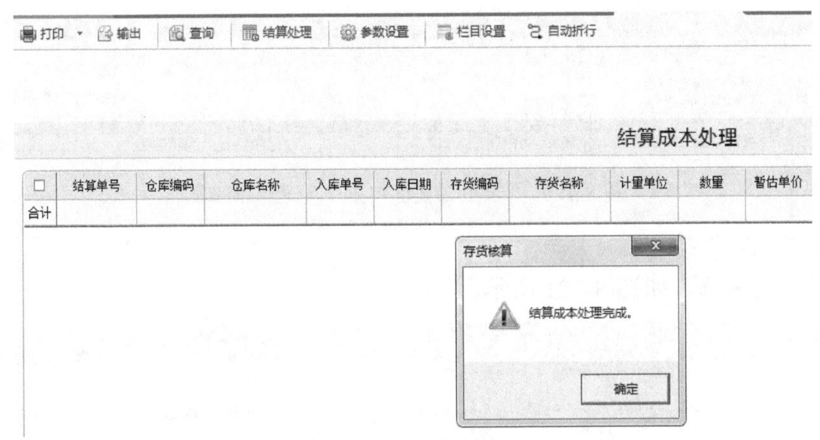

图 8-118　暂估结算表

⑤ 单击“暂估”按钮，单击“确定”按钮，再单击“退出”按钮。

(2) 生成冲销暂估入账业务的凭证。

① 在存货核算系统中，执行“凭证处理”|“生成凭证”命令，打开“生成凭证”窗口。

② 单击“选单”按钮，打开“查询条件”对话框。

③ 单击“确定”按钮。

④ 选中要生成凭证的单据，修改凭证类别为“转账凭证”，录入“存货”科目编码为“1405”和“暂估”科目编码为“220222”。

⑤ 单击“生成”按钮，生成一张红字凭证，并保存，如图 8-119 所示。

已生成

转 账 凭 证

转　字 0010　　制单日期：2022.01.24　　审核日期：　　附单据数：1

摘要	科目名称	借方金额	贷方金额
红字回冲单	库存商品	12000000	
红字回冲单	应付账款/暂估应付款		12000000
票号 日期	数量 单价	合计 12000000	12000000
		负壹拾贰万元整	

备注　项　目　　部　门

个　人　　客　户

业务员

记账　　审核　　出纳　　制单　张建国

图 8-119　冲销暂估入库的凭证

(3) 生成“蓝字回冲单 (报销)”的凭证。

① 在存货核算系统的“生成凭证”窗口中，单击“选单”按钮，打开“查询条件”对话框

② 单击“确定”。

③ 单击“确定”按钮后，打开“未生成凭证单据一览表”窗口。

④ 勾选“已结算采购入库单自动选择全部结算单上单据……”，再单击“选择”栏，如图 8-120 所示。

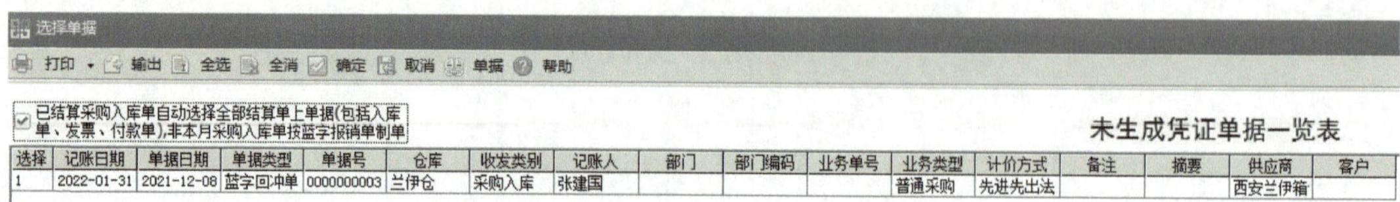

选择单据
打印 输出 全选 全消 确定 取消 单据 帮助
已结算采购入库单自动选择全部结算单上单据(包括入库单、发票、付款单),非本月采购入库单按蓝字报销单制单
未生成凭证单据一览表
选择 记账日期 单据日期 单据类型 单据号 仓库 收发类别 记账人 部门 部门编码 业务单号 业务类型 计价方式 备注 摘要 供应商 客户
1 2022-01-31 2021-12-08 蓝字回冲单 0000000003 兰伊仓 采购入库 张建国 普通采购 先进先出法 西安兰伊箱

图 8-120 “未生成凭证单据一览表”窗口

⑤ 单击“确定”按钮。

⑥ 录入相关信息，如图 8-121 所示。

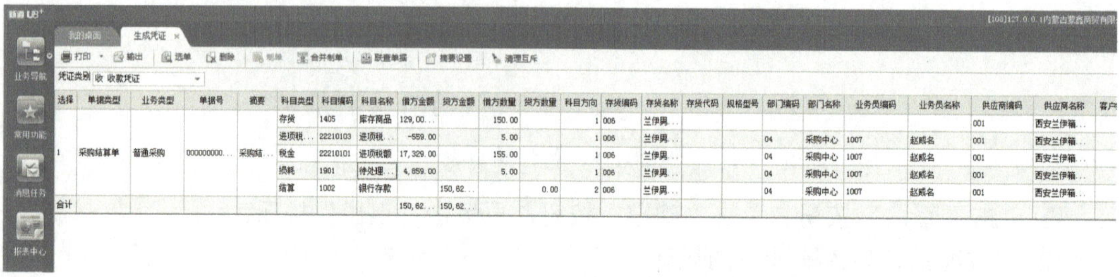

图 8-121 录入存货和对方科目

⑦ 单击“合并制单”按钮，生成一张转账凭证，如图 8-122 所示。

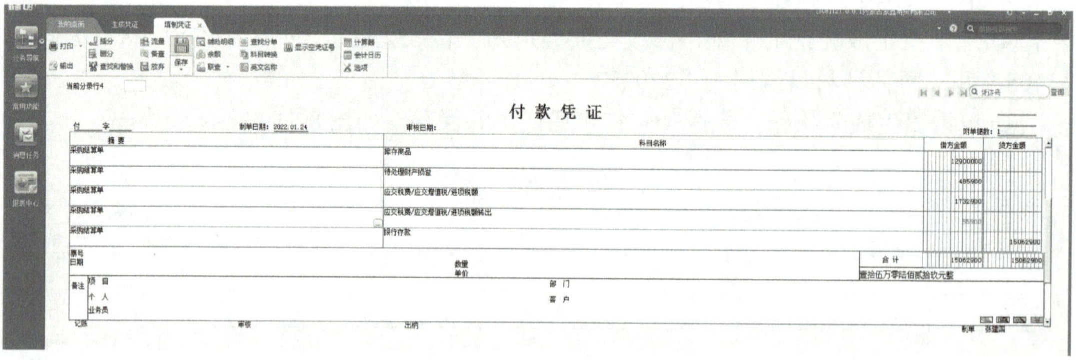

图 8-122 生成凭证

在存货核算系统中，执行“记账”|“正常单据记账”命令进行单据记账，将所有未记账单据记账。

7. 账套备份

在 D 盘建立文件夹，将项目八中任务四的账套输出，并保存到 U 盘。

【任务训练】

1. 在业财一体信息化平台填制应交增值税凭证。

2. 2020 年 3 月 31 日，查询本月应缴增值税明细账并记录数据，计算本月应缴增值税，填制记账凭证 (摘要：结转本月应缴增值税)。

项目九

销售管理

学习目标

知识目标

- 掌握商业企业商品销售业务的典型流程。
- 熟悉电子发票的基本概念。
- 理解不同销售业务的内容和区别。

技能目标

- 能够完成销售订单、发货单、出库单的业务处理。
- 能够完成销售发票填制、应收款管理的业务处理。
- 能够绘制销售业务流程草图。
- 能够完成销售报表重要指标分析的财务处理。

素质目标

- 培养学生热爱会计工作、忠于职守的敬业精神。
- 培养学生熟悉最新财税法规、严格履行会计核算并实施会计监督的工作职责。
- 培养学生熟悉企业销售业务流程，遵循财务主动服务业务的职业操守。

知识链接

一、销售管理系统与其他系统的主要关系

销售管理系统是用友 ERPU8 供应链管理系统的一个子系统，它的主要功能包括以下几个方面。

（一）销售管理系统的初始设置

销售管理系统的初始设置包括设置销售管理系统业务处理所需要的各种业务选项、基础档案信息及销售期初数据。

（二）销售业务管理

销售业务管理主要处理销售报价、销售订货、销售发货、销售开票、销售调拨、销售

退回、发货折扣、委托代销、零售业务等，并根据审核后的发票或发货单自动生成销售出库单，处理随同货物销售所发生的各种代垫费用，以及在货物销售过程中发生的各种销售支出。在销售管理系统中，可以处理普通销售、委托代销、直运销售、分期收款销售、销售调拨及零售等业务类型。

(三) 销售账簿及销售分析

销售管理系统可以提供各种销售明细账、销售明细表及各种统计表。销售管理系统还提供各种销售分析及综合查询统计分析。

销售管理系统与其他系统的主要关系如图 9-1 所示。

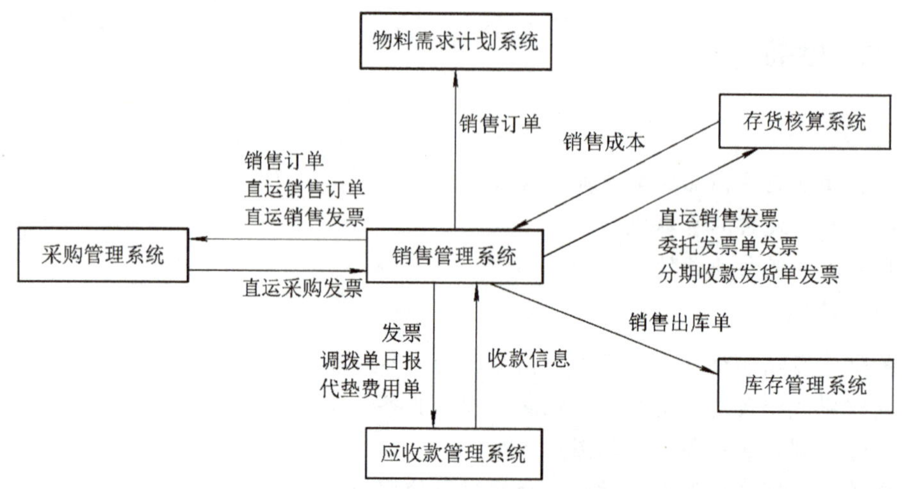

图 9-1 销售管理系统与其他系统的主要关系

采购管理系统可参照销售管理系统的销售订单生成采购订单。在直运业务必有订单的模式下，直运采购订单必须参照直运销售订单生成。在直运业务非必有订单的模式下，直运采购发票和直运销售发票可相互参照。

根据选项设置，既可以在销售管理系统中生成销售出库单并将其传递到库存管理系统审核，也可以在库存管理系统中参照销售管理系统的单据生成销售出库单。库存管理系统为销售管理系统提供可用于销售的存货的可用量。

销售发票、销售调拨单、零售日报、代垫费用单在应收款管理系统中，审核登记应收明细账，进行制单生成凭证；应收款系统进行收款并核销相应应收单据后，回写收款核销信息。

存货核算系统根据直运销售发票、委托发货代销发货单发票、分期收款发货单发票登记存货明细账，制单并生成凭证。存货核算系统为销售管理系统提供销售成本。

二、销售管理系统的日常业务处理

(一) 普通销售业务处理

普通销售业务模式适用于大多数企业的日常销售业务，与其他系统一起，提供对销售报价、销售订货、销售发货、销售开票、销售出库、出库成本确认、应收账款确认及收款处理等全过程的处理。用户也可以根据企业的实际业务应用，结合本系统对销售流程进行灵活配置。

1. 销售报价

销售报价是企业向客户提供货品、规格、价格、结算方式等信息，双方达成协议后，销售报价单可以转换为有效力的销售合同或销售订单。企业可以针对不同客户、不同存货和不同批量提出不同的报价和折扣率。在销售业务处理流程中，销售报价环节可省略。

2. 销售订货

销售订货处理是指企业与客户签订销售合同，在系统中体现为销售订单。若客户经常采购某产品，或客户是经销商，则销售部门无须经过报价环节即可输入销售订单。如果前面已有对客户的报价，则也可以参照报价单生成销售订单。在销售业务处理流程中，订货环节也是可选的。

已审核的未关闭的销售订单可以参照生成销售发货单或销售发票。

3. 销售发货

当客户订单交货期来临时，相关人员应根据订单进行发货。销售发货是企业执行与客户签订的销售合同或销售订单，将货物发往客户的行为，是销售业务的执行阶段。除了根据销售订单发货外，销售管理系统也有直接发货的功能，无须事先录入销售订单即可随时将产品发给客户。在销售处理流程中，销售发货处理是必需的。

在先发货后开票模式中，发货单由销售部门根据销售订单填制或手工输入，客户通过发货单取得货物所有权。发货单审核后，可以生成销售发票和销售出库单。在开票直接发货模式中，发货单由销售发票自动生成，发货单只能浏览，不能进行修改、删除、弃审等操作，但可以关闭和打开，销售出库单根据自动生成的发货单生成。

参照订单发货时，一张订单可多次发货，多张订单也可一次发货。如果不做“超定量发货控制”，则可以超销售订单数量发货。

4. 销售开票

销售开票是在销售过程中企业给客户开具销售发票及其所附清单的过程，它是销售收入确定、销售成本计算、应交销售税金确认和应收账款确认的依据，是销售业务的必要环节。

销售发票既可以直接填制，也可以参照销售订单或销售发货单生成。参照发货单开票时，多张发货单可以汇总开票，一张发货单也可拆单生成多张销售发票。

5. 销售出库

销售出库是销售业务处理的必要环节，在库存管理系统中用于核算存货出库数量，在存货核算系统中用于核算存货出库成本(如果是存货核算系统中销售成本的核算，则选择依据销售出库单)。

根据参数设置的不同，销售出库单可在销售系统中生成，也可以在库存管理系统中生成。如果由销售管理系统生成出库单，只能一次销售全部出库；如果由库存管理系统生成销售出库单，可实现一次销售分次出库。

6. 出库成本确认

销售出库(开票)之后，要进行出库成本的确认。对于先进先出、后进先出、移动平均、个别计价这 4 种计价方式的存货，在存货核算系统进行单据记账时进行出库成本核算；而对于全月平均、计划价法 / 销售法计价的存货，在期末处理时进行出库成本核算。

7. 应收账款确认及收款处理

及时进行应收账款确认及收款处理是财务核算工作的基本要求，由应收账款管理系统完成。应收账款管理系统主要完成对经营业务转入的应收款项的处理，提供各项应收款项的相关信息，以明确应收账款款项的来源，有效掌握收款核销情况，提供适当的催款依据，提高资金周转率。

(二)以订单为中心的销售业务

1. 业务类型说明

销售订单是反映由购销双方确定的客户购货需求的单据，它可以是企业销售合同中关于货物的明细内容，也可以是一种订货的口头协议。以订单为中心的销售业务是标准的、规范的销售管理模式，订单是整个销售业务的核心。整个业务流程的执行会写到销售订单中，通过销售订单可以跟踪整个销售业务处理流程。

2. 相关设置

如果企业选择使用以订单为中心的销售业务模式，则需要在销售管理系统中设置“必有订单”业务模式的相关参数。可以选择的订单模式有普通销售必有订单、委托代销必有订单、分期收款必有订单、直运销售必有订单。

(三)销售调拨业务

销售调拨一般是指处理集团企业内部有销售结算关系的销售部门或分公司之间的销售业务。销售调拨单是给有销售结算关系的客户(客户实际上是销售部门或分公司)开具的原始销售票据，客户通过销售调拨单取得货物的实物所有权。与销售开票相比，销售调拨业务只计销售收入，并不涉及销售税金。调拨业务必须在当地税务机关许可的前提下方可使用，否则(处理内部销售调拨业务)必须开具发票。

(四)零售业务

零售业务是处理商业企业将商品销售给零售客户的销售业务。如果用户有零售业务，则相应的销售票据按日汇总数据，然后通过零售日报进行处理。这种业务常见于商场、超市及企业的各零售店。

(五)代垫费用

代垫费用是指在销售业务中，随货物销售所发生的(如运杂费、保险费等暂时代垫费用)，将来需向对方单位收取的费用项目。代垫费用实际上形成了用户对客户的应收款，代垫费用的收款核销由应收款管理系统来处理。本系统仅对代垫费用的发生情况进行登记。

(六)销售退货业务

销售退货是指客户因货物的质量、品种、数量不符合规定要求而将已购货物退回。

先发货后开票销售业务模式下的销售退货业务处理流程如图 9-2 所示。

开票直接发货销售业务模式下的销售退货业务处理流程为：填制并审核红字销售发票，根据审核后的红字销售发票自动生成相应的退货单、红字销售出库单以及红字应收账款，并传递到库存管理系统和应收款管理系统。

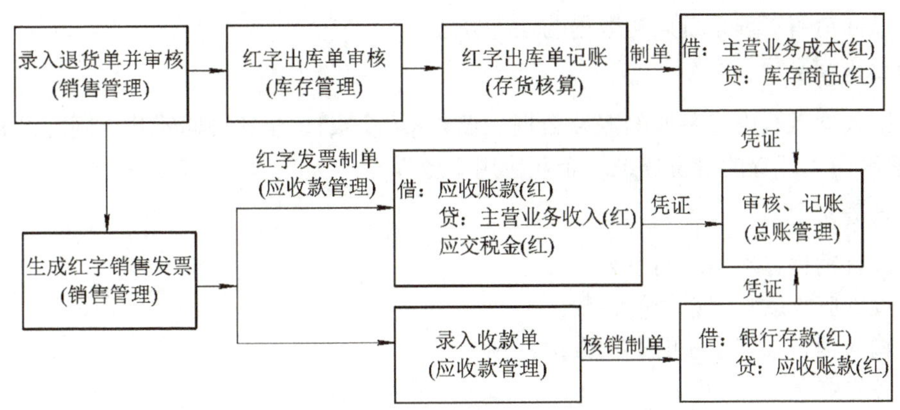

图 9-2 先发货后开发票销售业务模式下的销售退货业务处理流程

（七）现收业务

现收业务是指在销售货物的同时向客户收取货币资金的行为。在销售发票、销售调拨单和零售日报等销售结算单据中，可以直接处理现收业务并结算。

（八）综合查询

灵活运用销售管理系统的各种查询功能，可以有效地提高信息利用和销售管理水平。

1. 单据查询

通过“销售订单列表”“发货单列表”“委托代销发货单列表”“发票列表”“销售调拨单列表”“零售日报列表”可以分别对销售订单、发货单、委托代销发货单、销售发票、销售调拨单、零售日报进行查询。

2. 账表查询

通过查询销售管理系统提供的销售明细表、销售统计表、余额表及销售分析表，可实现对销售业务的事中控制、事后分析的管理。

（九）业务处理

详见项目八任务三。

任务一 销售系统的初始化

【任务目的】

- 掌握销售管理系统参数的设置方法。
- 掌握应收款管理系统参数的设置方法。

- 掌握销售管理系统期初数据的业务处理。

【任务准备】

- 引入项目八中任务四的账套数据。调整系统日期与业务日期使其相同，以 8001 操作员 (密码为“1”) 的身份登录“企业应用平台”。

【任务要求】

- 设置销售管理系统的参数。
- 设置应收款管理系统的参数。
- 输入销售管理系统的期初数据。
- 备份账套。

【任务资料】

1. 销售管理系统的参数设置

(1) 有委托代销业务。

(2) 有分期收款业务。

(3) 有直运销售业务。

(4) 有零售日报业务。

(5) 允许超发货量开票。

(6) 其他设置为系统默认。

2. 应收款管理系统的参数设置和初始设置

(1) 应收款管理系统的选项如表 9-1 所示。

表 9-1 应收款管理系统的选项

参数名称	选项设置方式	参数名称	选项设置方式
应收款核销方式	按单据	单据审核日期依据	单据日期
坏账处理方式	应收余额百分比法	受控科目制单方式	明细到单据

(2) 初始设置。

- 基本科目设置：应收科目为“1122”，预收科目为“2203”，销售收入科目为“6001”，税金科目 22210102”。
- 控制科目设置：按客户设置，应收科目为“1122”，预收科目为“2203”。
- 产品科目设置：按商品设置，销售收入和销售退货科目为“6001”，应交增值税为“22210102”。
- 结算方式科目设置：现金支票、转账支票、电汇科目为“1002”。
- 坏账准备设置：提取比率为“1%”，坏账准备期初余额为“0”，坏账准备科目为“1231”，对方科目为“6602”。

3. 单据设置

允许手工修改销售专用发票号。

4. 销售管理系统的期初发货单 (销售系统价格均为不含税价)

(1) 2021 年 12 月 8 日，A 女士潮流包 500 个，单价为 500 元，A 箱包仓，乙百货公司，销售部门为批发部，销售类型为批发销售。

(2) 2021 年 12 月 10 日，C 休闲行李箱 100 个，单价为 220 元，拉杆箱仓，丙百货公司，销售部门为批发部，销售类型为批发销售。

【任务指导】

1. 销售管理系统的参数设置

销售管理系统的参数设置是指在处理销售日常业务之前，确定销售业务的范围、类型，以及对各种销售业务的核算要求，这是销售管理系统初始化的一项重要工作。因为一旦销售管理系统开始处理日常业务，有的系统参数就不能修改，有的也不能重新设置。因此，在系统初始化时应该设置好相关的系统参数。

销售管理系统参数设置的操作步骤如下：

(1) 在企业应用平台中，执行“供应链”|“销售管理”命令，打开销售管理系统。

(2) 在系统菜单下，执行“设置”|“销售选项”命令，打开“销售选项”对话框。

(3) 打开“业务控制”选项卡，选中“有零售日报业务”“允许超发货量开票”复选框，如图 9-3 所示。

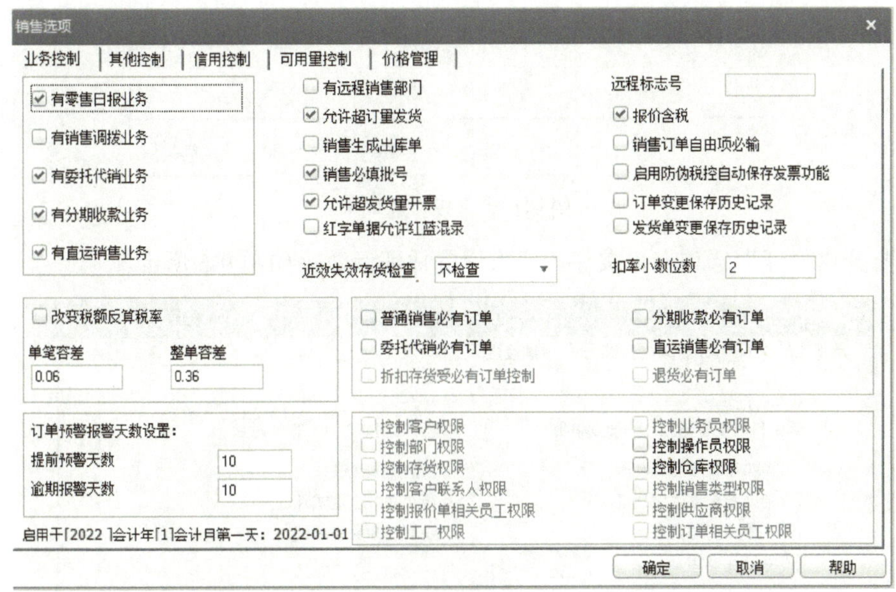

图 9-3 “业务控制”选项卡

(4) 单击“确定”按钮，保存销售管理系统的参数设置。

2. 应收款管理系统的参数设置和初始设置

应收款管理系统与销售管理系统在联用的情况下存在着数据传递的关系。因此，启用销售管理系统的同时，应该启用应收款管理系统。应收款管理系统的参数设置和初始设置都是系统的初始化工作，应该在处理日常业务之前完成。如果应收款管理系统已经进行了日常业务处理，则其系统参数和初始设置就不能随便修改。

应收款管理系统参数设置和初始设置的操作步骤如下：

(1) 执行“企业应用平台”|“财务会计”|“应收款管理”命令。

(2) 在系统菜单下，执行“设置”|“选项”命令，打开“账套参数设置”对话框。

(3) 打开“常规”选项卡，单击“编辑”按钮，使所有参数处于可修改的状态，按任务要求设置系统参数，如图 9-4 所示。

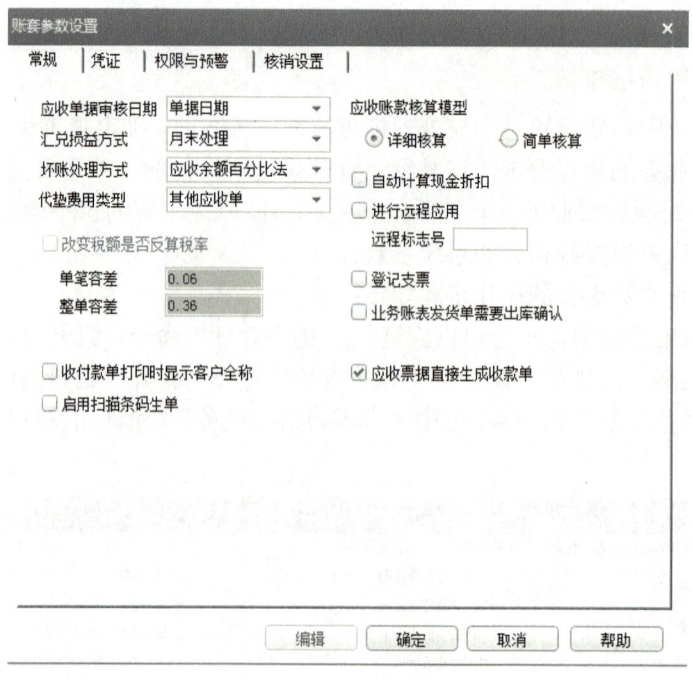

图 9-4 “常规”选项卡

(4) 打开“凭证”选项卡，按任务要求设置凭证参数，如图 9-5 所示。

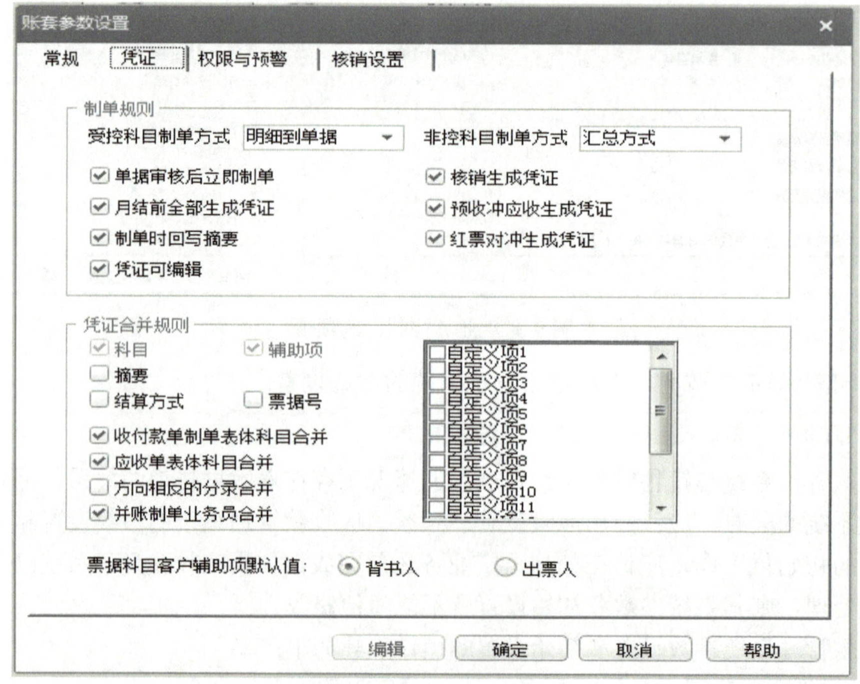

图 9-5 “凭证”选项卡

(5) 单击“确定”按钮，保存应收款管理系统的参数。

(6) 执行“初始设置”|“基本科目设置”命令，根据任务要求设置应收款管理系统的基本科目，如图 9-6 所示。

我的桌面　应收基本科目 ×

打印 ▾　输出　增行　删行

基本科目种类	科目	币种
应收科目	1122	人民币
预收科目	2203	人民币
销售收入科目	6001	人民币
税金科目	22210102	人民币

图 9-6　应收款管理系统的应收基本科目设置

(7) 执行“应收控制科目设置”命令，根据任务要求对应收款管理系统的控制科目进行设置 (即按客户设置应收款、预收款科目)，如图 9-7 所示。

应收控制科目

序号	客户编码	客户名称	客户分类编码	客户分类名称	销售类型编码	销售类型名称	地区编码	地区名称	币种	应收科目编码	应收科目名称	预收科目编码	预收科目名称
1	001	包头青百								1122	应收账款	2203	预收账款
2	002	北京东山								1122	应收账款	2203	预收账款
3	003	郑州华光								1122	应收账款	2203	预收账款
4	004	上海昌兴								1122	应收账款	2203	预收账款
5	005	零散客户								1122	应收账款	2203	预收账款

图 9-7　应收款管理系统的应收控制科目设置

(8) 执行“应收对方科目设置”命令，根据任务要求对应收款管理系统的产品科目进行设置 (即按存货设置销售收入科目、应交增值税科目和销售退货科目)，如图 9-8 所示。

应收对方科目

序号	存货编码	存货名称	存货分类编码	存货分类名称	客户编码	客户名称	客户分类编码	客户分类名称	销售类型编码	销售类型名称	地区编码	地区名称	币种	税率%	销售收入科
1	001	兰伊女士钱包													6001
2	002	兰伊女士...													6001
3	003	兰伊女士...													6001
4	004	兰伊男士钱包													6001
5	005	兰伊男士...													6001
6	006	兰伊男士...													6001
7	007	明宏女背包													6001
8	008	明宏男背包													6001
9	009	爱华炫酷...													6001
10	010	爱华时尚...													6001
11	011	爱华商务皮箱													6001
12	012	秀丽休闲...													6001
13	013	秀丽学生...													6001
14	014	秀丽儿童...													6001
15	015	运输费													6001

图 9-8　应收款管理系统应收对方科目设置

(9) 执行“应收结算方式科目设置”命令，根据任务要求对应收款管理系统的结算方式科目进行设置，如图 9-9 所示。

我的桌面 应收基本科目 应收控制科目 应收对方科目 应收结算科目

打印 输出 增行 删行

结算方式	币 种	本单位账号	科 目
01 现金支票	人民币	202200100888	1002
02 转帐支票	人民币	202200100888	1002
03 电汇	人民币	202200100888	1002
04 网银	人民币	202200100888	1002

图 9-9　应收款管理系统的应收结算科目设置

(10) 执行“坏账准备设置”命令，分别录入相关内容并确认，如图 9-10 所示。

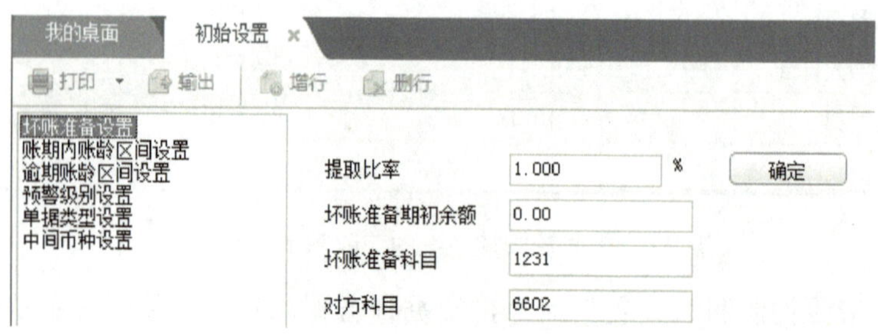

图 9-10　坏账准备设置

(11) 单击“退出”按钮，退出初始设置。

3. 单据编号设置

在企业应用平台中，打开“基础设置”选项卡，执行“单据设置”|“单据编号设置”命令，打开“单据编号设置”对话框。选择“编号设置”选项卡，执行“单据类型”|“销售管理”|“销售专用发票”命令，单击对话框中的“修改”按钮，选择“手动改动，重号时自动重取”复选框，如图 9-11 所示。单击“保存”按钮，保存设置，再单击“退出”按钮。

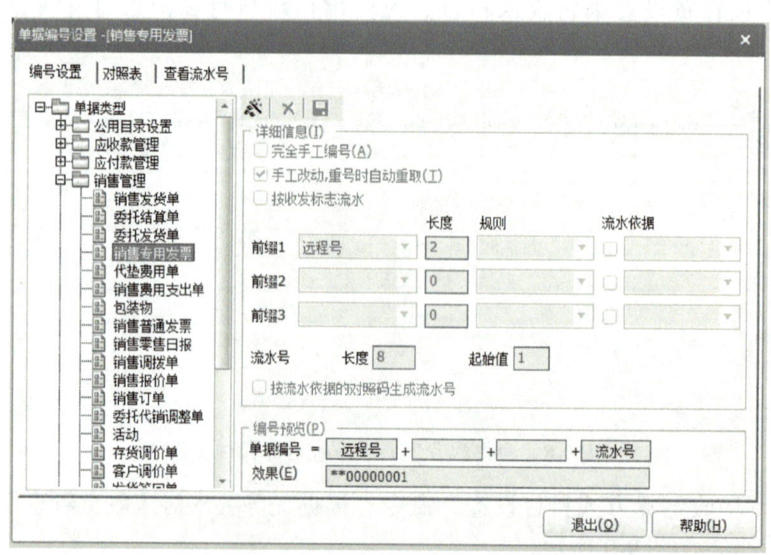

图 9-11　“编号设置”选项卡

4. 销售管理系统的期初数据录入

在销售管理系统启用期初，对于已经发货尚未开具发票的货物，应该作为期初发货单录入销售管理系统的期初数据中，以便以后开具发票后进行销售结算。

销售管理系统期初数据录入的操作步骤如下：

(1) 在企业应用平台中，登录供应链中的销售管理子系统。

(2) 执行“设置”|“期初发货单”命令，打开“期初发货单”窗口。

(3) 单击“增加”按钮，按照任务要求输入期初发货单的信息，修改表头税率、表体税率均为13%，如图9-12所示。

(4) 单击“保存”按钮，保存发货单信息。

期初发货单

发货单号 * 0000000001　发货日期 * 2021-12-08　业务类型 * 普通销售
销售类型 * 批发销售　订单号　发票号
客户简称 * 北京东山　销售部门 * 批发部　业务员 王帅
发货地址　发运方式　付款条件 2/20,1/40,n/60
税率 13.00　币种 人民币　汇率 1.00000000
备注

插行　复制行　拆分行　删行　批改　存量　价格　折扣分摊　信用　排序定位　组合套件　显示格式

	仓库名称	存货编码	存货名称	规格型号	主计量	数量	报价	含税单价	无税单价	无税金额	税额	价税合计	税率（%）
1	兰伊仓	003	兰伊女士潮流包		个	500.00	0.00	565.00	500.00	250000.00	32500.00	282500.00	13.00
2													
3													

图9-12　“期初发货单”窗口

(5) 单击“审核”按钮，审核确认发货单信息。再单击“增加”按钮，录入、保存并审核第2张期初发货单，如图9-13所示。只有审核通过的发货单才可用于销售发票录入时参照。

已审核　期初发货单

发货单号 * 0000000002　发货日期 * 2021-12-10　业务类型 * 普通销售
销售类型 * 批发销售　订单号　发票号
客户简称 * 丙百货公司　销售部门 * 批发部　业务员 王帅
发货地址　发运方式　付款条件 2/30,1/45,n/90
税率 13.00　币种 人民币　汇率 1
备注

仅子件　关闭　打开　存量　价格　毛利预估　信用　执行情况　排序定位　显示格式

	仓库名称	存货编码	存货名称	规格型号	主计量	数量	报价	含税单价	无税单价	无税金额	税额	价税合计	税率（%）
1	拉杆箱仓	012	D休闲行李箱		个	100.00	0.00	248.60	220.00	22000.00	2860.00	24860.00	13.00
2													
3													
4													
5													

图9-13　第2张期初发货单

(6) 期初发货单全部录入、审核完毕，单击“退出”按钮，退出期初发货单录入与审核界面，完成期初发货单的录入与审核工作。

提示：

- 当销售管理系统与存货管理系统集成使用时，存货核算系统中，分期收款发出商品的期初余额从销售管理系统中取数，取数的依据就是已经审核的分期收款期初发货单。
- 存货核算系统从销售管理系统中取数后，销售管理系统就不能再录入存货核算系统启用日期前的分期收款发出商品发货单。

- 在实际业务执行过程中，审核常常是对当前业务完成的确认。有的单据只有经过审核才是有效数据，才能被其他单据参照或被其他系统使用。
- 可以单击“审批”按钮，快速完成发货单的审核工作。
- 审核后的发货单不能修改或删除。
- 如果要修改或删除期初发货单，则必须先取消审核，即单击“弃审”按钮。但如果期初发货单已经由下游单据生成，根据发货单生成了销售发票或存货系统已经记账等，那么这个期初发货单是不能弃审的，也不能修改或删除。
- 如果销售管理系统已经执行月末结账，则不能对发货单等单据执行弃审。

5. 账套备份

在 D 盘建立文件夹，将项目九的任务一中的账套输出，并保存到 U 盘。

【任务训练】

根据购销合同在业财一体信息化平台填制销售订单。

任务二　普通销售业务(一)

【任务目的】

- 掌握销售报价单、销售订单、销售发货单、销售发票的业务处理。
- 掌握应收款项确认的业务处理。
- 掌握根据销售专用发票确认销售成本的业务处理。

【任务准备】

- 引入项目九中任务一的账套信息。调整系统日期与业务日期使其相同，以“8001”操作员(密码为“1”)的身份登录企业应用平台。

【任务要求】

- 销售生成出库单。
- 录入销售报价单，录入或生成销售订单、销售发货单。
- 录入或生成销售发票，并按要求修改发票编号。
- 对销售发票进行复核，确认应收款项。
- 确认、收取应收款项。
- 根据销售专用发票确认销售成本(存货采用先进先出法核算)。
- 备份账套。

【任务资料】

注：以下业务销售部业务员为王帅，仓储部管理员为刘静。

(1) 2022 年 1 月 8 日，收到乙百货公司上年 12 月 8 日购买 A 女士潮流包的价税款 282 500 元(电汇 DH02001899)，本公司已开具销售专用发票(ZF0108)，确认出库成本。

普通销售业务(一)1

(2) 2022 年 1 月 10 日，给丙百货公司开具上年 12 月 10 日销售 C 休闲行李箱的销售专用发票 (ZF0165)，款项尚未收到。

普通销售业务 (一)2

(3) 2022 年 1 月 10 日，甲百货公司打算订购 C 休闲行李箱 1 000 个，出价 (不含税)180 元 / 个，要求本月 15 日发货。本公司报价 (不含税) 为 210 元 / 个。12 日本公司与甲百货公司协商，对方同意休闲行李箱销售为 200 元 / 个，但订货数量减为 800 个。本公司确认后于 1 月 13 日发货 (拉杆箱仓)，本公司以现金代垫运费 500 元。次日开具销售专用发票，发票号为 ZF0122，货款尚未收到。

普通销售业务 (一)3

(4) 2022 年 1 月 15 日，乙百货公司有意向本公司订购 A 男士钱包 800 个、男士手提包 800 个，本公司报价 (不含税) 分别为 400 元 / 个、280 元 / 个。16 日，乙百货公司同意我公司的报价，并决定追加订货，钱包追加 200 个，手提包追加 200 个，需要分批开具销售发票。本公司同意对方的订货要求。

普通销售业务 (一)4

(5) 2022 年 1 月 18 日，按销售订单发货 (A 箱包仓) 给乙百货公司，发出钱包和手提包各 200 个，本公司次日开具两张销售专用发票，发票号分别为 ZF0278 和 ZF0279。对方网银结算 (WY0077899) 款项 90 400 元已经收到，系 200 个钱包价税款。200 个手提包款项暂欠。确认出库成本。

普通销售业务 (一)5

(6) 2022 年 1 月 20 日，丙百货公司向本公司订购 A 男士时尚包 200 个进行询价，本公司报价 900 元 / 个，对方初步同意。本公司根据报价单已经生成销售订单。2022 年 1 月 23 日，丙百货公司提出价格过高，只能接受 850 元 / 个，本公司不同意。对方撤销对本公司男士时尚包的订购。

普通销售业务 (一)6

【任务指导】

本任务主要是先发货后开票的销售业务，需要先处理报价单、销售订单、发货单等单据，发货单审核后根据销售管理系统初始化设置，系统将自动生成销售出库单。如果存货采用先进先出法核算，还可以随身结转销售成本。在开具销售发票后，可能立即收到货款，此时应根据发票现结，也可能尚未收到货款，此时需要确认为应收账款。

1. 第 1 笔普通销售业务的处理

本笔业务属于上年已经发货的销售业务，本期开具销售专用发票并收到款项。因此，对于本笔业务，需要在销售管理系统中开具销售专用发票并现结；在应收款管理系统中审核收款单并将生产凭证传递至总账系统中；在存货核算系统中进行正常单据记账，确认并结转销售成本。

本笔业务的操作步骤如下：

1) 销售管理系统开具专用发票

(1) 在企业应用平台中，打开“业务工作”选项卡，执行“供应链”|“销售管理”|“销售开票”|“销售专用发票”命令，打开“销售专用发票”窗口。

(2) 单击“参照”|“发货单”按钮，系统自动弹出“参照生单”窗口，单击“确定”。

(3) 系统根据过滤条件显示符合条件的全部单据，如图 9-14 所示。

发票参照发货单表头

□	税率(%)	业务类型	销售类型	发货单号	发货日期	币名	汇率	开票单位编码	客户简称	开票单位名称
□	13.00	普通销售	批发销售	0000000001	2021-12-08	人民币	1.00000000	002		
□	13.00	普通销售	批发销售	0000000002	2021-12-10	人民币	1.00000000	003		
合计										

共2条记录

□	订单号	订单行号	仓库	货物编号	存货代码	货物名称	规格型号	未开票数量	税率(%)	数量
合计										

图 9-14　发货单过滤条件设置窗口

(4) 在显示的发货单记录中的“选择”栏双击鼠标左键选中所需单据。

(5) 系统会自动显示该发货单的存货信息，选择需要开具发票的存货，在其前面单击选中，如图 9-15 所示。选择完毕，单击“确定”按钮。

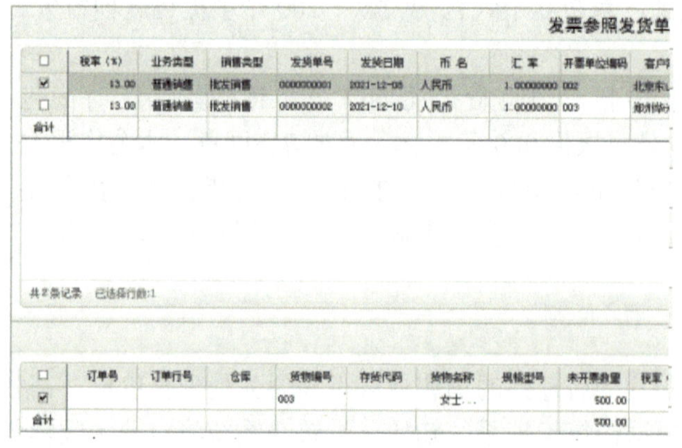

图 9-15　选择生成发票的发货单

(6) 系统根据所选择的发货单和存货单自动生成一张销售专用发票。修改发票日期、发票号，确认后单击“保存”按钮，确认并保存发票信息，如图 9-16 所示。

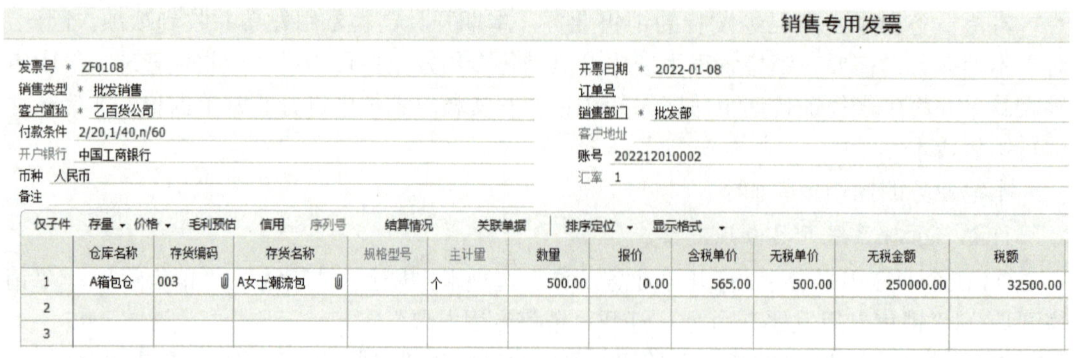

图 9-16　销售专用发票

(7) 由于开票的同时收到款项，所以单击“现结”按钮，系统自动弹出“销售现结”窗口。输入结算方式、结算号、结算金额等信息。

(8) 结算信息输入并确认后，单击“确定”按钮，在专用发票上盖章确认，并显示“现结”。

(9) 单击“复核”按钮，保存销售专用发票的信息，如图 9-17 所示。单击“退出”按钮。

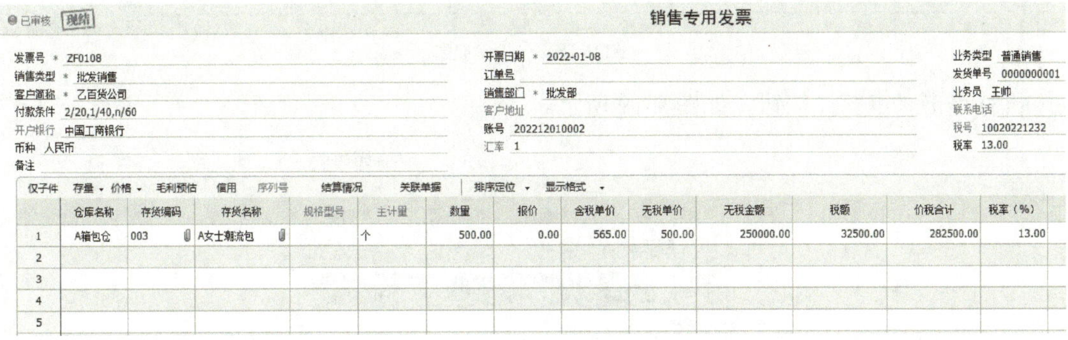

已审核 现结

销售专用发票

发票号 * ZF0108
销售类型 * 批发销售
客户简称 * 乙百货公司
付款条件 2/20,1/40,n/60
开户银行 中国工商银行
币种 人民币
备注

开票日期 * 2022-01-08
订单号
销售部门 * 批发部
客户地址
账号 202212010002
汇率 1

业务类型 普通销售
发货单号 0000000001
业务员 王帅
联系电话
税号 10020221232
税率 13.00

仅子件 存量 价格 毛利预估 信用 序列号 结算情况 关联单据 排序定位 显示格式

	仓库名称	存货编码	存货名称	规格型号	主计量	数量	报价	含税单价	无税单价	无税金额	税额	价税合计	税率（%）
1	A箱包仓	003	A女士潮流包		个	500.00	0.00	565.00	500.00	250000.00	32500.00	282500.00	13.00
2													
3													
4													
5													

图 9-17 根据发货单生产销售专用发票

提示：

- 销售专用发票可以参照发货单自动生成，也可以手工输入生成。
- 销售管理系统中所有单据上的税率均为 13%。
- 如果需要手工输入销售专用发票，则必须将销售系统选项中的“普通销售必有订单”取消，否则只能参照生成，不能手工输入。
- 如果增加销售专用发票，系统没有自动弹出选择发货单的条件过滤窗口，则表示在销售系统参数设置时，没有选择“普通销售必有订单”选项。这时可以单击“发货”按钮，系统显示发货单过滤窗口。
- 如果一张发货单需要分次开具发票，则需要修改发票数量等信息。
- 系统自动生成发票后，如果直接单击“复核”按钮，则不能进行现结处理，只能确认为应收账款。
- 如果需要现结处理，应在自动生成销售发票时，先单击“现结”按钮，进行现结处理，再单击“复核”按钮。
- 已经现结或复核的发票不能直接修改，如果需要修改，可以先单击“弃结”和“弃复”按钮，然后单击“修改”按钮，修改确认后单击“保存”按钮。
- 已经现结或复核的发票不能直接删除，如果需要删除，需要先单击“弃结”和“弃复”按钮。

2) 应收款管理系统审核收款单并制单

(1) 在企业应用平台，打开“业务工作”选项卡，执行“财务会计”|“应收款管理”|“应收处理”|“销售发票”|“销售发票审核”命令，系统弹出“销售发票列表”对话框，单击“查询”，再单击“确定”。

(2) 选择需要的发票，如图 9-18 所示。

销售发票列表

序号	☐	审核人	单据日期	单据类型	单据号	客户名称	部
1	☑		2022-01-08	销售专...	ZF0108	百货公司	批发部
2	小计						
3	合计						

图 9-18　发票列表

(3) 单击“审核”按钮，如图 9-19 所示。

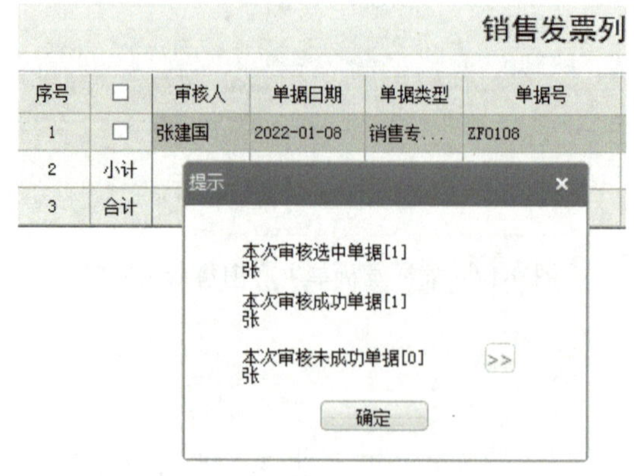

图 9-19　审核完成

(4) 单击“确定”按钮，退出销售发票审核。

(5) 执行“凭证处理”|“生成凭证”命令，系统自动打开“制单查询”对话框，设置单据过滤条件，选择“现结制单”复选框，如图 9-20 所示。

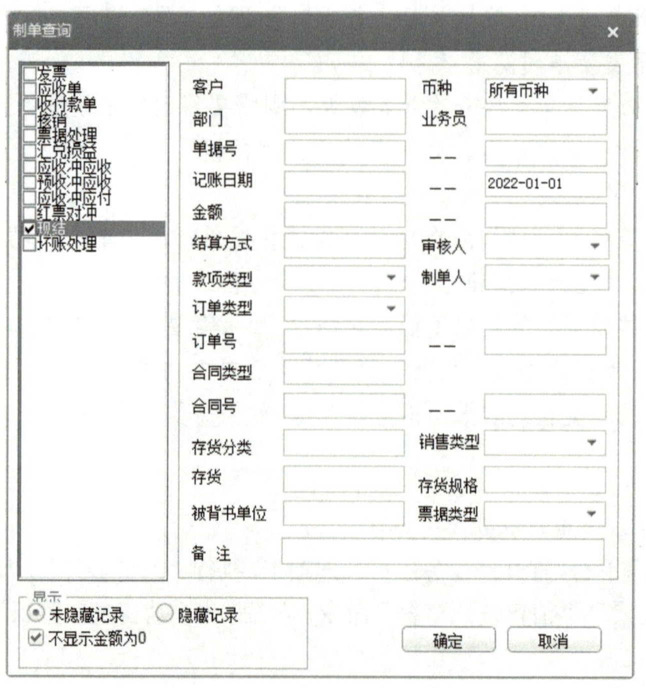

图 9-20　制单查询

(6) 单击“确定”按钮，打开“现结制单”窗口。单击“全选”按钮，如图 9-21 所示。

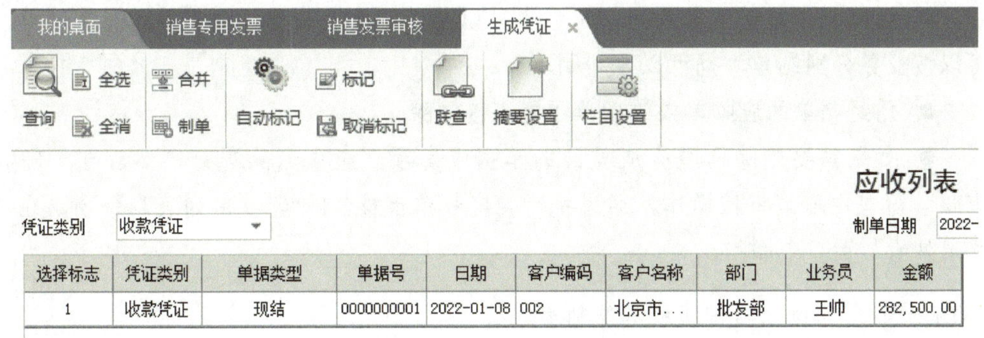

选择标志	凭证类别	单据类型	单据号	日期	客户编码	客户名称	部门	业务员	金额
1	收款凭证	现结	0000000001	2022-01-08	002	北京市...	批发部	王帅	282,500.00

图 9-21 “生成凭证”窗口

(7) 选择凭证类别为“收款凭证”，单击“制单”按钮，系统根据所选择的现结制单生成收款凭证，单击“保存”按钮，系统显示“已生成”标志，如图 9-22 所示。制单完毕，单击“退出”按钮，退出应收款管理系统。

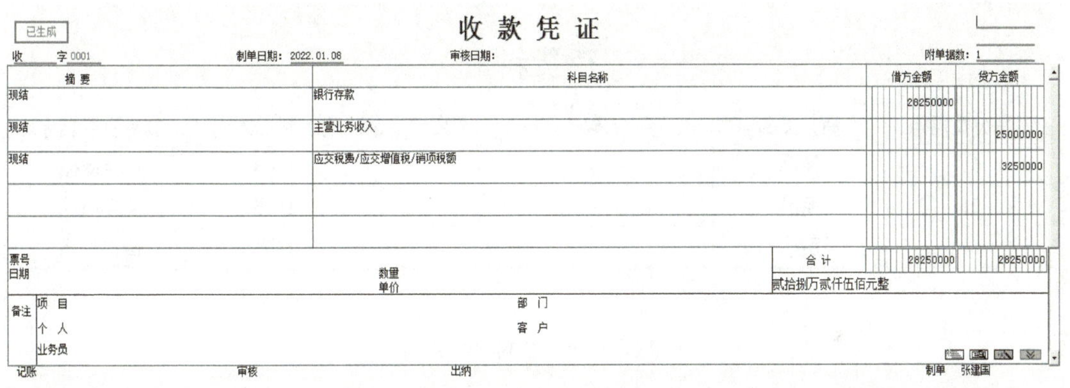

已生成

收 款 凭 证

收 字 0001 制单日期：2022.01.08 审核日期： 附单据数：1

摘要	科目名称	借方金额	贷方金额
现结	银行存款	28250000	
现结	主营业务收入		25000000
现结	应交税费/应交增值税/销项税额		3250000
票号 日期	数量 单价 合计	28250000	28250000
	贰拾捌万贰仟伍佰元整		

备注 项 目 部 门

个 人 客 户

业务员

记账 审核 出纳 制单 张建国

图 9-22 现结制单

提示：

● 也可以通过执行“应收款管理系统”|“单据查询”|“凭证查询”命令，查询根据应收单生成的凭证。

● 应收单可以在应收管理系统中手工录入，也可以由销售发票自动生成。当销售管理系统与应收款管理系统集成使用时，销售发票复核后自动生成应收单并传递至应收款管理系统。

● 应收单需要在应收款管理系统中审核确认，才能形成应收款项。

● 如果是现结，应收单也必须在应收款管理系统审核后，才能确认收取的款项。

● 由销售发票自动生成的应收单不能直接修改。如果需要修改，则必须在销售系统中取消发票的复核，单击“修改”“保存”和“复核”按钮，根据修改后的发票生成的应收单就是已经修改后的单据了。

● 只有审核后的应收单或收款单才能制单。

● 可以根据每笔业务及时制单，也可以月末一次性制单。如果采用月末制单，则可以按业务分别制单，也可以合并制单。

● 已经制单的应收单或收款单不能直接删除。

● 如果需要删除已经生成凭证的单据或发票，应先删除凭证，然后在“应收单审核”窗口中取消审核操作，通过执行“应收单审核”|“应收单列表”命令，在“应收单列表”窗口中删除。

3) 存货核算系统结转销售成本并制单

(1) 在企业应用平台中，登录存货核算系统。

(2) 执行“初始设置”|“科目设置”|“存货科目”命令，打开“存货科目”窗口。

(3) 单击“增加”按钮，系统自动增加一行记录，输入栏目信息，如图 9-23 所示。设置完毕单击“保存”按钮。

存货科目

存货分类编码	存货分类名称	存货编码	存货名称	存货科目编码	存货科目名称
01	商品			1405	库存商品
01	商品			1405	库存商品
01	商品			1405	库存商品

图 9-23 “存货科目”窗口

(4) 执行“初始设置”|“科目设置”|“对方科目”命令，打开“对方科目”窗口。

(5) 单击“增加”按钮，根据收发类别设置存货对方科目。例如，采购入库的对方科目为“1401 材料采购”，销售出库的对方科目为“6401 主营业务成本”，如图 9-24 所示。

对方科目

收发类别编码	收发类别名称	存货分类编码	存货分类名称	存货编码	存货名称
101	采购入库	01	商品		
201	销售出库	01	商品		

图 9-24 “对方科目”窗口

(6) 执行“记账”|“正常单据记账”命令，系统自动弹出“过滤条件选择”对话框。单击“查询”，如图 9-25 所示。

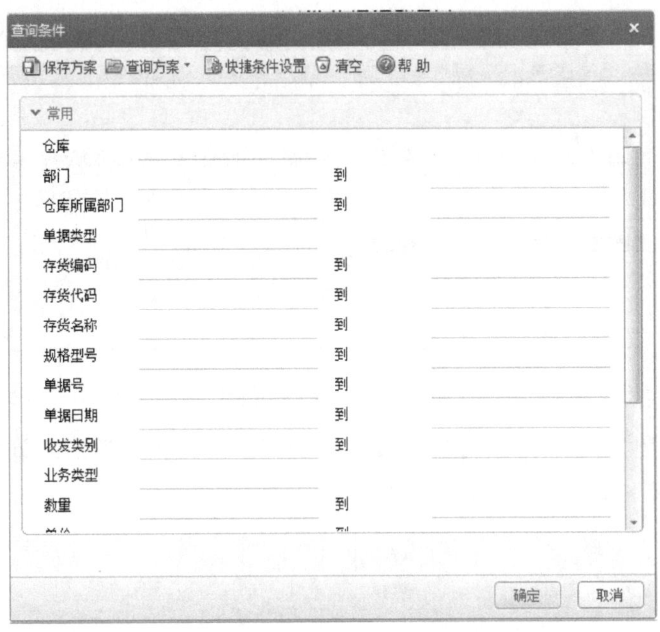

图 9-25　“过滤条件选择“对话框

(7) 单据“确定”按钮，系统显示符合条件的单据。选择需要记账的单据，单击“记账”按钮，退出单据记账页面。

(8) 执行“凭证处理”|“生成凭证”命令，打开“生成凭证”窗口。

(9) 单据“选单”按钮，如图 9-26 所示。

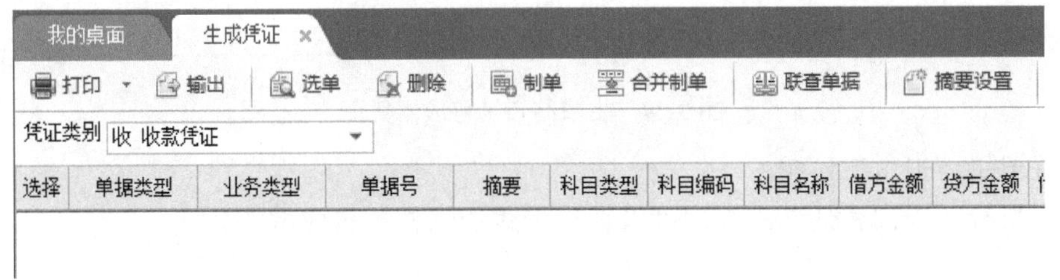

图 9-26　“选单”对话框

(10) 单击“确定”按钮，系统打开“未生成凭证”窗口。选择需要生成凭证的单据，如图 9-27 所示，再单击“确定”按钮。

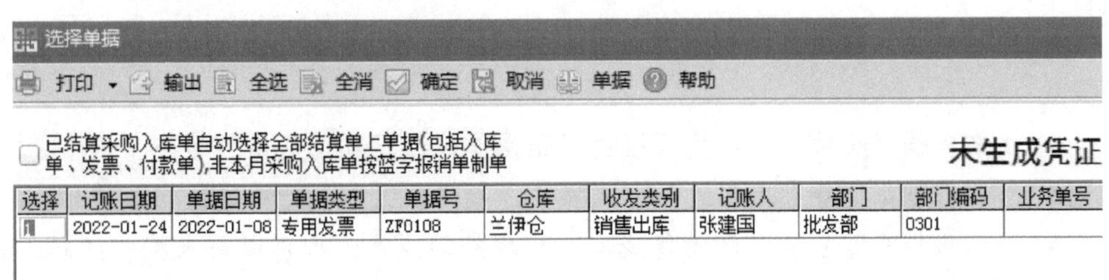

选择	记账日期	单据日期	单据类型	单据号	仓库	收发类别	记账人	部门	部门编码	业务单号
1	2022-01-24	2022-01-08	专用发票	ZF0108	兰伊仓	销售出库	张建国	批发部	0301	

图 9-27　“未生成凭证”窗口

(11) 选择凭证类别，核对入账科目是否正确，确定无误后单击“合并制单”按钮，如图 9-28 所示。

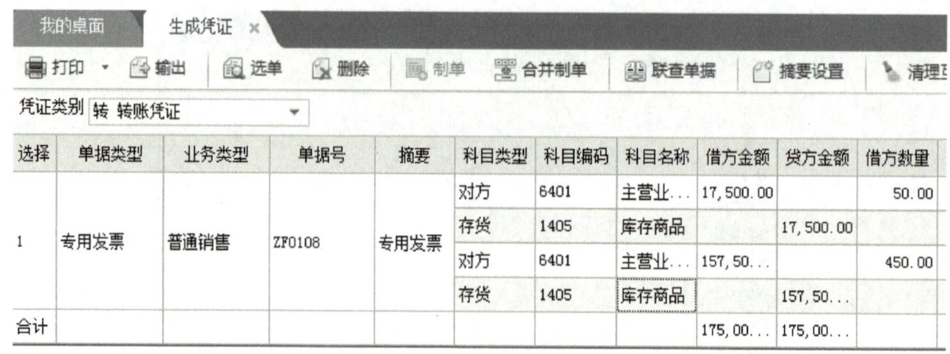

选择	单据类型	业务类型	单据号	摘要	科目类型	科目编码	科目名称	借方金额	贷方金额	借方数量
1	专用发票	普通销售	ZF0108	专用发票	对方	6401	主营业...	17,500.00		50.00
					存货	1405	库存商品		17,500.00	
					对方	6401	主营业...	157,50...		450.00
					存货	1405	库存商品		157,50...	
合计								175,00...	175,00...	

图 9-28　生成凭证信息

(12) 系统自动生成了一张结转销售成本的凭证。修改凭证类别，单击“保存”按钮，系统显示“已生成”标志，如图 9-29 所示。

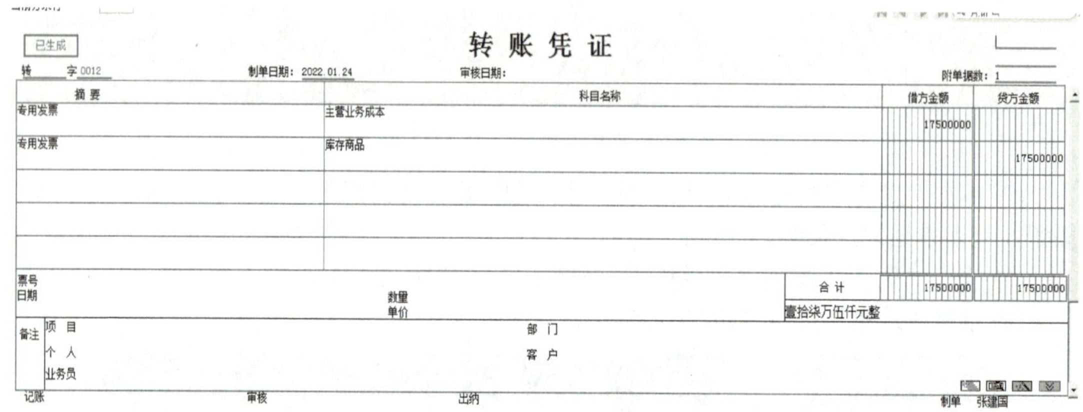

已生成

转账凭证

转 字 0012　制单日期：2022.01.24　审核日期：　附单据数：1

摘要	科目名称	借方金额	贷方金额
专用发票	主营业务成本	17500000	
专用发票	库存商品		17500000
票号 日期	数量 单价 合计	17500000	17500000
	壹拾柒万伍仟元整		

备注　项目　部门　个人　客户　业务员

记账　审核　出纳　制单 张建国

图 9-29　生成结转销售成本凭证

(13) 单击“退出”按钮。

(14) 执行“查询凭证”命令，可以查询生成的结转销售成本的凭证。

提示：

- 如果在存货核算系统初始化时已经设置过存货科目和对方科目，则此处可以不再设置。
- 存货核算系统必须执行正常单据记账后才能确认销售出库的成本，并生成结转销售成本凭证。
- 正常单据记账后，可以执行取消记账操作，恢复到记账前的状态。
- 可以根据每笔业务单据执行记账操作，也可以月末执行一次性记账操作。
- 可以根据每笔业务结转销售成本，生成结转成本；也可以月末集中结转，合并生成结转凭证。
- 存货可采用先进先出法、后进先出法等方法核算，可以随时结转成本，如果存货采用全月加权平均法，则只能在月末计算存货单位成本和结转销售成本。

2. 第 2 笔普通销售业务的处理

本笔业务属于上年 12 月 10 日已经发货的销售业务，本期开具销售专用发票确认应收款项。因此，本笔业务需要在销售管理系统中开具销售专用发票；在应收款管理系统中审核应收单并生产凭证传递至总账系统。由于休闲行李箱采用售价法核算，因此月末才能结转销售成本。

本笔业务的操作步骤如下：

1) 销售管理系统开具销售专用发票

(1) 在销售管理系统中，执行“销售发票”|“销售专用发票”命令，打开“销售发票”窗口。

(2) 单击“参照”|“发货单”按钮，系统自动弹出“查询条件”窗口。

(3) 单击“确定”按钮，系统根据过滤条件显示符合条件的全部单据。

(4) 在显示的发货单记录中选择客户，或者选择日期为“2021 年 12 月 10 日”的发货单 (在所选择单据前方框单击选中)。

(5) 选择存货信息。系统自动显示该发货单的存货信息，选择需要开具发票的存货，在其前面方框单击选中，如图 9-30 所示。选择完毕，单击“确定”按钮。

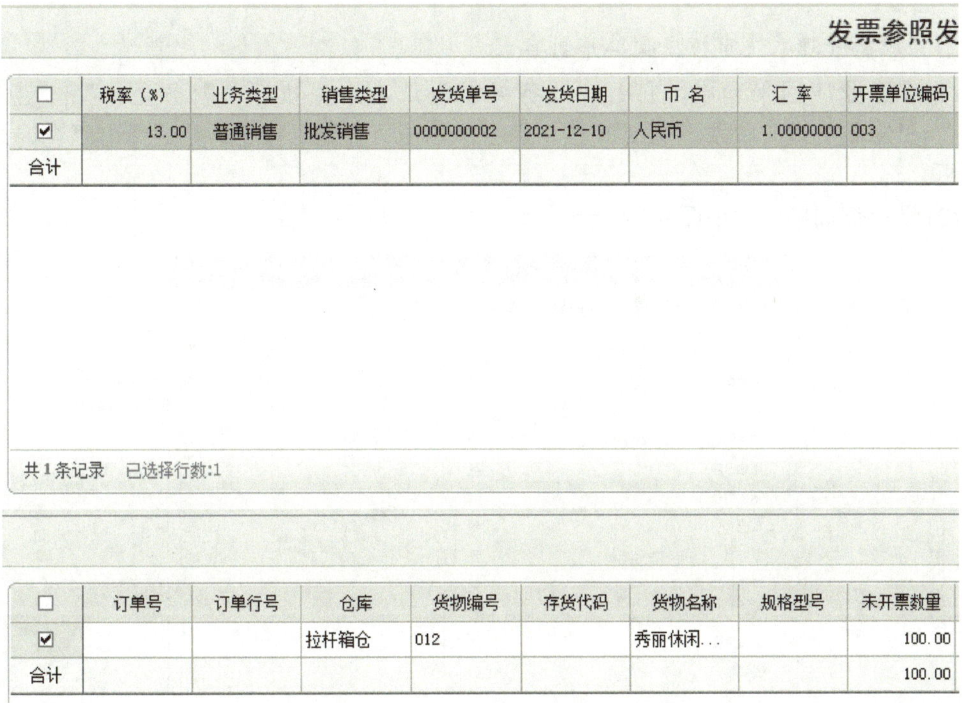

发票参照发

☐	税率 (%)	业务类型	销售类型	发货单号	发货日期	币 名	汇 率	开票单位编码
☑	13.00	普通销售	批发销售	0000000002	2021-12-10	人民币	1.00000000	003
合计								

共 1 条记录　已选择行数:1

☐	订单号	订单行号	仓库	货物编号	存货代码	货物名称	规格型号	未开票数量
☑			拉杆箱仓	012		秀丽休闲...		100.00
合计								100.00

图 9-30　选择生成发票的发货单

(6) 系统根据所选择的发货单和存货单自动生成一张销售专用发票。修改发票信息，如开具发票的日期和发票号等信息，确认后单击“保存”按钮，确认并保存发票信息，如图 9-31 所示。

(7) 单击“复核”按钮，保存销售专用发票的信息。

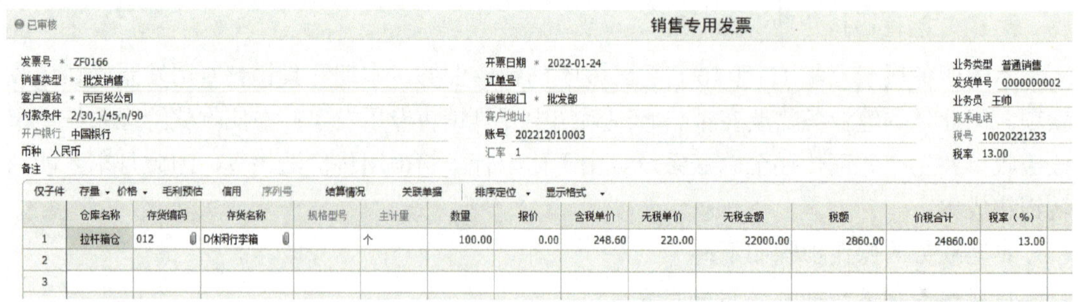

图 9-31 销售专用发票

提示：

- 尚未复核的发票可以直接修改。
- 已经复核的发票不能直接修改或删除。
- 已经复核的发票取消审核后，可以修改。单击“弃复”按钮，弃复成功后，单击“修改”按钮，修改信息确认后单击“保存”按钮。如果需要删除，取消复核成功后可以直接修改。

2) 应收款管理系统审核应收单并制单

(1) 在企业应用平台中，打开“业务导航”选项卡，执行“财务会计”|“应收款管理”|“应收处理”|“销售发票审核”命令，单击“查询”按钮，系统弹出“查询条件”对话框。

(2) 设置查询条件，如图 9-32 所示。

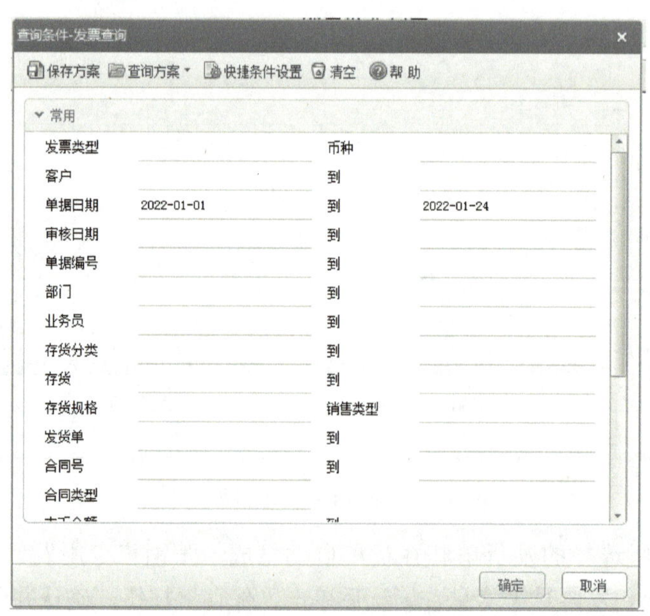

图 9-32 “查询条件“对话框

(3) 单击“确定“按钮，选择所需单据。

(4) 单击“审核”按钮，系统弹出“本次审核成功单据 1 张”信息提示对话框。单击“确定”按钮。

(5) 执行“凭证处理”|“生成凭证”命令，系统自动打开“制单查询”对话框。设置单据过滤条件，系统默认选择“发票制单”。

(6) 在需要制单的记录前的“选择”栏输入“1”，或单击“全选”按钮，系统显示“1”，表示成功选择该单据，可以生成凭证。

(7) 选择凭证类别为“转账凭证”，单击“制单”按钮，系统根据所选择的应收单自动生成转账凭证。单击“保存”按钮，系统显示“已生成”标志，如图 9-33 所示。

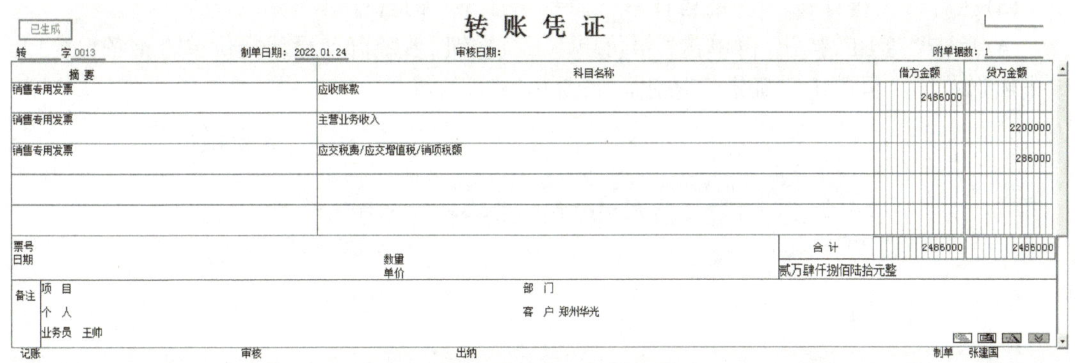

已生成

转账凭证

转 字 0013　制单日期：2022.01.24　审核日期：　附单据数：1

摘要	科目名称	借方金额	贷方金额
销售专用发票	应收账款	2486000	
销售专用发票	主营业务收入		2200000
销售专用发票	应交税费/应交增值税/销项税额		286000
票号 日期	数量 单价	合计 2486000	2486000
		贰万肆仟捌佰陆拾元整	

备注　项目　部门
个人　客户 郑州华光
业务员 王帅

记账　审核　出纳　制单 张建国

图 9-33　根据应收单生成凭证

(8) 执行“单击查询”|“凭证查询”命令，可以查询根据应收单生成的转账凭证，查询完毕。

提示：

- 可以根据每笔业务的单据立即制单，也可以月末一次性制单。
- 如果制单日期不序时，则系统拒绝保存不序时的凭证。
- 如果要取消制单的序时控制，则启动总账系统，在其初始设置中取消“制单序时控制”选项。

3. 第 3 笔普通销售业务的处理

本笔业务属于本期发生的业务，需要填制或生成报价单、销售订单、销售发货单、销售出库单、销售专用发票，进行代垫运费的处理，在应收款管理系统中审核应收单并制单。

本笔业务的操作步骤如下：

1) 生成销售发货单

(1) 在销售管理系统中，执行“销售报价”|“销售报价单”命令，打开“销售报价单”窗口。

(2) 单击“增加”按钮，输入表头信息。业务类型为“普通销售”，销售类型为“批发销售”，日期修改为“2022 年 01 月 10 日”，客户为“甲百货公司”，业务员为“王帅”，税率为“13%”。表体中的存货为“D 休闲行李箱”，数量 1 000 个，无税单价为 210 元。单击“保存”和“审核”按钮，如图 9-34 所示。

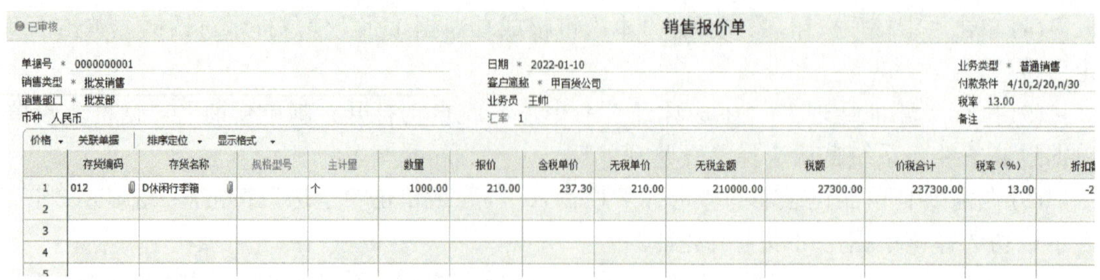

图 9-34 “销售报价单”窗口

(3) 执行“销售订货”|“销售订单”命令，打开“销售订单”窗口。

(4) 单击“增加”按钮，再单击“报价单”下拉按钮，系统自动显示报价单查询条件窗口。单击所选单据，再单击“确定”按钮，如图 9-35 所示。

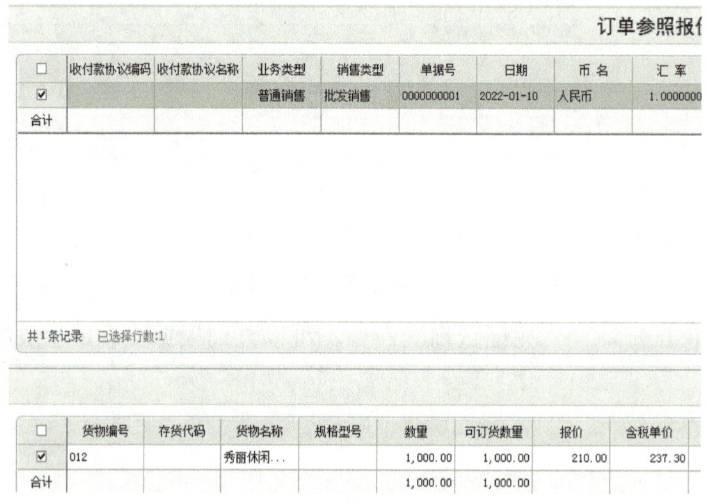

图 9-35 选择报价单

(5) 系统根据报价单自动生成一张销售订单。修改订单与报价单不一致的信息，如日期为“2022-01-12”，无税单价为“200”，数量为“800”。信息确认后单击“保存”按钮，再单击“审核”按钮，如图 9-36 所示。

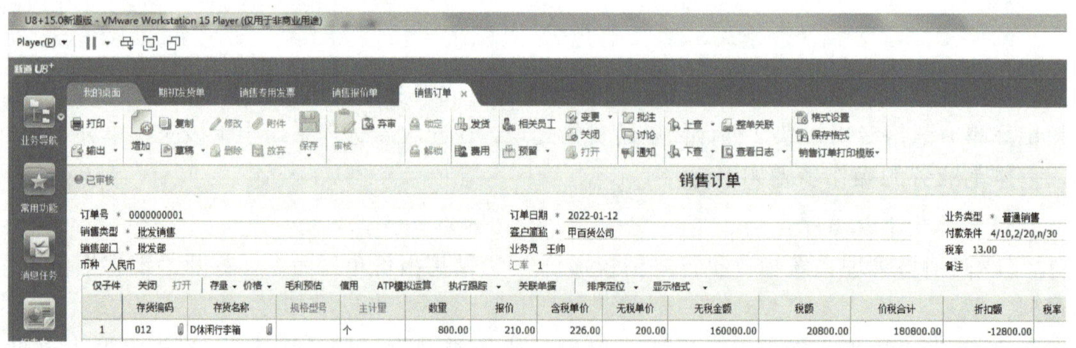

图 9-36 销售订单

(6) 执行“销售发货”|“发货单”命令，打开“发货单”窗口。

(7) 单击“增加”按钮，选择“订单”，系统自动显示“查询条件”窗口。

(8) 在“查询条件”窗口中，单击“确定”按钮，系统显示符合条件的销售订单。单击选中销售订单和存货，如图 9-37 所示。

发

☐	业务类型	销售类型	订单号	订单日期	币名	汇率	开票单位编码
☑	普通销售	批发销售	0000000001	2022-01-12	人民币	1.00000000	001
合计							

共1条记录 已选择行数:1

☐	订单号	订单行号	货物编号	仓库	存货代码	货物名称	规格型号
☑	0000000001	1	012			休闲...	
合计							

图 9-37 销售订单过滤

(9) 单击“确定”按钮，系统自动参照销售订单生成销售发货单，输入发货仓库为“拉杆箱仓”。单击“保存”按钮，再单击“审核”按钮，如图 9-38 所示。

已审核 发货单

发货单号 * 0000000004 发货日期 * 2022-01-24 业务类型 * 普通销售
销售类型 * 批发销售 订单号 0000000001 发票号
客户简称 * 甲百货公司 销售部门 * 批发部 业务员 王帅
发货地址 发运方式 付款条件 4/10,2/20,n/30
税率 13.00 币种 人民币 汇率 1
备注

仅子件 关闭 打开 存量 价格 毛利预估 信用 序列号 执行情况 关联单据 排序定位 显示格式

	仓库名称	存货编码	存货名称	规格型号	主计量	数量	报价	含税单价	无税单价	无税金额	税额	价税合计	税率（%）	折
1	拉杆箱仓	012	D休闲行李箱		个	800.00	210.00	226.00	200.00	160000.00	20800.00	180800.00	13.00	
2														
3														
4														
5														

图 9-38 “销售发货单”窗口

(10) 单击“退出”按钮，退出“销售发货单”窗口。

提示：

- 销售报价单只能手工输入。
- 销售报价单没有审核前，可以单击“修改”按钮进行修改；如果已经修改，则必须先取消审核，然后才能修改。
- 报价单被参照后与销售订单不建立关联，即使审核后也可以删除。
- 销售订单可以手工输入，也可以根据销售报价单参照生成。
- 参照报价单生成的销售订单，所有从报价单带入的信息均可修改，同时还可以在销售订单上增行、删行。

● 已经保存的报价单可以在报价单列表中查询，所选择报价单个打开后，可以执行弃审、修改、删除等操作。

● 已经保存的销售订单可以在订单列表中查询，没有被下游参照的订单可以在打开单据后执行弃审、修改、删除等操作。

● 已经审核的销售订单可以修改，在订单列表中，打开该销售订单，单击“变更”按钮，可以修改。

● 销售发货单可以手工输入，也可以参照销售订单生成。如果销售系统选项中设置了“普通销售必有订单”则只能参照生成。

● 如果销售订单、发货单等单据已经被下游单据参照，则不能直接修改或删除。如果需要修改或删除，则必须先删除下游单据，然后取消审核，再修改或删除。

2) 销售出库单

(1) 在企业应用平台中，登录库存管理系统。

(2) 执行“出库业务”|“销售出库单”命令，系统根据销售发货单自动生成销售出库单。按“翻页键”查看，单击“审核”按钮，确认销售出库单，如图 9-39 所示，单击“确定”按钮。

已审核　　销售出库单

出库单号 * 0000000001　　出库日期 * 2022-01-24　　仓库 * 拉杆箱仓
出库类别 销售出库　　业务类型 普通销售　　业务号 0000000004
销售部门 批发部　　业务员 王帅　　客户 * 甲百货公司
审核日期 2022-01-24　　备注

存量 ▾　货位 ▾　关联单据　排序定位 ▾　显示格式 ▾

	存货编码	存货名称	规格型号	主计量单位	数量
1	012	D休闲行李箱		个	800.00
2					
3					
4					
5					
6					

图 9-39　销售出库单

提示：

● 在销售管理系统选项中设置了“销售生成出库单”，则系统根据销售出库单自动生成出库单。

● 如果在销售管理选项中没有设置“销售生成出库单”，则在库存管理系统的销售出库单窗口中单击“生单”下拉按钮，系统显示出库单查询窗口，用户自行选择过滤单据生成销售出库单。

● 在库存管理系统中生成的销售出库单，可以在销售管理系统的账表查询中，通过联查单据查询到该销售出库单。

● 在由库存管理生单向销售管理生单切换时，如果有已审核/复核的发货单、发票单在库存管理系统生成销售出库单，将无法生成销售出库单。因此，应检查已审核、复核的销售单据是否已经全部生成销售出库单后再切换。

● 系统自动生成的销售出库单不能修改，但可以审核。

3) 销售专用发票

(1) 在销售管理系统中，执行“销售开票”|“销售专用发票”命令，打开“销售专用发票”窗口。

(2) 单击“增加”|“出库单”按钮，系统自动弹出“参照查询生单”窗口。系统默认业务类型为“普通销售”，可以重新选择。

(3) 单击“确定”按钮，系统根据过滤条件显示符合条件的全部单据。

(4) 在显示的发货单记录中选择客户为“甲百货公司”，或者选择日期为“2022 年 01 月 13 日”的发货单，在所选择单据前单击，出现“√”表示选择成功。

(5) 选择存货信息。系统自动显示该发货单的存货信息，选择需要开具发票的存货，在其前面单击，出现“√”表示选择成功。选择完毕，单击“确定”按钮。

(6) 系统根据所选择的发货单和存货单自动生成一张销售专用发票。修改发票日期和发票号，确认后单击“保存”按钮，确认并保存发票信息，如图 9-40 所示。

已审核

销售专用发票

发票号 * ZF0122　开票日期 * 2022-01-24　业务类型 普通销售
销售类型 * 批发销售　订单号 0000000001　发货单号 0000000004
客户简称 * 甲百货公司　销售部门 * 批发部　业务员 王帅
付款条件 4/10,2/20,n/30　客户地址　联系电话
开户银行 中国建设银行　账号 202212010001　税号 10020221231
币种 人民币　汇率 1　税率 13.00
备注

仅子件　存量　价格　毛利预估　信用　序列号　结算情况　关联单据　排序定位　显示格式

	仓库名称	存货编码	存货名称	规格型号	主计量	数量	报价	含税单价	无税单价	无税金额	税额	价税合计	税率（%）
1	拉杆箱仓	012	D休闲行李箱		个	800.00	210.00	226.00	200.00	160000.00	20800.00	180800.00	13.00
2													
3													
4													
5													

图 9-40　第 3 笔业务销售专用发票

(7) 单击“复核”按钮，保存销售专用发票的信息，然后退出。

(8) 执行“代垫”|“代垫费用单”命令，打开“代垫费用单”窗口。

(9) 单击“增加”按钮，输入代垫费用及其相关内容，如图 9-41 所示。

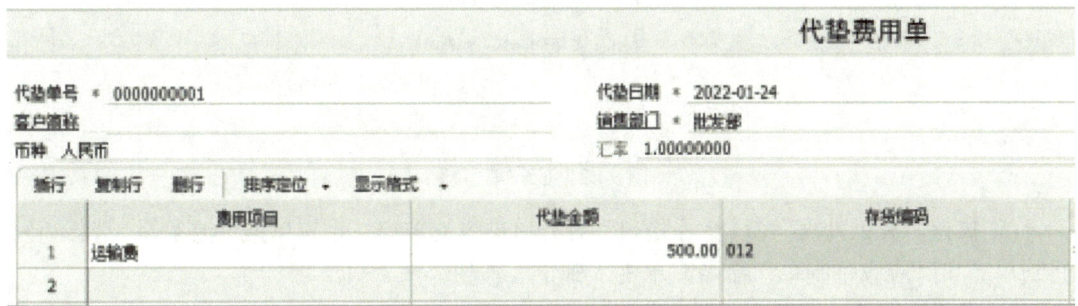

代垫费用单

代垫单号 * 0000000001　代垫日期 * 2022-01-24
客户简称　销售部门 * 批发部
币种 人民币　汇率 1.00000000

增行　复制行　删行　排序定位　显示格式

	费用项目	代垫金额	存货编码
1	运输费	500.00	012
2			

图 9-41 “代垫费用单”窗口

(10) 单击“保存”按钮，再单击“审核”按钮。

提示：

- 代垫运费单可以在销售管理系统的专用发票窗口输入，生成销售专用发票保存后，单击“代垫”按钮，调出“代垫费用单”窗口，输入“代垫费用单”。
- 代垫费用单也可以通过执行“销售管理”|“代垫费用”|“代垫费用单”命令进行输入。
- 代垫费用单保存后，自动生成其他应收单并传递至应收款管理系统。
- 销售管理系统只能记录代垫费用，但不能对代垫费用制单。其凭证需要在应收款管理系统中审核代垫费用单后，才能制单。

4) 应收款管理系统审核应收单并制单

(1) 在企业应用平台中，打开“业务工作”选项卡。执行“财务会计”|“应收款管理”|“应收处理”|“销售发票”|“销售发票审核”命令，单击“查询”，系统自动弹出“查询条件”对话框，设置过滤条件。

(2) 单击“确定”按钮。选择需要审核的销售发票，在记录的“选择”处单击，出现“☑”表示选择成功。

(3) 单击“审核”按钮，审核完毕。

(4) 执行“应收款管理”|“应收处理”|“应收单”|“应收单审核”命令，单击“查询”，系统自动弹出“查询条件”对话框，单击“确定”按钮，选择需要审核的应收单，审核确定，如图 9-42 所示。

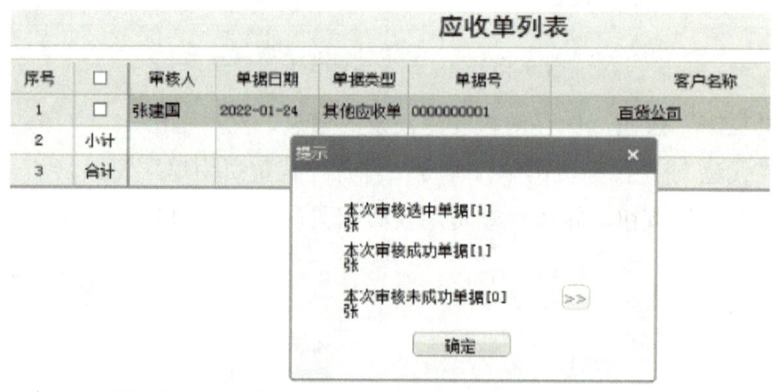

图 9-42　应收单审核

(5) 执行“凭证处理”命令，系统自动打开单据过滤窗口。设置单据过滤条件，选择“发票制单”和“应收单制单”命令，单击“确定”按钮。

(6) 单击“全选”按钮，在需要制单的两个记录前的“选择标志”栏分别填“1”和“2”，表示选择 1 的单据生成一张凭证，选择 2 的单据生成另一张凭证。

(7) 选择凭证类别为“转账凭证”，单击“制单”按钮，系统根据所选择的应收单自动生成两张转账凭证。分别单击“保存”按钮，系统显示“已生成”标志，如图 9-43 所示。单击“下一张”按钮，在第 2 行科目名称栏输入“1001”，修改凭证类别为“付款凭证”，再单击“保存”按钮，如图 9-44 所示。

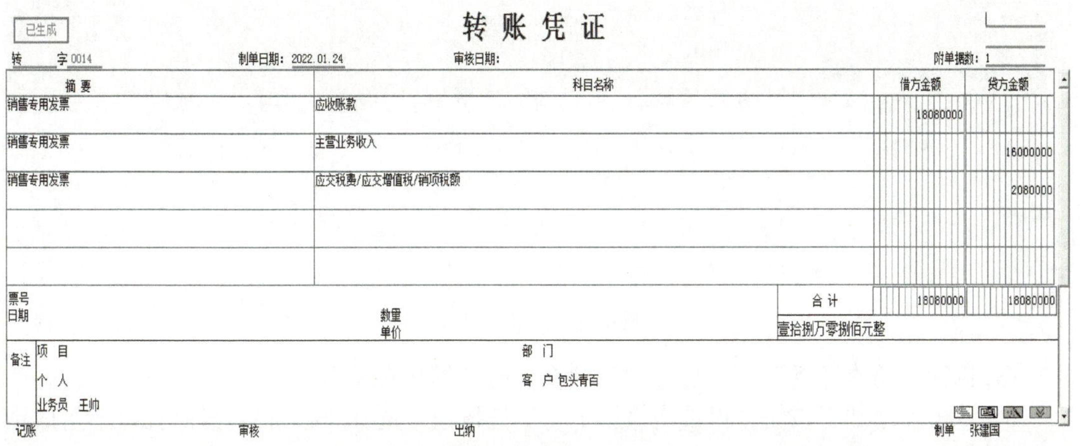

已生成

转 账 凭 证

转　字 0014　制单日期：2022.01.24　审核日期：　附单据数：1

摘　要	科目名称	借方金额	贷方金额
销售专用发票	应收账款	18080000	
销售专用发票	主营业务收入		16000000
销售专用发票	应交税费/应交增值税/销项税额		2080000
票号 日期	数量 单价 合 计	18080000	18080000
	壹拾捌万零捌佰元整		

备注　项　目　部　门

个　人　客　户 包头青百

业务员 王帅

记账　审核　出纳　制单 张建国

图 9-43　根据应收单生成转账凭证

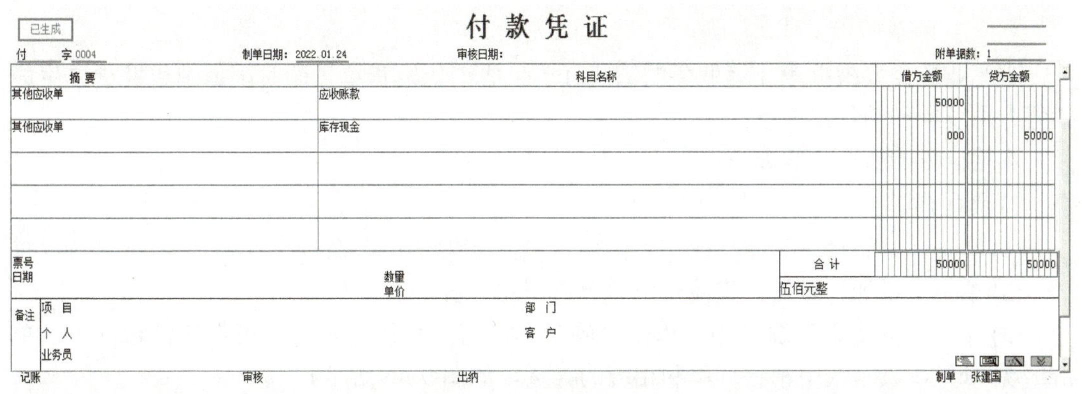

已生成

付 款 凭 证

付　字 0004　制单日期：2022.01.24　审核日期：　附单据数：1

摘　要	科目名称	借方金额	贷方金额
其他应收单	应收账款	50000	
其他应收单	库存现金	000	50000
票号 日期	数量 单价 合 计	50000	50000
	伍佰元整		

备注　项　目　部　门

个　人　客　户

业务员

记账　审核　出纳　制单 张建国

图 9-44　生成付款凭证

(8) 执行“查询凭证”命令，可以查询根据应收单生成的转账凭证。查询完毕，单击“退出”按钮。

4. 第 4 笔普通销售业务的处理

本笔业务是乙百货公司向本公司订购 A 男士钱包和手提包的业务，需要填制报价单和销售订单。

本笔业务的操作步骤如下：

(1) 在销售管理系统中，执行“销售报价”|“销售报价单”命令，打开填制报价单窗口。

(2) 单击“增加”按钮，输入表体信息。业务类型为“普通销售”，销售类型为“批发销售”，日期修改为“2022 年 01 月 15 日”，客户是“乙百货公司”，业务员为“王帅”，税率为“13%”。表体中的存货为男士钱包，数量为 800 个，无税单价为 400 元 / 个，男士手提包 800 个，无税单价为 280 元。输入完毕单击“保存”按钮，再单击“审核”按钮，如图 9-45 所示。

已审核

销售报价单

单据号 * 0000000002　　日期 * 2022-01-15　　业务类型 * 普通销售
销售类型 * 批发销售　　客户简称 * 乙百货公司　　付款条件 2/20,1/40,n/60
销售部门 * 批发部　　业务员 王帅　　税率 13.00
币种 人民币　　汇率 1　　备注

价格　关联单据　排序定位　显示格式

	存货编码	存货名称	规格型号	主计量	数量	报价	含税单价	无税单价	无税金额	税额	价税合计	税率(%)	折
1	004	A男士钱包		个	800.00	400.00	452.00	400.00	320000.00	41600.00	361600.00	13.00	
2	005	A男士手提包		个	800.00	280.00	316.40	280.00	224000.00	29120.00	253120.00	13.00	
3													
4													
5													
6													
7													
8													

图 9-45　销售报价单

(3) 执行“销售订货”|“销售订单”命令，打开销售订单窗口。

(4) 单击“增加”按钮，再单击“生单”下拉按钮，选择“报价”，参照报价单生成销售订单，修改销售订单日期为“16 日”，分别修改钱包和手提包的数量为“1 000”。信息确认后单击“保存”按钮，再单击“审核”按钮。

5. 第 5 笔普通销售业务的处理

本笔业务需要根据第 4 笔业务的销售订单生成销售发货单，同时根据销售发货单生成销售专用发票和销售出库单。

本笔业务的操作步骤如下：

1) 填制票据

(1) 登录销售管理子系统，执行“销售发货”|“发货单”命令，打开“发货单”窗口。

(2) 单击“增加”按钮，系统弹出“单据查询”窗口。

(3) 在“单据查询”窗口中，单击“确定”按钮，系统显示符合条件的销售订单，单击出现“☑”，表示选中销售订单和相应的存货，如图 9-46 所示。

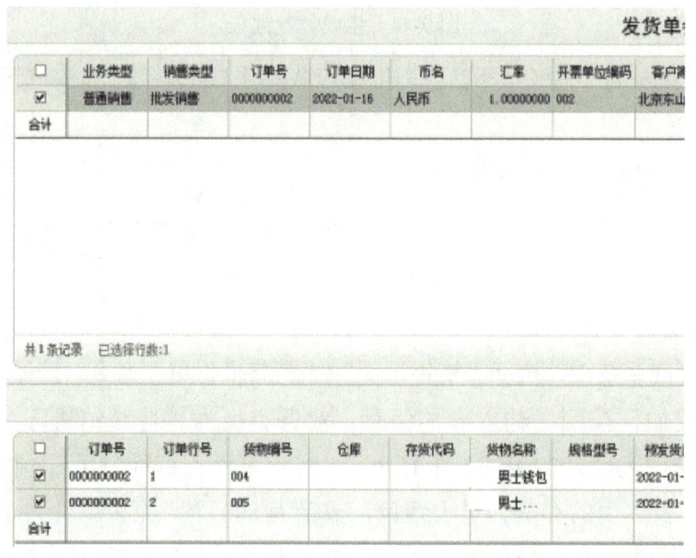

发货单

☐	业务类型	销售类型	订单号	订单日期	币名	汇率	开票单位编码	客户简
☑	普通销售	批发销售	0000000002	2022-01-16	人民币	1.00000000	002	北京东山
合计								

共1条记录　已选择行数:1

☐	订单号	订单行号	货物编号	仓库	存货代码	货物名称	规格型号	预发货
☑	0000000002	1	004			男士钱包		2022-01-
☑	0000000002	2	005			男士…		2022-01-
合计								

图 9-46　销售订单过滤

(4) 单击“确定”按钮，系统自动参照销售订单生成销售发货单，修改发货日期为“18日”，输入发货仓库为“A 箱包仓”，分别修改数量为“200”。单击“保存”按钮，再单击“审核”按钮，如图 9-47 所示。

已审核 **发货单**

发货单号 * 0000000005　发货日期 * 2022-01-24　业务类型 * 普通销售
销售类型 * 批发销售　订单号 0000000002　发票号
客户简称 * 乙百货公司　销售部门 * 批发部　业务员 王帅
发货地址　发运方式　付款条件 2/20,1/40,n/60
税率 13.00　币种 人民币　汇率 1
备注

仅子件 关闭 打开 | 存量 ▾ 价格 ▾ 毛利预估 信用 序列号 执行情况 关联单据 | 排序定位 ▾ 显示格式 ▾

	仓库名称	存货编码	存货名称	规格型号	主计量	数量	报价	含税单价	无税单价	无税金额	税额	价税合计	税率（%）
1	A箱包仓	004	A男士钱包		个	200.00	400.00	452.00	400.00	80000.00	10400.00	90400.00	13.00
2	A箱包仓	005	A男士手提包		个	200.00	280.00	316.40	280.00	56000.00	7280.00	63280.00	13.00
3													
4													
5													
6													
7													
8													

图 9-47　第 5 笔业务销售发货单

(5) 单击“退出”按钮，退出销售发货单窗口。

(6) 执行“销售开票”|“销售专用发票”命令，进入销售专用发票窗口。

(7) 单击“增加”|“发货单”按钮，系统显示“查询条件”窗口。单击“确定”按钮，系统显示符合条件的发货单，选中客户为“乙百货公司”的发货单，同时在存货中选择“男士钱包”。

(8) 单击“确定“按钮，系统自动根据所选发货单生成销售专用发票，修改日期和发票号，单击”保存“按钮。单击”现结“按钮”，在“现结”对话框输入结算方式、结算金额等信息，单击“确定”按钮。最后单击“复核”按钮，确认并保存该专用发票，如图 9-48 所示。

已审核 现结 **销售专用发票**

发票号 * 0000000002　开票日期 * 2022-01-24　业务类型 普通销售
销售类型 * 批发销售　订单号 0000000002　发货单号 0000000005
客户简称 * 乙百货公司　销售部门 * 批发部　业务员 王帅
付款条件 2/20,1/40,n/60　客户地址　联系电话
开户银行 中国工商银行　账号 202212010002　税号 10020221232
币种 人民币　汇率 1　税率 13.00
备注

仅子件 存量 ▾ 价格 ▾ 毛利预估 信用 序列号 结算情况 关联单据 | 排序定位 ▾ 显示格式 ▾

	仓库名称	存货编码	存货名称	规格型号	主计量	数量	报价	含税单价	无税单价	无税金额	税额	价税合计	税率（%）
1	A箱包仓	004	A男士钱包		个	200.00	400.00	452.00	400.00	80000.00	10400.00	90400.00	13.00
2													
3													
4													
5													
6													
7													
8													
9													
10													
11													
12													

图 9-48　拆单销售发票 1

(9) 单击“增加”按钮，在发货单的过滤窗口中，选择乙百货公司的发货单和男士手提包的存货，如图 9-49 所示。选定后单击“确定”按钮。

发票参照发货单表头

☐	税率(%)	业务类型	销售类型	发货单号	发货日期	币名	汇率	开票单位编码	客户简称
☑	13.00	普通销售	批发销售	0000000005	2022-01-24	人民币	1.00000000	002	北京东山
合计									

共1条记录　已选择行数:1

☐	订单号	订单行号	仓库	货物编号	存货代码	货物名称	规格型号	未开票数量	税率(%)
☑	0000000002	2		005		男士...		200.00	13.00
合计								200.00	

图 9-49　拆单选择发货单

(10) 修改发票日期和发票号，确认后单击“保存”按钮。单击“复核”按钮，确认并保存该发票，如图 9-50 所示。

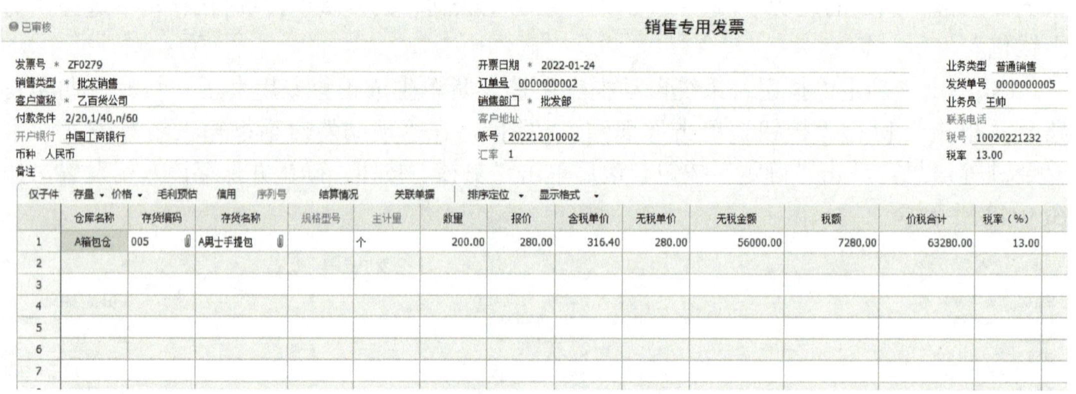

已审核

销售专用发票

发票号 * ZF0279　开票日期 * 2022-01-24　业务类型 普通销售
销售类型 * 批发销售　订单号 0000000002　发货单号 0000000005
客户简称 * 乙百货公司　销售部门 * 批发部　业务员 王帅
付款条件 2/20,1/40,n/60　客户地址　联系电话
开户银行 中国工商银行　账号 202212010002　税号 10020221232
币种 人民币　汇率 1　税率 13.00
备注

仅子件　存量　价格　毛利预估　信用　序列号　结算情况　关联单据　排序定位　显示格式

	仓库名称	存货编码	存货名称	规格型号	主计量	数量	报价	含税单价	无税单价	无税金额	税额	价税合计	税率(%)
1	A箱包仓	005	A男士手提包		个	200.00	280.00	316.40	280.00	56000.00	7280.00	63280.00	13.00
2													
3													
4													
5													
6													
7													

图 9-50　拆单销售发票 2

提示:

● 销售支出单可以通过在发票界面直接单击“支出”按钮，在销售费用支出窗口中输入支付的各项费用，注意输入是在费用项目处先选择费用项目，系统自动带出费用项目编码。

● 销售费用支出单也可以在销售系统中，通过执行“销售支出”|“销售支出单”命令输入费用支出信息。

2) 应收款管理系统审核并制单

(1) 启动应收款管理系统，执行“应收处理”|“销售发票审核”命令，单击“查询”，系统自动弹出“查询条件”对话框。

(2) 设置查询条件，单击“确定”按钮。

(3) 选择需要审核的应收单据，在记录的“选择”处单击，出现“☑”，表示选择成功。本次选择东山百货的两张发票。

(4) 单击“审核”按钮，系统弹出“本次审核成功单据 2 张”信息提示对话框。

(5) 执行“凭证处理”|“生成凭证”命令，系统自动打开“制单查询”对话框。设置单据过滤条件，选择“发票制单”“现结制单”复选框，如图 9-51 所示，单击“确定”按钮。

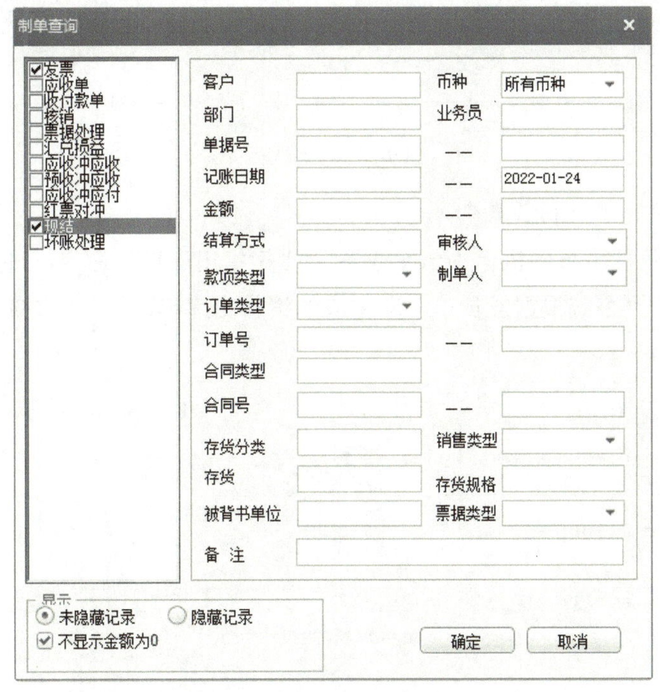

图 9-51 现结单据、应收单过滤

(6) 分别选择第一行、第二行发票。

(7) 单击“制单”按钮，系统根据所选择的现结制单自动生成收款凭证，修改相应凭证类别，单击“保存”按钮，系统显示“已生成“标志。单击”下一张“按钮，修改相应凭证类别，单击”保存“按钮，如图 9-52 和图 9-53 所示。制单完毕，单击“退出”按钮，退出应收款管理系统。

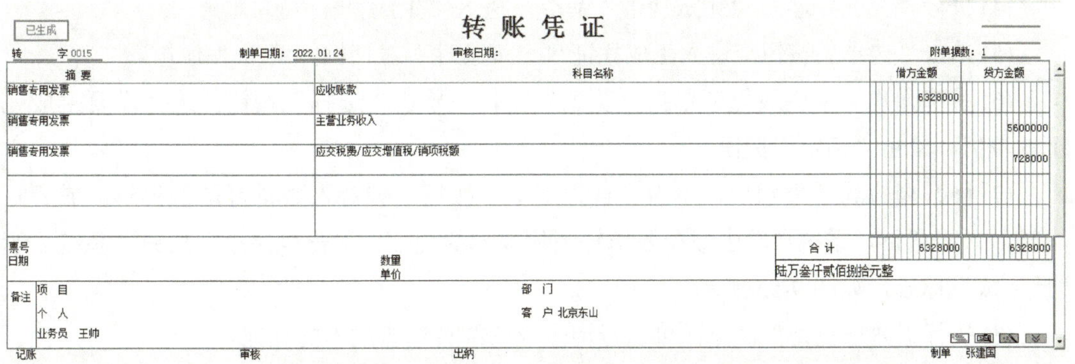

已生成

转账凭证

转 字 0015　　制单日期：2022.01.24　　审核日期：　　附单据数：1

摘要	科目名称	借方金额	贷方金额
销售专用发票	应收账款	6328000	
销售专用发票	主营业务收入		5600000
销售专用发票	应交税费/应交增值税/销项税额		728000
票号 日期	数量 单价	合计 6328000	6328000
		陆万叁仟贰佰捌拾元整	

备注　项 目　　部 门
　　　个 人　　客 户 北京东山
　　　业务员 王帅

记账　　审核　　出纳　　制单 张建国

图 9-52 转账凭证

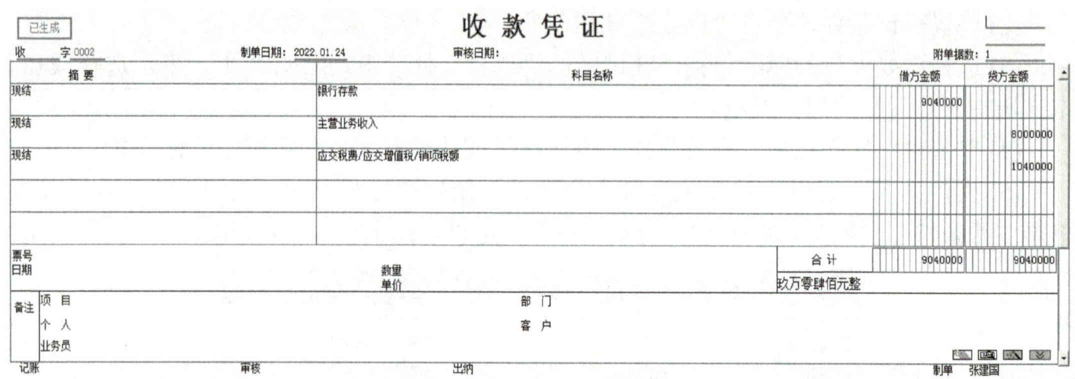

已生成

收款凭证

收 字 0002　制单日期：2022.01.24　审核日期：　附单据数：1

摘要	科目名称	借方金额	贷方金额
现结	银行存款	9040000	
现结	主营业务收入		8000000
现结	应交税费/应交增值税/销项税额		1040000
票号 日期　数量 单价	合计	9040000	9040000
	玖万零肆佰元整		

备注　项目　部门
个人　客户
业务员

记账　审核　出纳　制单 张建国

图 9-53　现结凭证

3) 销售出库单、结转销售成本

(1) 启动库存管理系统，执行“出库业务”|“销售出库单”命令，进入“销售出库单”窗口。按翻页键找到系统根据发货单自动生成的销售出库单，单击“审核”按钮，如图 9-54 所示。

已审核

销售出库单

出库单号 * 0000000002　出库日期 * 2022-01-24　仓库 * A箱包仓
出库类别 销售出库　业务类型 普通销售　业务号 0000000005
销售部门 批发部　业务员 王帅　客户 * 乙百货公司
审核日期 2022-01-24　备注

存量 ▾　货位 ▾　关联单据　排序定位 ▾　显示格式 ▾

	存货编码	存货名称	规格型号	主计量单位	数量
1	004	A男士钱包		个	200.00
2	005	A男士手提包		个	200.00
3					
4					
5					
6					

图 9-54　第 5 笔业务销售出库单

(2) 启动存货核算系统，执行“记账”|“正常单据记账”命令，单击“查询”，在弹出的“查询条件”对话框中单击“确定”。

(3) 系统显示符合条件的单据。选择需要记账的单据，单击“记账”按钮，再单击“退出”按钮。

(4) 执行“凭证处理”|“生成凭证”命令，进入“生成凭证”窗口。

(5) 单击“选单”按钮，进入生成凭证“查询条件”对话框，单击“确定”。

(6) 系统弹出“未生成凭证单据一览表”窗口。单击“选择”按钮，选择需要生成凭证的单据，单击“确定”按钮。

(7) 修改相应凭证类别后，单击“合并制单”按钮，核对入账科目是否正确，或者补充输入入账科目，系统自动生成一张结转销售成本的凭证。单击“保存”按钮，系统显示“已生成”标志，如图 9-55 所示。

(8) 执行“凭证查询”命令，可以查询生成的结转销售成本的凭证。

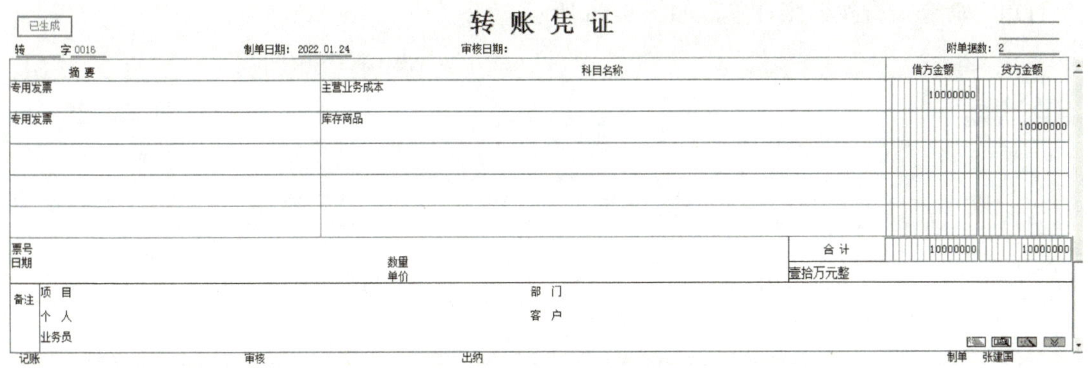

已生成

转账凭证

转　字 0016　　制单日期：2022.01.24　　审核日期：　　附单据数：2

摘要	科目名称	借方金额	贷方金额
专用发票	主营业务成本	10000000	
专用发票	库存商品		10000000
票号 日期	数量 单价	合计	10000000	10000000
		壹拾万元整		

备注　项　目　　部　门
个　人　　客　户
业务员

记账　审核　出纳　制单　张建国

图 9-55　结转销售成本凭证

提示：

- 记账后的单据在“正常单据记录”窗口中不再显示。
- 只有记账后的单据才能进行制单。
- 存货核算系统制单时，单击“生成”按钮表示每张出库单分别生成记账凭证，单击“合成”按钮表示多张销售出库单合并生成一张记账凭证。
- 如果存货科目和对方科目没有事先设置，则在生成凭证界面中可以手工补充输入会计科目或修改会计科目，以保证生成的凭证完全正确。

6. 第 6 笔普通销售业务的处理

本笔业务属于没有执行完毕中途关闭的业务。需要在销售管理系统中输入报价单、销售订单，对方撤销订货后删除报价单和销售订单，或者执行订单关闭。

本笔业务的操作步骤如下：

(1) 在销售管理系统中，执行“销售报价”|“销售报价单”命令，打开填制报价单的窗口。

(2) 单击“增加”按钮，输入表头和表体信息。业务类型为“普通销售”，销售类型为“批发销售”，日期修改为“2022 年 01 月 20 日”，客户是“丙百货公司”，业务员为“王帅”，税率为 13%。表体中的存货为 A 男士时尚包，数量为 200 个，报价为 900 元 / 个，无税单价为 900 元 / 个。单击“保存”按钮，再单击“审核”按钮。

(3) 执行“销售订货”|“销售订单”命令，打开“销售订单”窗口。

(4) 单击“增加”按钮，参照报价单生成销售订单。表头信息与报价单相同，表体中的订购数量为 200 个，报价为 900 元 / 个，无税单价为 900 元。信息确认后单击“保存”按钮，再单击“审核”按钮。

(5) 2022 年 1 月 23 日，接到对方撤销订货的通知后，领导决定关闭报价单和销售订单。

(6) 执行“销售订货”|“销售订单”命令，设置过滤条件，查询到 1 月 20 日丙百货公司的销售订单，选择相应订单，单击“关闭”按钮，关闭订单。执行“销售订货”|“销

售订单”命令，查找该张订单，如图 9-56 所示。

已关闭　　销售订单

订单号 * 0000000003　　订单日期 * 2022-01-20　　业务类型 * 普通销售
销售类型 * 批发销售　　客户简称 * 丙百货公司　　付款条件 2/30,1/45,n/90
销售部门 * 批发部　　业务员 王帅　　税率 13.00
币种 人民币　　汇率 1　　备注

仅子件　关闭　打开　存量 ▾　价格 ▾　毛利预估　信用　ATP模拟运算　执行跟踪 ▾　关联单据　排序定位 ▾　显示格式 ▾

	存货编码	存货名称	规格型号	主计量	数量	报价	含税单价	无税单价	无税金额	税额	价税合计	折扣额	税率（
1	006	A男士时尚包		个	200.00	900.00	1017.00	900.00	180000.00	23400.00	203400.00	-23400.00	
2													
3													
4													
5													
6													
7													
8													
9													
10													
11													

图 9-56　销售订单关闭

提示：

- 报价单、销售订单均有五种状态，即录入、未审核、已审核、已执行、关闭。
- 已经关闭的订单表示该项业务已经执行完毕或者无法再执行。

7. 账套备份

在 D 盘建立文件夹，将项目九中任务二的账套输出，并保存到 U 盘。

【任务训练】

在业财一体信息化平台中完成销售发票录入、审核，并生成应收类凭证。专用发票如图 9-57 所示。

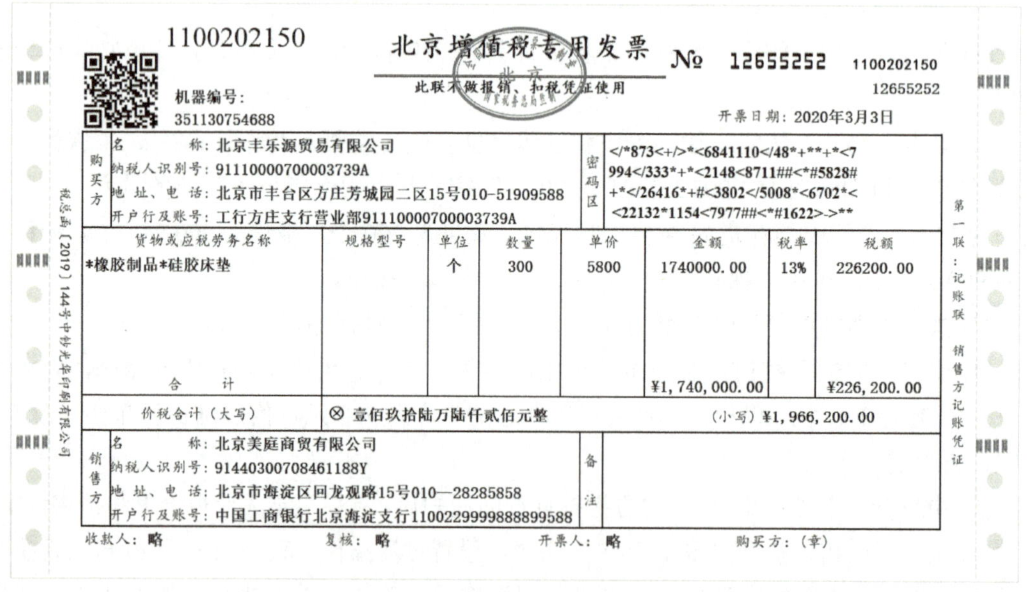

1100202150　　北京增值税专用发票　　№ 12655252　　1100202150
12655252

此联不做报销、扣税凭证使用

机器编号：351130754688　　开票日期：2020年3月3日

购买方	名　　称：北京丰乐源贸易有限公司 纳税人识别号：91110000700003739A 地 址、电 话：北京市丰台区方庄芳城园二区15号010-51909588 开户行及账号：工行方庄支行营业部91110000700003739A	密码区	</*873<+/>*<6841110</48*+**+*<7 994</333*+*<2148<8711##<*#5828# +*</26416*+#<3802</5008*<6702*< <22132*1154<7977##<*#1622>->**

货物或应税劳务名称	规格型号	单位	数量	单价	金额	税率	税额
*橡胶制品*硅胶床垫		个	300	5800	1740000.00	13%	226200.00
合　　计					¥1,740,000.00		¥226,200.00
价税合计（大写）	⊗ 壹佰玖拾陆万陆仟贰佰元整				（小写）¥1,966,200.00		

销售方	名　　称：北京美庭商贸有限公司 纳税人识别号：91440300708461188Y 地 址、电 话：北京市海淀区回龙观路15号010—28285858 开户行及账号：中国工商银行北京海淀支行1100229999888899588	备注	

收款人：略　　复核：略　　开票人：略　　购买方：（章）

第一联：记账联　销售方记账凭证

税总函〔2019〕144号中钞光华印制有限公司

图 9-57　专用发票

任务三 普通销售业务(二)

【任务目的】

● 掌握手动录入销售发票的处理方法。
● 掌握销售现结业务的处理。
● 掌握分次发货销售业务的处理。

【任务准备】

● 引入项目九中任务二的账套数据。将系统日期修改为“2022年01月31日”，以“1008”操作员(密码为“1”)的身份登录108账套的“企业应用平台”

【任务要求】

● 在销售管理系统中取消“普通销售必有订单”。
● 在销售系统中取消“销售生成出库单”。
● 开具销售专用发票并复核。
● 确认、收取应收款项。
● 生成销售出库单。
● 根据销售出库单确认销售成本(存货采用先进先出法核算)。
● 备份账套。

普通销售业务(二)1

【任务资料】

(1) 2022年1月13日，甲百货公司派采购员到本公司订购D学生行李箱为1 000个，本公司报价为190元/个。经协商，双方认定的价格为180元/个，本公司开具销售专用发票(ZF0299)，收到对方的转账支票(ZZ0011278)。采购员当日提货(拉杆箱仓)。

普通销售业务(二)2

(2) 2022年1月23日，丙百货公司采购员到本公司采购D休闲行李箱为800个，本公司报价为220/个。双方协商价格为210元/个，本公司立即开具销售专用发票(ZF0378)，于25日和28日分两批发货(拉杆箱仓)，每次发货为400个。对方承诺收到货物后，全额支付本次款项和前欠款项。

普通销售业务(二)3

(3) 2022年1月25日，乙百货公司有意向本公司订购A女士潮流包800个。本公司报价500元/个，经双方协商，最后以450元/个成交。26日收到对方的电汇(DH001899)，本公司当即开具销售专用发票(ZF0466)。

普通销售业务(二)4

(4) 2022年1月27日，给乙百货公司发货(A箱包仓)，确认女士潮流包出库成本。

(5) 2022年1月28日，乙百货公司向本公司订购C炫酷旅行箱500个，时尚旅行箱500个。本公司报价为：炫酷旅行箱为950元/个，

普通销售业务(二)5

时尚旅行箱为 1 050 元 / 个。双方协商订购价为炫酷旅行箱为 900 元 / 个，时尚旅行箱为 1 000 元 / 个。本公司开具销售专用发票 (ZF0578)，对方当即提炫酷旅行箱为 500 个，时尚旅行箱尚未提货。

【任务指导】

本业务主要是开票直接发货或者先开票后发货的销售业务，这两类业务都可以直接开具发票，系统根据发票自动生成发货单，根据发货单系统参照生成销售出库单。这两类业务可以是现销业务，也可以是赊销业务。如果存货采用先进先出法核算，也可以随时结转销售成本。

本业务需要手工开具发票，因此，必须将销售管理系统的“普通销售必有订单”选项取消，同时取消库存管理系统的“销售生成出库单”选项，这样就可以手工开具销售发票了。

1. 第 1 笔普通销售业务的处理

本笔业务属于开票直接发货的普通销售业务，可以直接开具销售专用发票，由销售发票生成发货单、销售出库单，确认收入，收取价税款。

本笔业务的操作步骤如下：

(1) 在销售管理系统中，执行“设置”|“销售选项”命令，取消“普通销售必有订单”和“销售生成出库单”选项，如图 9-58 所示，然后单击“确定”按钮，

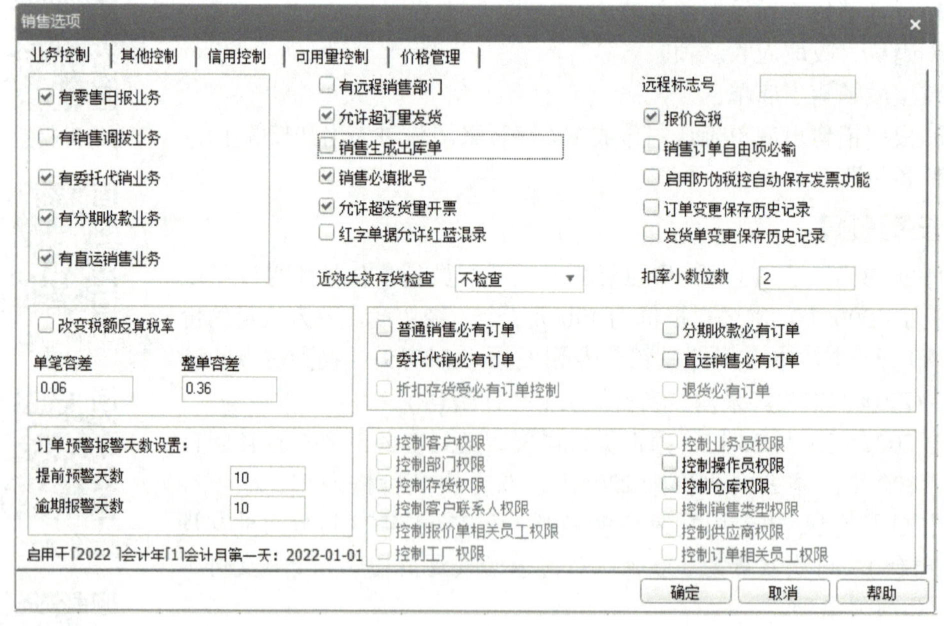

图 9-58 修改销售选项

(2) 执行“销售开票”|“销售专用发票”命令，进入“销售专用发票”窗口。单击“增加”按钮，系统自动弹出“参照生单”对话框。单击“取消”按钮，关闭该对话框，进入“销售专用发票”窗口。

(3) 手工输入发票的表头和表体信息。业务类型为“普通销售”，销售类型为“经销商批发”，客户为“甲百货公司”，开票日期为“2022 年 01 月 13 日”，发票号为 ZF0299，销售部门为“批发部”，业务员为“王帅”，拉杆箱仓学生行李箱为 1 000 个，报价为 190 元 / 个，无税单价为 180 元。全部信息输入后，单击“保存”按钮。

(4) 单击“现结”按钮，打开“现结”对话框，输入结算方式为“转账支票”(ZZ0011278)，全额支付，银行账号指甲百货公司的银行账号，如图 9-59 所示。输入完毕，单击“确定”按钮。

(5) 发票上自动显示“现结”标志，单击“复核”按钮，如图 9-60 所示。

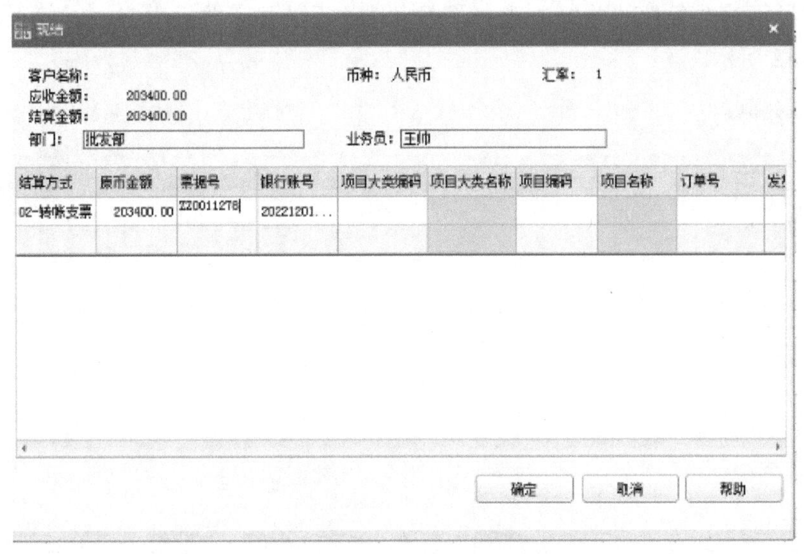

图 9-59 “现结”对话框

已审核 现结

销售专用发票

发票号 * ZF0299　开票日期 * 2022-01-13　业务类型 普通销售
销售类型 * 批发销售　订单号　发货单号 0000000007
客户简称 * 甲百货公司　销售部门 * 批发部　业务员 王帅
付款条件 4/10,2/20,n/30　客户地址　联系电话
开户银行 中国建设银行　账号 202212010001　税号 10020221231
币种 人民币　汇率 1　税率 13.00
备注

仅子件 存量 价格 毛利预估 信用 序列号 结算情况 关联单据 排序定位 显示格式

	仓库名称	存货编码	存货名称	规格型号	主计量	数量	报价	含税单价	无税单价	无税金额	税额	价税合计	税率（%）
1	拉杆箱仓	013	D学生行李箱		个	1000.00	190.00	203.40	180.00	180000.00	23400.00	203400.00	13.00
2													
3													
4													
5													

图 9-60 销售专用发票

(6) 执行“销售发货”|“发货单”命令，进入“发货单”窗口，系统根据复核后的销售专用发票，自动生成已经审核的销售发货单，如图 9-61 所示。单击“退出”按钮，退出销售系统。

已审核

发货单

发货单号 * 0000000007　发货日期 * 2022-01-24　业务类型 * 普通销售
销售类型 * 批发销售　订单号　发票号 ZF0299
客户简称 * 甲百货公司　销售部门 * 批发部　业务员 王帅
发货地址　发运方式　付款条件 4/10,2/20,n/30
税率 13.00　币种 人民币　汇率 1
备注

仅子件 关闭 打开 存量 价格 毛利预估 信用 序列号 执行情况 关联单据 排序定位 显示格式

	仓库名称	存货编码	存货名称	规格型号	主计量	数量	报价	含税单价	无税单价	无税金额	税额	价税合计	税率（%）
1	拉杆箱仓	013	D学生行李箱		个	1000.00	190.00	203.40	180.00	180000.00	23400.00	203400.00	13.00
2													
3													
4													
5													

图 9-61 根据销售发票生成发货单

(7) 启动库存管理系统，执行“出库业务”|“销售出库单”命令，进入“销售出库单”窗口。

(8) 单击“增加”|“销售发货单”下拉按钮，系统显示查询条件对话框。单击“确定”按钮，系统显示符合条件的单据，选中单据表体，系统显示单据内容，以便于正确确认单据，如图 9-62 所示。

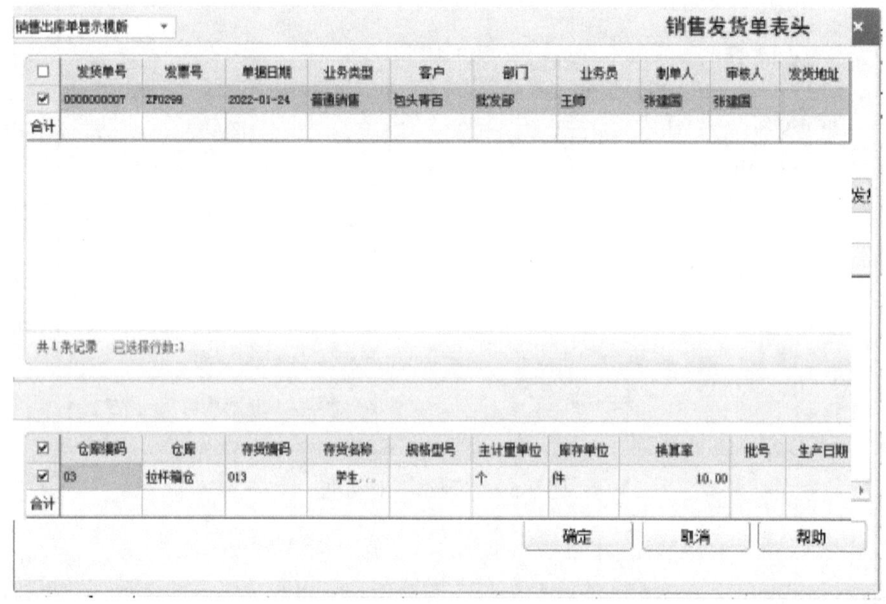

图 9-62　出库单生单单据过滤

(9) 选中销售发货单后单击“确定”按钮，系统根据选择的发货单生成一张未保存的销售出库单。单击“保存”按钮，再单击“审核”按钮，如图 9-63 所示。

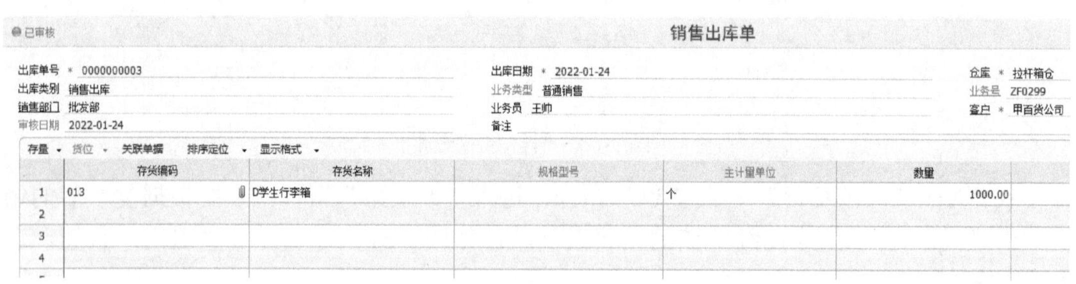

图 9-63　根据发货单生成销售出库单

(10) 启动应收款管理系统，执行“应收处理”|“销售发票审核”命令，单击“查询”，系统自动弹出“查询条件”对话框。

(11) 设置单据查询条件，单击“确定”按钮。

(12) 选择需要审核的应收单据，在该记录的“选择”栏双击鼠标左键，出现“☑”。

(13) 单击“审核”按钮，系统显示“本次审核成功单据 1 张”信息提示对话框。

(14) 执行“凭证处理”|“生成凭证”命令，系统自动打开“制单查询”对话框，设置单据过滤条件，选择“现结制单”。选择单据后，单击“制单”按钮，在生成凭证界面中修改凭证类别为“收款凭证”，然后单击“保存”按钮，如图 9-64 所示。

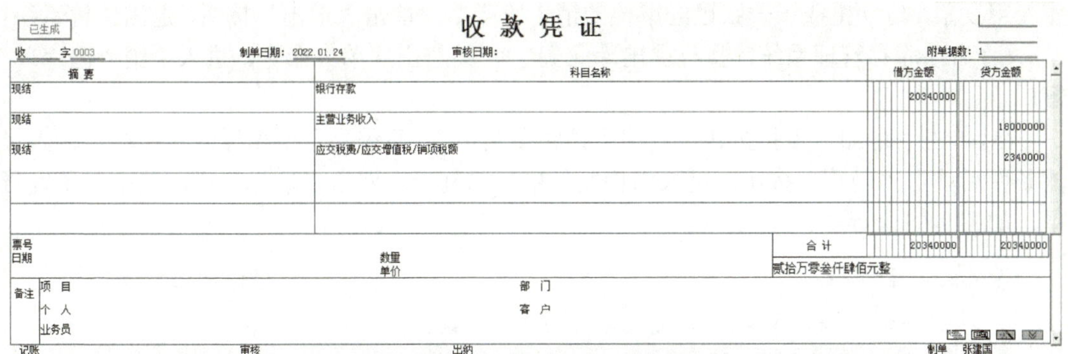

已生成

收款凭证

收 字 0003　制单日期：2022.01.24　审核日期：　附单据数：1

摘要	科目名称	借方金额	贷方金额
现结	银行存款	20340000	
现结	主营业务收入		18000000
现结	应交税费/应交增值税/销项税额		2340000
票号 日期	数量 单价 合计	20340000	20340000
	贰拾万零叁仟肆佰元整		

备注 项 目　部 门

个 人　客 户

业务员

记账　审核　出纳　制单 张建国

图 9-64　现结制单

提示：

● 只有在基础档案中设置了客户开户银行、税号等信息的客户，才能开具销售专用发票；否则，只能开具普通发票。

● 开具销售专用发票现结时，需要输入客户的银行账号，否则只能开具普通发票进行现结处理。

● 如果在销售管理系统选项的“其他控制”选项卡中，选择“新增发票默认参照发货单生成”，则新增发票时系统自动弹出“选项发票单”对话框，系统默认为“新增发票默认参照订单生成”。

● 销售专用发票生成的发货单信息不能修改，发货单日期为操作业务日期，如果需要与发票日期相同，则注册进入企业应用平台的日期应该与发票日期相同；否则，发票单日期不等于发票日期。其他由系统自动生成的单据或凭证日期也是如此。

● 销售专用发票自动生成的发货单信息不能修改。

● 发货单生成销售出库单时，可以修改出库数量(即可以处理分次出库业务)。

2. 第 2 笔普通销售业务的处理

本笔业务属于开票直接发货的普通销售业务，可以直接开具销售专用发票，由销售发票生成销售发货单，分次生成销售出库单，确认应收账款。

本笔业务的操作步骤如下：

(1) 在销售管理系统中，执行“销售开票”|“销售专用发票”命令，进入“销售专用发票”窗口。

(2) 单击“增加”|“空白单据”按钮，手工输入发票的表头和表体信息。业务类型为“普通销售”，销售类型为“批发销售”，客户为“丙百货公司”，开票日期为“2022 年 1 月 23 日”，发票号为 ZF0378，销售部为“批发部”。拉杆箱仓休闲行李箱 800 个，报价为 220 元 / 个，无税单价为 210 元。全部信息输入后，单击“保存”按钮，再单击“复核”按钮。

(3) 执行“销售发货”|“发货单”命令，进入“发货单”窗口。系统根据复核后的销

售专用发票，自动生成了一张已经审核的销售发货单。单击“退出”按钮，退出销售系统。

(4) 启动库存管理系统，执行“出库业务”|“销售出库单”命令，进入“销售出库单”窗口。

(5) 单击“增加”下拉按钮，选中“销售发货单”，系统显示单据过滤对话框，输入过滤条件后单击“确定”按钮，进入销售发货单生单列表。双击“选择”栏，选中一条发货单，如图 9-65 所示。

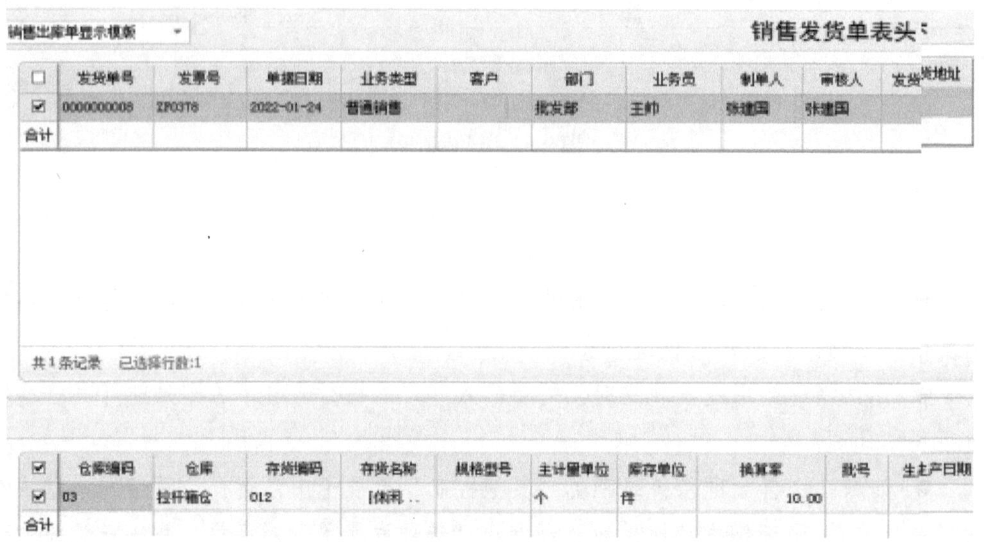

图 9-65　出库单生单单据过滤

(6) 单击“确定”按钮，系统根据选择的发货单生成一张未保存的销售出库单，修改发货数量为“400”，修改出库日期为“2022-01-25”。单击“保存”按钮，再单击“审核”按钮，如图 9-66 所示。

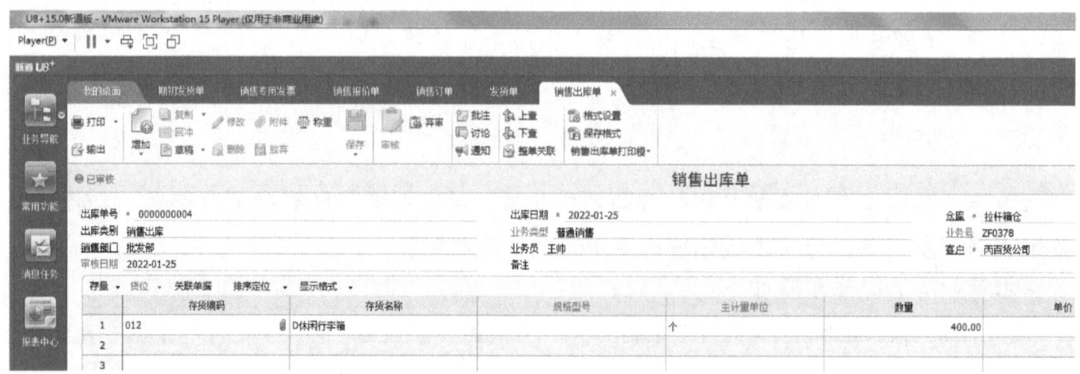

图 9-66　分次生成销售出库单 1

(7) 启动应收款管理系统，执行“应收处理”|“销售发票”|“销售发票审核”命令。单击“查询”，系统自动弹出“条件过滤选择”对话框。

(8) 单击“确定”按钮。

(9) 选择需要审核的应收单据，在记录的“选择”栏双击左键，出现“☑”，如图 9-67 所示。

销售发票列表

序号	□	审核人	单据日期	单据类型	单据号	客户名称
1	□	张建国	2022-01-23	销售专...	ZF0378	百货公司
2	小计					
3	合计					

图 9-67 审核发票

(10) 单击“审核”按钮，系统弹出“本次审核成功单据 1 张”信息提示对话框。

(11) 执行“凭证处理”|“生成凭证”命令，选择“发票制单”，单击“确定”按钮，在生成凭证界面修改凭证类别为“转账凭证”，单击“制单”，然后单击“保存”按钮，如图 9-68 所示。

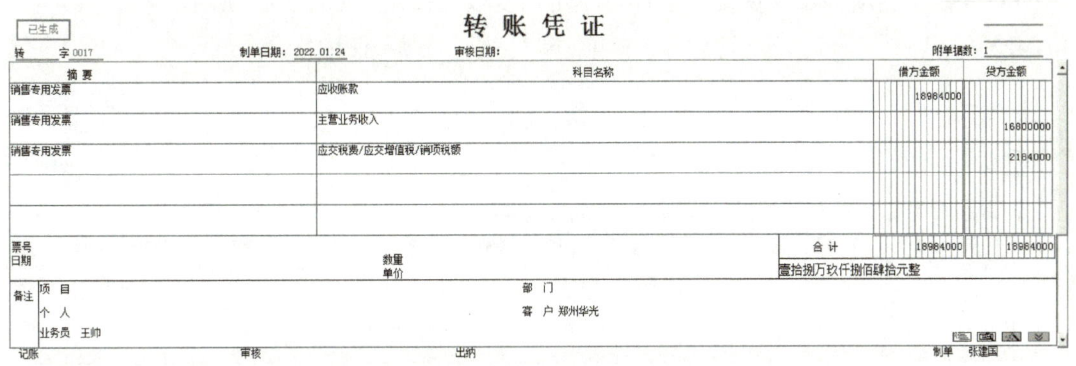

已生成

转账凭证

转 字 0017　制单日期：2022.01.24　审核日期：　附单据数：1

摘要	科目名称	借方金额	贷方金额
销售专用发票	应收账款	18984000	
销售专用发票	主营业务收入		16800000
销售专用发票	应交税费/应交增值税/销项税额		2184000
票号 日期	数量 单价	合计 18984000	18984000
		壹拾捌万玖仟捌佰肆拾元整	

备注　项目　部门

个人　客户 郑州华光

业务员 王帅

记账　审核　出纳　制单 张建国

图 9-68 第 2 笔业务应收单制单

(12) 本月 28 日，在库存管理系统中，执行“出库业务”|“销售出库单”命令，进入“销售出库单”窗口。

(13) 单击“生单”下拉按钮，选中弹出的“销售生单”，系统显示单据过滤窗口。输入过滤条件后，单击“过滤”按钮，进入销售发货单生单列表，双击“选择”栏，选中一条发货单。单击“确定”按钮，系统根据选择的发货单生成一张未保存的销售出库单，数量为 400。单击“保存”按钮，再单击“审核”按钮，如图 9-69 所示。

已审核

销售出库单

出库单号 * 0000000005　出库日期 * 2022-01-28　仓库 * 拉杆箱仓

出库类别 销售出库　业务类型 普通销售　业务号 ZF0378

销售部门 批发部　业务员 王帅　客户 * 丙百货公司

审核日期 2022-01-28　备注

存量 ▾　货位 ▾　关联单据　排序定位 ▾　显示格式 ▾

	存货编码	存货名称	规格型号	主计量单位	数量
1	012	D休闲行李箱		个	400.00
2					
3					
4					
5					
6					

图 9-69 分次生成销售出库单 2

3. 第 3 笔普通销售业务的处理

本笔业务属于先开票后发货的普通销售业务，需要开具销售专用发票进行现结，根据应收单确认收入并制单。

本笔业务的操作步骤如下：

(1) 在销售管理系统中，执行“销售开票”|“销售专用发票”命令，进入“销售专用发票”窗口。

(2) 单击“增加”按钮，单击“空白单据”对话框。手工输入发票的表头和表体信息。业务类型为“普通销售”，销售类型为“批发销售”，客户为“乙百货公司”，开票日期为“2022 年 1 月 26 日”，发票号为 ZF0466，业务员为“王帅”，销售部门为“批发部”，税率为 13%。A 箱包仓女士潮流包 800 个，报价 500 元 / 个，无税单价 450 元。全部信息输入后，单击“保存”按钮。

(3) 单价“现结”按钮，打开“现结”对话框，输入结算方式为“电汇”(DH001899)，结算金额为 421 200，输入完毕后，单击“确定”按钮。

(4) 发票上自动显示“现结”字样，单击“复核”按钮，如图 9-70 所示。

已审核 现结

销售专用发票

发票号 ZF0466　　开票日期 2022-01-26　　业务类型 普通销售
销售类型 批发销售　　订单号　　发货单号 0000000009
客户简称 乙百货公司　　销售部门 批发部　　业务员 王帅
付款条件 2/20,1/40,n/60　　客户地址　　联系电话
开户银行 中国工商银行　　账号 202212010002　　税号 10020221232
币种 人民币　　汇率 1　　税率 13.00
备注

仅子件　存量　价格　毛利预估　信用　序列号　结算情况　关联单据　排序定位　显示格式

	仓库名称	存货编码	存货名称	规格型号	主计量	数量	报价	含税单价	无税单价	无税金额	税额	价税合计	税率(%)
1	A箱包仓	003	A女士潮流包		个	800.00	500.00	508.50	450.00	360000.00	46800.00	406800.00	13.00
2													
3													
4													
5													
6													

图 9-70　第 3 笔业务销售专用发票

(5) 启动应收款管理系统，执行“应收处理”|“销售发票”|“销售发票审核”命令，单击“查询”，系统自动弹出“条件过滤选择”对话框。

(6) 单击“确定”按钮。

(7) 选择需要审核的应收单据，在记录的“选择”栏双击鼠标左键，出现“☑”。

(8) 单击“审核”按钮，系统弹出“本次审核成功单据 1 张”信息提示对话框。

(9) 执行“凭证处理”|“生成凭证”命令，系统自动打开单据过滤对话框，设置单据过滤条件，选择“现结制单”。选择单据后单击“确定”按钮，在生成凭证界面修改凭证类别为“收款凭证”，单击“制单”，如图 9-71 所示。

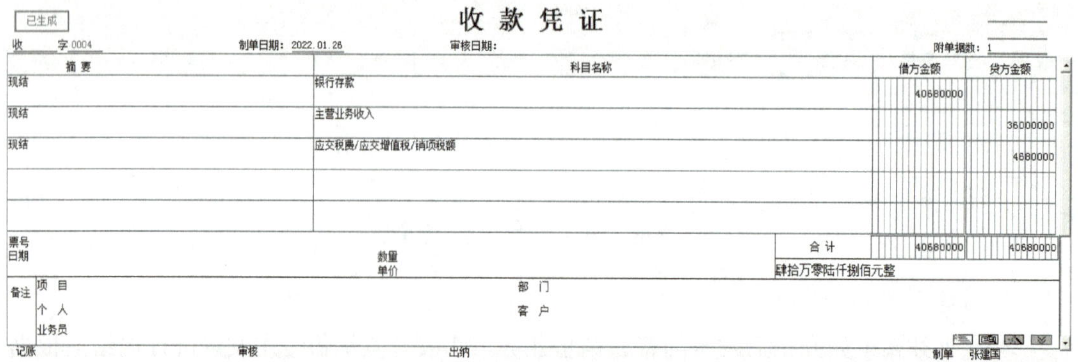

已生成

收款凭证

收　字 0004　　制单日期：2022.01.26　　审核日期：　　附单据数：1

摘要	科目名称	借方金额	贷方金额
现结	银行存款	40680000	
现结	主营业务收入		36000000
现结	应交税费/应交增值税/销项税额		4680000
票号 日期	数量 单价 合计	40680000	40680000
	肆拾万零陆仟捌佰元整		

备注　项目　　部门
个人　　客户
业务员

记账　　审核　　出纳　　制单 张建国

图 9-71　收款凭证

(10) 单击“保存”按钮，确认并保存收款凭证信息。

4. 第 4 笔普通销售业务的处理

本笔业务是第 3 笔业务的继续。根据销售专用发票生成销售发货单、销售出库单和结转销售成本。

本笔业务的操作步骤如下：

(1) 在销售管理系统中，执行“销售发货”|“发货单”命令，进入“发货单”窗口。系统根据复核后的销售专用发票，自动生成一张已经审核的销售发货单。单击“退出”按钮，退出销售系统。

(2) 启动库存管理系统，执行“出库业务”|“销售出库单”命令，进入“销售出库单”窗口。

(3) 单击“增加”下拉按钮，选择“销售发货单”，系统显示单据过滤对话框。输入过滤条件后单击“确定”按钮，进入销售发货单生单列表，双击“选择”栏，选中一条发货单。单击“确定”按钮，系统根据选择的发货单生成一张未保存的销售出库单。单击“保存”按钮，再单击“审核”按钮。

(4) 启动存货核算系统，执行“记账”|“正常单据记账”命令，单击“查询”，系统自动弹出记账单据查询条件窗口。

(5) 单击“确定”按钮，系统显示符合条件的单据。选择要记账的单据，单击“记账”按钮。记账后单击“退出”按钮。

(6) 执行“凭证处理”|“生成凭证”命令，单击“选单”，进入“未生成单据一览表”窗口。

(7) 单击“选择”按钮，选择需要生成凭证的单据。

(8) 单击“确定”按钮，系统打开“生成凭证”窗口。

(9) 选择凭证类别为“转账凭证”后，核对入账科目是否正确，或者补充输入入账科目，单击“合并制单”按钮，系统自动生成一张结转销售成本的凭证。单击“保存”按钮，如图 9-72 所示。单击“退出”按钮。

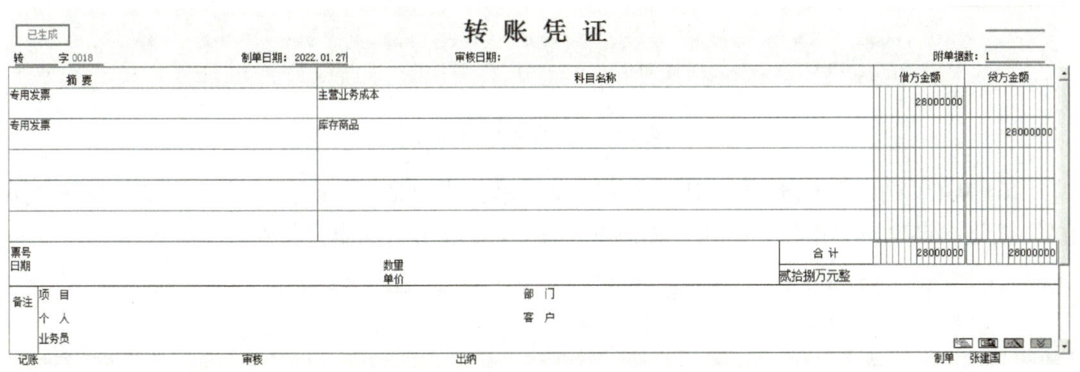

已生成

转账凭证

转 字 0018　　制单日期：2022.01.27　　审核日期：　　附单据数：1

摘要	科目名称	借方金额	贷方金额
专用发票	主营业务成本	28000000	
专用发票	库存商品		28000000
票号 日期	数量 单价	合计 28000000	28000000
		贰拾捌万元整	

备注　项目　　部门

个人　　客户

业务员

记账　　审核　　出纳　　制单 张建国

图 9-72　第 4 笔业务结转销售成本凭证

5. 第 5 笔普通销售业务的处理

本笔业务属于开票直接销售的普通销售业务，需要开具销售专用发票、生成发货单、销售出库单，确认应收账款并制单。

本笔业务的操作步骤如下：

(1) 在销售管理系统中，执行“销售开票”|“销售专用发票”命令，进入“销售专用发票”窗口。

(2) 单击“增加”按钮，选择“空白单据”。手工输入发票的表头和表体信息，业务类型为“普通销售”，销售类型为“批发销售”，客户为“乙百货公司”，开票日期为“2022 年 1 月 29 日”，发票号为 ZF0578，业务员为“王帅”，销售部门为“批发部”，税率为 13%。拉杆箱仓炫酷旅行箱、时尚旅行箱各 500 个，炫酷旅行箱单价 950 元，无税单价为 900 元；时尚旅行箱单价为 1 050 元，无税单价为 1 000 元。全部信息输入后，单击“保存”按钮，再单击“复核”按钮。

(3) 执行“销售发货”|“发货单”命令，进入“发货单”窗口，系统根据复核的销售专用发票，自动生成了一张已经审核的销售发货单。单击“退出”按钮，退出销售系统。

(4) 启动库存管理系统，执行“出库业务”|“销售出库单”命令，进入“销售出库单”窗口。

(5) 单击“增加”下拉按钮，选中弹出的“销售发货单”，系统显示单据过滤窗口。输入过滤条件后，单击“确定”按钮，进入销售发货单生单列表。双击“选择”栏，选中发货单，如图 9-73 所示。

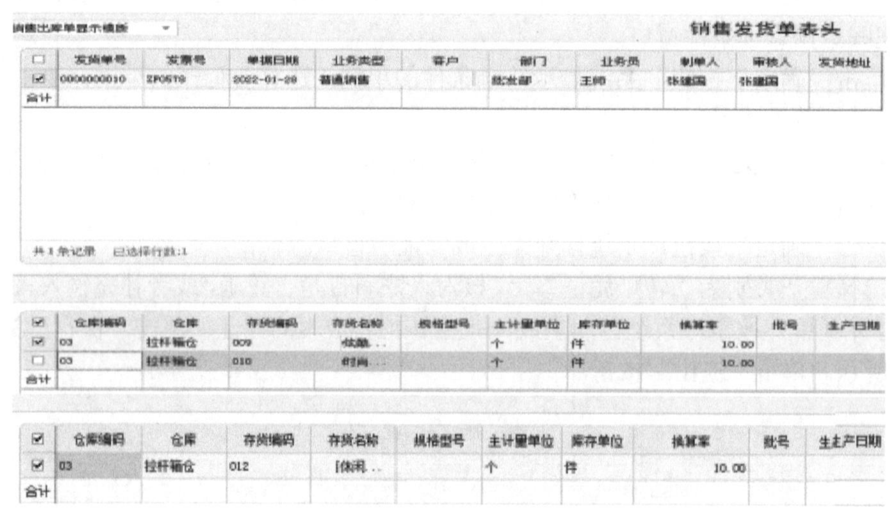
销售发货单表头

☐	发货单号	发票号	单据日期	业务类型	客户	部门	业务员	制单人	审核人	发货地址
☑	0000000010	ZF0578	2022-01-28	普通销售		批发部	王帅	张建国	张建国	
合计										

共 1 条记录　已选择行数:1

☑	仓库编码	仓库	存货编码	存货名称	规格型号	主计量单位	库存单位	换算率	批号	生产日期
☑	03	拉杆箱仓	009	炫酷...		个	件	10.00		
☐	03	拉杆箱仓	010	时尚...		个	件	10.00		
合计										

☑	仓库编码	仓库	存货编码	存货名称	规格型号	主计量单位	库存单位	换算率	批号	生产日期
☑	03	拉杆箱仓	012	[休闲...		个	件	10.00		
合计										

图 9-73　发货单生单列表

(6) 单击“确定”按钮，系统根据选择的发货单生成一张未保存的销售出库单。单击“保存”按钮，再单击“审核”按钮，如图 9-74 所示。单击“退出”按钮。

已审核　　销售出库单

出库单号 * 0000000007　　出库日期 * 2022-01-28　　仓库 * 拉杆箱仓
出库类别 销售出库　　业务类型 普通销售　　业务号 ZF0578
销售部门 批发部　　业务员 王帅　　客户 * 乙百货公司
审核日期 2022-01-28　　备注

存量 ▾　货位 ▾　关联单据　排序定位 ▾　显示格式 ▾

	存货编码	存货名称	规格型号	主计量单位	数量
1	009	Q炫酷旅行箱		个	500.00
2					
3					
4					
5					
6					

图 9-74　第 5 笔业务的销售出库单

(7) 启动应收款管理系统，执行“应收处理”|“销售发票”|“销售发票审核”命令，单击“查询”，系统自动弹出“条件过滤设置”对话框。

(8) 设置单据过滤条件，单击“确定”按钮。

(9) 选择需要审核的应收单据，在记录的“选择”栏双击，出现“☑”。单击“审核”按钮，系统弹出“本次审核成功单据 1 张”信息提示对话框。

(10) 单击“凭证处理”|“生成凭证”，系统自动打开单据过滤窗口，设置单据过滤条件，选择“发票制单”，单击“确定”按钮，在生成凭证界面修改凭证类别为“转账凭证”，然后单击“保存”按钮，如图 9-75 所示。

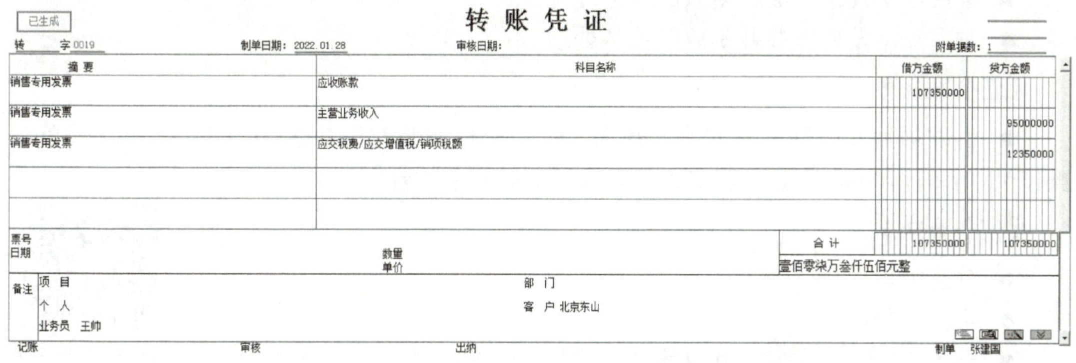

已生成

转 账 凭 证

转　字 0019　制单日期：2022.01.28　审核日期：　附单据数：1

摘要	科目名称	借方金额	贷方金额
销售专用发票	应收账款	107350000	
销售专用发票	主营业务收入		95000000
销售专用发票	应交税费/应交增值税/销项税额		12350000
票号 日期	数量 单价	合计 107350000	107350000

壹佰零柒万叁仟伍佰元整

备注　项　目　　部　门

个　人　　客　户 北京东山

业务员 王帅

记账　审核　出纳　制单 张建国

图 9-75　第 5 笔业务销售发票凭证

6. 账套备份

在 D 盘建立文件夹，将项目九中任务三的账套输出，并保存到 U 盘。

【任务训练】

2020 年 3 月 4 日，收到市场中心业务员何红艳销售北京丰乐源贸易有限公司硅胶床垫货款 1 966 200.00 元，图 9-76 所示为财务中心收款并核销应收款项。

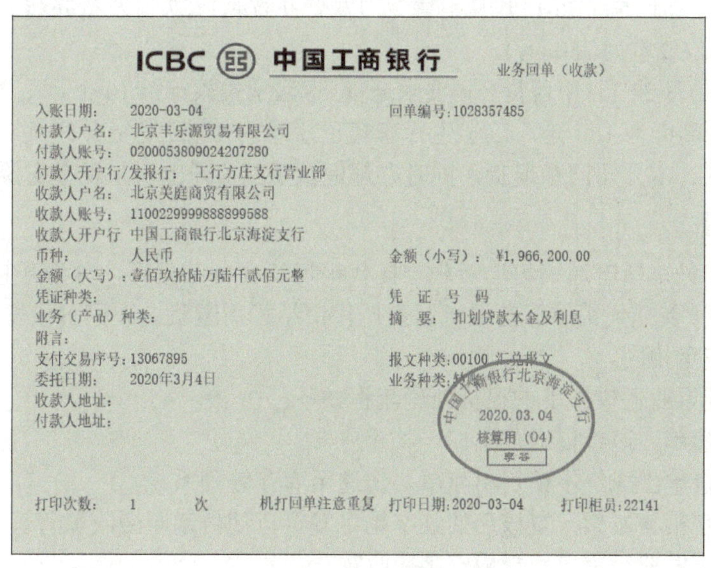

ICBC 中国工商银行　业务回单（收款）

入账日期：　2020-03-04　　回单编号：1028357485

付款人户名：　北京丰乐源贸易有限公司

付款人账号：　0200053809024207280

付款人开户行/发报行：　工行方庄支行营业部

收款人户名：　北京美庭商贸有限公司

收款人账号：　110022999888899588

收款人开户行　中国工商银行北京海淀支行

币种：　人民币　　金额（小写）：　¥1,966,200.00

金额（大写）：壹佰玖拾陆万陆仟贰佰元整

凭证种类：　　凭 证 号 码

业务（产品）种类：　　摘 要：扣划贷款本金及利息

附言：

支付交易序号：13067895　　报文种类：00100 汇兑报文

委托日期：　2020年3月4日　　业务种类：

收款人地址：

付款人地址：

中国工商银行北京海淀支行 2020.03.04 核算用（04）

打印次数：　1　次　机打回单注意重复　打印日期：2020-03-04　打印柜员：22141

图 9-76　业务回单

任务四 销售退货业务

【任务目的】

- 掌握普通销售退货业务流程。
- 掌握退货单的录入方式。
- 掌握红字发票生成并复核的业务处理。
- 掌握红字发票审核并制单的业务处理。

【任务准备】

- 引入项目九中任务三的账套数据。将系统日期修改为 2022 年 1 月 31 日，以 8001 操作员 (密码为 1) 的身份登录 108 账套的“企业应用平台”。

【任务要求】

销售退货业务 1

- 普通销售退货。
- 录入退货单。
- 录入或生成红字发票并复核。
- 审核红字应收单并制单。
- 备份账套。

销售退货业务 2

【任务资料】

(1) 2022 年 1 月 30 日，乙百货公司提出退回时尚旅行箱 500 个，无税单价为 1 000 元 (28 日已经开票，生成发货单，但尚未出库)。

销售退货业务 3

(2) 2022 年 1 月 30 日，乙百货公司因质量问题要求退回女士潮流包 10 个。该潮流包已于本月 26 日开具销售专用发票并收款，27 日发货并结转销售成本 (单位成本为 350 元)。

(3) 2022 年 1 月 31 日，甲百货公司要求退货。退回学生旅行箱 10 个 (入拉杆箱仓) 无税单价为 180 元，该学生行李箱已于本月 13 日发货并开具销售发票并收款。本公司同意退货，同时办理退款手续 (开出一张现金支票 WY0100)。

【任务指导】

销售退货业务包括普通销售退货和委托代销退货业务的处理，分为开具发票前退货和开具发票后退货、委托代销结算前退货和委托代销结算后退货。不同阶段发生的退货业务，其业务处理不完全相同。

先发货后开票业务模式下的退货处理流程如下：

- 填制退货单，审核该退货单。
- 根据退货单生成红字销售出库单，传递至库存管理系统。
- 填制红字销售发票，复核后的红字销售发票自动传递至应收款管理系统。
- 红字销售发票经审核，形成红字应收款。
- 红字销售出库单在存货核算系统中记账，进行成本处理。

开票直接发货退货业务处理流程

- 填制红字销售发票，复核后自动生成退货单。
- 生成红字销售出库单。
- 复核后的红字销售发票自动传递至应收款管理系统，审核后，形成红字应收款。
- 审核后的红字出库单在存货核算系统中记账，进行成本处理。

1. 第 1 笔退货业务的处理

本笔业务属于先开票后发货的普通销售业务，已经给对方开出发货单，但尚未出库。因此，退货时，需要输入退货单，开具红字专用销售发票。由于尚未生成销售出库单，所以不必生成红字销售出库单。

本笔业务的操作步骤如下：

(1) 启动销售管理系统，执行“销售发货”|“退货单”命令，手工填制一张退货单，无税单价为 1 000 元，单击“审核”按钮。

(2) 执行“销售发票”|“红字专用销售发票”命令，单击“增加”|“发货单”按钮，系统自动显示“发票参照发货单”窗口。发货单类型：红字记录，输入相应查询条件并单击“过滤”按钮，系统自动显示“北京东山百货公司退货单”。

(3) 单击“选择”，再单击“确定”按钮，生成红字专用销售发票。修改相关项目后，单击“保存”按钮，再单击“复核”按钮，如图 9-77 所示。

已审核　　销售专用发票

发票号 * 0000000003　　开票日期 * 2022-01-31　　业务类型 普通销售
销售类型 * 批发销售　　订单号　　发货单号 0000000011
客户简称 * 乙百货公司　　销售部门 * 批发部　　业务员 王帅
付款条件 2/20,1/40,n/60　　客户地址　　联系电话
开户银行 中国工商银行　　账号 202212010002　　税号 10020221232
币种 人民币　　汇率 1　　税率 13.00
备注

仅子件　查看现存量　价格　毛利预估　信用　序列号　关联单据　排序定位　显示格式

	仓库名称	存货编码	存货名称	规格型号	主计量	数量	报价	含税单价	无税单价	无税金额	税额	价税合计	税率（%）
1	拉杆箱仓	010	C时尚旅行箱		个	-500.00	0.00	1130.00	1000.00	-500000.00	-65000.00	-565000.00	13.00
2													
3													
4													
5													
6													
7													

图 9-77　红字专用销售发票

(4) 启动应收款管理系统，执行“应收处理”|“销售发票”|“销售发票审核”命令，单击“查询”，单击“确定”按钮。选择“北京东山百货公司销售专用发票”，单击“审核”按钮，系统弹出“本次审核成功单据 1 张”信息提示对话框。单击“退出”按钮。

(5) 执行“凭证处理”|“生成凭证”命令，设置过滤条件为“发票制单”，单击“确定”按钮，进入“制单单据选择”窗口。

(6) 在所选择单据的“选择标志”处输入“1”，选择凭证类别为“转账凭证”，单击“制单”按钮，系统生成一张红字冲销凭证，单击“保存”按钮，如图 9-78 和图 9-79 所示。

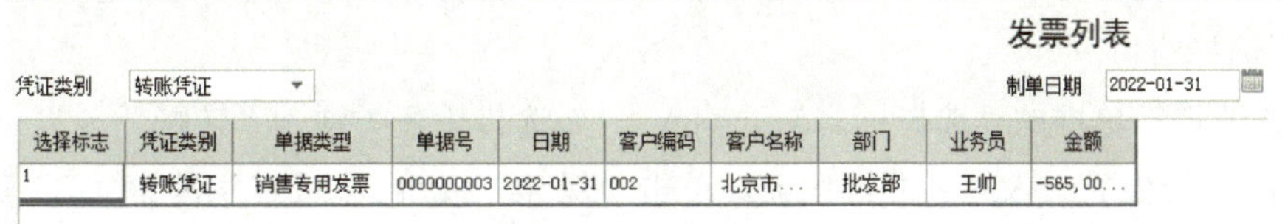

发票列表

凭证类别 转账凭证　　制单日期 2022-01-31

选择标志	凭证类别	单据类型	单据号	日期	客户编码	客户名称	部门	业务员	金额
1	转账凭证	销售专用发票	0000000003	2022-01-31	002	北京市…	批发部	王帅	-565,00…

图 9-78　选择的红字应收单

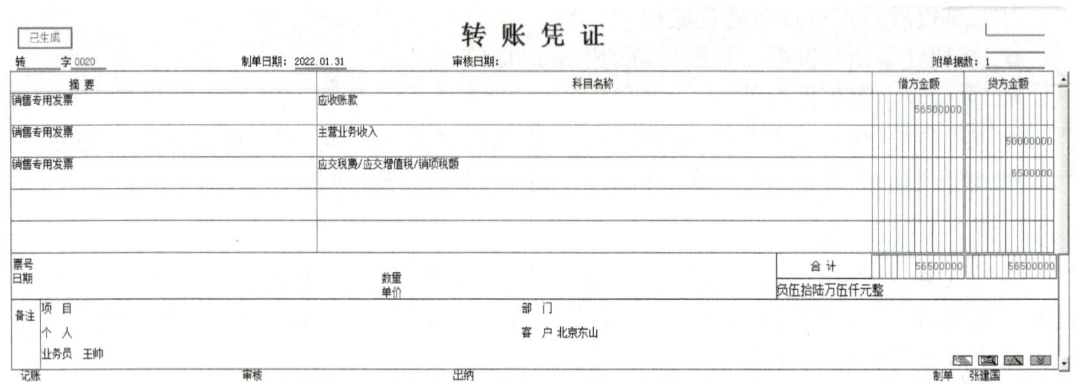
已生成

转 账 凭 证

转 字 0020 制单日期：2022.01.31 审核日期： 附单据数：1

摘要	科目名称	借方金额	贷方金额
销售专用发票	应收账款	56500000	
销售专用发票	主营业务收入		50000000
销售专用发票	应交税费/应交增值税/销项税额		6500000
票号 日期	数量 单价 合计	56500000	56500000
	负伍拾陆万伍仟元整		

备注 项 目 部 门

个 人 客 户 北京东山

业务员 王帅

记账 审核 出纳 制单 张建国

图 9-79 红字冲销凭证

2. 第 2 笔退货业务的处理

本笔业务属于先开票后发货的销售退货业务，根据任务三中的第 2 笔业务的处理，对退货业务进行相应的处理。本笔业务需要手工输入退货单、开具或生成红字专用销售发票、生成红字销售出库单、冲减收入和应收账款，并冲销已经结转的销售成本。

本笔业务的操作步骤如下：

(1) 在销售管理系统中，执行“销售发货”|“退货单”命令，手工填制一张退货单，无税单价为 450 元，保存后，单击“审核”按钮。

(2) 执行“销售开票”|“红字专用销售发票”命令，单击“增加”按钮，系统自动显示“发票参照发货单”窗口。发货单类型为红字记录，输入相关查询条件，单击“过滤”按钮，系统自动显示“北京东山百货公司退货单”。

(3) 单击“确定”按钮，生成红字专用销售发票。单击“保存”按钮，再单击“复核”按钮，退出销售管理系统。

(4) 启动库存管理系统，执行“销售出库”|“销售出库单”命令，单击“增加”|“销售发货单”按钮，单击“确定”，系统显示“销售发货单列表”窗口。选择相应单据，单击“确定”按钮，系统自动生成红字销售出库单。单击“审核”按钮，再单击“退出”按钮。

(5) 启动应收款管理系统，执行“应收处理”|“销售发票”|“销售发票审核”命令，系统自动弹出单据过滤对话框。设置过滤条件后，单击“确定”按钮，进入应收单审核窗口。选择“北京东山百货公司销售专用发票”，单击“审核”按钮，系统弹出“本次成功审核单据 1 张”信息提示对话框，单击“退出”按钮。

(6) 执行“凭证处理”命令，设置过滤条件为“发票制单”。单击“确定”按钮，进入制单单据选择窗口。

(7) 在所选择单据的“选择标志”处输入“1”，选择凭证类别为“转账凭证”。单击“制单”按钮，系统生成一张红字冲销凭证。单击“保存”按钮，生成红字冲销凭证，如图 9-80 所示。

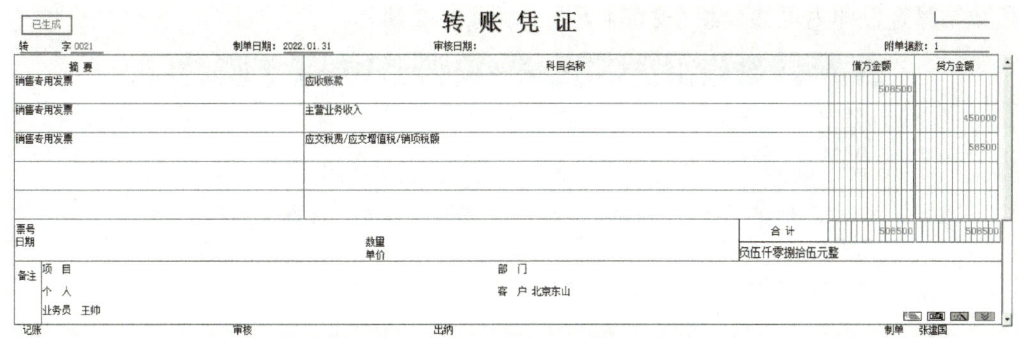

已生成

转账凭证

转 字 0021　制单日期：2022.01.31　审核日期：　附单据数：1

摘要	科目名称	借方金额	贷方金额
销售专用发票	应收账款	508500	
销售专用发票	主营业务收入		450000
销售专用发票	应交税费/应交增值税/销项税额		58500
票号 日期 数量 单价	合计 负伍仟零捌拾伍元整	508500	508500

备注　项目　部门

个人　客户 北京东山

业务员 王帅

记账　审核　出纳　制单 张建国

图 9-80　第 2 笔业务红字冲销凭证

(8) 启动存货核算系统，执行“记账”|“正常单据记账”命令，选择兰伊箱包仓销售专用发票记账，单击“记账”，点击输入兰伊女士潮流包单价为“350”。记账后单击“确定”按钮，并退出。

(9) 执行“凭证处理”|“生成凭证”命令，单击“选单”按钮，单击“确定”。在生单单据选择窗口中选择“销售专用发票”，单击“确定”按钮。其“选择”栏显示“1”，单击“确定”按钮。

(10) 在“生成凭证”窗口中，选择凭证类别为“转账凭证”，如图 9-81 所示。

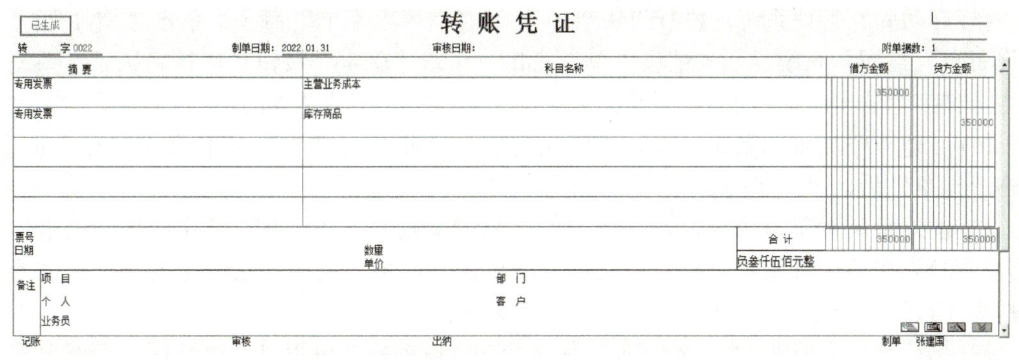

已生成

转账凭证

转 字 0022　制单日期：2022.01.31　审核日期：　附单据数：1

摘要	科目名称	借方金额	贷方金额
专用发票	主营业务成本	350000	
专用发票	库存商品		350000
票号 日期 数量 单价	合计 负叁仟伍佰元整	350000	350000

备注　项目　部门

个人　客户

业务员

记账　审核　出纳　制单 张建国

图 9-81　红字结转成本凭证

3. 第 3 笔退货业务的处理

本笔退货业务属于开票直接销售的退货业务，并且已经现结收取款项。因此，根据原始业务即项目九任务三中的第 1 笔业务的处理，本笔业务需要手工输入退货单、开具或生成红字专用销售发票、生成红字销售出库单、冲减收入和收取的款项。

本笔业务的操作步骤如下：

(1) 在销售管理系统中，执行“销售发货”|“退货单”命令，手工填制一张退货单，无税单价为 180 元，单价“审核”按钮。

(2) 执行“销售开票”|“红字专用销售发票”命令，单击“增加”|“发货单”按钮，系统自动显示“发票参照发货单”窗口。修改相关查询条件，单击“确定”按钮，系统自动显示“包头青山百货公司退货单”。

(3) 单击“选择”“确定”按钮，生成红字专用销售发票。单击“保存”按钮，再单击“现结”按钮，在“现结”对话框中，输入结算方式为“网银”，结算号为 WY0100，并输入负数结算金额即为退款金额 (−2 034 元)，如图 9-82 所示。

现结

客户名称： 包头青百 币种：人民币 汇率： 1
应收金额： -2034.00
结算金额： -2034.00
部门： 批发部 业务员：王帅

结算方式	原币金额	票据号	银行账号	项目大类编码	项目大类名称	项目编码	项目名称	订单号	发
04-网银	-2034.00	WY0100	20221201...						

确定 取消 帮助

图 9-82 销售退款现结

(4) 结算信息输入完毕后单击“确定”按钮。在生成的红字发票上单击“复核”按钮，确认红字专用发票，并退出销售管理系统。

(5) 启动库存管理系统，执行“销售出库”|“销售出库单”命令，单击“增加”|“销售发货单”按钮，系统显示“销售生单”窗口。单击“确定”按钮，选择确认后，系统自动生成红字销售出库单。单击“审核”按钮，再单击“退出”按钮。

(6) 启动应收款管理系统，执行“应收处理”|“销售发票”|“销售发票审核”命令，单击“选单”后，单击“确定”。

(7) 进入销售发票审核窗口，选择需要审核的单据 (即“北京王府井百货公司销售专用发票”)，在该记录的“选择”栏双击，再单击“审核”按钮，系统弹出“本次成功审核单据 1 张”信息提示对话框，单击“退出”按钮。

(8) 执行“凭证处理”“生成凭证”命令，系统自动打开单据过滤对话框，设置单据过滤条件，选择“现结”。在所选择单据的“选择”栏输入“1”，单击“制单”按钮。在生成凭证界面中修改凭证类别为“收款凭证”，然后单击“保存”按钮，系统根据现结红字发票自动生成了一张红字收款凭证，如图 9-83 所示。

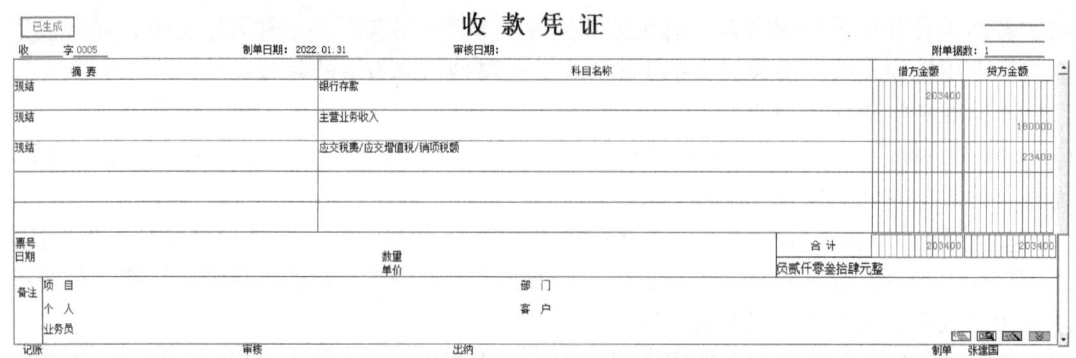

已生成

收款凭证

收 字 0005 制单日期：2022.01.31 审核日期： 附单据数：1

摘要	科目名称	借方金额	贷方金额
现结	银行存款	203400	
现结	主营业务收入		180000
现结	应交税费/应交增值税/销项税额		23400
票号 日期	数量 单价	合计 203400	203400

贰仟零叁拾肆元整

备注 项目 部门
个人 客户
业务员

记账 审核 出纳 制单 张建国

图 9-83 第 4 笔退货业务红字凭证

4. 备份账套

在 D 盘建立文件夹，将项目九中任务四的账套输出，并保存到 U 盘。

任务五 销售账表统计分析

【任务目的】

- 掌握销售综合统计表、销售收入、销售成本明细账等查询方法。
- 掌握本月销售结构分析查询方法。
- 掌握销售毛利分析、商品销售市场分析、商品周转率分析的处理。

【任务准备】

● 引入项目九中任务四的账套。将系统日期修改为 2022 年 1 月 31 日，以 8001 操作员 (密码为 1) 的身份登录 108 账套的“企业应用平台”。

【任务要求】

- 查询本月销售综合统计表。
- 查询本月销售收入明细账。
- 查询本月销售成本明细账。
- 对本月销售结构进行分析。
- 销售毛利分析。
- 商品销售市场分析。
- 商品周转率分析。
- 备份账套。

【任务指导】

销售管理系统通过“账表”菜单的各种账表提供多角度、多方位的综合查询和分析。销售管理系统可以查询和分析统计表、明细账、销售分析和综合分析。只有商业版的账套才能使用综合分析的功能，否则，综合分析菜单不可见。

1. 查询本月销售综合统计表

销售管理系统提供的销售综合统计表可以查询企业的订货、发货、开票、出库和汇款等统计数据。它综合了销售订单、销售发货单、销售发票和销售出库单的相关信息。

查询本月销售综合统计表的操作步骤如下：

(1) 在销售管理系统中，执行“报表”|“统计表”|“销售综合统计表”命令，进入“条件过滤”窗口。

(2) 输入开票的开始日期和结束时间。

(3) 单击“确定”按钮，系统显示查询结果，如图 9-84 所示。

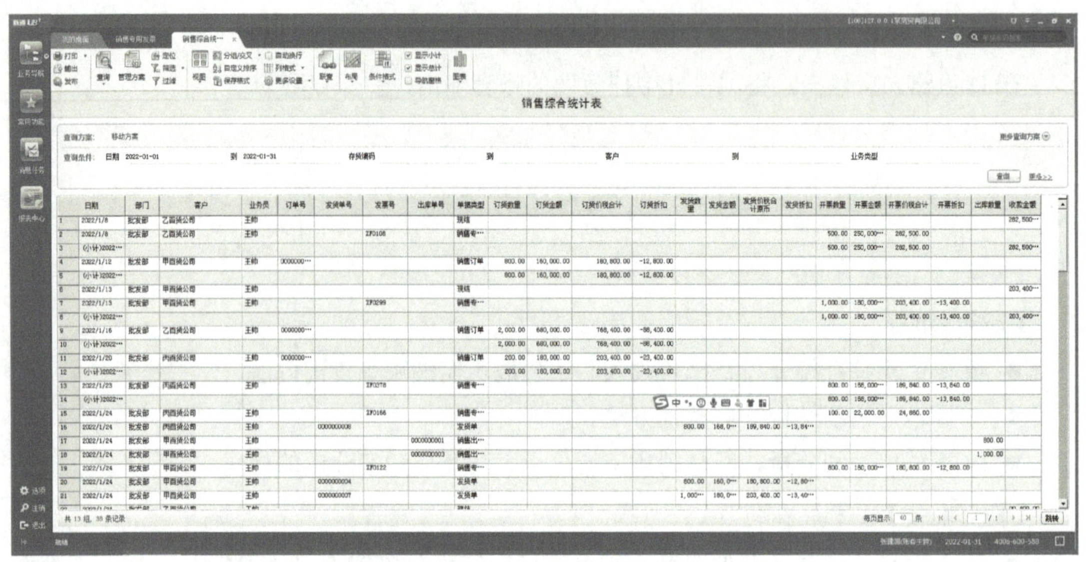

图 9-84　销售综合统计表

2. 查询本月销售收入明细账

销售管理系统提供的销售收入明细账可以查询各类销售发票(包括销售调拨单、零售日报、红字发票)的明细数据。与销售收入统计表相比，销售收入明细账提供的销售发票的查询信息更为详尽，包括票号、日期、单价、对应的凭证号等，可以兼顾会计和业务的不同需求。

查询本月销售收入明细账的操作步骤如下：

(1) 执行“报表”|“明细表”|“销售收入明细账”命令，自动弹出“查询条件”窗口。

(2) 选择开始时间和结束时间，单击“确定”按钮。

(3) 系统自动显示查询结果，如图 9-85 所示。

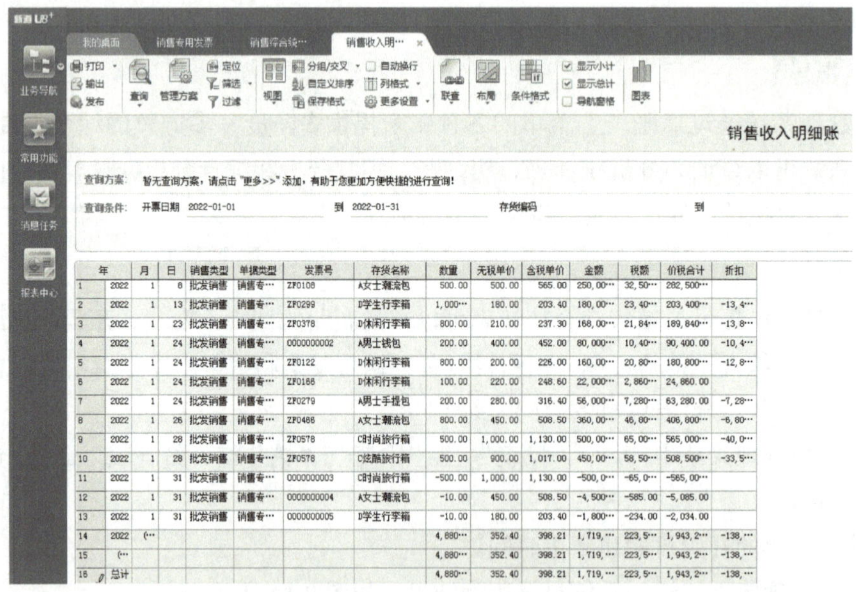

	年	月	日	销售类型	单据类型	发票号	存货名称	数量	无税单价	含税单价	金额	税额	价税合计	折扣
1	2022	1	8	批发销售	销售专…	ZF0108	A女士潮流包	500.00	500.00	565.00	250,00…	32,50…	282,500…	
2	2022	1	13	批发销售	销售专…	ZF0299	D学生行李箱	1,000…	180.00	203.40	180,00…	23,40…	203,400…	-13,4…
3	2022	1	23	批发销售	销售专…	ZF0378	D休闲行李箱	800.00	210.00	237.30	168,00…	21,84…	189,840…	-13,8…
4	2022	1	24	批发销售	销售专…	0000000002	A男士钱包	200.00	400.00	452.00	80,000…	10,40…	90,400.00	-10,4…
5	2022	1	24	批发销售	销售专…	ZF0122	D休闲行李箱	800.00	200.00	226.00	160,00…	20,80…	180,800…	-12,8…
6	2022	1	24	批发销售	销售专…	ZF0188	D休闲行李箱	100.00	220.00	248.60	22,000…	2,860…	24,860.00	
7	2022	1	24	批发销售	销售专…	ZF0279	A男士手提包	200.00	280.00	316.40	56,000…	7,280…	63,280.00	-7,28…
8	2022	1	26	批发销售	销售专…	ZF0486	A女士潮流包	800.00	450.00	508.50	360,00…	46,80…	406,800…	-6,80…
9	2022	1	28	批发销售	销售专…	ZF0578	C时尚旅行箱	500.00	1,000.00	1,130.00	500,00…	65,00…	565,000…	-40,0…
10	2022	1	28	批发销售	销售专…	ZF0578	C炫酷旅行箱	500.00	900.00	1,017.00	450,00…	58,50…	508,500…	-33,5…
11	2022	1	31	批发销售	销售专…	0000000003	C时尚旅行箱	-500.00	1,000.00	1,130.00	-500,0…	-65,0…	-565,00…	
12	2022	1	31	批发销售	销售专…	0000000004	A女士潮流包	-10.00	450.00	508.50	-4,500…	-585.00	-5,085.00	
13	2022	1	31	批发销售	销售专…	0000000005	D学生行李箱	-10.00	180.00	203.40	-1,800…	-234.00	-2,034.00	
14	2022	(…						4,880…	352.40	398.21	1,719,…	223,5…	1,943,2…	-138,…
15	(…							4,880…	352.40	398.21	1,719,…	223,5…	1,943,2…	-138,…
16	总计							4,880…	352.40	398.21	1,719,…	223,5…	1,943,2…	-138,…

图 9-85　销售收入明细账

3. 查询本月销售成本明细账

销售管理系统提供的销售成本明细账可以查询各种销售存货的销售成本情况。销售出库单、出库调整单、销售发票提供销售成本明细账的数据来源。销售成本明细账比销售收入统计表提供的存货销售成本的信息更为详尽，可以兼顾会计和业务的不同需求。如果没有启用总账系统和存货核算系统，则无法查询销售成本明细账。

查询本月销售成本明细账的操作步骤如下：

(1) 执行“报表”|“明细表”|“销售成本明细账”命令，进入“条件过滤”窗口。

(2) 输入开始时间和结束时间。

(3) 单击“确定”按钮，系统自动显示查询结果，如图 9-86 所示。

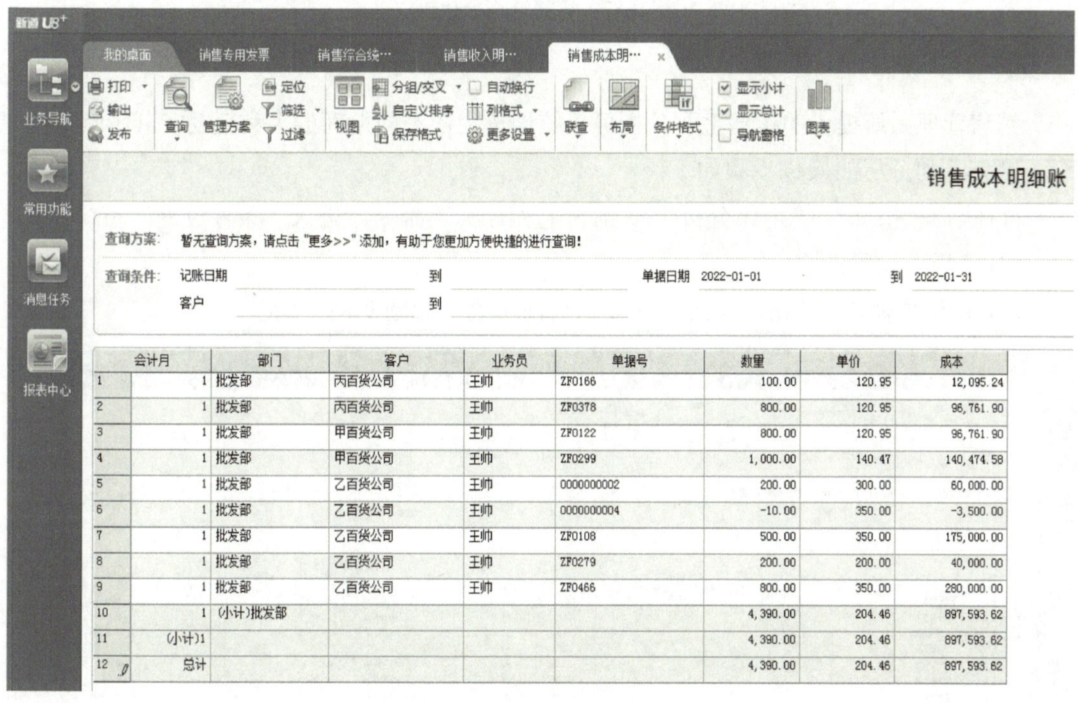

	会计月	部门	客户	业务员	单据号	数量	单价	成本
1	1	批发部	丙百货公司	王帅	ZF0166	100.00	120.95	12,095.24
2	1	批发部	丙百货公司	王帅	ZF0378	800.00	120.95	96,761.90
3	1	批发部	甲百货公司	王帅	ZF0122	800.00	120.95	96,761.90
4	1	批发部	甲百货公司	王帅	ZF0299	1,000.00	140.47	140,474.58
5	1	批发部	乙百货公司	王帅	0000000002	200.00	300.00	60,000.00
6	1	批发部	乙百货公司	王帅	0000000004	-10.00	350.00	-3,500.00
7	1	批发部	乙百货公司	王帅	ZF0108	500.00	350.00	175,000.00
8	1	批发部	乙百货公司	王帅	ZF0279	200.00	200.00	40,000.00
9	1	批发部	乙百货公司	王帅	ZF0466	800.00	350.00	280,000.00
10	1	(小计)批发部				4,390.00	204.46	897,593.62
11	(小计)1					4,390.00	204.46	897,593.62
12	总计					4,390.00	204.46	897,593.62

图 9-86　销售成本明细账

4. 销售结构分析

销售结构分析可以按照不同的分组条件，如客户、业务员、存货等在任意时间段的销售构成情况进行分析。按照存货分别可以统计发出的货物占整个发货数量的百分比、各类发出货物的销售收入占全部销售收入的百分比、发出货物的销售额占总销售额的百分比等数据。在这种条件下，还可以分析货物是否滞销。

销售结构分析的操作步骤如下：

(1) 执行“报表”|“销售分析”|“销售结构分析”命令，进入“条件过滤”窗口。

(2) 输入开始时间和结束时间。

(3) 单击“确定”按钮，系统自动显示查询结果，如图 9-87 所示。

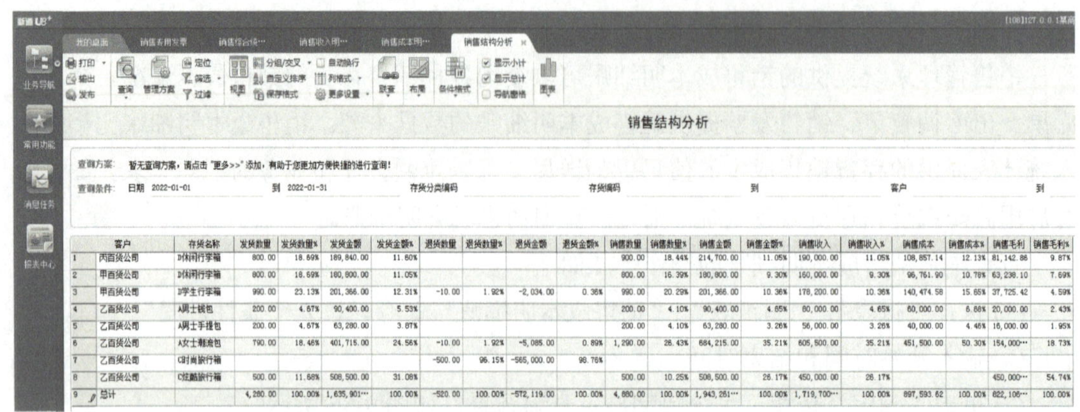

销售结构分析

查询方案：暂无查询方案，请点击"更多>>"添加，有助于您更加方便快捷的进行查询！

查询条件：日期 2022-01-01　到 2022-01-31　存货分类编码　存货编码　到　客户　到

	客户	存货名称	发货数量	发货数量%	发货金额	发货金额%	退货数量	退货数量%	退货金额	退货金额%	销售数量	销售数量%	销售金额	销售金额%	销售收入	销售收入%	销售成本	销售成本%	销售毛利	销售毛利%
1	丙百货公司	D休闲行李箱	800.00	18.69%	189,840.00	11.60%					900.00	18.44%	214,700.00	11.05%	190,000.00	11.05%	108,857.14	12.13%	81,142.86	9.87%
2	甲百货公司	D休闲行李箱	800.00	18.69%	180,800.00	11.05%					800.00	16.39%	180,800.00	9.30%	160,000.00	9.30%	96,761.90	10.78%	63,238.10	7.69%
3	甲百货公司	D学生行李箱	990.00	23.13%	201,366.00	12.31%	-10.00	1.92%	-2,034.00	0.36%	990.00	20.29%	201,366.00	10.36%	178,200.00	10.36%	140,474.58	15.65%	37,725.42	4.59%
4	乙百货公司	A男士钱包	200.00	4.67%	90,400.00	5.53%					200.00	4.10%	90,400.00	4.65%	80,000.00	4.65%	60,000.00	6.68%	20,000.00	2.43%
5	乙百货公司	A男士手提包	200.00	4.67%	63,280.00	3.87%					200.00	4.10%	63,280.00	3.26%	56,000.00	3.26%	40,000.00	4.46%	16,000.00	1.95%
6	乙百货公司	A女士潮流包	790.00	18.46%	401,715.00	24.56%	-10.00	1.92%	-5,085.00	0.89%	1,290.00	26.43%	684,215.00	35.21%	605,500.00	35.21%	451,500.00	50.30%	154,000···	18.73%
7	乙百货公司	C时尚旅行箱					-500.00	96.15%	-565,000.00	98.76%										
8	乙百货公司	C炫酷旅行箱	500.00	11.68%	508,500.00	31.08%					500.00	10.25%	508,500.00	26.17%	450,000.00	26.17%			450,000···	54.74%
9	总计		4,280.00	100.00%	1,635,901···	100.00%	-520.00	100.00%	-572,119.00	100.00%	4,880.00	100.00%	1,943,261···	100.00%	1,719,700···	100.00%	897,593.62	100.00%	822,106···	100.00%

图 9-87　销售结构分析表

5. 销售毛利分析

销售管理系统提供的销售毛利分析可以统计货物在不同期间的毛利变动及其影响原因。

销售毛利分析的操作步骤如下：

(1) 执行"报表"|"销售分析"|"销售毛利分析"命令，进入"条件过滤"窗口。

(2) 选择查询条件。

(3) 单击"确定"按钮，系统自动显示查询结果，如图 9-88 所示。

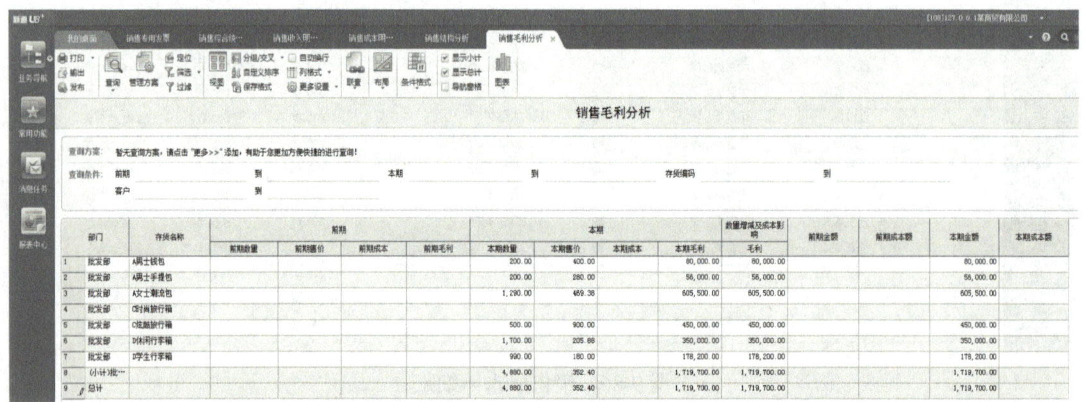

销售毛利分析

查询方案：暂无查询方案，请点击"更多>>"添加，有助于您更加方便快捷的进行查询！

查询条件：前期　到　本期　到　存货编码　到
客户　到

	部门	存货名称	前期				本期				数量增减及成本影响	前期金额	前期成本额	本期金额	本期成本额
			前期数量	前期售价	前期成本	前期毛利	本期数量	本期售价	本期成本	本期毛利	毛利				
1	批发部	A男士钱包					200.00	400.00		80,000.00	80,000.00			80,000.00	
2	批发部	A男士手提包					200.00	280.00		56,000.00	56,000.00			56,000.00	
3	批发部	A女士潮流包					1,290.00	469.38		605,500.00	605,500.00			605,500.00	
4	批发部	C时尚旅行箱													
5	批发部	C炫酷旅行箱					500.00	900.00		450,000.00	450,000.00			450,000.00	
6	批发部	D休闲行李箱					1,700.00	205.88		350,000.00	350,000.00			350,000.00	
7	批发部	D学生行李箱					990.00	180.00		178,200.00	178,200.00			178,200.00	
8	(小计)批···						4,880.00	352.40		1,719,700.00	1,719,700.00			1,719,700.00	
9	总计						4,880.00	352.40		1,719,700.00	1,719,700.00			1,719,700.00	

图 9-88　商品销售毛利分析表

6. 商品销售市场分析

销售管理系统的市场分析可以反映某一时间区间内，部门或业务员所负责的客户或地区的销售及其回款情况，还可以反映已发货未开票的比例情况等。

商品销售市场分析的操作步骤如下：

(1) 执行"报表"|"销售分析"|"市场分析"命令，进入"条件过滤"窗口。

(2) 输入开始时间和结束时间。

(3) 单击"过滤"按钮，系统自动显示查询结果，如图 9-89 所示。

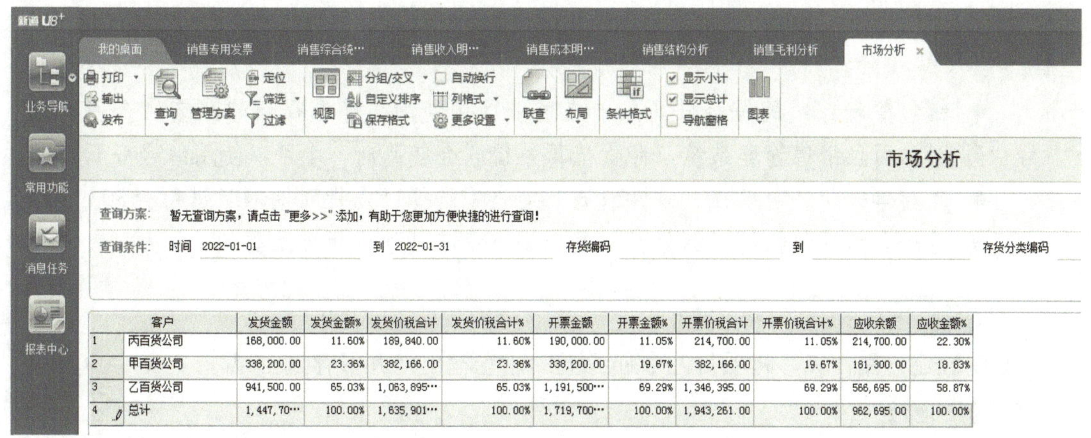

市场分析

查询方案： 暂无查询方案，请点击 "更多>>" 添加，有助于您更加方便快捷的进行查询！

查询条件： 时间 2022-01-01 到 2022-01-31 存货编码 到 存货分类编码

	客户	发货金额	发货金额%	发货价税合计	发货价税合计%	开票金额	开票金额%	开票价税合计	开票价税合计%	应收余额	应收金额%
1	丙百货公司	168,000.00	11.60%	189,840.00	11.60%	190,000.00	11.05%	214,700.00	11.05%	214,700.00	22.30%
2	甲百货公司	338,200.00	23.36%	382,166.00	23.36%	338,200.00	19.67%	382,166.00	19.67%	181,300.00	18.83%
3	乙百货公司	941,500.00	65.03%	1,063,895···	65.03%	1,191,500···	69.29%	1,346,395.00	69.29%	566,695.00	58.87%
4	总计	1,447,70···	100.00%	1,635,901···	100.00%	1,719,700···	100.00%	1,943,261.00	100.00%	962,695.00	100.00%

图 9-89 商品销售市场分析表

7. 商品周转率分析

商品周转率分析是分析某个时间范围内某部门所经营商品的周转速度。如果选择周转率为发货周转率，则周转指发货；如果选择周转率类别为销售周转率，则周转指销售周转。

商品周转率分析的操作步骤如下：

(1) 执行“报表”|“综合分析”|“商品周转率分析”命令，进入“条件过滤”窗口。

(2) 输入开始时间和结束时间。

(3) 选择周转率类别为“销售周转率”。

(4) 单击“确定”按钮，系统自动显示查询结果，如图 9-90 所示。

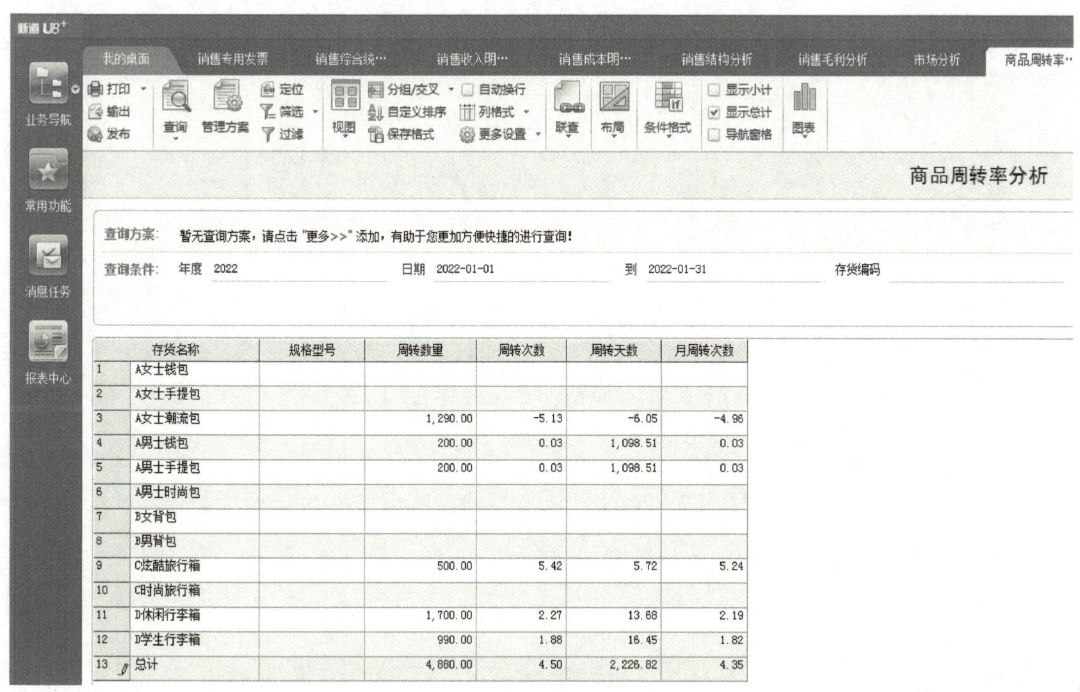

商品周转率分析

查询方案： 暂无查询方案，请点击 "更多>>" 添加，有助于您更加方便快捷的进行查询！

查询条件： 年度 2022 日期 2022-01-01 到 2022-01-31 存货编码

	存货名称	规格型号	周转数量	周转次数	周转天数	月周转次数
1	A女士钱包					
2	A女士手提包					
3	A女士潮流包		1,290.00	-5.13	-6.05	-4.96
4	A男士钱包		200.00	0.03	1,098.51	0.03
5	A男士手提包		200.00	0.03	1,098.51	0.03
6	A男士时尚包					
7	B女背包					
8	B男背包					
9	C炫酷旅行箱		500.00	5.42	5.72	5.24
10	C时尚旅行箱					
11	D休闲行李箱		1,700.00	2.27	13.68	2.19
12	D学生行李箱		990.00	1.88	16.45	1.82
13	总计		4,880.00	4.50	2,226.82	4.35

图 9-90 商品销售周转率分析表

提示：

- 销售管理系统的综合分析只能在商业版中使用，即选择新建账套“企业类型”为“商业”，而且销售管理系统与存货核算系统联合使用时，才可以使用综合分析功能。
- 周转率分析还可以在“条件过滤”窗口中选择“发货周期率”进行查询。
- 综合分析还包括畅滞销分析，其查询方法与其他分析方法类似。

8. 账套备份

在 D 盘建立文件夹，将项目九中任务五的账套输出，并保存到 U 盘。

【任务训练】

在业财一体信息化平台销售管理模块中，手工填制销售发货单或依据销售订单生成销售发货单。原始凭证如图 9-91 所示。

销售出库单

2020 年 3 月 23 日　　　　编号：XS20200323001

序号	名称	规格	单位	应发数量	实发数量	客户
1	保健硅胶枕		个	700	700	北京东北旺电子商务有限公司
2	轻薄空调被		套	500	500	北京东北旺电子商务有限公司
3	蚕丝被		套	100	100	北京东北旺电子商务有限公司
4	硅胶床垫		个	50	50	北京东北旺电子商务有限公司

制单：张远东　复核：柳源　　经办人：何红艳

第三联：财务部

图 9-91　原始凭证

项目十

库 存 管 理

学习目标

知识目标

- 熟悉库存管理的基本概念。
- 理解库存管理与其他系统的主要关系。
- 了解库存管理的业务范围。

技能目标

- 能够完成商品调拨的业务处理。
- 能够完成盘盈盘亏的业务处理。

素质目标

- 培养学生求真务实、脚踏实地的工作态度。
- 培养学生熟悉财产管理制度，正确实施会计监督。

知识链接

一、库存管理系统与其他系统的主要关系

库存管理系统是用友 ERPU8 供应链管理系统的一个子系统，它的主要功能包括以下几个方面：

（一）日常收发存业务处理

库存管理系统的主要功能是对采购管理系统、销售管理系统及库存管理系统填制的各种出入库单据进行审核，并对存货的出入库数量进行管理。除管理采购业务、销售业务形成的入库和出库业务外，还可以处理仓库间的调拨业务、盘点业务、组装拆卸业务、形态转换业务等。

（二）库存控制

库存管理系统支持批次跟踪、保质期管理、委托代销商品管理、不合格品管理、现存量(可用量管理)、安全库存管理，对超储、短缺、呆滞积压、超额领料等情况进行报警。

(三)库存账簿及统计分析

库存管理系统可以提供出入库流水账、库存台账、受托代销商品备查簿、委托代销商品备查簿、呆滞积压存货备查簿供用户查询，同时还提供各种统计汇总表。

库存管理系统既可以和采购管理系统、销售管理系统、存货核算系统集成使用，也可以单独使用。在集成应用模式下，库存管理系统与其他系统的主要关系如图 10-1 所示。

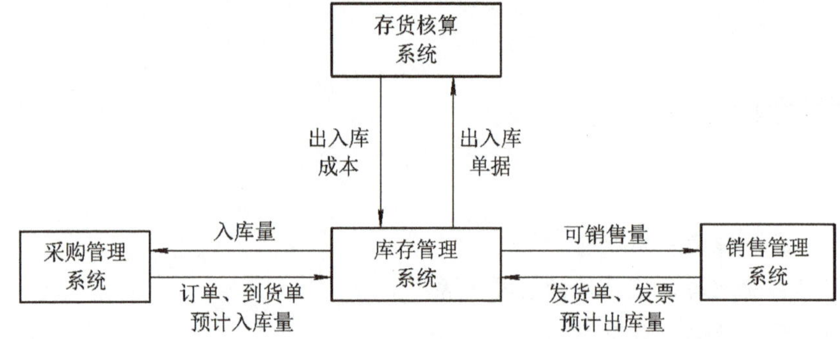

图 10-1 库存管理系统与其他系统主要关系图

库存管理系统参照采购管理系统的采购订单、采购到货单生成采购入库单，库存管理系统将入库情况反馈到采购管理系统。采购管理系统向库存管理系统提供预计入库量。

根据选项设置，销售出库单可以在库存管理系统填制、生成，也可以在销售管理系统生成后传递到库存管理系统，库存管理系统再进行审核。如果在库存管理系统生成，则需要参照销售管理系统的发货单、销售发票。销售管理系统为库存管理系统提供预计出库量。库存管理系统为销售管理系统提供可用于销售的存货的可用量。

存货管理系统为存货核算系统提供各种出入库单据。所有的出入库单均由库存管理系统填制，存货核算系统只能填写出入库单的单价、金额，并可对出入库单进行记账操作，核算出入库的成本。

二、库存管理系统的日常业务处理

(一)入库业务处理

库存管理系统主要是对各种入库业务进行单据的填制和审核。

1. 入库单据

库存管理系统的入库业务单据主要包括以下几个方面。

1) 采购入库单

采购业务员将采购回来的存货交到仓库时，仓库保管员对其所购存货进行验收确认，并填制采购入库单。生成采购入库单的方式有 4 种：参照采购订单、参照采购到货单、检验入库(与 GSP 集成使用时)、直接填制。采购入库单的审核相当于仓库保管员对采购的实际到货情况进行质量、数量等检验和签收。

2) 产成品入库单

产成品入库单是管理工业企业的产成品入库、退回业务的单据。

对于工业企业，企业对原材料及半成品进行一系列的加工后，形成可销售的商品，然后验收入库。只有工业企业才有产成品入库单，商业企业没有此单据。

产成品一般在入库时是无法确定产品的总成本和单位成本的，因此在填制产成品入库单时，一般只有数量没有单价和金额。

产成品入库的业务处理流程，如图 10-2 所示。

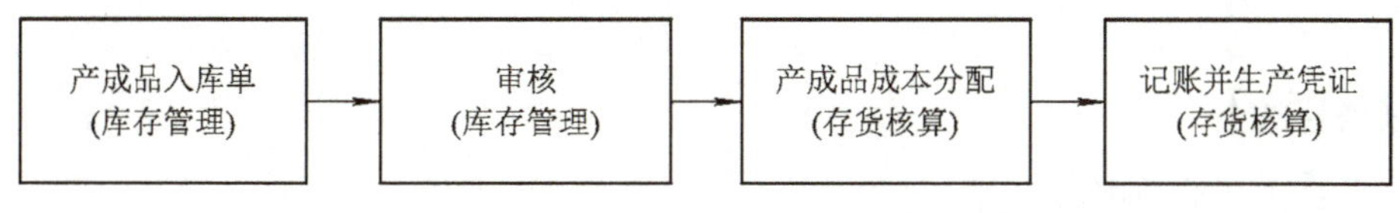

图 10-2 产成品入库业务处理的流程图

3) 其他入库单

其他入库单是指除了采购入库、产成品入库之外的其他入库业务。如调拨入库、盘盈入库、组装拆卸入库、形态转换入库等业务形成的入库单。

注意：调拨入库、盘盈入库、组装拆卸入库、形态转换入库等业务可以自动形成相应的入库单，除此之外的入库单由用户填制。

2. 审核入库单据

库存管理系统中的审核具有多层含义，既可以表示通常意义上的审核，也可以用单据是否审核代表实物的出入库行为，即在入库单上的所有存货均办理了入库手续后，再对入库单进行审核。

（二）出库业务处理

1. 销售出库单

如果没有启用销售管理系统，则销售出库单需要手工增加。

如果启用了销售管理系统，则在销售管理系统中填制的销售发票、发货单、销售调拨单、零售日报，经复核后均可以参照生成销售出库单。根据选项设置，销售出库单可以在库存管理系统填制、生成，也可以在销售管理系统生成后传递到库存管理系统，库存管理系统再进行审核。

2. 材料出库单

材料出库单是工业企业领用材料时所填制的出库单据，材料出库单也是进行日常业务处理和记账的主要原始单据之一。只有工业企业才有材料出库单，商业企业没有此单据。

3. 其他出库

其他出库指除销售出库、材料出库之外的其他出库业务，如维修、办公耗用、调拨出库、盘亏出库、组装拆卸出库、形态转换出库等。

注意：调拨出库、盘盈出库、组装出库、拆卸出库、形态转换出库等业务可以自动形成相应的出库单，除此之外的出库单由用户填制。

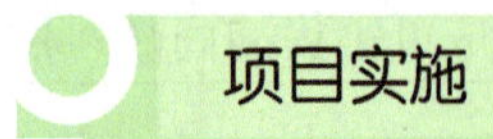

项目实施

任务一　调拨业务

【任务目的】

- 熟悉调拨业务流程。
- 掌握调拨业务的处理。

【任务准备】

- 引入项目九中任务五的账套数据，以业务日期 2022 年 1 月 31 日，8002 操作员的身份登录 108 账套的“企业应用平台”。

【任务要求】

- 对库存模块中的调拨单的显示和打印模板进行修改，在表体中增加件数。
- 了解调拨业务流程。
- 了解调拨业务生成的下游单据，以及生成单据的特点。

【任务资料】

(1) 2022 年 1 月 8 日，由于拉杆箱仓进行养护维修，将该仓库中的所有休闲行李箱 (455 个) 和学生行李箱 (450 个) 转移到 B 箱包仓，由仓储部刘静负责。

(2) 2022 年 1 月 22 日，拉杆箱仓维护完毕，将暂时转入 B 箱包仓的学生行李箱和休闲行李箱移回拉杆箱仓，由仓储部刘静负责完成。

【任务指导】

调拨是指存货在仓库之间或者部门之间变迁的业务。在同一个业务日期，相同的转让仓库并且相同的转出仓库的所有存货可以填列在同一张调拨单上完成调拨业务的账面调动。

1. 第 1 笔调拨业务的处理

以 2022 年 1 月 8 日的业务日期，在库存管理系统中增加一张调拨单，填列转让仓库、转出仓库、调拨存货、存货数量等信息，并保存和审核该调拨单。

本笔业务的操作步骤如下：

(1) 在库存管理系统中，执行“调拨业务”|“调拨单”命令，打开“调拨单”窗口。

(2) 单击“增加”按钮，进入新增调拨业务的操作窗口。输入业务日期、转出仓库、转入仓库、出入库类别、经手人、存货等信息，如图 10-3 所示。

单据号 * 0000000002　日期 * 2022-01-22　调拨申请单号
转出部门　转入部门　转出仓库 * B箱包仓
转入仓库 * 拉杆箱仓　出库类别　入库类别
经手人　审核日期 2022-01-31　备注

	存货编码	存货名称	规格型号	主计量单位	数量	单价	金额
1	012	D休闲行李箱		个	455.00	320.00	145600.00
2	013	D学生行李箱		个	450.00	340.00	153000.00
3							
4							

图 10-3 “调拨单”窗口

(3) 单击“保存”按钮，审核该调拨单，最后提示审核成功。

(4) 在库存管理系统中，执行“库存管理”|“其他入库单”命令，按翻页键查找系统自动生成的入库单，并审核，如图 10-4 所示。

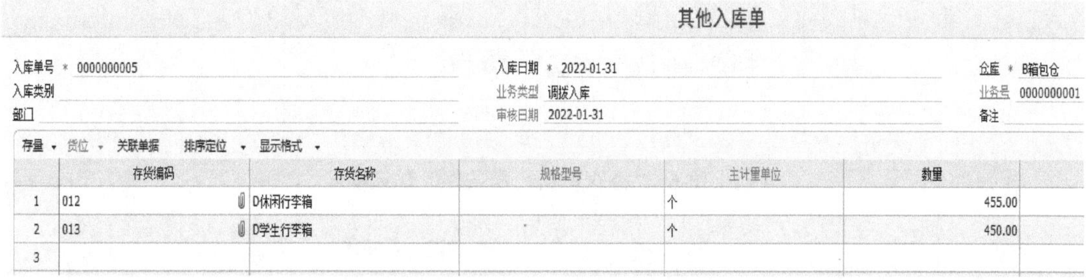

其他入库单

入库单号 * 0000000005　入库日期 * 2022-01-31　仓库 * B箱包仓
入库类别　业务类型 调拨入库　业务号 0000000001
部门　审核日期 2022-01-31　备注

	存货编码	存货名称	规格型号	主计量单位	数量
1	012	D休闲行李箱		个	455.00
2	013	D学生行李箱		个	450.00
3					

图 10-4 调拨单生成的其他入库单

(5) 在库存管理系统中，执行“出库业务”|“其他出库单”命令，按翻页键查找系统自动生成的其他出库单，并审核，如图 10-5 所示。

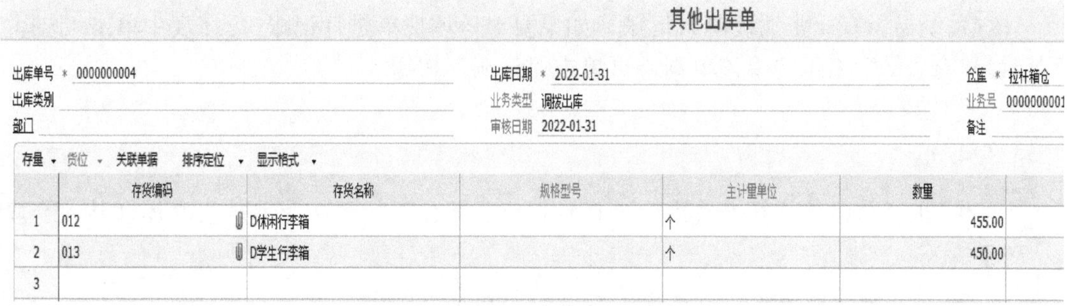

其他出库单

出库单号 * 0000000004　出库日期 * 2022-01-31　仓库 * 拉杆箱仓
出库类别　业务类型 调拨出库　业务号 0000000001
部门　审核日期 2022-01-31　备注

	存货编码	存货名称	规格型号	主计量单位	数量
1	012	D休闲行李箱		个	455.00
2	013	D学生行李箱		个	450.00
3					

图 10-5 调拨单生成的其他出库单

(6) 以 2022 年 1 月 31 日的业务日期，登录存货核算系统，执行“记账”|“特殊单据记账”命令，系统弹出“特殊单据记账条件”对话框，如图 10-6 所示。

(7) 设置特殊单据记账查询条件，选择单据类型为“调拨单”，此处出库单金额应该来自存货核算，建议选择“出库单上系统已填写的金额记账时重新计算”复选框。单击“确定”按钮，系统显示如图 10-7 所示。

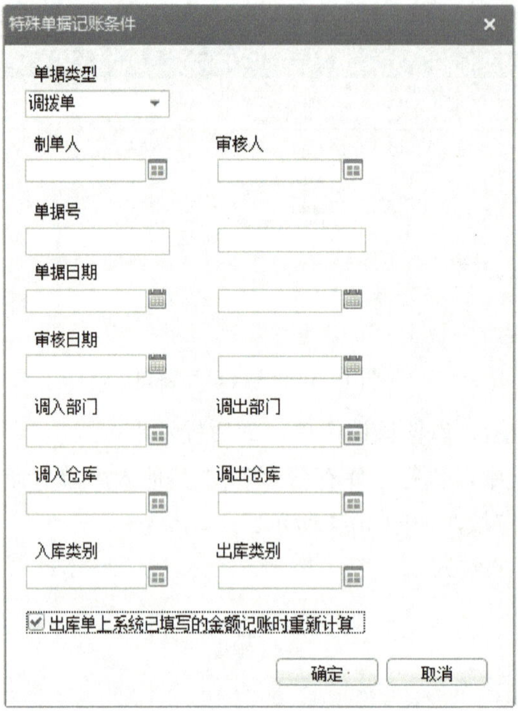

特殊单据记账条件

单据类型

调拨单

制单人　审核人

单据号

单据日期

审核日期

调入部门　调出部门

调入仓库　调出仓库

入库类别　出库类别

☑ 出库单上系统已填写的金额记账时重新计算

确定　取消

图 10-6 “特殊单据记账条件”对话框

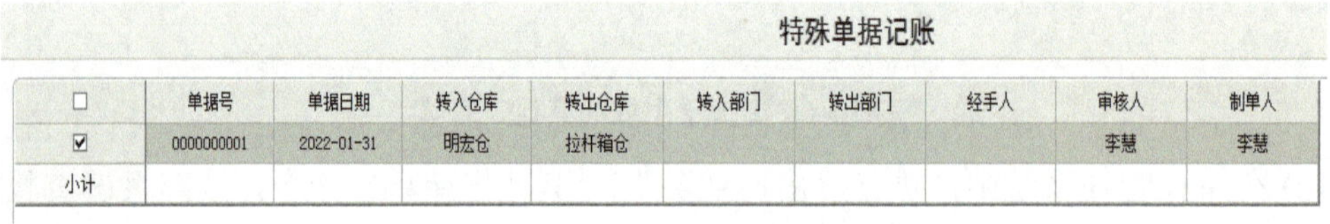

特殊单据记账

☐	单据号	单据日期	转入仓库	转出仓库	转入部门	转出部门	经手人	审核人	制单人
☑	0000000001	2022-01-31	明宏仓	拉杆箱仓				李慧	李慧
小计									

图 10-7 特殊单据记账

(8) 系统显示有一张调拨单未记账。如果要对该调拨单进行记账，可在表中单击“选择”列，显示有“☑”表示选中该单据，再单击“记账”按钮。

提示：

● 在期初存货核算模块中设置存货按照仓库核算，那么此处转出仓库和转入仓库必须输入。

● 为了便于账表统计，选择出库类别和入库类别。

● 审核后，系统会自动根据调出或调入，生成其他出库单和对应的入库单，并且对应的出入库单据处于审核后状态，不允许弃审和修改。如果调拨单被弃审，那么相应的其他出入库单会被自动删除。

2. 第 2 笔调拨业务的处理

以 2022 年 1 月 13 日的业务日期，在库存管理系统中增加一张调拨单，填列转入仓库、转出仓库、调拨存货、存货数量等信息，并保存和审核调拨单。

本笔业务的操作步骤如下：

(1) 1 月 22 日，在库存管理系统中，执行“调拨业务”命令，打开“调拨单”窗口。

(2) 单击“增加”按钮，进入新增调拨业务的操作界面。输入业务日期、转出仓库、转入仓库、出入库类别、经手人、存货等信息，如图 10-8 所示。

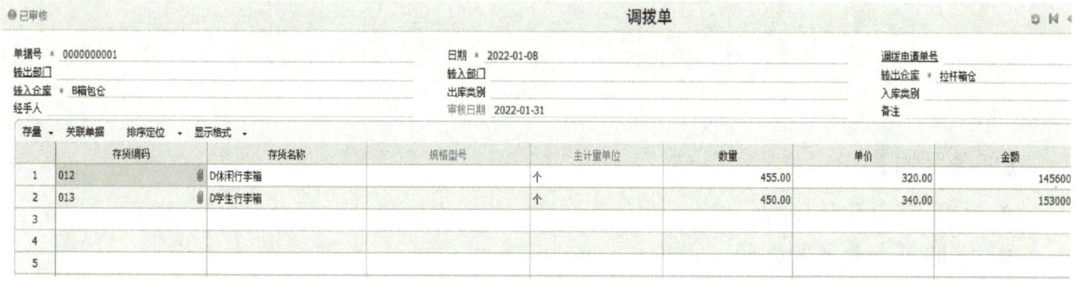

已审核

调拨单

单据号 * 0000000001　日期 * 2022-01-08　调拨申请单号

转出部门　转入部门　转出仓库 * 拉杆箱仓

转入仓库 * B箱包仓　出库类别　入库类别

经手人　审核日期 2022-01-31　备注

存量 · 关联单据 排序定位 · 显示格式 ·

	存货编码	存货名称	规格型号	主计量单位	数量	单价	金额
1	012	D休闲行李箱		个	455.00	320.00	145600
2	013	D学生行李箱		个	450.00	340.00	153000
3							
4							
5							

图 10-8 “调拨单”窗口

(3) 单击“保存”按钮，审核该调拨单。

(4) 在库存管理系统中，对调拨单生成的其他出入库单进行审核，如图 10-9、图 10-10 所示。

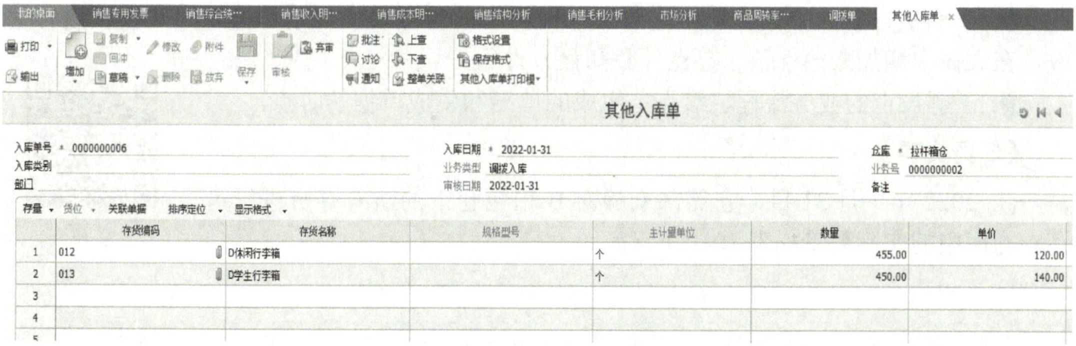

我的桌面　销售专用发票　销售综合统…　销售收入明…　销售成本明…　销售结构分析　销售毛利分析　市场分析　商品周转率…　调拨单　其他入库单

打印　输出　增加　复制　回冲　草稿　修改　删除　附件　放弃　保存　审核　弃审　批注　讨论　通知　上查　下查　整单关联　格式设置　保存格式　其他入库单打印模

其他入库单

入库单号 * 0000000006　入库日期 * 2022-01-31　仓库 * 拉杆箱仓

入库类别　业务类型 调拨入库　业务号 0000000002

部门　审核日期 2022-01-31　备注

存量 · 货位 · 关联单据 排序定位 · 显示格式 ·

	存货编码	存货名称	规格型号	主计量单位	数量	单价
1	012	D休闲行李箱		个	455.00	120.00
2	013	D学生行李箱		个	450.00	140.00
3						
4						
5						

图 10-9 “其他入库单”窗口

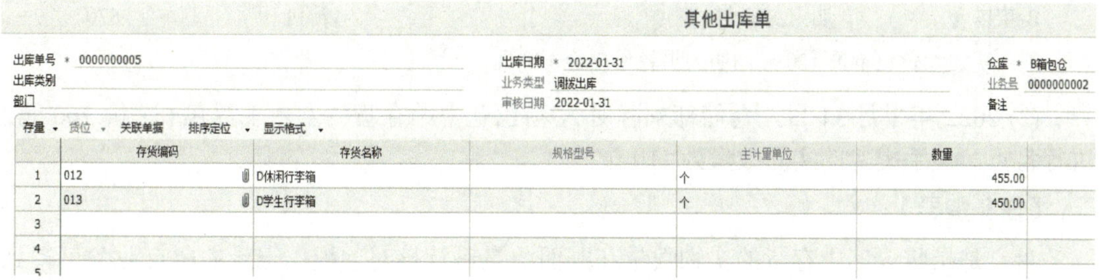

其他出库单

出库单号 * 0000000005　出库日期 * 2022-01-31　仓库 * B箱包仓

出库类别　业务类型 调拨出库　业务号 0000000002

部门　审核日期 2022-01-31　备注

存量 · 货位 · 关联单据 排序定位 · 显示格式 ·

	存货编码	存货名称	规格型号	主计量单位	数量
1	012	D休闲行李箱		个	455.00
2	013	D学生行李箱		个	450.00
3					
4					
5					

图 10-10 “其他出库单”窗口

3. 备份账套

在 D 盘建立文件夹，将项目十中任务一的账套输出，并保存到 U 盘。

【任务训练】

2020 年 3 月 1 日，一车间将生产完工，并已经检验合格的 100 个保健硅胶枕入库。根据验收入库的产品信息，在业财一体信息化平台中熟练、准确填制产品入库单并进行记账处理，生成记账凭证。

任务二　盘点业务

【任务目的】

- 熟悉盘点业务流程。
- 掌握盘点业务的处理。

【任务准备】

- 引入项目十中任务一的账套数据。以业务日期 2022 年 1 月 31 日，8002 操作员的身份登录 108 账套的“企业应用平台”。

【任务要求】

- 在期初设置的单据设计中，对库存模块中的盘点单的显示和打印默认模板进行修改，在表体中增加账面件数、盘点件数和盘亏件数。
- 了解盘点的业务流程、盘点单生成的单据和生成单据的时点。

盘点

【任务资料】

(1) 2022 年 1 月 31 日，仓储部刘静对 B 箱包仓中的所有存货进行盘点。仓库中的实际数量如表 10-1 所示。

表 10-1　仓库中的实际数量

仓库名称	存货名称	主计量单位	分类名称	现存数量
B 箱包仓	明宏女背包	个	箱包	180
B 箱包仓	明宏男背包	个	箱包	870

注：明宏女背包单价 120 元，明宏男背包单价 150 元。

(2) 2022 年 1 月 31 日，仓储部刘静对 A 箱包仓中的存货兰女士手提包(单价 160 元)进行盘点，该手提包的实际数量为 110 个。

【任务指导】

盘点是指将仓库中存货的实物数量和账面数量进行核对。根据记录的所有业务可得到账面数量。在手工录入仓库中，实际库存数量即盘点数量。系统根据它们之间的差异，通过填制盘点单，判断盘亏或盘盈，自动生成其他出入库单。

1. 第 1 笔盘点业务的处理

以 2022 年 1 月 31 日为业务日期，登录库存管理系统，添加盘点单，设置盘点的仓库和存货、盘点数量等。

本笔业务的操作步骤如下：

(1) 在库存管理系统中，单击“盘点业务”，打开盘点单。

(2) 单击“增加”按钮，选择“普通仓库盘点单”，进入新添盘点业务操作界面。输入业务日期为“2022 年 01 月 31 日”，选择盘点仓库为“B 箱包仓”，填写经手人等信息。

(3) 单击“盘库”按钮，系统提示如图 10-11 所示，表示将表中的内容清空。

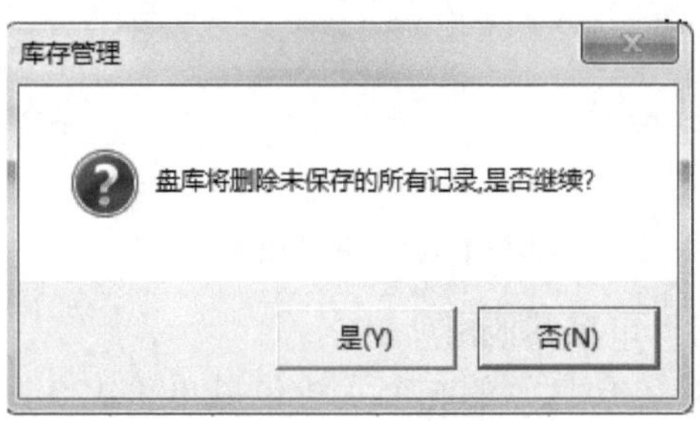

图 10-11　系统提示

(4) 单击“是”按钮，系统弹出如图 10-12 所示的对话框。

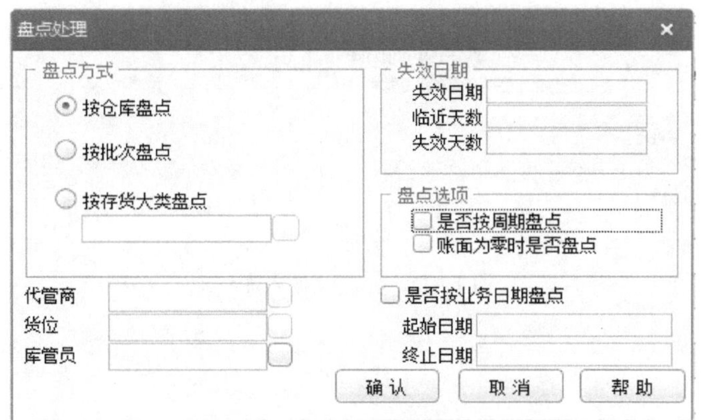

图 10-12 “盘点处理”对话框

(5) 单击“确定”，生成盘点表，输入盘点数量 780、1480，单击“保存”|“审核”，如图 10-13 所示。

图 10-13　调整后的盘点单

(6) 对盘亏的存货，在库存管理系统中，执行“出库业务”|“其他出库单”命令，翻页打开系统生成的其他出库单，如图 10-14 所示。

其他出库单

出库单号 * 0000000006　出库日期 * 2022-01-31　仓库 * B箱包仓
出库类别　业务类型 盘亏出库　业务号 0000000001
部门　审核日期 2022-01-31　备注

存量 ▾ 货位 ▾ 关联单据 排序定位 ▾ 显示格式 ▾

	存货编码	存货名称	规格型号	主计量单位	数量
1	007	B女背包		个	5.00

图 10-14　其他出库单

(7) 单击“审核”按钮，审核其他出库单。

(8) 经过确认，对 B 箱包仓盘亏的 5 个女背包以单价 120 元入账。以 2022 年 1 月 31 日的业务日期登录存货核算系统，执行“出库单”|“其他出库单”命令，打开其他出库单，单击“修改”按钮，在“单价”栏中输入 120 元，再单击“保存”按钮，如图 10-15 所示。

其他出库单

出库单号 * 0000000006　出库日期 * 2022-01-31　仓库 * B箱包仓
出库类别　业务类型 盘亏出库　业务号 0000000001
部门　审核日期 2022-01-31　备注

存量 ▾ 货位 ▾ 关联单据 排序定位 ▾ 显示格式 ▾

	存货编码	存货名称	规格型号	主计量单位	数量	单价
1	007	B女背包		个	5.00	120.00
2						

图 10-15　修改其他入库单

提示：

- 必须先选择仓库后才能选择存货。
- 盘点时，在日常业务中允许零出库(即允许账面负结存)，只需在盘库时选择“账面为零时是否盘点”项，或者在表体内容中找出是结存的存货记录，先将其删除，待后期账面为正数时对其进行盘点。
- 存货可以设置盘点周期和盘点时间，盘点时可以按周期进行盘点。

2. 第 2 笔盘点业务的处理

以 2022 年 1 月 31 日为业务日期，登录库存管理系统，填列盘点单，设置盘点的仓库和存货、盘点数量等。

本笔业务的操作步骤如下：

(1) 在库存管理系统中，执行“盘点业务”命令，打开盘点单。

(2) 单击“增加”|“普通仓库盘点”按钮，进入新增盘点业务操作界面。输入业务日期为“2022 年 1 月 31 日”，选择盘点仓库为“A 箱包仓”，并填写经手人信息，在表体中选择存货“女士手提包”，系统自动显示该存货的账面数量，在“盘点数量”中修改 B 箱包仓中的实际存储数量为“110”，如图 10-16 所示。

已审核　盘点类型 普通仓库盘点　**盘点单**

盘点会计期间　盘点单号 * 0000000002　盘点日期 * 2022-01-31
账面日期 * 2022-01-31　盘点仓库 * A箱包仓　出库类别
入库类别　部门　经手人
备注

存量　关联单据　排序定位　显示格式

	存货编码	存货名称	规格型号	主计量单位	账面数量	单价	账面金额	调整入库数量	调整出库数量	账面调节数量	盘点数量	盘点金额	盈亏数量	盈亏金
1	002	A女士手提包		个	100.00			0.00	0.00	100.00	110.00		10.00	
2														
3														
4														
5														
6														

图 10-16　盘点单

(3) 对盘盈的存货在库存管理系统中，执行“入库业务”|“其他入库单”命令，并保存、审核已生成的“其他入库单”。

(4) 登录存货核算系统，执行“入库单”|“其他入库单”命令，打开其他入库单之后，单击“修改”按钮，在“单击”栏中输入 160 元，再单击“保存”按钮。

3. 备份账套

在 D 盘建立文件夹，将项目十中任务二的账套输出，并保存到 U 盘。

项目十一

存 货 核 算

学习目标

知识目标

- 熟悉存货管理的基本概念。
- 理解存货核算系统与其他系统的主要关系。
- 了解存货管理的业务范围。

技能目标

- 能够完成存货价格及结算成本的业务处理。
- 能够完单据记账的业务处理。

素质目标

- 培养学生求真务实、脚踏实地的工作态度。
- 培养学生熟悉企业内部规章制度，正确实施会计监督。

知识链接

一、存货核算系统与其他系统的主要关系

存货核算系统是用友 ERPU8 供应链管理系统的一个子系统。存货核算系统主要针对企业存货的收发存业务进行核算，掌握存货的耗用情况，及时准确地把各类存货成本归集到各成本项目和成本对象上，为企业的成本核算提供基础数据。

存货核算系统的主要功能包括存货出入库成本的核算、暂估入库业务的处理、出入库成本的调整、存货跌价准备的处理等。

存货核算系统与其他系统的主要关系如图 11-1 所示。

存货核算系统可对采购管理系统生成的采购入库单记账，对采购暂估入库单进行暂估报销处理。存货核算系统可对库存管理系统生成的各种出入库单据进行记账核算。企业发生的正常销售业务的销售成本可以在存货核算系统中根据所选的计价方法自动计算得到；企业发生分期收款业务和委托代销业务时，存货核算系统可以对销售管理系统生成的发货单和发票记账并确认成本。存货核算系统对进行了出入库成本记账的单据可以生成一系列物流凭证并传入总账管理系统，实现财务和业务的一体化。成本管理系统可以将存货核算系统中材料出库单的出库成本自动读取出来，作为成本核算时的材料成本；成本管理系统完成成本计算后，存货核算系统可以从成本管理系统读取其计算的产成品成本，并且分配到未记账的产成品入库单中，作为产成品入库单的入库成本。

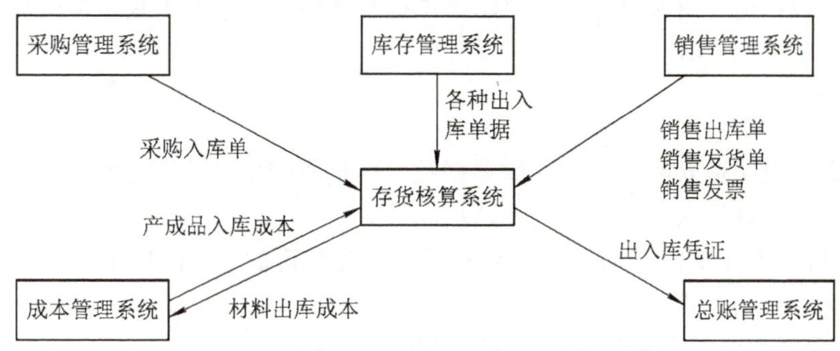

图 11-1 存货核算系统与其他系统的主要关系

二、存货核算系统的应用模式

存货核算系统既可以和采购管理系统、销售管理系统、库存管理系统集成使用，也可以只与库存管理系统联合使用，还可以单独使用。

（一）集成使用模式

当存货核算系统与采购管理系统、销售管理系统、库存管理系统集成使用时，在库存管理系统中录入采购入库单，在销售管理系统中录入发货单。审核合格后，自动生成销售出库单或在库存管理系统中参照销售订单或发货单生成销售出库单，并传递到存货核算系统。在存货核算系统中，对各种出入库单据记账，并生成出入库凭证。

（二）存货核算系统与库存管理系统联合使用

当存货核算系统与库存管理系统联合使用时，在库存管理系统中录入各种出入库单据并审核，在存货核算系统中对各种出入库单据记账，生成凭证。

（三）独立应用模式

如果存货核算系统单独使用，那么所有的出入库单据均在存货核算系统中填制。

三、存货核算系统的日常业务处理

（一）入库业务处理

入库业务包括采购入库、产成品入库和其他入库。

采购入库单在库存管理系统中录入，在存货核算系统中可以修改采购入库单上的入库金额，采购入库单上“数量”的修改只能在填制该单据的系统中进行。产成品入库单在填制时一般只填写数量，单价与金额既可以通过修改产品入库单直接填入，也可以由存货核算系统的产成品成本分配功能自动计算填入。

大部分其他入库单都是由相关业务直接生成的。如果存货核算系统与库存管理系统集成使用，可以通过修改其他入库单对盘盈入库业务生成的其他入库单进行单价输入或修改。

(二) 出库业务处理

出库单据包括销售出库单据、材料出库单据和其他出库单据。在存货核算系统中修改出库单据上的单价或金额。

(三) 单据记账

单据记账是将所输入的各种出入库单据记入存货明细账、差异明细账、委托代销商品明细账等。对于单据记账，应注意以下几点：

(1) 无单价的入库单据不能记账，因此记账前应对暂估入库的成本、产成品入库单的成本进行确认或修改。

(2) 各个仓库的单据应该按照时间顺序记账。

(3) 已记账单据不能修改和删除。如果发现已记账单据有错误，则在本月未结账状态下可以取消记账。如果已记账单据已生成凭证，则不能取消记账，除非先删除相关凭证。

(四) 调整业务

出入库单据记账后，当发现单据金额错误时，如果是录入错误，则通常采用修改方式进行调整；但如果是由于暂估入库后发生零出库业务等原因所造成的出库成本不准确，或库存数量为零而仍有库存金额，则需要利用调整单据进行调整。

调整单据包括入库调整单和出库调整单。它们都只针对当月存货的出入库成本进行调整，并且只调整存货的金额，不调整存货的数量。

出入库调整单保存 (即记账)，因此已保存的单据不可修改和删除。

(五) 暂估处理

存货核算系统对采购暂估入库业务提供了月初回冲、单到回冲、单到补差 3 种方式。暂估处理方式一旦选择不可修改。无论采用哪种方式，都要遵循以下步骤：

(1) 待采购发票到达后，在采购管理系统中填制发票并进行采购结算。

(2) 在存货核算系统中完成暂估入库业务成本处理。

(六) 生成凭证

在存货核算系统中，可以将各种出入库单据中涉及存货增减和价值变动的单据生成凭证并传递到总账中。

对比较规范的业务，在存货核算系统的初始设置中，可以事先设置好凭证上的存货科目和对方科目，系统将自动采用这些科目生成相应的出入库凭证，并传送到总账中。

在执行生成凭证操作时，一般由在总账中有填制凭证权限的操作员来完成。

(七) 综合查询

存货核算系统提供了存货明细账、总账、出入库流水账、入库汇总表、出库汇总表、差异 (差价) 分摊表、收发存汇总表、存货周转率分析表、入库成本分析表、暂估材料余额分析表等多种分析统计账表。

在查询过程中，应注意查询条件输入的准确性、灵活性。

为保证业务与财务数据的一致性，需要进行对账，即将存货核算系统记录的存货明细账数据与总账管理系统存货科目和差异科目的结存金额和数量进行核对。

项目实施

任务一 存货价格及结算成本处理

【任务目的】

- 掌握暂估入库单价格的录入方法。
- 掌握仓库中存货价格的调整方法。
- 掌握暂估处理流程和方法。

【任务准备】

● 引入项目十中任务二的账套数据，以 8002 操作员的身份，于 2022 年 1 月 31 日登录“企业应用平台”。

【任务要求】

- 掌握暂估入库单价格的检查和暂估价的录入。
- 掌握仓库中存货价格的调整和单据中存货价格调整。

【任务资料】

(1) 2022 年 1 月 31 日，经核查，A 箱包仓中女士钱包的存货价格偏低，经过调研和批准，将其由 200 元调整为 210 元，由于该存货在该仓库中的存储数量为 80 个，因此将总金额从 16 000 元调整为 16 800 元。

(2) 2022 年 1 月 31 日，检查本期进行采购结算、需要进行结算成本暂估处理的单据，并对其进行暂估处理。

【任务指导】

检查所有采购入库单或部分其他入库单上的存货是否有价格。录入的暂估价格是否更真实，可以在存货核算模块的暂估成本录入窗口中进行检验，并且系统还提供上次出入库成本、售价成本、参考成本、结存成本作为暂估成本的录入参照。

对于账面上存货的成本，如果价格、价值错误或者远远偏离市值，则系统使用出入库调整单进行调整。

在本期对前期暂估采购入库单进行采购结算时，需要对暂估的存货按照系统设置的暂估方式进行结算成本处理。

1. 第 1 笔业务的处理

以 2022 年 1 月 31 日为业务日期，在存货核算系统中打开入库调整单，调整存货的总价值，即在系统中增加一张只有金额、没有数量的入库单。

本笔业务的操作步骤如下：

(1) 在存货核算系统中，执行“调整单”|“入库调整单”命令。

(2) 单击“增加”按钮，输入仓库为“A 箱包仓”，收发类别为“其他入库”，存货为“女士钱包”，调整金额为 800 元，如图 11-2 所示。

(3) 单击“保存”按钮，再单击“记账”按钮，使增加的金额入账。

入库调整单

仓库 * A箱包仓　日期 * 2022-01-31　单据号 0000000001
收发类别 其他入库　部门　供应商
业务员　备注
先进先出法调整结存… 否　是否调整对应出库单 否

删行　显示格式　排序定位

	存货编码	存货名称	规格型号	计量单位	被调整单据号
1	001	A女士钱包		个	
2					
3					
4					
5					
6					
7					

图 11-2　入库调整单

提示：

● 在入库调整单中，如果不输入被调整的单据号，则视作调整该仓库下的所有存货，全额计入仓库下的存货的总金额。

● 如果要调整某一张采购入库单，先记下该采购入库单的单据号，并填到入库调整单的“被调整单据号”中，此时“金额”栏的金额对应入库单上该存货的金额。

● 如果要调整采购入库单，则该采购入库单必须是在采购管理系统中做了采购结算的采购入库单。

2. 第 2 笔业务的处理

以 2022 年 1 月 31 日的业务时间登录存货核算系统，按照系统设置的暂估处理方法处理所有的暂估单据。

本笔业务的处理流程如下：

(1) 在存货核算系统中，打开“业务核算”中的“结算成本处理”进行暂估存货成本处理。

(2) 在存货核算系统中，对所有暂估单据进行暂估处理。

本笔业务的操作步骤如下：

(1) 以 2022 年 1 月 31 日为业务日期，登录存货核算系统，执行“记账”|“结算成本处理”命令，系统弹出“暂估处理查询”对话框。在该对话框中可以选择所有的仓库，其他条件为空，如图 11-3 所示。

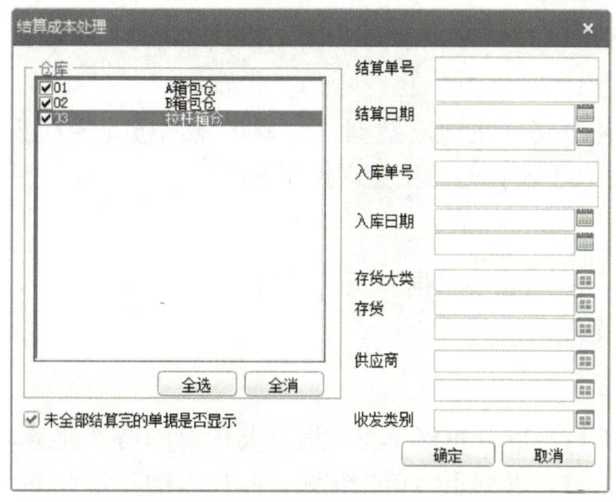

图 11-3 “暂估处理查询”对话框

(2) 单击“确定”按钮，系统显示如图 11-4 所示。

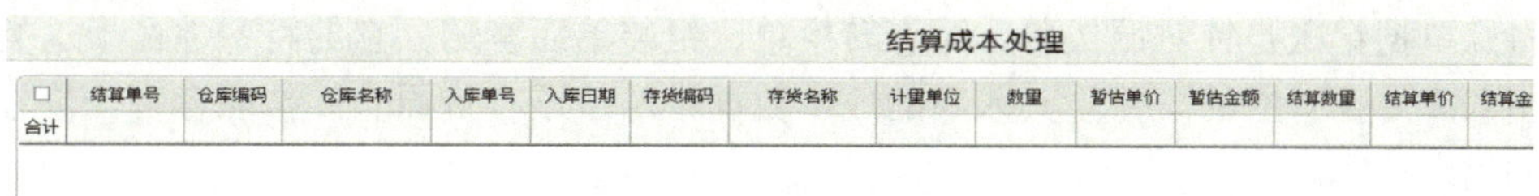

图 11-4　暂估结算表

(3) 如果本月无暂估业务，退出即可。

提示：

● 暂估结算表中显示的单据是前期已经存在存货系统暂估记账，本期收到发票后再重新进行采购结算的单据。

● 本期暂估业务处理是按照存货系统期初设置的处理方式进行结算成本处理。

3. 账套备份

在 D 盘建立文件夹，将项目十一中任务一的账套输出，并保存到 U 盘。

【任务训练】

2020 年 3 月 30 日，对办理完入库手续的深圳安美家居有限公司的 200 个硅胶保健枕进行记账处理，并制作记账凭证。在业财一体信息化平台存货核算管理模块中生成存货入库的记账凭证。

任务二　单 据 记 账

【任务目的】

● 熟悉特殊单据、直运业务单据和正常单据记账的作用。

● 掌握各种单据记账的处理。

【任务准备】

● 引入项目十一中任务一的账套数据，以 8002 操作员 (密码为 1) 的身份，业务日期 2022 年 1 月 31 日登录 108 账套的“企业应用平台”。

【任务要求】

● 进行特殊单据、直运业务单据和正常单据的记账。
● 完成各种单据记账的流程。

【任务资料】

(1) 2022 年 1 月 31 日，进行特殊单据记账，将所有的特殊业务单据进行记账。
(2) 2022 年 1 月 31 日，进行正常单据记账，将所有的正常业务单据进行记账。

【任务指导】

单据记账是指登记存货明细账、差异明细账 / 差价明细账、受托代销商品明细账和受托代销商品差价账 (全月平均法外)，对存货进行出库成本的计算。

特殊单据记账是针对调拨单、形态转换单、组装单而言的，它的特殊性在于这类单据都是出入库单据对应的，并且其入库的成本数据来源于该存货原仓库按照存货计价方法计算出的出库成本。

本笔业务的处理流程如下：
(1) 在存货核算系统中进行特殊单据记账。
(2) 在存货核算系统中进行正常单据记账。

1. 第 1 笔业务的处理

本笔业务的操作步骤如下：

(1) 以 2022 年 1 月 31 日的业务日期登录存货核算系统，执行“记账”|“特殊单据记账”命令，系统弹出如图 11-5 所示的对话框。

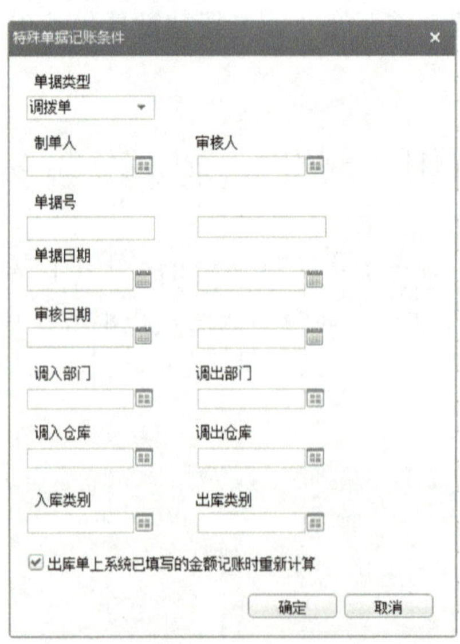

图 11-5 “特殊单据记账条件“对话框

(2) 单据类型选择“调拨单”，单击“确定”按钮，进入“特殊单据记账条件”对话框，如图 11-6 所示。

(3) 对全部单据进行记账，单击“全选”按钮，或者单击表体中需要记账的单据，再单击“记账”按钮。

特殊单据记账

□	单据号	单据日期	转入仓库	转出仓库	转入部门	转出部门	经手人	审核人	制单人
☑	0000000002	2022-01-31	拉杆箱仓	明宏仓				李慧	李慧
小计									

图 11-6　特殊单据记账窗口

2. 第 2 笔业务的处理

本笔业务的操作步骤如下：

(1) 以 2022 年 1 月 31 日为业务日期登录存货核算系统，执行“记账”|“正常单据记账”命令，选择所有的仓库和所有的单据类型，“包含未审核单据”和“出库单上所填金额重新计算”选择“是”，系统弹出如图 11-7 所示的对话框。

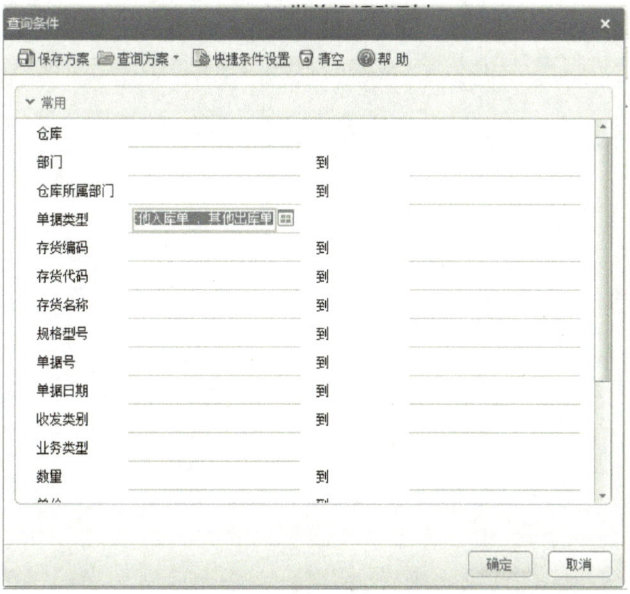

查询条件

保存方案　查询方案　快捷条件设置　清空　帮助

常用

条件			
仓库			
部门		到	
仓库所属部门		到	
单据类型	他入库单，其他出库单		
存货编码		到	
存货代码		到	
存货名称		到	
规格型号		到	
单据号		到	
单据日期		到	
收发类别		到	
业务类型			
数量		到	

确定　取消

图 11-7　“查询条件”的对话框

(2) 单击“确定”按钮，系统弹出如图 11-8 所示的窗口。

正常单据记账列表

☑	日期	单据号	存货编码	存货名称	规格型号	存货代码	单据类型	仓库名称	收发类别	数量
☑	2022-01-24	0000000001	009	炫酷旅行箱			其他入库单	拉杆箱仓		450.00
☑	2022-01-24	0000000001	010	时尚旅行箱			其他入库单	拉杆箱仓		450.00
☑	2022-01-31	0000000006	007	女背包			其他出库单	明宏仓		5.00
☑	2022-01-31	0000000007	002	女士手提包			其他入库单	兰伊仓		10.00
小计										915.00

图 11-8　正常单据记账窗口

(3) 单击“全选”按钮，再单击“记账”按钮。

提示：

- 记账时如果单据量特别大，则可以分仓库、分收发类别进行记账。
- 记账前先检查所有入库单 (即采购入库单和其他入库单) 是否有单价。
- 在进行单据记账时，注意单据的颜色，以分辨该单据能否进行记账操作。

3. 账套备份

在 D 盘建立文件夹，将项目十一中任务二的账套输出，并保存到 U 盘。

项目十二

供应链管理期末处理

学习目标

知识目标

- 熟悉供应链管理期末处理的基本内容。
- 理解供应链管理期末处理与其他系统期末处理的主要关系。

技能目标

- 能够完成采购管理期末处理的业务工作。
- 能够完成销售管理期末处理的业务工作。
- 能够完成库存管理期末处理的业务工作。
- 能够完成存货核算期末处理的业务工作。

素质目标

- 培养学生协作共进、和而不同的合作原则。
- 培养学生坚持原则、互相监督的做事原则。

知识链接

企业的经理、投资者、债权人等决策者都需要企业经营状况的定期信息。我们通过期末结账，据以结算账目编制财务报告、核算财务状况和资金变动情况，以及企业的供应链管理所需的各种报表等。供应链管理期末处理是指销售管理期末处理、采购管理期末处理、库存管理期末处理和存货核算期末处理工作。供应链管理期末处理的具体流程为采购和销售两个业务模块最先进行月末处理（即锁定月末的内外数据交换而引起的变化），其次是库存和存货模块进行月末处理，将所有仓库关闭进行成本核算。

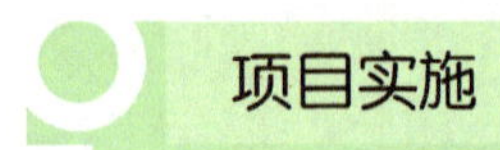

项目实施

任务　供应链管理期末处理业务

【任务目的】

- 熟悉供应链各模块期末处理的流程。
- 了解各种存货计价方法的期末处理的计算原理。
- 掌握期末处理各模块的处理方法。

【任务准备】

● 引入项目十一中任务二的账套数据(即完成所有的业务)，以 8001 操作员(密码为 1)的身份、于 2022 年 1 月 31 日登录“企业应用平台”。

【任务要求】

- 在存货核算系统中，对所有单据进行记账。
- 在采购管理系统中，进行月末结账。
- 在销售管理系统中，进行月末结账。
- 在库存管理系统中，进行月末结账。
- 在存货核算系统中，对仓库进行期末处理。

【任务资料】

(1) 2022 年 1 月 31 日，对 A 箱包仓进行期末处理。

(2) 2022 年 1 月 31 日，对 B 箱包仓进行期末处理。

(3) 2022 年 1 月 31 日，对拉杆箱仓进行期末处理。

【任务指导】

期末处理应当在日常业务中全部完成，采购和销售系统作结转处理后进行。它用于计算按全月平均方法核算的存货的全月平均单价及其本会计月出库成本，计算按计划价/售价方法核算的存货的差异率/差价率及本会计月的分摊差异/差价，并对已完成日常业务的仓库、部门、存货做处理标志。

本业务的处理流程如下：

(1) 在存货核算系统中，对所有单据进行记账。

(2) 在采购管理系统中，进行月末结账。

(3) 在销售管理系统中，进行月末结账。

(4) 在库存管理系统中，进行月末结账。

(5) 在存货核算系统中，对仓库进行期末处理。

本任务操作步骤如下：

(1) 以 2022 年 1 月 31 日的业务日期登录采购管理系统，执行“月末结账”命令，选择会计月份为 1 月份，单击“结账”按钮，系统弹出“是否关闭订单”，单击“否”，在“结账”信息提示框中显示 1 月份“是否结账”为“是”，如图 12-1、12-2 所示。

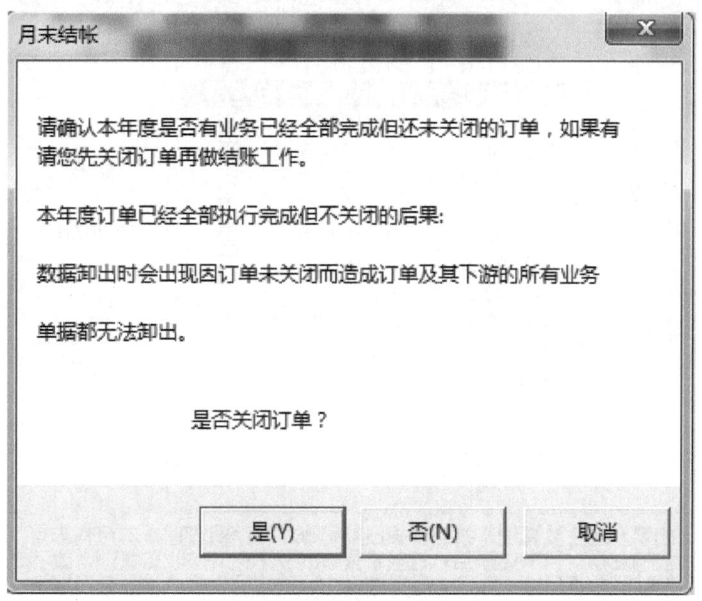

图 12-1　是否关闭订单

图 12-2　采购月末结账

(2) 以 2022 年 1 月 31 日的业务日期登录销售管理系统，执行“月末结账”命令，进入销售结账窗口。单击“结账”按钮，再单击“否”，1 月份“是否结账”处显示“是”，如图 12-3 所示。

结账

会计月份	起始日期	结束日期	是否结账
1	2022-01-01	2022-01-31	是
2	2022-02-01	2022-02-28	否
3	2022-03-01	2022-03-31	否
4	2022-04-01	2022-04-30	否
5	2022-05-01	2022-05-31	否
6	2022-06-01	2022-06-30	否
7	2022-07-01	2022-07-31	否
8	2022-08-01	2022-08-31	否
9	2022-09-01	2022-09-30	否
10	2022-10-01	2022-10-31	否
11	2022-11-01	2022-11-30	否
12	2022-12-01	2022-12-31	否

结账
取消结账
帮助
退出

如果《应收款管理》按照单据日期记账，《销售管理》本月有未复核的发票，月末结账后，这些未复核的发票在《应收款管理》就不能按照单据日期记账了，除非在《应收款管理》改成按业务日期记账。

图 12-3　销售月末结账

(3) 以 2022 年 1 月 31 日的业务日期登录库存管理系统，执行“月末结账”命令，进入库存结账窗口。单击“结账”按钮，1 月份“是否结账”处显示“是”，如图 12-4 所示。

结账

会计月份	起始日期	结束日期	是否结账
1	2022-01-01	2022-01-31	是
2	2022-02-01	2022-02-28	否
3	2022-03-01	2022-03-31	否
4	2022-04-01	2022-04-30	否
5	2022-05-01	2022-05-31	否
6	2022-06-01	2022-06-30	否
7	2022-07-01	2022-07-31	否
8	2022-08-01	2022-08-31	否
9	2022-09-01	2022-09-30	否
10	2022-10-01	2022-10-31	否
11	2022-11-01	2022-11-30	否
12	2022-12-01	2022-12-31	否

月度账整理
结账
取消结账
帮助
退出

注意：选择过多的单据自定义项可能会影响月结效率和收发存报表的查询效率，请务必只选必须查询的栏目！

图 12-4　库存月末结账

(4) 以 2022 年 1 月 31 日的业务日期，登录存货核算系统，执行“记账”|“期末处理”命令，打开“期末处理”对话框，如图 12-5 所示。

图 12-5 “期末处理”对话框

按系统提示进行期末处理，如图 12-6、12-7 所示。

图 12-6 选择仓库

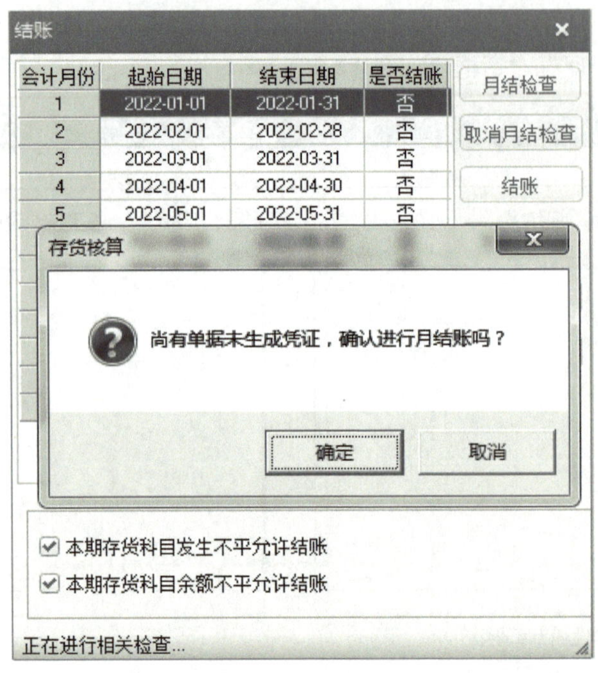

图 12-7 月末结账

(5) 单击“确定”按钮，系统提示月末结账完毕。

提示：

- 如果在系统中有未记账的单据，可以先将未记账单据进行记账，也可以忽略。

【任务训练】

(1) 2020 年 3 月 31 日，根据业务部门相关资料检查并确认本会计期间采购工作已结束，在业财一体信息化平台的采购管理模块中熟练完成月末结账。

(2) 2020 年 3 月 31 日，根据业务部门相关资料检查并确认本会计月销售工作已结束，并在业财一体信息化平台的销售管理模块中熟练完成月末结账。

(3) 2020 年 3 月 31 日，熟练进行库存与存货对账，核对无误后，在业财一体信息化平台的库存管理模块中对所有仓库进行月末结账处理。

(4) 2020 年 3 月 31 日，进行存货与总账对账，核对无误后，在业财一体信息化平台的存货核算模块中对所有存货管理模块进行月末结账处理。

第三部分　业财一体综合训练

项目十三

综 合 案 例

企业背景

一、企业基本情况

某市绿色建材有限公司，设置一个基本生产车间，以水泥、粉煤灰、煤矸石为主要原料，利用现代打磨技术制造混凝土红砖。

公司法人代表：郝富贵。

公司开户银行：中国工商银行某市海东支行。

银行账号：6222021702006865660。

公司纳税登记号：410101680966666。

公司地址：市经济技术开发区通顺路 80 号。

公司电话：66666666。

二、操作要求

1. 科目设置要求

应付账款科目下设暂估应付账款和一般应付账款两个二级科目，其中一般应付账款设置为受控于应付款系统，暂估应付账款科目设置为不受控于应付款系统。

2. 辅助核算要求

日记账：库存现金、银行存款。

银行账：银行存款。

客户往来：应收票据、应收账款、预收账款 / 人民币、预收账款 / 美元。

供应商往来：应付票据、应付账款 / 一般应付账款、应付账款 / 暂估应付账款、预付账款。

个人往来：其他应收款 / 应收个人款。

项目核算：生产成本。

部门核算：管理费用。

3. 会计凭证的基本规定

录入或生成记账凭证均由指定的会计人员操作，含有库存现金和银行存款科目的记账凭证均需出纳签字。采用复式记账凭证和通用凭证格式。对已记账凭证的修改，只采用红字冲销法。为保证财务与业务数据的一致性，能在业务系统生成的记账凭证不得在总账系统中直接录入。根据原始单据生成记账凭证时，除特殊规定外不采用合并制单。出库单与入库单的原始凭证以软件系统生成的为准。

4. 货币资金业务的处理

公司采用的结算方式包括现金结算、支票结算、托收承付、委托收款、银行汇票、商业汇票、电汇等。收、付款业务由财务部门根据有关凭证进行处理。

5. 薪酬业务的处理

由公司承担并缴纳的养老保险、医疗保险、失业保险、工伤保险、生育保险、住房公积金分别按 20%、10%、1%、1%、0.8%、12% 的比例计算；职工个人承担的养老保险、医疗保险、失业保险、住房公积金分别按 8%、2%、0.2%、12% 的比例计算。按工资总额的 2% 计提工会经费，按工资总额的 1.5% 计提职工教育经费，按工资总额的 14% 计提职工福利。各类社会保险金当月计提，次月缴纳。按照国家有关规定，公司代扣代缴个人所得税，其费用扣除标准为 5 000 元，附加费用为 4 800 元。工资分摊合并制单。

6. 固定资产业务的处理

公司固定资产包括房屋及建筑物、生产设备和办公设备，均为在用状态；采用平均年限法 (一) 按月计提折旧；同期增加多个固定资产时，不合并制单。

7. 存货业务的处理

公司存货主要包括原材料和库存商品两类，按存货分类进行存放。各类存货按照实际成本核算，采用永续盘存制，出库均采用移平均法进行核算。暂估业务采用单到回冲方式进行处理。存货按业务发生日期逐笔记账并制单，暂估业务除外。存货核算制单时不允许勾选“已结算采购入库单自动选择全部结算单上单据，包括入库单、发票、付款单，非本月采购入库按蓝字报销单制单”选项。

8. 购销业务的处理

材料采购业务类型为必有订单，销售业务均为不必有订单。

9. 成本核算的处理

生产成本采用项目核算，设置三个成本项目：直接材料、直接人工、制造费用 (含水电费)。产成品验收入库时手工填写总成本金额。

10. 税费的处理

公司为增值税一般纳税人，增值税税率为 13%，按月缴纳，运费按 1% 作进项税额抵扣；按当期应缴增值税的 7% 计算城市维护建设税，按当期应缴增值税的 3% 计算教育费附加，按当期应缴增值税的 2% 计算地方教育附加；企业所得税采用资产负债表债务法，除应收账款外，假设资产、负债的账面价值与其计税基础一致，未产生暂时性差异，企业所得税的计税依据为应纳税所得额，税率为 25%，按月预计，按季预缴，全年汇算清缴。缴纳税款和各类社会保险按银行开具的原始凭证编制记账凭证。

11. 财产清查的处理

公司每年年末对存货及固定资产进行清查，根据盘点结果编制盘点表，并与账面数据进行比较，由库存管理员审核后进行处理。

12. 坏账损失的处理

除应收账款外，其他应收款项不计提坏账准备。每季季末，按应收账款余额百分比法计提坏账准备，提取比例为 0.5%。

13. 利润分配

根据公司章程，公司税后利润年终按以下顺序及规定分配：A 弥补亏损，B 按 10% 提取法定盈余公积，C 向投资者分配利润。

14. 损益类账户的结转

每月末将各损益类账户余额转入本年利润账户，结转时按收入和支出分别生成记账凭证。

15. 外币业务

企业对外币业务采用业务发生当日的市场汇率进行折算。

总体要求

(1) 实训时间约为 12 学时，可根据学生的实际情况适当调整。

(2) 该实训利用用友 U8 V15.0 的系统管理、总账、薪资管理、固定资产、采购管理、销售管理、库存管理、存货核算、应收款管理、应付款管理和 UFO 报表模块，完成一项完整的工业企业会计任务。

(3) 认真阅读操作员及操作分工，在操作时严格按照操作权限分工进行。

(4) 认真阅读操作要求，在操作时严格按照操作要求进行。

(5) 认真阅读总体要求和各项工作任务，根据任务的具体描述，按照操作要求进行业务处理与会计核算。

(6) 会计信息系统的启用时间为 2022 年 3 月 1 日，业务处理时间为 3 月份。

业务资料与工作任务

工作领域一　系统初始化

1. 核算体系的建立

(1) 启动系统管理，以管理员的身份进行注册。

(2) 设置操作员，如表 13-1 所示。

表 13-1 设置操作员

编码	姓名	所属部门	职务	操作分工
601	王飞	总经办	总经理	
602	张宇	财务部	财务经理	600 账套主管的权限
603	王伟伟	财务部	会计	总账管理、应收款管理、固定资产管理、薪资管理、存货核算
604	张一凡	财务部	出纳	收付款单处理、票据管理、出纳签字、银行对账
605	赵强	采购部	采购员	采购管理的所有权限
606	郝小帅	销售部	销售员	销售管理的所有权限
607	刘亚	仓管部	仓管员	库存管理的所有权限

(3) 建立账套信息。

① 账套信息：账套号为“600”，账套名称为“某市绿色建材有限公司”，启用日期为“2022 年 03 月”。

② 单位信息：单位名称为“某市绿色建材有限公司”，单位简称为“某市绿色建材有限公司”，税号为“410101680966666”，单位地址为“某市昌盛经济园 80 号”，电话为“6666666”，公司开户银行为“中国工商银行某市海东支行”，银行账号为“622202170200686566”。

③ 核算类型：企业类型为“工业”，行业性质为“2007 年新会计制度科目”并预置科目，账套主管为“刘宇”。

④ 基础信息：对存货、客户、供应商均进行分类；该企业有外币核算。

⑤ 编码方案：科目编码方案为 10-2-2-2，客户分类和供应商分类的编码方案为 2-9-4，部门的编码方案为 1-2，存货分类的编码方案为 2-2-2-2-3，收发类别的编码方案为 1-1-1，结算方式的编码方案为 1-2，费用项目编码方案为 1-2，地区分类编码方案为 2-9-4，其他编码项目保持不变。

⑥ 数据精度：保持系统默认的设置。

⑦ 分配操作员权限 (按设置操作员表格中的权限设置)。

2. 各系统的启用

(1) 启动企业门户，以账套主管身份进行注册。

(2) 启用“采购管理”“销售管理”“库存管理”“存货核算”“应收”“应付”“总账”“固定资产”“薪资管理”系统，启用日期为“2022 年 03 月 01 日”。

3. 定义各基础档案

可通过企业门户中的基础信息，选择“基础档案”来增设下列档案。

(1) 定义部门档案：① 总经办；② 采购部；③ 财务部；④ 销售部；⑤ 生成车间；⑥ 仓管部。

(2) 定义职员档案，如表 13-2 所示。

表 13-2 职员档案

人员编码	姓名	行政单位	人员类别	性别	是否业务员
1001	王飞	1	管理人员	男	是
2001	赵强	2	管理人员	男	是
3001	张宇	3	管理人员	男	是
3002	王伟伟	3	管理人员	男	是
3003	张一凡	3	管理人员	女	是
4001	郝小帅	4	销售人员	男	是
5001	王海涛	5	车间管理人员	男	是
5002	白雪	5	生成工人	女	是
6001	刘亚	6	管理人员	女	是

(3) 定义付款条件，如表 13-3 所示。

表 13-3 付款条件

付款条件编码	信用天数	优惠天数1	优惠率1	优惠天数2	优惠率2	优惠天数3	优惠率3	优惠天数4	优惠率4
01	30	10	2	20	1	30	0		
02	90	10	3	30	2	60	1	90	0

(4) 定义客户分类。客户无分类。

(5) 定义客户档案。

① 客户编码：1001；客户名称：甲城有限公司；客户简称：甲城有限公司；所属银行：中国工商银行；开户银行：工行甲城办事处；银行账号：6222021702012356113；默认值：是；税号：410147541234826；付款条件：02。

② 客户编码：1002；客户名称：乙城有限公司；客户简称：乙城有限公司；所属银行：中国工商银行；开户银行：工行建西支行；银行账号：6222021702348752311；默认值：是；税号：410153678122110。

③ 客户编码：1003；客户名称：城市石材有限公司；客户简称：城市石材有限公司；所属银行：中国工商银行；开户银行：工行新城区分理处；银行账号：6222021408070077532；默认值：是；税号：350583749074992。

④ 客户编码：1006；客户名称：某市石材进出口有限公司；客户简称：某市石材进出口有限公司；所属银行：中国工商银行；开户银行：工行思明路分理处；银行账号：6222021402077753200；默认值：是；税号：350532578027490。

(6) 定义供应商分类。供应商无分类。

(7) 定义供应商档案。

① 供应商编码：0001；供应商名称：丙有限公司；供应商简称：丙有限公司；开户银行：工行南茶坊支行；银行账号：6222021901098674289；税号：610303826108777。

② 供应商编码：0002；供应商名称：某市电业局；供应商简称：某市电业局；开户银行：工行人民路支行；银行账号：6222021702098111111；税号：410144826754123。

③ 供应商编码：0003；供应商名称：某市自来水公司；供应商简称：某市自

来水公司；开户银行：工行建西支行；银行账号：6222021702056153120；税号：410153821167012。

④ 供应商编码：0004；供应商名称：XXX 采石厂；供应商简称：XXX 采石厂；开户银行：农行青城区分行分理处；银行账号：6228480710023477890；税号：410103611257888。

(8) 定义计量单位，如表 13-4 所示。

表 13-4　计 量 单 位

计量单位编码	计量单位名称	计量单位组	计量单位组类别
01	吨	数量	无换算率
02	块	数量	无换算率
03	公里	数量	无换算率
04	千瓦时	数量	无换算率
05	立方米	数量	无换算率

(9) 定义存货分类。存货分类：01 原材料；02 产成品；03 劳务类。

(10) 定义存货档案，如表 13-5 所示。

表 13-5　存 货 档 案

存货编码	存货名称	所属类别	计量单位	税率	存货属性
0101	煤矸石	原材料	吨	13	外购、生成耗用
0102	水泥	原材料	吨	13	外购、生成耗用
0103	粉煤灰	原材料	吨	13	外购、生成耗用
0201	红砖	产成品	块	13	内销、外销、自制
0301	运费	劳务类	公里	9	应税劳务、外购
0302	电	劳务类	千瓦时	13	外购、生成耗用
0303	水	劳务类	立方米	13	外购、生成耗用

(11) 外币设置：美元 (USD)，记账汇率为 6.00000，折算方式为外币 × 汇率 = 本位币。

(12) 设置会计科目。

① 增加 100201 工行、100202 美元、122101 应收个人款、220221 一般应付账款、220222 暂估应付账款、220301 人民币、220302 美元、221101 工资、221102 五险一金、222101 应缴增值税 (22210101 进项税额、22210102 销售税额、22210103 已缴税金、22210104 转出未缴增值税)、222102 未缴增值税、222103 应缴城建税、222104 应缴教育费附加、222105 应缴地方教育附加、222106 应缴个人所得税、222107 应缴企业所得税、224101 代扣五险一金、400101 安顺、400102 安泰、400103 金鑫、410415 未分配利润、510101 职工薪酬、510102 水电费、510103 折旧费、510104 五险一金、510105 修理费、660101 职工薪酬、660102 水电费、660103 折旧费、660104 五险一金、660105 广告费、660106 差旅费、660201 职工薪酬、660202 水电费、660203 折旧费、660204 五险一金、660205 印花税、660206 业务招待费、660207 办公费、660301 手续费、660302 利息收支、660303 汇兑损益、660304 现金折扣。

② 指定科目。

现金科目：1001；

银行科目：1002、100201、100202。

③ 辅助核算。

客户往来：1121、1122、2203、220301、220302；

供应商往来：1123、2201、220221、220222；

个人往来：122101；

项目核算：5001；

部门核算：660201、660203、660204、660206。

④ 受控系统。

应收系统：1121、1122、2203、220301、220302；

应付系统：1123、2201、220221；

存货核算系统：1403、1405。

(13) 选择凭证类别为“记账凭证”。

(14) 定义结算方式，如表 13-6 所示。

表 13-6 结算方式

结算方式编码	结算方式名称
1	现金结算
2	支票结算
201	现金支票
202	转账支票
3	电汇结算
4	商业承兑汇票
5	网银
9	其他

(15) 定义仓库档案，如表 13-7 所示。

表 13-7 仓库档案

仓库编码	仓库名称	计价方式
01	原材料库	移动平均法
02	产成品库	移动平均法

(16) 定义收发类别，如表 13-8 所示。

表 13-8 收发类别

收发类别编码	收发类别名称
1	收
11	采购入库
12	产成品入库
2	发
21	销售出库
22	生成领用出库

(17) 定义采购类型，如表 13-9 所示。

表 13-9　采 购 类 型

采购类型编码	采购类型名称	入库类别	是否默认值
01	材料采购	采购入库	是
02	水电采购	采购入库	否

(18) 定义销售类型，如表 13-10 所示。

表 13-10　销 售 类 型

销售类型编码	销售类型名称	出库类别	是否默认值
01	普通销售	销售出库	是

(19) 增加项目大类：产品成本。核算科目：生产成本。项目分类定义：红砖。项目目录：1 直接材料；2 直接人工；3 制造费用。

(20) 各个子系统的基础设置。

① 总账系统。取消“允许修改、作废他人填制的凭证”，其他默认。

② 应收款管理系统。单据审核日期依据为“单据日期”，汇兑损益方式为“月末处理”，坏账处理方式为“应收余额百分比法”，勾选“自动计算现金折扣”，代垫费用类型为“其他应收单”，受控科目制单方式为“明细到客户”，非控制科目制单方式为“汇总方式”，应收款核销方式为“按单据”，勾选“月结前全部生成凭证”“方向相反的分录合并”“核销生成凭证”“预收冲应收生成凭证”“凭证可编辑”“制单时回写摘要”，取消“单据审核后立即制单”。

③ 应付款管理系统。应付单据审核日期为“业务日期”,汇兑损益方式为“月末处理”，受控科目制单方式为“明细到供应商”，非控科目制单方式为“汇总方式”。

④ 固定资产系统。主要折旧方法为“平均年限法(一)”，勾选“当(月初已计提月份 = 可使用月份 - 1) 时将剩余折旧全部提足(工作量法除外)”“与账务系统进行对账”，固定资产对账科目为“固定资产”，累计折旧对账科目为“累计折旧”，固定资产缺省入账科目为“固定资产”，累计折旧缺省入账科目为“累计折旧”，编码长度为“2-1-1-2”，编码方案为“自动编码”“类别编号 + 部门编号 + 序号”，勾选“不允许转回减值准备”“自动连续增加卡片”。

⑤ 销售管理系统。勾选“超定量发货”“销售必填批号”，新增到货单、退货单，发票默认勾选“参照订单”，取价方式为“价格政策”。

⑥ 采购管理系统。勾选“允许超订单到货及入库”“允许超计划订单”，订单 / 到货单 / 发票单价录入方式为“手工录入”。

⑦ 库存管理系统为默认设置。

⑧ 存货核算系统。销售成本核算为“销售发票”，委托代销成本核算方式为“按普通销售核算”，零成本出库选择“上次出库成本”，入库单成本选择“手工输入”，红字出库单成本选择“手工输入”。

(21) 自定义转账。

结转本月未缴增值税。

● 计提企业所得税。
● 结转制造费用。

(22) 工资设置。

① 工资项目设置。

增加五险一金计提基数：基本工资 + 岗位工资；

代扣五险一金：五险一金计提基数 × 0.22；

计税基数：应付工资 - 代扣五险一金；

病假扣款：病假天数 × 15；

事假扣款：事假天数 × 25；

交补：iff(部门 = " 采购部 " and 部门 = " 销售部 ",100,70)；

应付工资：基本工资 + 岗位工资 + 交补 - 事假扣款 - 病假扣款；

扣款合计：事假扣款 + 病假扣款 + 代扣五险一金 + 代扣税；

应发合计：基本工资 + 岗位工资 + 交补；

实发合计：应发合计 - 扣款合计。

② 工资分摊设置。增加并设置“发放工资”“计提五险一金”“计提工资”“代扣五险一金”“代扣个人所得税”的工资分摊设置。

工作领域二　期初数据

1. 基础科目设置

1) 应收款管理

(1) 基本科目设置：应收科目“1122”，预收科目本币“220301”、外币“220302”，销售收入科目“6001”，销售退回科目“6001”，商业承兑科目“1121”，银行承兑科目“1121”，票据利息科目“660302”，汇兑损益科目“660303”，现金折扣科目“660304”，税金科目“22210102”。

(2) 结算方式科目设置，如表 13-11 所示。

表 13-11　结 算 方 式

结算方式	币　种	科　目
1 现金结算	人民币	1001
201 转账支票	人民币	100201
3 电汇结算	人民币	100201
4 商业承兑汇票	人民币	100201
5 外币结算	美元	100202
6 网银	人民币	100201

2) 应付款管理

(1) 基本科目设置：应付科目“220221”，预付科目“1123”，税金科目“22210101”，现金折扣科目“660304”。

(2) 结算方式科目设置，如表 13-12 所示。

表 13-12 结 算 方 式

结算方式	币 种	科 目
201 转账支票	人民币	100201
3 电汇结算	人民币	100201
4 商业承兑汇票	人民币	100201
5 网银	人民币	100201

3) 存货核算

(1) 存货科目，如表 13-13 所示。

表 13-13 存 货 科 目

仓库编码	仓库名称	存货科目
01	原材料库	1403
02	产成品库	1405

(2) 对方科目，如表 13-14 所示。

表 13-14 对 方 科 目

收发类别编码	收发类别名称	对方科目	暂估科目
11	采购入库	1402	220222
21	销售出库	6401	
12	产成品入库	5001	
22	生产领用出库	5001	

2. 期初数据录入

1) 应收款管理

(1) 期初销售发票：开票日期“2022-01-25”，客户名称“甲城有限公司”，币种“人民币”，销售部门“销售部”，税率“13”，货物编号“0201”，数量“500”，无税单价“8.00”。

(2) 期初商业承兑汇票：票据编码“123456”，开票单位“乙城公司”，票据面值“28 000”，票据余额“28 000”，科目“1121”，签发日期“2022-01-30”，收到日期“2022-01-30”，到期日“2022-12-30”。

2) 应付款管理

期初商业承兑汇票：票据编码“10001”，收票单位“丙有限公司”，票据面值“115 000”，票据余额“115 000”，科目“2201”，签发日期“2022-1-30”，到期日“2022-10-30”。

3) 固定资产系统

(1) 设置资产类别，如表 13-15 所示。

表 13-15 资 产 类 别

类别编码	类别名称	使用年限 / 月	净残值率 /%	计提属性	折旧方法	卡片样式
01	房屋及建筑物	360	5.00	正常计提	平均年限法	含税卡片样式
02	设备	0		正常计提	平均年限法	含税卡片样式
021	生产设备	72	4.00	正常计提	平均年限法	含税卡片样式
022	办公设备	36	3.00	正常计提	平均年限法	含税卡片样式

(2) 录入原始卡片，如表 13-16 所示。

表 13-16 原 始 卡 片

卡片编号	00001	00002	00003
固定资产编号	021500001	022300001	01100001
固定资产名称	生产线	计算机	办公楼
类别编号	021	022	01
类别名称	生成设备	办公设备	房屋及建筑物
部门名称	生产车间	财务部	多部门
增加方式	直接购入	直接购入	直接购入
使用状况	在用	在用	在用
使用年限 / 月	72	36	360
折旧方法	平均年限法一	平均年限法一	平均年限法一
开始使用时间	2012-10-1	2012-2-1	2012-2-1
币种	人民币	人民币	人民币
原值	280 000	20 000	800 000
净残值率 /%	4	3	5
累计折旧	37 240	6 456	24 960
对应折旧科目	510 103	660 203	660 103

4) 销售管理系统

期初发货单：发货日期“2022-02-20”，销售类型“普通销售”，客户简称“城市石材有限公司”，仓库名称“产成品库”，存货编码“0201”，存货名称“红砖”，数量“10 000”，无税单价“8.00”，税率“13%”。

5) 采购管理系统

期初入库单：入库日期“2022-02-20”，采购类型“材料采购”，供货单位“XXX 采石厂”，仓库名称“原材料库”，入库类别为“采购入库”，存货编码“0101”，存货名称“煤矸石”，数量“20 000”，单价“10”。

6) 库存管理系统

库存管理系统如表 13-17 所示。

表 13-17　库存管理系统

仓库名称	存货名称	数　量	单　价	金额 / 元
原材料库	煤矸石	20 400	10	204 000
原材料库	水泥	10	400	4 000
原材料库	粉煤灰	500	40	20 000
产成品库	红砖	143 985	4	575 940

7) 存货核算系统

存货核算系统如表 13-18 所示。

表 13-18　存货核算系统

仓库名称	存货名称	数　量	单　价	金额 / 元
原材料库	煤矸石	20 400	10	204 000
原材料库	水泥	10	400	4 000
原材料库	粉煤灰	500	40	20 000
产成品库	红砖	153 985	4	615 940

8) 工资期初数据

工资期初数据如表 13-19 所示。

表 13-19　工资期初数据　　单位：元

人员编码	基本工资	岗位工资	交补	应发合计	应付工资	五险一金计提基数	实发合计
1001	3 750	1 000	70	4 820	4 820	4 750	4 820
2001	4 500	2 000	70	6 570	6 570	6 500	6 570
3001	5 000	2 000	70	7 070	7 070	7 000	7 070
3002	3 500	1 500	70	5 070	5 070	5 000	5 070
3003	2 500	1 000	70	3 570	3 570	3 500	3 570
4001	4 000	1 500	70	5 570	5 570	5 500	5 570
5001	3 500	1 500	70	5 070	5 070	5 000	5 070
5002	2 000	1 000	70	3 070	3 070	3 000	3 070
6001	2 200	1 000	70	3 270	3 270	3 200	3 270
合计	30 950	12 500	630	44 080	44 080	43 450	44 080

9) 总账期初余额

总账期初余额如表 13-20 所示。

表 13-20 总账期初余额

科目名称	方 向	期初余额 / 元
库存现金	借	14 762.97
银行存款	借	189 413.13
工行	借	171 413.13
中行 (人民币)	借	18 000.00
中行 (美元)	借	3 000.00
应收票据	借	28 000.00
应收账款	借	4 680.00
原材料	借	228 000.00
库存商品	借	615 940.00
固定资产	借	1 100 000.00
累计折旧	贷	68 656.00
应收票据	贷	115 000.00
应付账款	贷	234 000.00
暂估应付账款	贷	234 000.00
应交税金	贷	1 177.10
未交增值税	贷	1 050.98
应交城建税	贷	73.57
应交教育费附加	贷	31.53
应交地方教育附加	贷	21.02
长期借款	贷	158 400.00
实收资本	贷	1 500 000.00
A 公司	贷	500 000.00
B 公司	贷	500 000.00
C 公司	贷	500 000.00
本年利润	贷	23 050.00
利润分配	贷	80 513.00
未分配利润	贷	80 513

注：期初暂估应付款录入如表 13-21 所示。

表 13-21 期初暂估应付款

单据日期	供应商	摘要	金额
2022-2-20	XXX 采石场	采购，票未到	234 000

工作领域三 业务处理与会计核算

(1) 本月 1 日，收到上月 20 日从 XXX 采石场采购的煤矸石 (已入库) 的增值税专用

发票，如图 13-1 所示，开出转账支票支付部分货款，如图 13-2 所示。(使用现付功能处理)

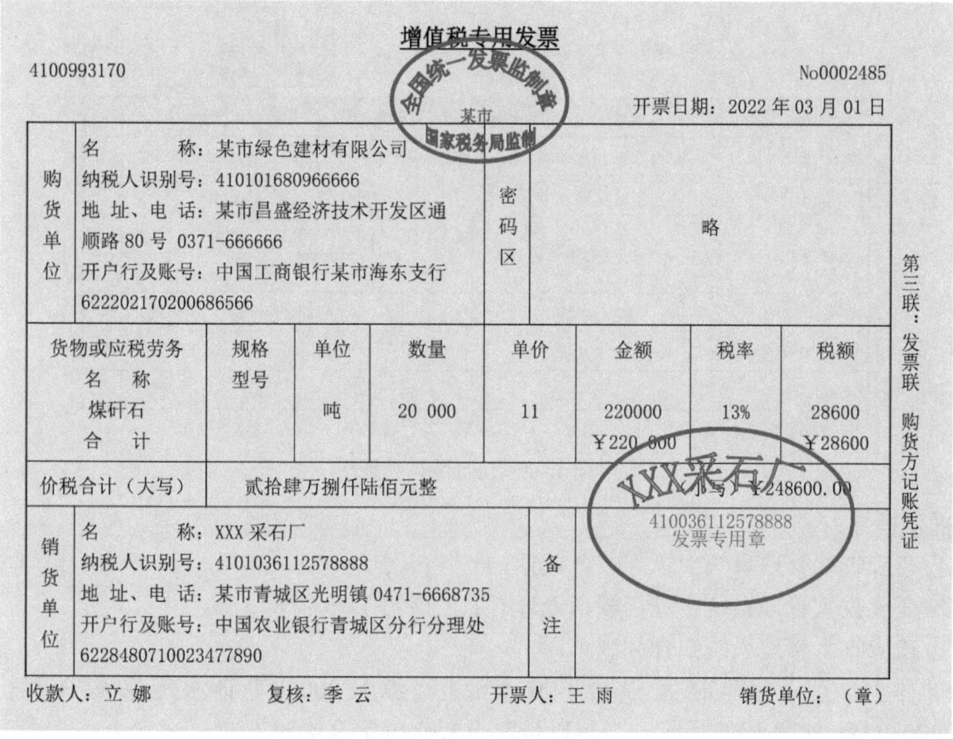

增值税专用发票

4100993170　　　　No0002485

开票日期：2022 年 03 月 01 日

购货单位	名　　称：某市绿色建材有限公司 纳税人识别号：410101680966666 地 址、电 话：某市昌盛经济技术开发区通顺路 80 号 0371-666666 开户行及账号：中国工商银行某市海东支行 622202170200686566	密码区	略

货物或应税劳务名称	规格型号	单位	数量	单价	金额	税率	税额
煤矸石		吨	20 000	11	220000	13%	28600
合　计					￥220 000		￥28600
价税合计（大写）	贰拾肆万捌仟陆佰元整				（小写）￥248600.00		

销货单位	名　　称：XXX 采石厂 纳税人识别号：4101036112578888 地 址、电 话：某市青城区光明镇 0471-6668735 开户行及账号：中国农业银行青城区分行分理处 6228480710023477890	备注	

收款人：立 娜　　复核：季 云　　开票人：王 雨　　销货单位：（章）

第三联：发票联　购货方记账凭证

全国统一发票监制章　某市　国家税务局监制

XXX采石厂　410036112578888　发票专用章

图 13-1　增值税专用发票

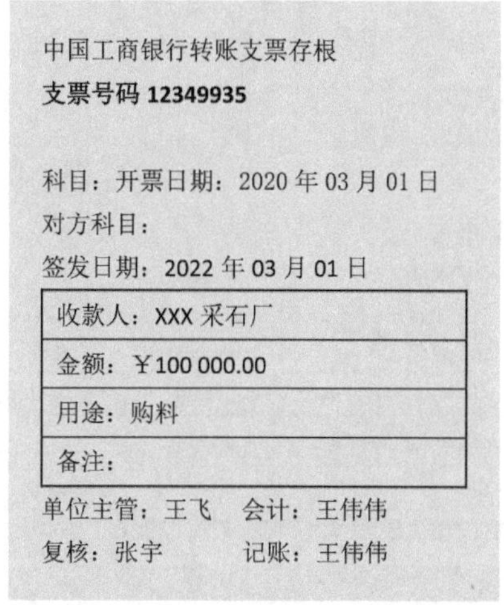

中国工商银行转账支票存根

支票号码 12349935

科目：开票日期：2020 年 03 月 01 日

对方科目：

签发日期：2022 年 03 月 01 日

收款人：XXX 采石厂
金额：￥100 000.00
用途：购料
备注：

单位主管：王飞　会计：王伟伟

复核：张宇　　记账：王伟伟

图 13-2　转账支票存根

操作指导：

① 在采购管理系统中生成采购专用发票，现付，再进行结算。

② 在应付款管理系统中对应付单据进行审核并制单。

③ 在存货核算系统中结算成本处理并制单。

(2) 本月 2 日，向甲城有限公司托收货款收回，如图 13-3 所示。(使用手工核销处理，合并制单)

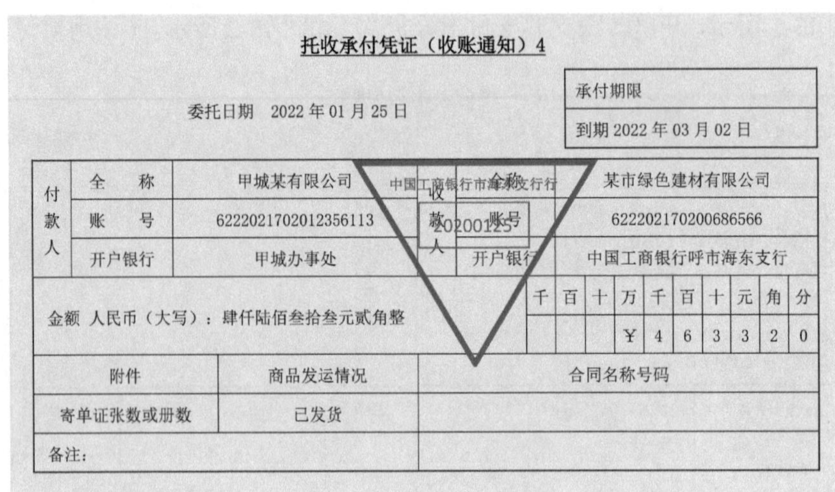

托收承付凭证（收账通知）4

委托日期 2022 年 01 月 25 日

承付期限 到期 2022 年 03 月 02 日

付款人	全称	甲城某有限公司	收款人	全称	某市绿色建材有限公司
	账号	6222021702012356113		账号	622202170200686566
	开户银行	甲城办事处		开户银行	中国工商银行呼市海东支行

金额 人民币（大写）：肆仟陆佰叁拾叁元贰角整	千	百	十	万	千	百	十	元	角	分
				¥	4	6	3	3	2	0

附件	商品发运情况	合同名称号码
寄单证张数或册数	已发货	
备注：		

中国工商银行市海东支行 20200125

图 13-3 托收承付凭证

操作指导：

① 在应收款管理系统中录入收款单据。

② 在应收款管理系统中进行核销处理(手工核销)。

③ 在应收款管理系统中合并制单。

(3) 本月 3 日，采购部张强与甲城水泥厂(编号 0005)签订水泥采购合同(编号 CG20220302)，如图 13-4 所示，当日以电汇方式支付定金给对方。

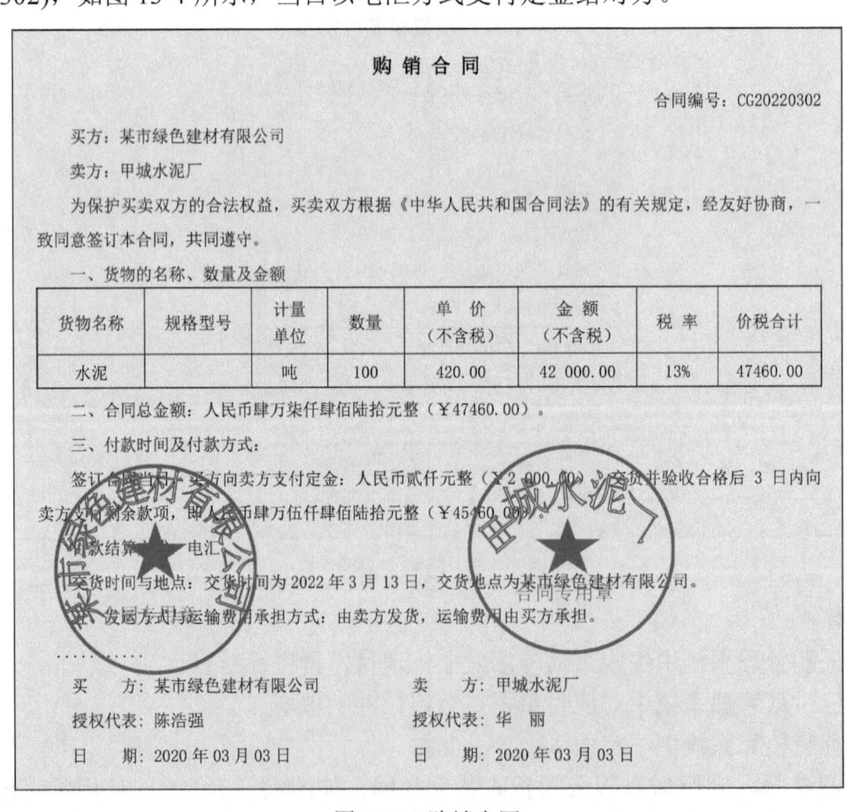

购销合同

合同编号：CG20220302

买方：某市绿色建材有限公司

卖方：甲城水泥厂

为保护买卖双方的合法权益，买卖双方根据《中华人民共和国合同法》的有关规定，经友好协商，一致同意签订本合同，共同遵守。

一、货物的名称、数量及金额

货物名称	规格型号	计量单位	数量	单价（不含税）	金额（不含税）	税率	价税合计
水泥		吨	100	420.00	42 000.00	13%	47460.00

二、合同总金额：人民币肆万柒仟肆佰陆拾元整（¥47460.00）。

三、付款时间及付款方式：

签订合同当日，买方向卖方支付定金：人民币贰仟元整（¥2 000.00），交货并验收合格后 3 日内向卖方支付剩余款项，即人民币肆万伍仟肆佰陆拾元整（¥45460.00）。

付款结算方式：电汇。

四、交货时间与地点：交货时间为 2022 年 3 月 13 日，交货地点为某市绿色建材有限公司。

五、发运方式与运输费用承担方式：由卖方发货，运输费用由买方承担。

…… ……

买　方：某市绿色建材有限公司　　卖　方：甲城水泥厂

授权代表：陈浩强　　授权代表：华　丽

日　期：2020 年 03 月 03 日　　日　期：2020 年 03 月 03 日

某市绿色建材有限公司 合同专用章　　甲城水泥厂 合同专用章

图 13-4 购销合同

操作指导：

① 基础设置——供应商档案，增加新的供应商档案。

② 在采购管理中录入采购订单。

③ 在应付款管理系统中录入付款单据，审核并制单，结果如图 13-5 所示。

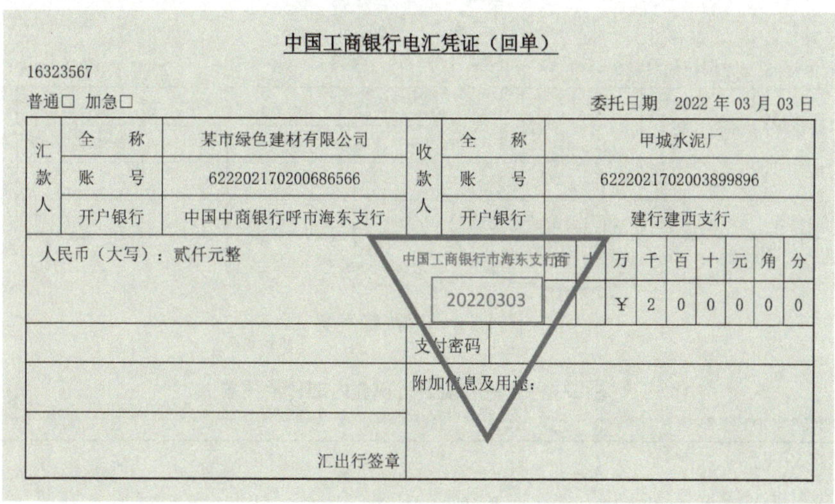

中国工商银行电汇凭证（回单）

16323567

普通☐ 加急☐　　委托日期　2022 年 03 月 03 日

汇款人	全　称	某市绿色建材有限公司	收款人	全　称	甲城水泥厂
	账　号	6222021702000686566		账　号	6222021702003899896
	开户银行	中国中商银行呼市海东支行		开户银行	建行建西支行

人民币（大写）：贰仟元整　　¥2 000.00

中国工商银行市海东支行　20220303

支付密码

附加信息及用途：

汇出行签章

图 13-5　电汇凭证

(4) 本月 4 日，开支票支付广告费 1 280 元，如图 13-6、图 13-7 所示。

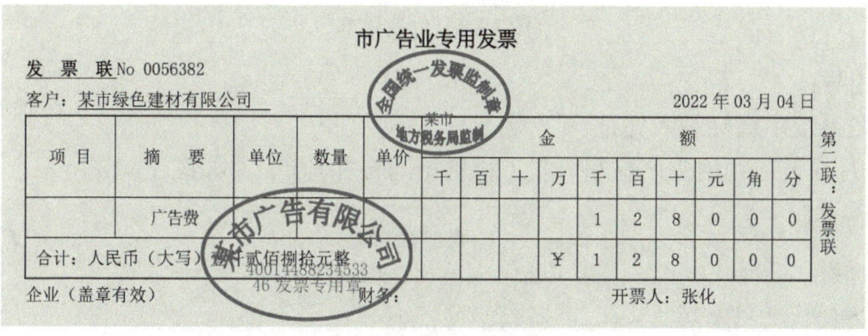

市广告业专用发票

发　票　联 No 0056382

客户：某市绿色建材有限公司　　2022 年 03 月 04 日

项 目	摘　要	单位	数量	单价	千	百	十	万	千	百	十	元	角	分
	广告费								1	2	8	0	0	0
合计：人民币（大写）壹仟贰佰捌拾元整								¥	1	2	8	0	0	0

企业（盖章有效）　财务：　开票人：张化

第二联：发票联

图 13-6　广告费发票

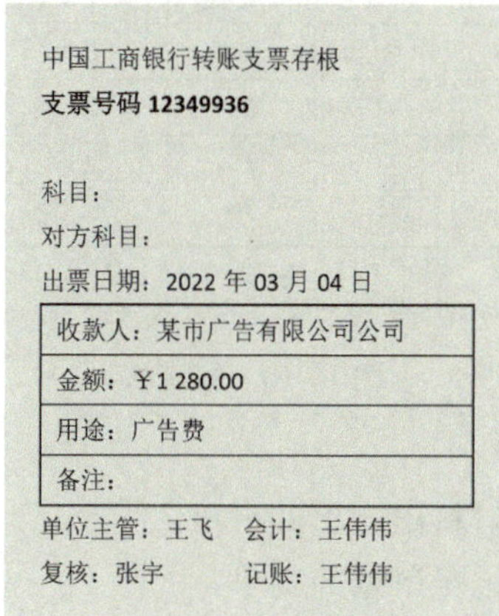

中国工商银行转账支票存根

支票号码 12349936

科目：

对方科目：

出票日期：2022 年 03 月 04 日

收款人：某市广告有限公司公司

金额：¥1 280.00

用途：广告费

备注：

单位主管：王飞　会计：王伟伟

复核：张宇　记账：王伟伟

图 13-7　支票存根

操作指导：

在总账系统中直接录入凭证。

(5) 本月 5 日，以现金支付总经办招待费 562 元，如图 13-8、图 13-9 所示。

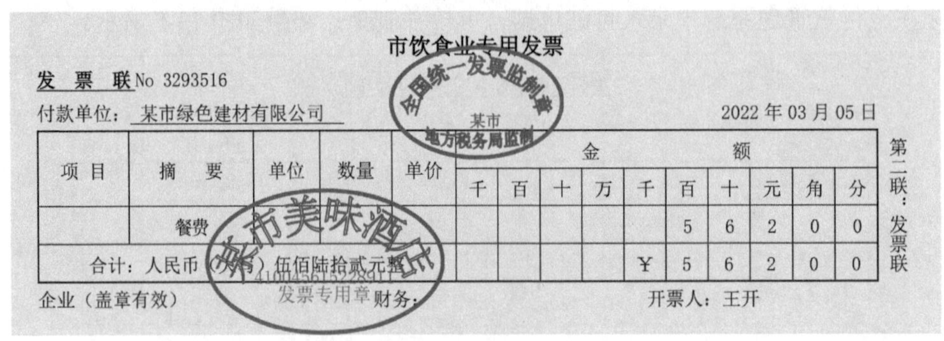

市饮食业专用发票

发　票　联 No 3293516

付款单位：某市绿色建材有限公司　　　　2022 年 03 月 05 日

项 目	摘　要	单位	数量	单价	金额 千	百	十	万	千	百	十	元	角	分
	餐费									5	6	2	0	0
合计：人民币（大写）伍佰陆拾贰元整									¥	5	6	2	0	0

第二联：发票联

企业（盖章有效）　　财务：　　开票人：王开

图 13-8　招待费发票

某市绿色建材有限公司现金内部付款凭单

2022 年 03 月 05 日　　　　编号：02

领款人：刘成
付款用途：餐费
金额　人民币（大写）伍佰陆拾贰元整　　小写：562.00　　现金付讫

主管领导：王飞　　财会主管：张宇　　出纳：张一凡　　领款人签字：刘成

图 13-9　付款凭单

操作指导：

在总账系统中直接录入凭证。

(6) 本月 6 日，领用生产材料一批 (科目相同合并制单)，如图 13-10 所示。

领料单

领料部门：生产车间　　2022 年 03 月 06 日第 001 号

生产通知单号：0301

领料用途	生产红砖		制造数量		制品名称	红砖		
编号	品名	规格	单位	请领数量	实发数量	单价	金额	备注
	煤矸石		吨	150	150			
	水泥		吨	10	10			
	粉煤灰		吨	15	15			
合计								

主管：王飞　　会计：王伟伟　　发料：刘亚　　领料：白雪　　制单：刘亚

图 13-10　领料单

操作指导

① 在库存管理系统中录入材料出库单并审核。

② 在存货核算系统中正常记账单据并制单。

(7) 本月 7 日，销售部郝小帅与甲城建材有限公司 (编号为 1004) 签订销售红砖合同

(编号为 20220301)，如图 13-11 所示，并于当日发货，收到对方的转账支票一张并办理进账(使用现结功能处理)，如图 13-12 所示。

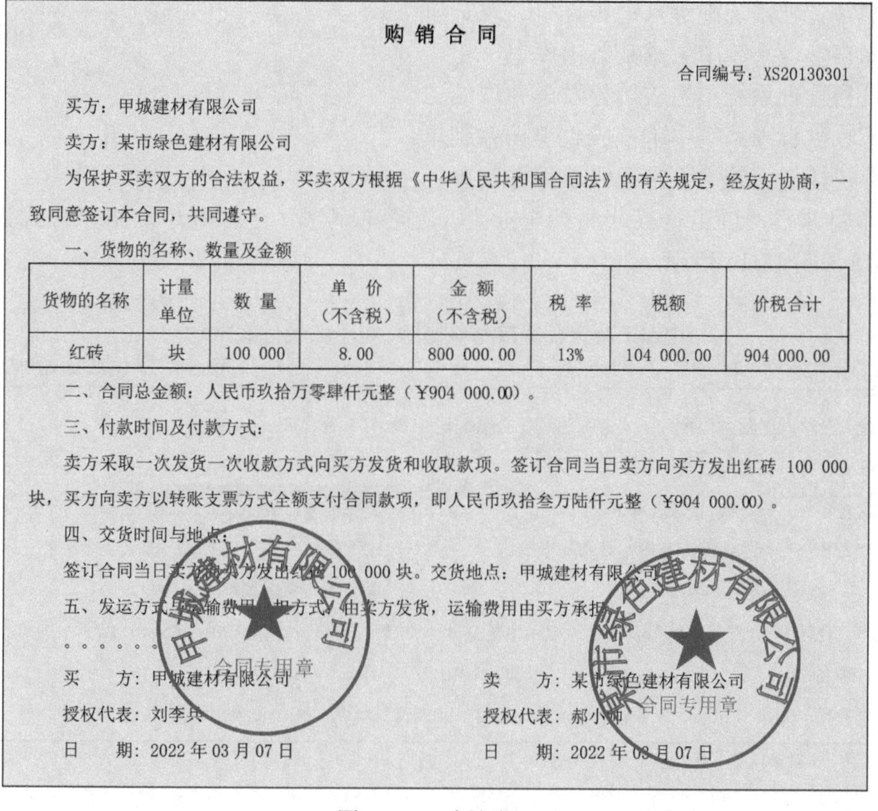

购 销 合 同

合同编号：XS20130301

买方：甲城建材有限公司

卖方：某市绿色建材有限公司

为保护买卖双方的合法权益，买卖双方根据《中华人民共和国合同法》的有关规定，经友好协商，一致同意签订本合同，共同遵守。

一、货物的名称、数量及金额

货物的名称	计量单位	数 量	单 价（不含税）	金 额（不含税）	税 率	税额	价税合计
红砖	块	100 000	8.00	800 000.00	13%	104 000.00	904 000.00

二、合同总金额：人民币玖拾万零肆仟元整（￥904 000.00）。

三、付款时间及付款方式：

卖方采取一次发货一次收款方式向买方发货和收取款项。签订合同当日卖方向买方发出红砖 100 000 块，买方向卖方以转账支票方式全额支付合同款项，即人民币玖拾叁万陆仟元整（￥904 000.00）。

四、交货时间与地点：

签订合同当日卖方向买方发出红砖 100 000 块。交货地点：甲城建材有限公司。

五、发运方式与运输费用承担方式：由卖方发货，运输费用由买方承担。

……

买　　方：甲城建材有限公司　　　　卖　　方：某市绿色建材有限公司

授权代表：刘李兵　　　　授权代表：郝小帅

日　　期：2022 年 03 月 07 日　　　　日　　期：2022 年 03 月 07 日

图 13-11　购销合同

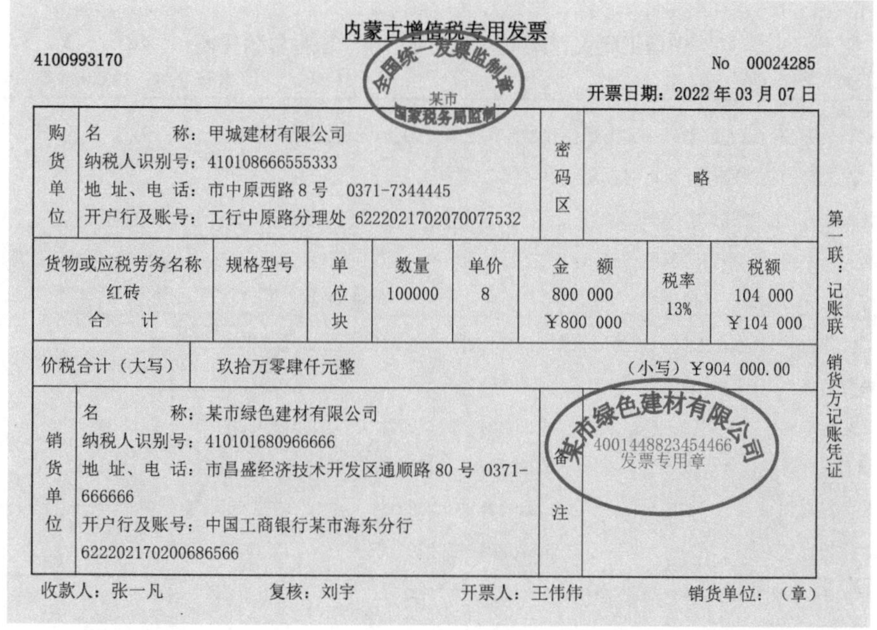

内蒙古增值税专用发票

4100993170　　　　No　00024285

开票日期：2022 年 03 月 07 日

购货单位	名　　称：甲城建材有限公司 纳税人识别号：410108666555333 地 址、电 话：市中原西路 8 号　0371-7344445 开户行及账号：工行中原路分理处 6222021702070077532	密码区	略

货物或应税劳务名称	规格型号	单位	数量	单价	金 额	税率	税额
红砖		块	100000	8	800 000	13%	104 000
合　计					￥800 000		￥104 000
价税合计（大写）	玖拾万零肆仟元整				（小写）￥904 000.00		

销货单位	名　　称：某市绿色建材有限公司 纳税人识别号：410101680966666 地 址、电 话：市昌盛经济技术开发区通顺路 80 号 0371-666666 开户行及账号：中国工商银行某市海东分行 622202170200686566	备注	

收款人：张一凡　　复核：刘宇　　开票人：王伟伟　　销货单位：（章）

第一联：记账联　销货方记账凭证

图 13-12　转账支票

操作指导：

① 基础设置——客户档案，增加新的客户档案。

② 销售管理系统中录入销售订单、发货单。

③ 库存管理系统中生成销售出库单。

④ 销售管理系统中生成销售发票并现结。

⑤ 应收款管理系统中审核应收单据并制单。

⑥ 存货核算系统中正常记账单据并制单。

(8) 本月 8 日，以工行存款缴纳企业上个月各项税费(合并制单，结算方式为其他)，如图 13-13、图 13-14 所示。

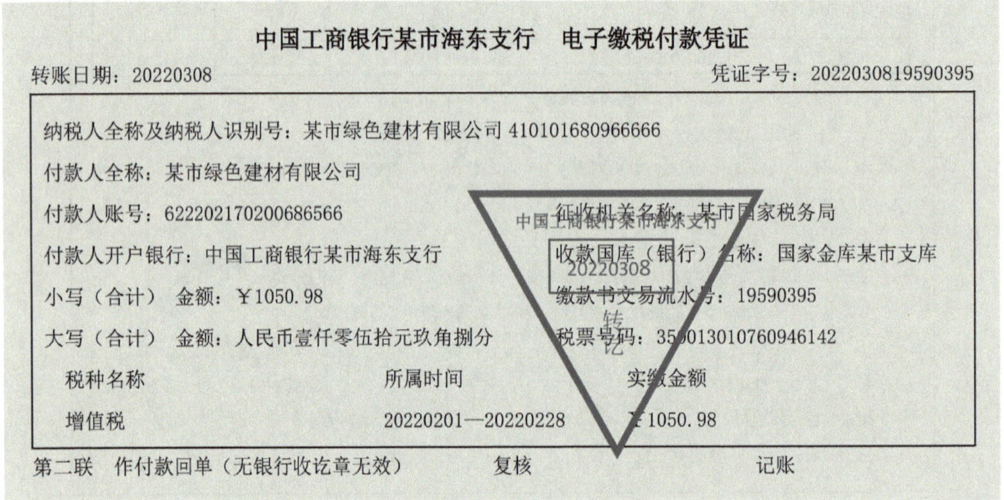

中国工商银行某市海东支行　电子缴税付款凭证

转账日期：20220308　　凭证字号：2022030819590395

纳税人全称及纳税人识别号：某市绿色建材有限公司 410101680966666

付款人全称：某市绿色建材有限公司

付款人账号：622202170200686566　　征收机关名称：某市国家税务局

付款人开户银行：中国工商银行某市海东支行　　收款国库（银行）名称：国家金库某市支库

小写（合计） 金额：￥1050.98　　缴款书交易流水号：19590395

大写（合计） 金额：人民币壹仟零伍拾元玖角捌分　　税票号码：350013010760946142

税种名称	所属时间	实缴金额
增值税	20220201—20220228	￥1050.98

第二联　作付款回单（无银行收讫章无效）　复核　记账

图 13-13　付款凭证(一)

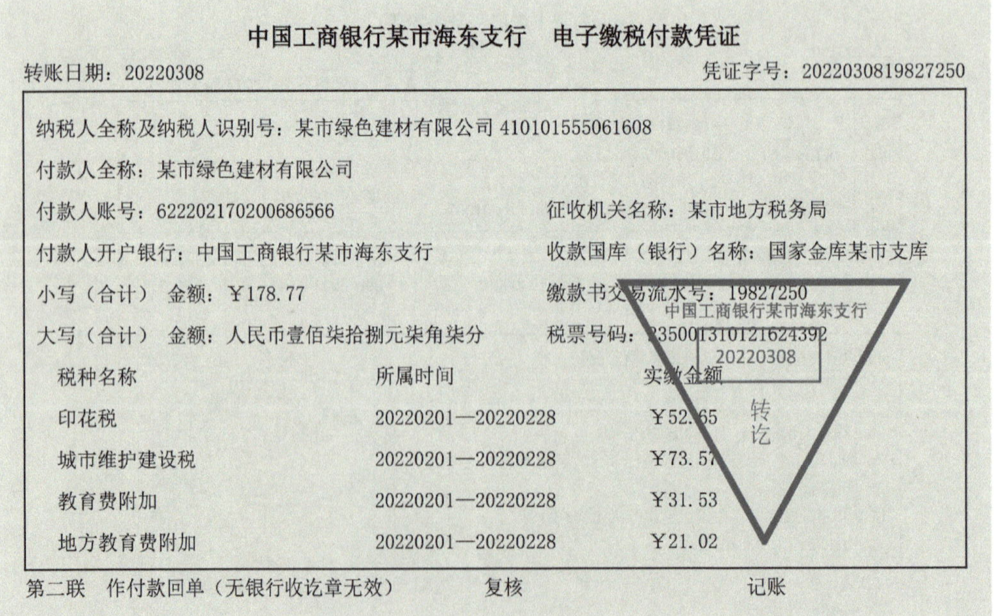

中国工商银行某市海东支行　电子缴税付款凭证

转账日期：20220308　　凭证字号：2022030819827250

纳税人全称及纳税人识别号：某市绿色建材有限公司 410101555061608

付款人全称：某市绿色建材有限公司

付款人账号：622202170200686566　　征收机关名称：某市地方税务局

付款人开户银行：中国工商银行某市海东支行　　收款国库（银行）名称：国家金库某市支库

小写（合计） 金额：￥178.77　　缴款书交易流水号：19827250

大写（合计） 金额：人民币壹佰柒拾捌元柒角柒分　　税票号码：235001310121624392

税种名称	所属时间	实缴金额
印花税	20220201—20220228	￥52.65
城市维护建设税	20220201—20220228	￥73.57
教育费附加	20220201—20220228	￥31.53
地方教育费附加	20220201—20220228	￥21.02

第二联　作付款回单（无银行收讫章无效）　复核　记账

图 13-14　付款凭证(二)

操作指导：

总账系统，直接录入凭证。

(9) 本月 9 日，销售部郝小帅出差借支现金 1 000 元，如图 13-15 所示。

借　据

2022 年 03 月 09 日

工作部门	销售部	职务	职员	姓名	郝小帅
借款金额	壹仟元整（¥1 000.00）				
借款原因	开会			附证件	会议通知
归还日期	会议结束归还				
核　　批	同意借支　　张菲菲　　2022 年 03 月 09 日				现金付讫

会计：　王伟伟　　　　出纳：张一凡　　　　制单：郝小帅

图 13-15　借据

操作指导：

总账系统，直接录入凭证。

(10) 本月 10 日，支付生成设备修理费用 2 020 元，支票如图 13-16、图 13-17 所示。

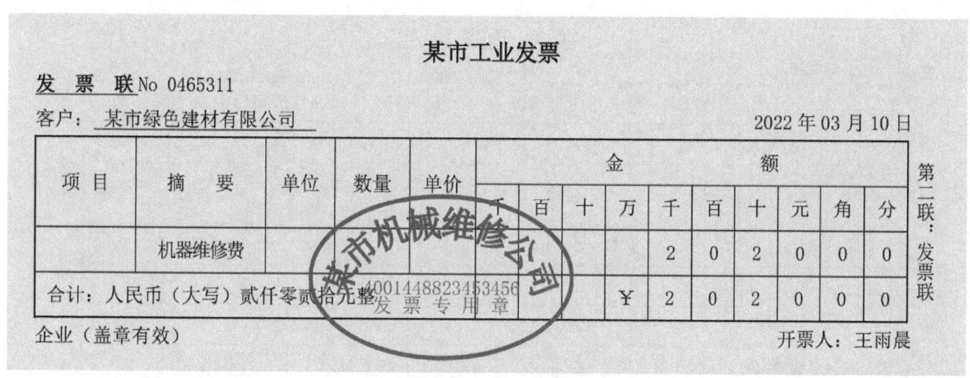

某市工业发票

发　票　联 No 0465311

客户：某市绿色建材有限公司　　　　2022 年 03 月 10 日

项　目	摘　　要	单位	数量	单价	金额 千	百	十	万	千	百	十	元	角	分
	机器维修费								2	0	2	0	0	0
合计：人民币（大写）贰仟零贰拾元整								¥	2	0	2	0	0	0

第二联：发票联

某市机械维修公司　4001448823453456　发票专用章

企业（盖章有效）　　　　开票人：王雨晨

图 13-16　修理费发票

中国工商银行转账支票存根

支票号码 12349937

科目：

对方科目：

出票日期：2022 年 03 月 10 日

收款人：某市机械维修公司
金额：2 020.00
用途：机器维修费
备注：

单位主管：王飞　会计：王伟伟

复核：张宇　　　记账：王伟伟

图 13-17　发票存根

操作指导：
总账系统，直接录入凭证。

(11) 本月 11 日，销售部郝小帅回来报销差旅费(合并制单)，如图 13-18、图 13-19 所示。

某市绿色建材有限公司收据

2022 年 03 月 11 日　　NO 00001

交款单位（人）郝小帅　　收款方式 现 金

人民币合计（大写）贰拾元整

（小写）¥20.00　　现金收讫

交款事由 出差退回多余款

第二联：记账联

复核：刘宇　　会计：王伟伟　　出纳：张一凡

图 13-18　出差退款收据

操作指导：
总账系统，直接录入凭证。

差旅费报销单

部门：销售部　　填报日期：2022 年 03 月 11 日

姓名			郝小帅			出差事由			开会			出差日期			3月09日-3月11日	
起讫时间及地点						车船票		夜间乘车补助			出差补助费			住宿费金额	其他	
月	日	起	月	日	讫	类别	金额	时间	标准	金额	日数	标准	金额		摘要	金额
3	09	郑州	3	09	信阳	汽车	120.00	小时			3	100	300	390	市内交通费	50.00
3	11	信阳	3	11	郑州	汽车	120.00	小时								
小计							240.00						300	390		50.00
总计金额（大写）人民币玖佰捌拾元整								预支 1000.00 元			核销 980.00			退 20.00		

审核：刘宇　　会计：王伟伟　　出纳：张一凡　　制表：郝小帅

图 13-19　差旅费报销单

(12) 本月 12 日，领用生产材料一批(科目相同合并制单)，如图 13-20 所示。

领料单

领料部门：生产车间　　2022 年 03 月 12 日第 002 号

生产通知单号：0302

领料用途	生产用		制造数量		制品名称	红砖		
编号	品名	规格	单位	请领数量	实发数量	单价	金额	备注
	煤矸石		吨	200	200			
	粉煤灰		吨	15	15			
合计								

主管：王飞会计：王伟伟　　发料：刘亚　　领料：白雪　　制单：刘亚

图 13-20　领料单

操作指导：

① 在库存管理系统中录入材料出库单并审核。

② 在存货核算系统中正常记账单据并制单。

(13) 本月 13 日，某市建材有限公司 (合同编号为 XS20220301) 对货物进行检验，发现有 100 块红砖有破损。双方协商后，某市建材有限公司即日办理退货，我公司即日开出红字发票一张 (如图 13-21 所示)，并办理退货 (使用红字收款单处理)，如图 13-22、图 13-23 所示。

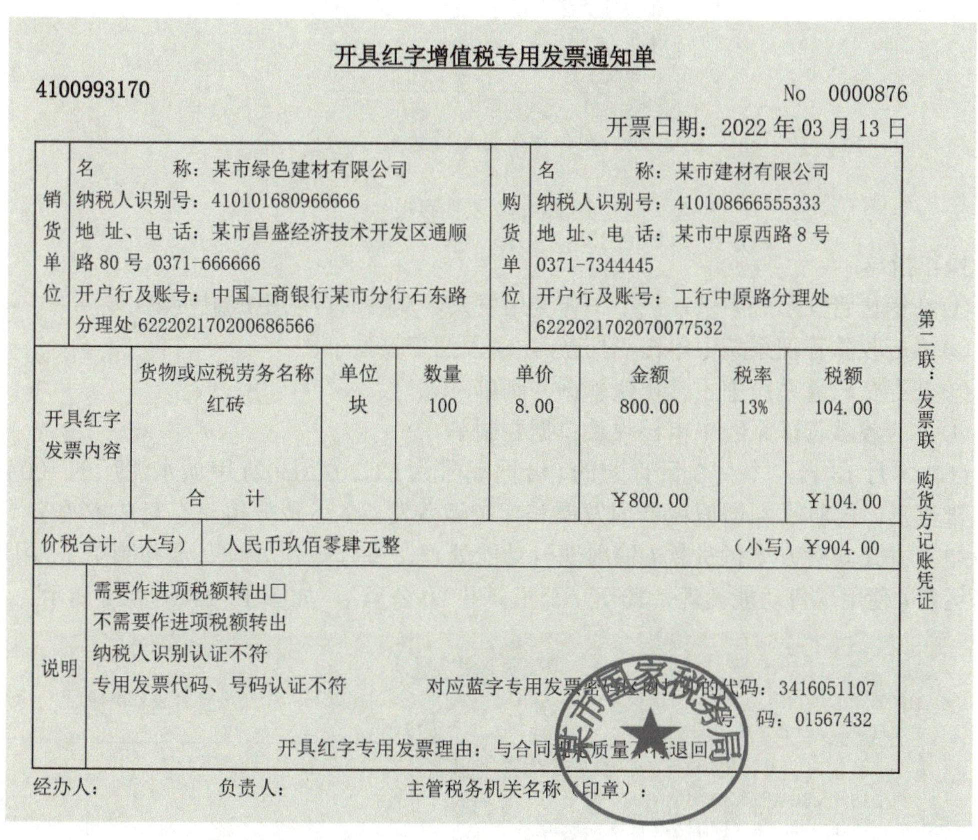

开具红字增值税专用发票通知单

4100993170　　No 0000876

开票日期：2022 年 03 月 13 日

销货单位	名　称：某市绿色建材有限公司 纳税人识别号：410101680966666 地 址、电 话：某市昌盛经济技术开发区通顺路 80 号 0371-666666 开户行及账号：中国工商银行某市分行石东路分理处 622202170200686566	购货单位	名　称：某市建材有限公司 纳税人识别号：410108666555333 地 址、电 话：某市中原西路 8 号 0371-7344445 开户行及账号：工行中原路分理处 6222021702070077532

开具红字发票内容	货物或应税劳务名称	单位	数量	单价	金额	税率	税额
	红砖	块	100	8.00	800.00	13%	104.00
	合　计				¥800.00		¥104.00
价税合计（大写）	人民币玖佰零肆元整						（小写）¥904.00

说明：
需要作进项税额转出□
不需要作进项税额转出
纳税人识别认证不符
专用发票代码、号码认证不符
对应蓝字专用发票密码区内打印的代码：3416051107
号　码：01567432
开具红字专用发票理由：与合同规定质量不符退回

经办人：　负责人：　主管税务机关名称（印章）：

第二联：发票联　购货方记账凭证

图 13-21　红字发票

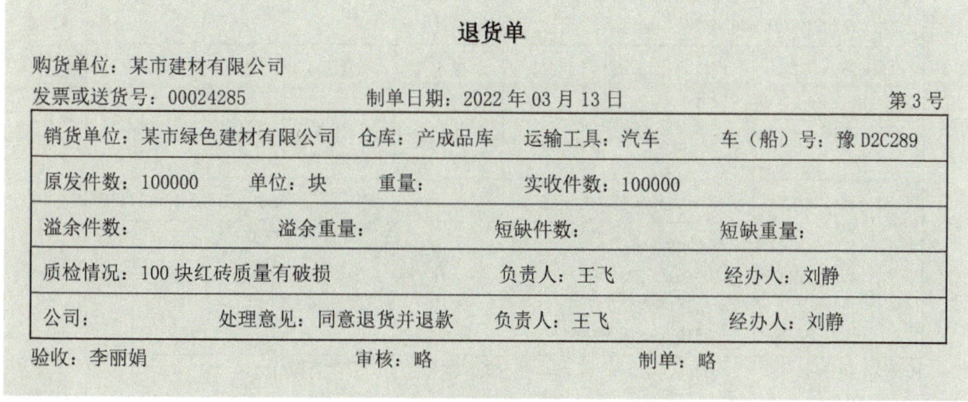

退货单

购货单位：某市建材有限公司

发票或送货号：00024285　制单日期：2022 年 03 月 13 日　第 3 号

销货单位：某市绿色建材有限公司	仓库：产成品库	运输工具：汽车	车（船）号：豫 D2C289
原发件数：100000	单位：块　重量：	实收件数：100000	
溢余件数：	溢余重量：	短缺件数：	短缺重量：
质检情况：100 块红砖质量有破损		负责人：王飞	经办人：刘静
公司：	处理意见：同意退货并退款	负责人：王飞	经办人：刘静

验收：李丽娟　审核：略　制单：略

图 13-22　退货单

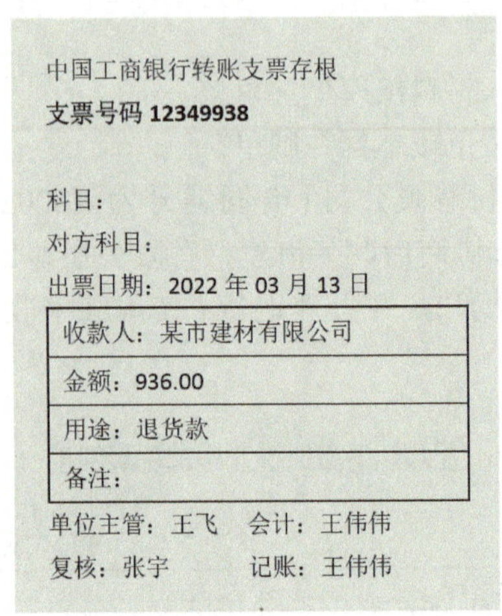

中国工商银行转账支票存根

支票号码 12349938

科目：

对方科目：

出票日期：2022 年 03 月 13 日

收款人：某市建材有限公司
金额：936.00
用途：退货款
备注：

单位主管：王飞　会计：王伟伟

复核：张宇　记账：王伟伟

图 13-23　支票存根

操作指导：

① 在销售管理系统中录入红字销售专用发票，复核后自动生成退货单。

② 在应收款管理系统中单击“切换”，录入红字收款单。

③ 在存货核算系统中正常记账单据并制单。

④ 在应收款管理系统中审核收款单据并制单。

(14) 本月 13 日，本月 3 日订购的(合同编号为 CG20220302) 甲城水泥厂的 100 吨水泥全部到货，同时收到增值税专用发票和代垫运费发票(运费分摊到存货成本中)，于当日以电汇方式向对方支付货款(使用现付功能处理、进行核销处理、合并制单)，用现金支付运费(使用现付功能处理，10 元 / 公里，共 20 公里)，如图 13-24～13-28 所示。

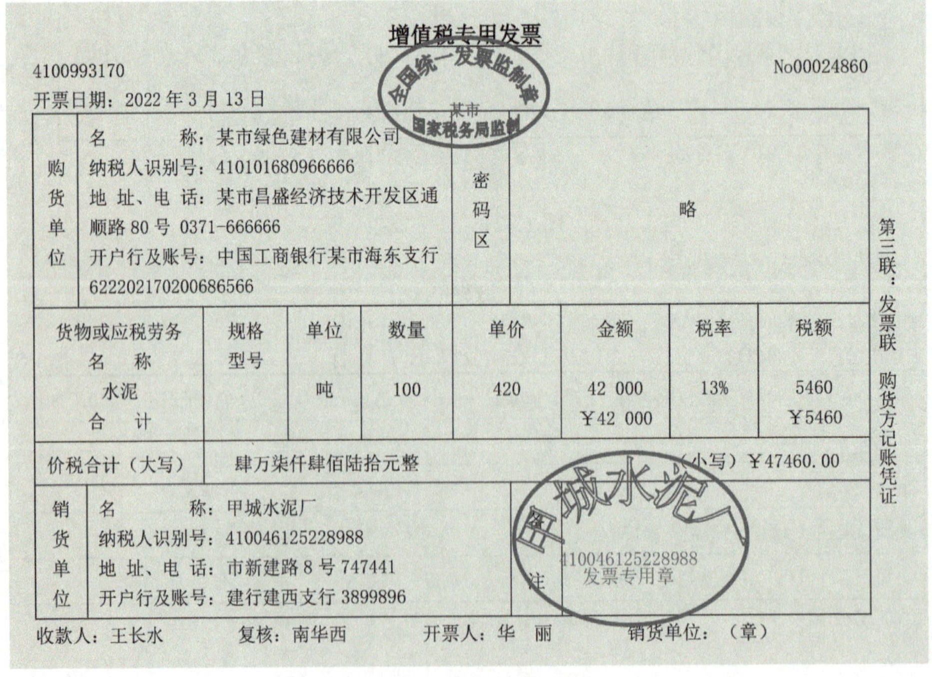

增值税专用发票

4100993170　　　　No00024860

开票日期：2022 年 3 月 13 日

购货单位	名　称：某市绿色建材有限公司 纳税人识别号：410101680966666 地 址、电 话：某市昌盛经济技术开发区通顺路 80 号 0371-666666 开户行及账号：中国工商银行某市海东支行 622202170200686566				密码区	略		
货物或应税劳务名称	规格型号	单位	数量	单价	金额	税率	税额	
水泥		吨	100	420	42 000	13%	5460	
合　计					￥42 000		￥5460	
价税合计（大写）	肆万柒仟肆佰陆拾元整				（小写）￥47460.00			
销货单位	名　称：甲城水泥厂 纳税人识别号：410046125228988 地 址、电 话：市新建路 8 号 747441 开户行及账号：建行建西支行 3899896				备注			

收款人：王长水　复核：南华西　开票人：华　丽　销货单位：（章）

第三联：发票联　购货方记账凭证

图 13-24　增值税专用发票

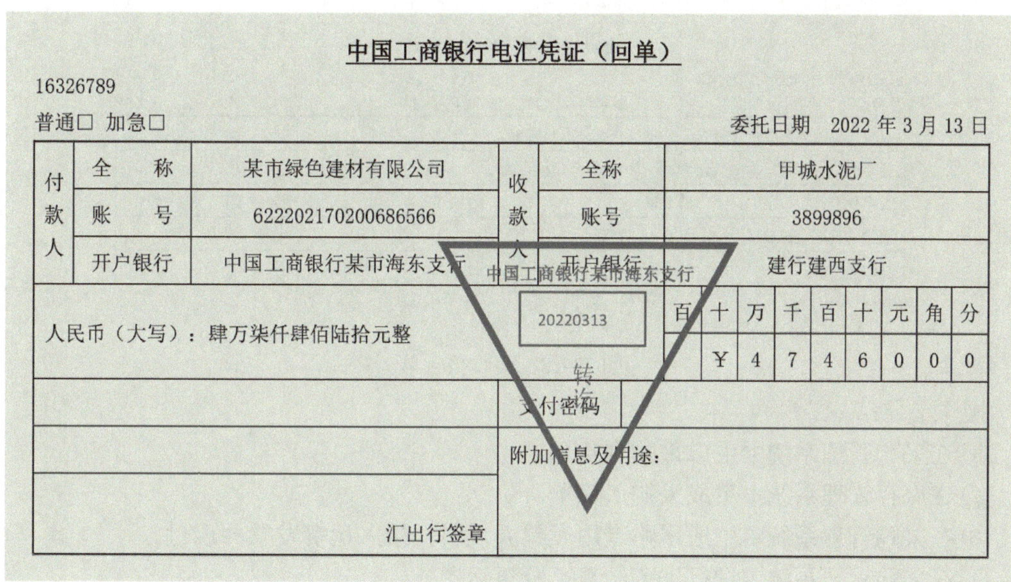

中国工商银行电汇凭证（回单）

16326789

普通□ 加急□　　　　委托日期　2022 年 3 月 13 日

付款人	全　称	某市绿色建材有限公司	收款人	全称	甲城水泥厂
	账　号	622202170200686566		账号	3899896
	开户银行	中国工商银行某市海东支行		开户银行	建行建西支行

人民币（大写）：肆万柒仟肆佰陆拾元整	百	十	万	千	百	十	元	角	分
		¥	4	7	4	6	0	0	0

	支付密码
	附加信息及用途：
汇出行签章	

中国工商银行某市海东支行 20220313 转讫

图 13-25　电汇凭证

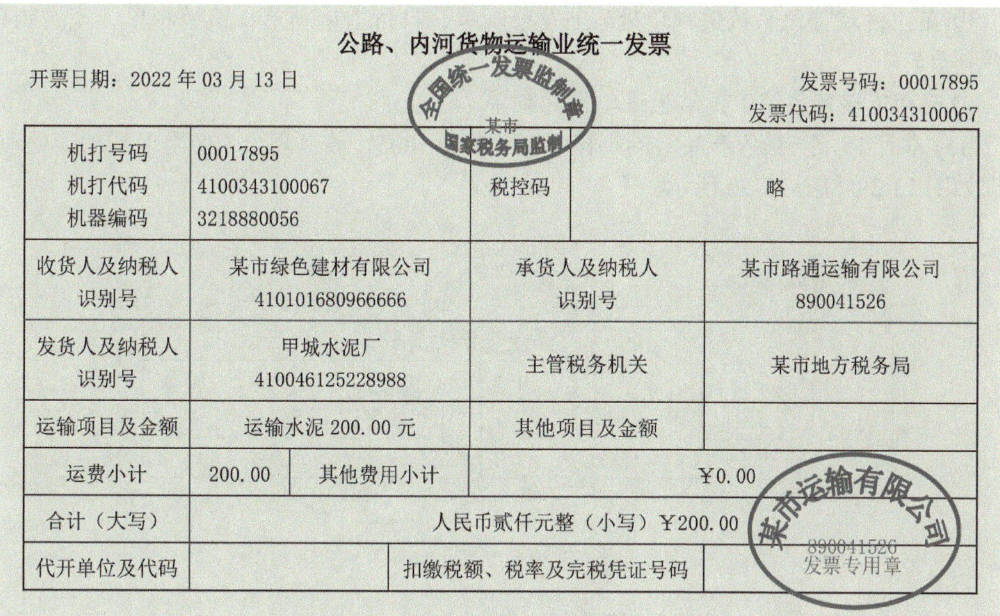

公路、内河货物运输业统一发票

开票日期：2022 年 03 月 13 日　　　　发票号码：00017895

发票代码：4100343100067

机打号码 机打代码 机器编码	00017895 4100343100067 3218880056	税控码	略
收货人及纳税人识别号	某市绿色建材有限公司 410101680966666	承货人及纳税人识别号	某市路通运输有限公司 890041526
发货人及纳税人识别号	甲城水泥厂 410046125228988	主管税务机关	某市地方税务局
运输项目及金额	运输水泥 200.00 元	其他项目及金额	
运费小计	200.00	其他费用小计	¥0.00
合计（大写）	人民币贰仟元整（小写）¥200.00		
代开单位及代码		扣缴税额、税率及完税凭证号码	

全国统一发票监制章 某市 国家税务局监制

某市运输有限公司 890041526 发票专用章

图 13-26　代垫运费发票

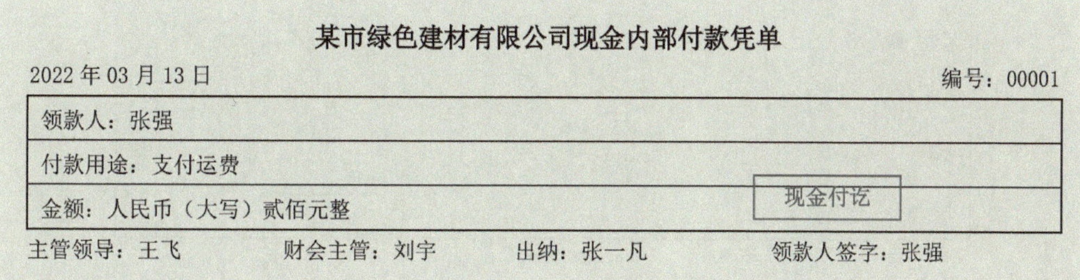

某市绿色建材有限公司现金内部付款凭单

2022 年 03 月 13 日　　　　编号：00001

领款人：张强
付款用途：支付运费
金额：人民币（大写）贰佰元整　　现金付讫

主管领导：王飞　财会主管：刘宇　出纳：张一凡　领款人签字：张强

图 13-27　付款凭单

商品（入库）验收报告单

供货单位：甲城水泥厂

发票或送货号：00024860　　制单日期：2022 年 03 月 13 日　　第 2 号

收货单位：某市绿色建材有限公司	仓库：原材料库		
商品名称：水泥　送验数量：100	单位：吨	重量：	实收数量：100
溢余件数：	溢余重量：	短缺件数：	短缺重量：
质检情况：全部合格	负责人：刘亚	经办人：刘亚	
处理意见：	负责人：	经办人：	

验收：刘亚　　审核：刘宇　　制单：刘亚

图 13-28　验收报告单

操作指导：

① 在采购管理系统中生成采购到货单。

② 在库存管理系统中生成采购入库单。

③ 在采购管理系统中生成采购专用发票并现付，录入运费发票并现付。

④ 在采购管理系统中进行采购结算，分摊运费。

⑤ 在应付款管理系统中核销处理(手工核销)。

⑥ 在应付款管理系统中制单处理(发票制单、收付款单制单、核销制单、现结制单)合并制单。

⑦ 在存货核算系统中正常记账单据并制单。

(15) 本月 15 日，销售产品给刘小栓(客户编码 1005)，收到现金(使用现结功能处理)，票据如图 13-29 和图 13-30 所示。

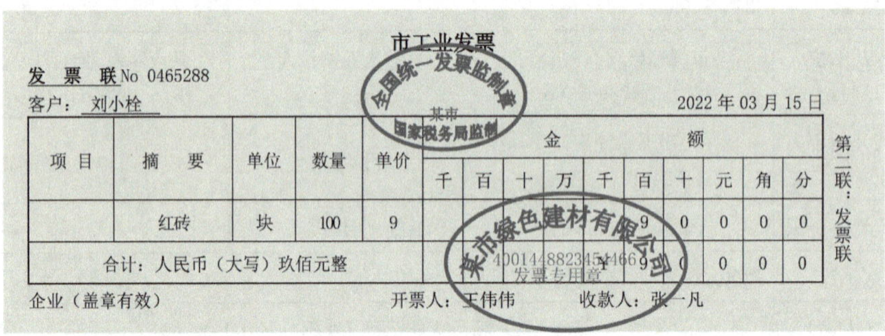

市工业发票

发　票　联 No 0465288

客户：刘小栓　　2022 年 03 月 15 日

项目	摘要	单位	数量	单价	千	百	十	万	千	百	十	元	角	分
	红砖	块	100	9						9	0	0	0	0
合计：人民币（大写）玖佰元整										9	0	0	0	0

第二联：发票联

企业（盖章有效）　　开票人：王伟伟　　收款人：张一凡

图 13-29　市工业发票

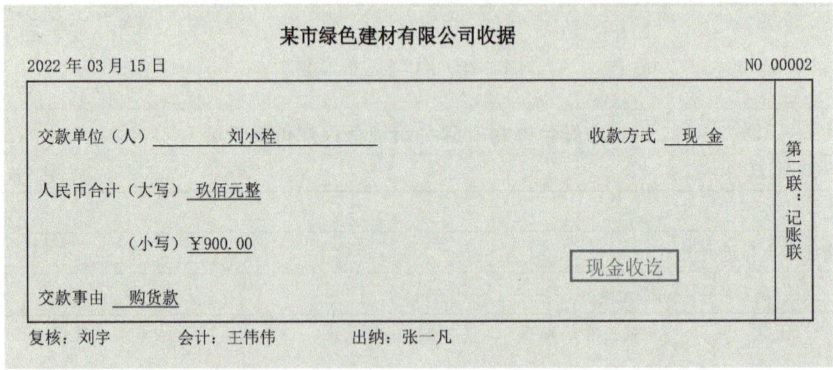

某市绿色建材有限公司收据

2022 年 03 月 15 日　　NO 00002

交款单位（人）刘小栓　　收款方式　现 金

人民币合计（大写）玖佰元整

（小写）¥900.00

交款事由　购货款

现金收讫

第二联：记账联

复核：刘宇　　会计：王伟伟　　出纳：张一凡

图 13-30　收据

操作步骤：

① 基础设置——客户档案，增加新的客户档案。

② 在销售管理系统中录入销售订单、销售发货单。

③ 在库存管理系统中生成销售出库单。

④ 在销售管理系统中生成普通销售发票并现结。

⑤ 在应收款管理系统中审核应收单据并制单。

⑥ 在存货核算系统中正常记账单据并制单。

(16) 本月 16 日，购入新型砖块挤压机一台并投入使用，电汇支付货款，票据如图 13-31～图 13-33 所示。

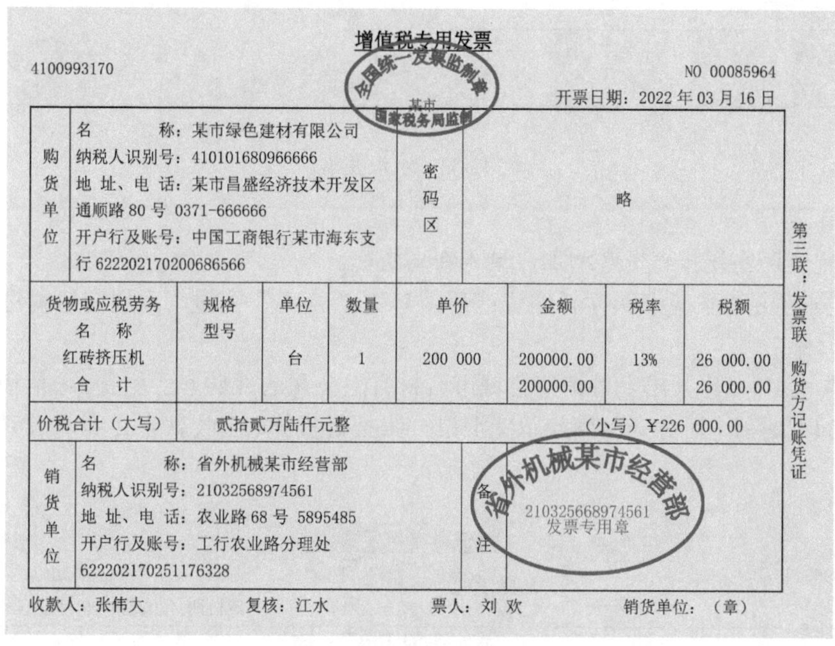

增值税专用发票

4100993170　　　　NO 00085964

开票日期：2022 年 03 月 16 日

购货单位	名　　称：某市绿色建材有限公司 纳税人识别号：410101680966666 地 址、电 话：某市昌盛经济技术开发区通顺路 80 号 0371-666666 开户行及账号：中国工商银行某市海东支行 622202170200686566	密码区	略

货物或应税劳务名称	规格型号	单位	数量	单价	金额	税率	税额
红砖挤压机		台	1	200 000	200000.00	13%	26 000.00
合　计					200000.00		26 000.00
价税合计（大写）	贰拾贰万陆仟元整				（小写）￥226 000.00		

销货单位	名　　称：省外机械某市经营部 纳税人识别号：21032568974561 地 址、电 话：农业路 68 号 5895485 开户行及账号：工行农业路分理处 622202170251176328	备注	

收款人：张伟大　　复核：江水　　票人：刘 欢　　销货单位：（章）

第三联：发票联　购货方记账凭证

图 13-31　增值税发票

固定资产验收交接单

固定资产类别：生产设备

固定资产名称及编号	红砖挤压机	型号及规格		生产单位	省外机械厂	取得来源	直接购入
原值	200000.00	其中安装费		预计净残值率	5%		
生产日期	2019.10.2	验收日期	2022.3.16	开始使用日期	2022.3.16	预计使用年限	10
投入日期	2022.3.16	投入时已使用年限		尚能使用年限		投入时已提折旧额	
验收意见	符合规定质量标准，验收合格。 负责人：刘亚 2022 年 03 月 16 日						
使用部门	生产车间	使用部门负责人			郭涛	交接人	刘静

图 13-32　固定资产验收交接单

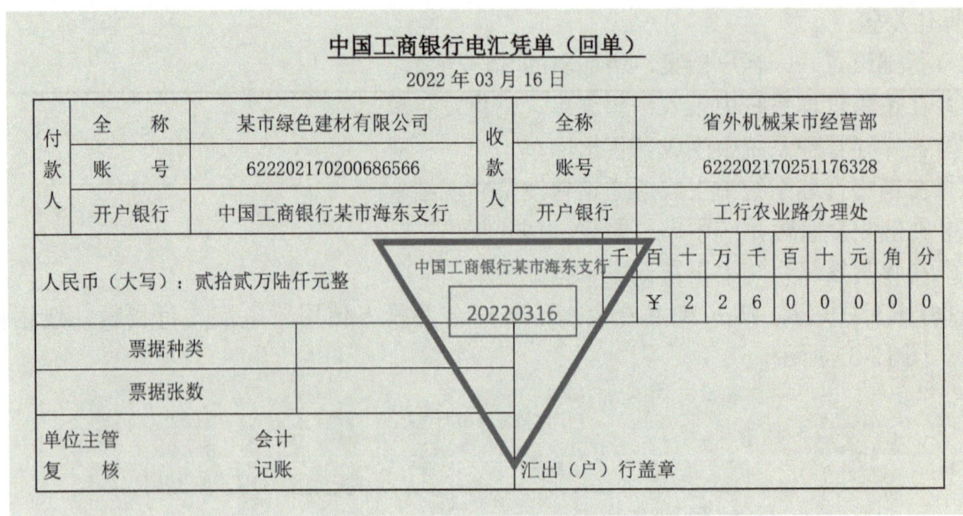

中国工商银行电汇凭单（回单）

2022 年 03 月 16 日

付款人	全称	某市绿色建材有限公司	收款人	全称	省外机械某市经营部
	账号	622202170200686566		账号	622202170251176328
	开户银行	中国工商银行某市海东支行		开户银行	工行农业路分理处

人民币（大写）：贰拾贰万陆仟元整	千	百	十	万	千	百	十	元	角	分
		¥	2	2	6	0	0	0	0	0

票据种类	
票据张数	

单位主管　　会计

复　　核　　记账

汇出（户）行盖章

中国工商银行某市海东支行 20220316

图 13-33　电汇凭单

操作指导：

① 固定资产系统——资产增加，录入新增资产。

② 在固定资产系统中保存新增资产后，单击“凭证”按钮，添加增值税进项税科目后保存。

(17) 本月 17 日，开出上月销售给城市石材有限公司的红砖 (已发货) 增值税专用发票 (如图 13-34 所示)，对方开出商业承兑汇票一张抵付货款 (应收款合并制单)，如图 13-35 所示。

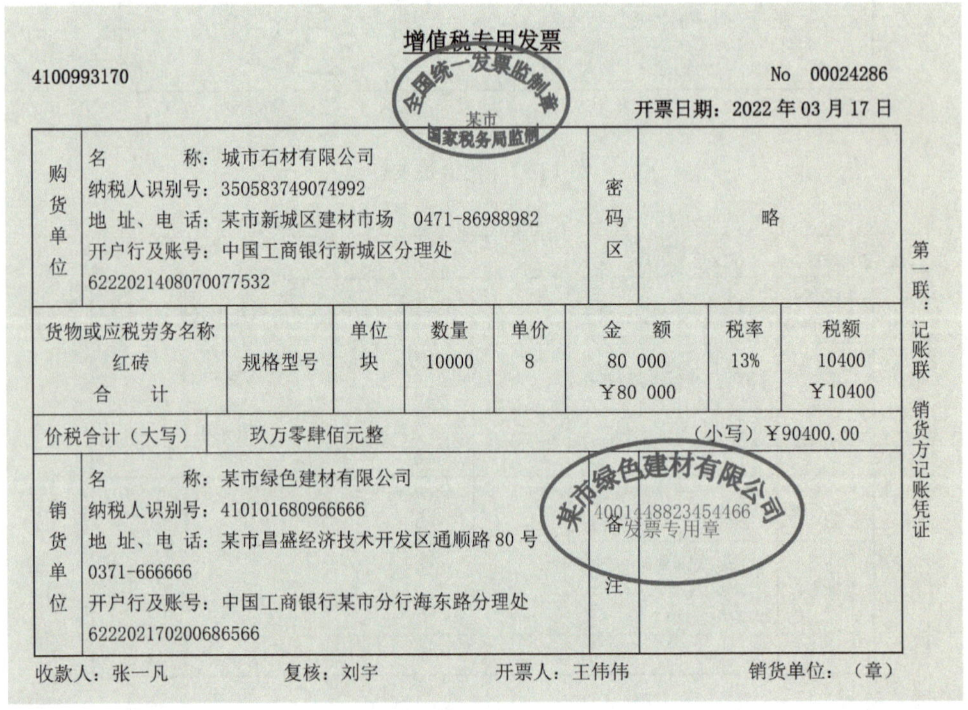

增值税专用发票

4100993170　　　　No 00024286

开票日期：2022 年 03 月 17 日

购货单位	名称：城市石材有限公司 纳税人识别号：350583749074992 地址、电话：某市新城区建材市场 0471-86988982 开户行及账号：中国工商银行新城区分理处 6222021408070077532	密码区	略

货物或应税劳务名称	规格型号	单位	数量	单价	金额	税率	税额
红砖		块	10000	8	80 000	13%	10400
合　计					¥80 000		¥10400
价税合计（大写）	玖万零肆佰元整					（小写）¥90400.00	

销货单位	名称：某市绿色建材有限公司 纳税人识别号：410101680966666 地址、电话：某市昌盛经济技术开发区通顺路 80 号 0371-666666 开户行及账号：中国工商银行某市分行海东路分理处 622202170200686566	备注	

收款人：张一凡　　复核：刘宇　　开票人：王伟伟　　销货单位：（章）

第一联：记账联　销货方记账凭证

全国统一发票监制章 某市 国家税务局监制

某市绿色建材有限公司 4001448823454466 发票专用章

图 13-34　增值税专用发票

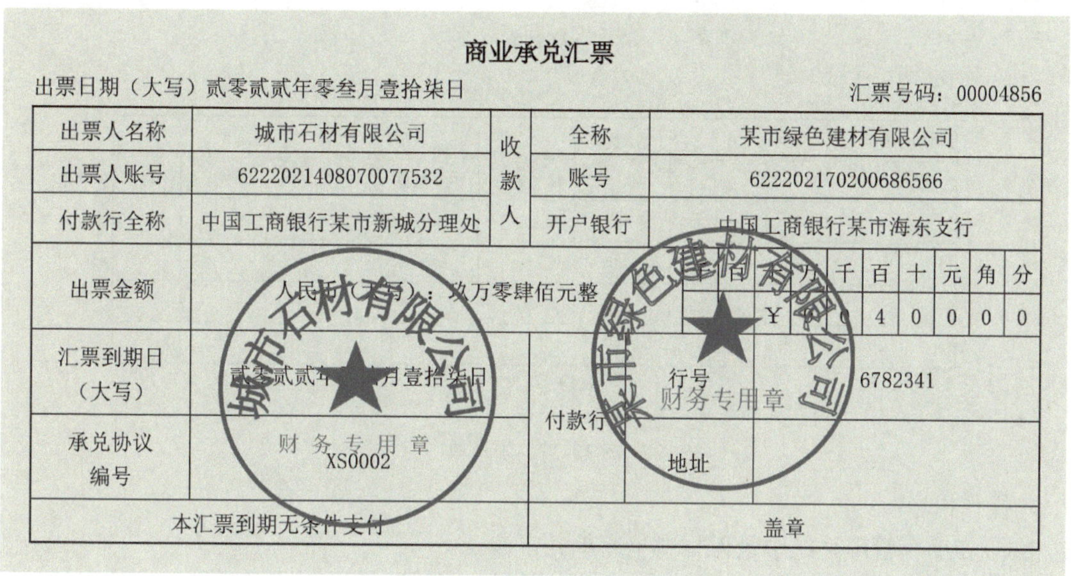

商业承兑汇票

出票日期（大写）贰零贰贰年零叁月壹拾柒日　　　　汇票号码：00004856

<table>
<tr><td>出票人名称</td><td>城市石材有限公司</td><td rowspan="3">收款人</td><td>全称</td><td colspan="10">某市绿色建材有限公司</td></tr>
<tr><td>出票人账号</td><td>6222021408070077532</td><td>账号</td><td colspan="10">622202170200686566</td></tr>
<tr><td>付款行全称</td><td>中国工商银行某市新城分理处</td><td>开户银行</td><td colspan="10">中国工商银行某市海东支行</td></tr>
<tr><td rowspan="2">出票金额</td><td colspan="3" rowspan="2">人民币（大写）：玖万零肆佰元整</td><td>千</td><td>百</td><td>十</td><td>万</td><td>千</td><td>百</td><td>十</td><td>元</td><td>角</td><td>分</td></tr>
<tr><td></td><td></td><td>¥</td><td>9</td><td>0</td><td>4</td><td>0</td><td>0</td><td>0</td><td>0</td></tr>
<tr><td>汇票到期日（大写）</td><td>贰零贰贰年[illegible]月壹拾柒日</td><td rowspan="2">付款行</td><td colspan="2">行号</td><td colspan="9">6782341</td></tr>
<tr><td>承兑协议编号</td><td>XS0002</td><td colspan="2">地址</td><td colspan="9"></td></tr>
<tr><td colspan="2">本汇票到期无条件支付</td><td colspan="12">盖章</td></tr>
</table>

图 13-35　商业承兑汇票

操作指导：

① 在销售管理系统中生成专用销售发票。

② 在应收款管理系统中录入收款单据并审核。

③ 在应收款管理系统中制单处理 (发票制单、应收款制单) 合并制单。

④ 在存货核算系统中正常记账单据并制单。

(18) 本月 21 日，取得银行的存款利息 (结算方式为其他)，如图 13-36 所示。

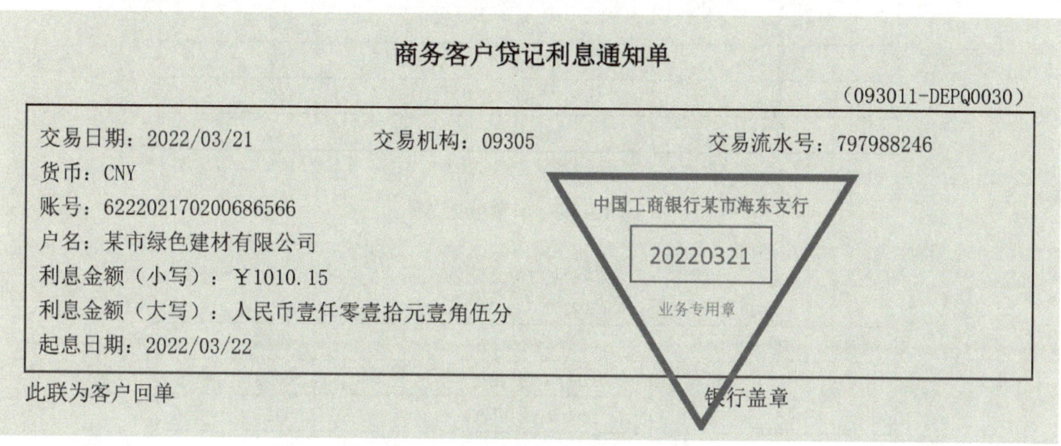

商务客户贷记利息通知单

（093011-DEPQ0030）

交易日期：2022/03/21　　交易机构：09305　　交易流水号：797988246

货币：CNY

账号：622202170200686566

户名：某市绿色建材有限公司

利息金额（小写）：¥1010.15

利息金额（大写）：人民币壹仟零壹拾元壹角伍分

起息日期：2022/03/22

中国工商银行某市海东支行　20220321　业务专用章

此联为客户回单　　银行盖章

图 13-36　商务客户贷记利息通知单

操作指导：

在总账系统中直接录入凭证。

(19) 本月 25 日，生产领用材料一批 (科目相同合并制单)，如图 13-37 所示。

领料单

领料部门：生产车间　　　　2022 年 03 月 25 日第 003 号

生产通知单号：0303

领料用途	生产用		制造数量		制品名称	红砖		
编号	品名	规格	单位	请领数量	实发数量	单价	金额	备注
	煤矸石		吨	170	170			
	粉煤灰		吨	20	20			
	水泥		吨	80	80			
合计								

主管：王飞　　会计：王伟伟　　发料：刘亚　　领料：白雪　　制单：刘亚

图 13-37　领料单

操作指导：

① 在库存管理系统中录入材料出库单并审核。

② 在存货核算系统中正常记账单据并制单。

(20) 本月 28 日，购买水电并对其进行分配，如图 13-38、图 13-39 所示，开出转账支票支付 (使用付款单处理，进项税额均可抵扣)，如图 13-40～图 13-44 所示。

水费分配表

2022 年 3 月 28 日

部门	数量/吨	金额/元
生产车间（生产用水）	17000	13600
总经办	200	160
采购部	200	160
财务部	200	160
销售部	200	160
仓管部	200	160
合计	18000	14400

图 13-38　水费分配表

外购动力费分配表

2022 年 3 月 28 日

部门	数量/千瓦时	金额/元
生产车间	50000（生产用电）	20000
	1000（照明用电）	400
总经办	200	80
采购部	100	40
财务部	200	80
销售部	200	80
仓管部	100	40
合计	51800	20720

图 13-39　外购动力费分配表

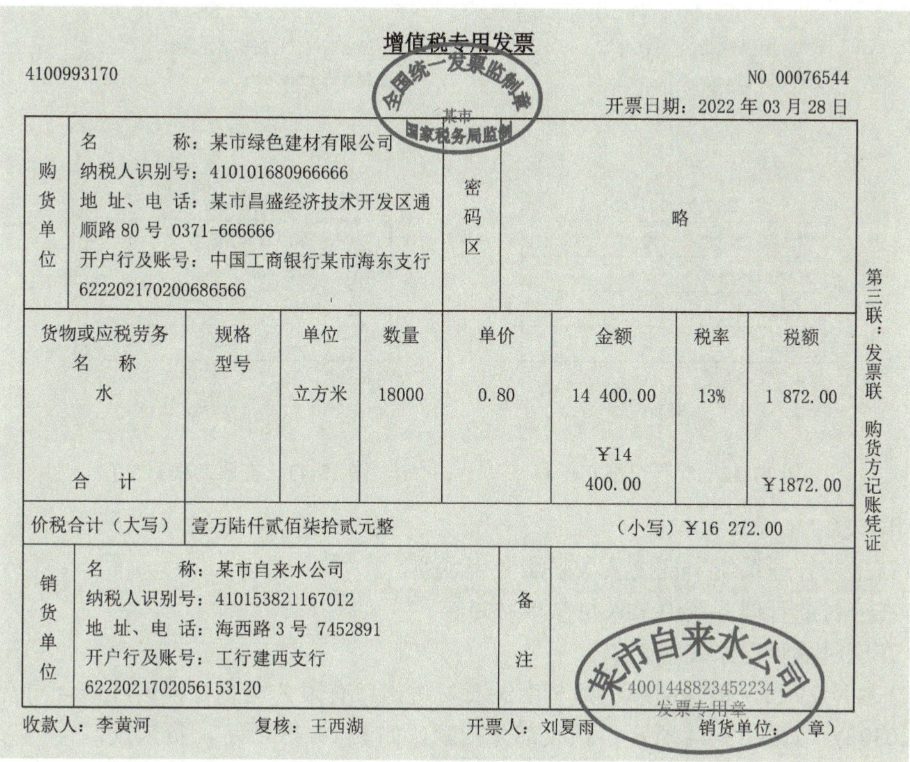

增值税专用发票

4100993170　　　　NO 00076544

开票日期：2022 年 03 月 28 日

购货单位	名　　称：某市绿色建材有限公司 纳税人识别号：410101680966666 地 址、电 话：某市昌盛经济技术开发区通顺路 80 号 0371-666666 开户行及账号：中国工商银行某市海东支行 622202170200686566	密码区	略

货物或应税劳务名称	规格型号	单位	数量	单价	金额	税率	税额
水		立方米	18000	0.80	14 400.00	13%	1 872.00
合　计					￥14 400.00		￥1872.00
价税合计（大写）	壹万陆仟贰佰柒拾贰元整				（小写）￥16 272.00		

销货单位	名　　称：某市自来水公司 纳税人识别号：410153821167012 地 址、电 话：海西路 3 号 7452891 开户行及账号：工行建西支行 6222021702056153120	备注	某市自来水公司 4001448823452234 发票专用章

收款人：李黄河　　复核：王西湖　　开票人：刘夏雨　　销货单位：（章）

第三联：发票联　购货方记账凭证

全国统一发票监制章 某市 国家税务局监制

图 13-40　增值税专用发票

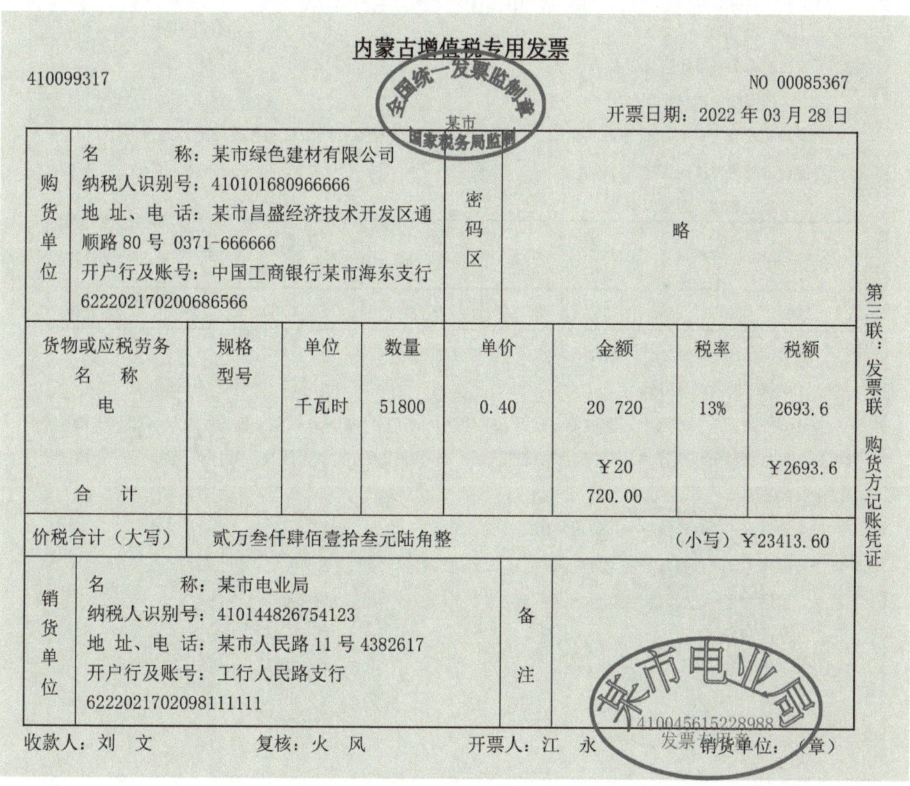

内蒙古增值税专用发票

410099317　　　　NO 00085367

开票日期：2022 年 03 月 28 日

购货单位	名　　称：某市绿色建材有限公司 纳税人识别号：410101680966666 地 址、电 话：某市昌盛经济技术开发区通顺路 80 号 0371-666666 开户行及账号：中国工商银行某市海东支行 622202170200686566	密码区	略

货物或应税劳务名称	规格型号	单位	数量	单价	金额	税率	税额
电		千瓦时	51800	0.40	20 720	13%	2693.6
合　计					￥20 720.00		￥2693.6
价税合计（大写）	贰万叁仟肆佰壹拾叁元陆角整				（小写）￥23413.60		

销货单位	名　　称：某市电业局 纳税人识别号：410144826754123 地 址、电 话：某市人民路 11 号 4382617 开户行及账号：工行人民路支行 6222021702098111111	备注	某市电业局 410045615228988 发票专用章

收款人：刘　文　　复核：火　风　　开票人：江　永　　销货单位：（章）

第三联：发票联　购货方记账凭证

全国统一发票监制章 某市 国家税务局监制

图 13-41　增值税专用发票

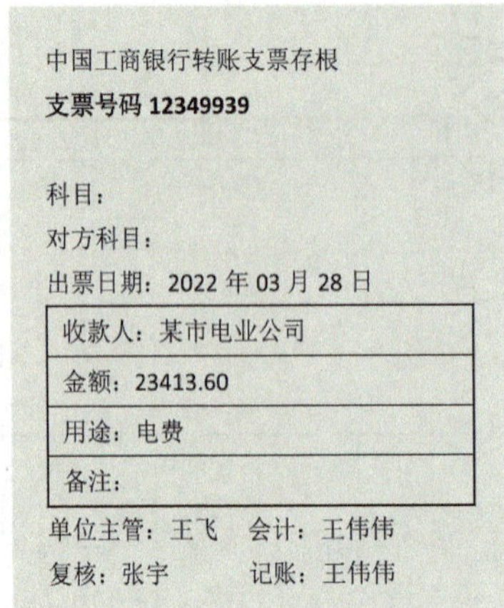

中国工商银行转账支票存根
支票号码 12349939

科目：
对方科目：
出票日期：2022 年 03 月 28 日

收款人：某市电业公司
金额：23413.60
用途：电费
备注：

单位主管：王飞　会计：王伟伟
复核：张宇　记账：王伟伟

图 13-42　支票存根(一)

中国工商银行转账支票存根
支票号码 12349940

科目：
对方科目：
出票日期：2022 年 03 月 28 日

收款人：某市自来水公司
金额：16 272.00
用途：水费
备注：

单位主管：王飞　会计：王伟伟
复核：张宇　记账：王伟伟

图 13-43　支票存根(二)

操作步骤：

① 在采购管理系统中直接录入采购专用发票。

② 在应付款管理系统中录入付款单并审核。

③ 在应付款管理系统中制单。

(21) 本月 29 日，销售部郝小帅与南湖石材进出口有限公司签订销售红砖合同(编号为 XS20220302)，如图 13-44 所示；预收部分货款，如图 13-45 所示，货未发。

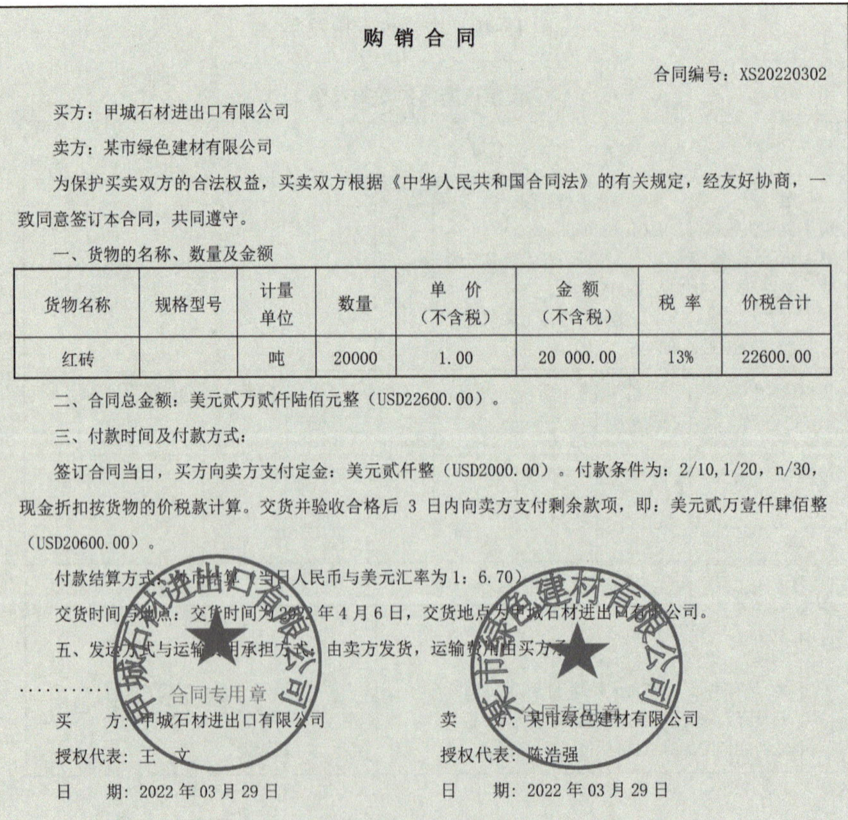

购 销 合 同

合同编号：XS20220302

买方：甲城石材进出口有限公司

卖方：某市绿色建材有限公司

为保护买卖双方的合法权益，买卖双方根据《中华人民共和国合同法》的有关规定，经友好协商，一致同意签订本合同，共同遵守。

一、货物的名称、数量及金额

货物名称	规格型号	计量单位	数量	单　价（不含税）	金 额（不含税）	税 率	价税合计
红砖		吨	20000	1.00	20 000.00	13%	22600.00

二、合同总金额：美元贰万贰仟陆佰元整（USD22600.00）。

三、付款时间及付款方式：

签订合同当日，买方向卖方支付定金：美元贰仟整（USD2000.00）。付款条件为：2/10，1/20，n/30，现金折扣按货物的价税款计算。交货并验收合格后 3 日内向卖方支付剩余款项，即：美元贰万壹仟肆佰整（USD20600.00）。

付款结算方式：人民币结算（当日人民币与美元汇率为 1：6.70）

交货时间与地点：交货时间为 2022 年 4 月 6 日，交货地点为甲城石材进出口有限公司。

五、发运方式与运输费用承担方式：由卖方发货，运输费用由买方承担。

…………

买　　方：甲城石材进出口有限公司　　卖　　方：某市绿色建材有限公司

授权代表：王　文　　授权代表：陈浩强

日　　期：2022 年 03 月 29 日　　日　　期：2022 年 03 月 29 日

图 13-44　购销合同

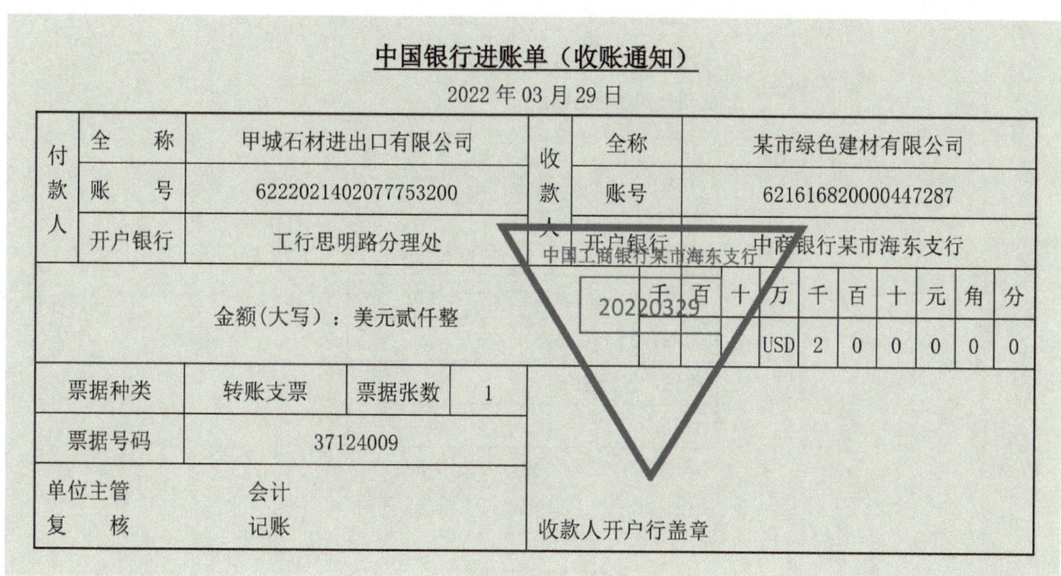

中国银行进账单（收账通知）

2022 年 03 月 29 日

付款人			收款人		
	全　称	甲城石材进出口有限公司		全称	某市绿色建材有限公司
	账　号	6222021402077753200		账号	621616820000447287
	开户银行	工行思明路分理处		开户银行	中商银行某市海东支行

金额(大写)：美元贰仟整	千	百	十	万	千	百	十	元	角	分
				USD	2	0	0	0	0	0

票据种类	转账支票	票据张数	1
票据号码	37124009		

单位主管　　会计

复　核　　记账

收款人开户行盖章

中国工商银行某市海东支行 20220329

图 13-45　进账单

操作指导：

① 在销售管理系统中录入销售订单。

② 在应收款管理系统中录入收款单、审核并制单。

(22) 本月 30 日，进行工作变动并计提工资，同时转账发放本月工资，并处理代扣款，如图 13-46、图 13-47 所示。(均在薪资管理系统中完成，合并科目相同、辅助项相同的分录)

工资汇总表

单位：某市绿色建材有限公司　　2022 年 03 月

人员编号	人员姓名	行政部门	基本工资	岗位工资	交补	事假天数	事假扣款	病假天数	病假扣款	应发合计	代扣税	代扣社保费	扣款合计	实发合计
1001	王　飞	总经办												
2001	陈浩强	采购部												
3001	张　宇	财务部				2		1						
3002	王伟伟	财务部												
3003	张一凡	财务部						1						
4001	郝小帅	销售部												
5001	郭海涛	生产车间						2						
5002	白　雪	生产车间												
6001	刘　亚	仓管部												

图 13-46　工资汇总表

中国工商银行转账支票存根

支票号码 12349941

科目：

对方科目：

出票日期：2022 年 03 月 30 日

收款人：某市绿色建材有限公司
金额：34 116.16
用途：发放工资
备注：

单位主管：王飞　会计：王伟伟

复核：张宇　记账：王伟伟

图 13-47　支票存根

操作指导：

① 在薪资管理系统中计算工资变动。

② 在薪资管理系统中处理业务，分摊工作并制单。

(23) 本月 30 日，按规定计提公司本月应缴的五险一金 (合并科目相同、辅助项目相同的分录)。

操作指导：

在薪资管理系统中处理业务，分摊工资并制单。

(24) 本月 30 日计提应收商业承兑汇票的利息。

操作指导：

在应收款管理系统中管理票据并计息并立即制单。

(25) 本月 31 日，计提本月折旧。

操作指导：

在固定资产系统中计提本月的折旧并制单。

(26) 本月 31 日，人民币对美元汇率 1∶6.78，进行汇兑损益结转 (使用汇兑损益结转功能)。

操作指导：

注：在进行此业务前，将之前录入的记账凭证审核记账，以后每笔业务生成凭证后，即可进行审核记账处理。

① 在应收款管理系统中汇兑损益，对南湖石材进出口有限公司的预收款进行汇兑损益结转并制单。

② 在总账系统中点击“期末”|“转账定义”|“汇兑损益”，设置汇兑损益入账科目。

③ 在总账系统中点击“期末”|“转账生成”|“汇兑损益”，结转并制单。

(27) 本月 31 日，结转本月未交增值税，计算本月应交城建税、教育费附加、地方教育附加 (使用系统预置自定义转账处理)。

操作指导：

在总账系统中点击“期末”|“转账生成”，选择需结转的项目进行结转，并审核记账。

(28) 本月 31 日，结转本月制造费用 (使用系统预置自定义转账处理)。

操作指导：

在总账系统中点击“期末”|“转账生成”，选择需结转的项目进行结转，并审核记账。

(29) 本月 31 日，本月领用的水泥有 30 吨未使用，办理假退料手续 (存货核算系统处理)，如图 13-48 所示。

产成品入库单

2022 年 03 月 31 日第 1 号

交来单位及部门	基本生产车间		发票号码或生产单号码	0301	验收仓库	产成品库	入库日期	2022 年 3 月 31 日
编号	品名	规格	单位	交库数量	实收数量	单价	金额	备注
	红砖		块	18600	18600			
合计								

会计主管：张宇　　会计：王伟伟　　保管部门主管：俞莉　　验收：刘亚　　制单：刘亚

图 13-48　产品入库单

操作指导：

① 在存货核算系统中录入假退料单并保存。

② 在存货核算系统中正常记账单据并制单。

(30) 本月 31 日，结转本月完工产品成本 (使用存货核算产成品成本分配功能，手工输入总成本)。

操作指导：

① 在库存管理系统中录入产成品入库单。

② 在存货核算系统中核算业务，分配产成品成本，查找生产成本并计算总额，进行分配。

③ 在存货核算系统中正常记账单据并制单。

(31) 本月 31 日，结转本月期间损益。

操作指导：

① 在总账系统中点击“期末”|“期间损益”，设置本年利润科目。

② 在总账系统中点击“转账生成”|“期间损益结转”|“收入”，结转并制单、审核后记账；再继续结转支出，制单、审核并记账。

(32) 本月 31 日，计算并结转本季应交所得税。

操作指导：

① 在总账系统中点击“期末”|“总账生成”|“自定义结转”，结转所得税费用，制单、审核并记账。

② 在总账系统中点击“期末”|“汇兑损益”|“支出”，结转后制单、审核并记账。

(33) 本月 31 日，对月末各系统进行对账、结账处理。

① 在销售管理系统中进行月末结账。

② 在采购管理系统中进行月末结账。

③ 在库存管理系统中进行月末结账。

④ 在存货核算系统中进行核算业务，期末处理；期末处理完成后，进行月末结账。

⑤ 在应收款管理系统中进行期末处理、月末结账。

⑥ 在应付款管理系统中进行期末处理、月末结账。

⑦ 在固定资产系统中进行月末结账。

⑧ 在薪资管理系统中进行业务处理、月末结账。

⑨ 在总账账套中进行期末对账。对账成功后结账。

参 考 文 献

[1] 王新玲，王刚．会计信息系统实验教程 [M]．北京：清华大学出版社，2015.

[2] 赵建新，何晓兰，周宏．用友 ERP 供应链管理系统实验教程 [M]．北京：清华大学出版社，2015.

[3] 王新玲，李孔月，康丽．用友 ERP 财务管理系统实验教程 [M]．北京：清华大学出版社，2015.

[4] 张莉莉．企业财务业务一体化实训教程 [M]．北京：清华大学出版社，2014.

[5] 谈先球，黄乐珊，徐庆林．会计电算化实务 [M]．北京：教育科学出版社，2013.

[6] 李迎春．会计信息系统实务 [M]．北京：中国商业出版社．北京：2019.

[7] 新道科技股份有限公司．财务共享服务业务处理 [M]．北京：高等教育出版社，2021.

[8] 新道科技股份有限公司．财务数字化应用 [M]．北京：高等教育出版社，2022.

[9] 新道科技股份有限公司．业财一体信息化应用 (初级)[M]．北京：高等教育出版社，2023.